Jedes Kapitel enthält eine oder mehrere blau unterlegte **Vertiefungsdoppelseiten**. Sie unterscheiden sich im Aufbau nicht von den anderen Themendoppelseiten. Hier wird aber Grundwissen aus dem jeweiligen Kapitel vorausgesetzt und ein Aspekt gezielt vertieft.
Je nach Bildungsgang können Sie unterschiedlich tief und intensiv in ein Thema einsteigen.

Das **Methodenglossar** am Ende des Buches versammelt die wichtigsten Arbeitstechniken und Erschließungsmethoden. Mit diesen Methoden können Sie sich bestimmte Themen erarbeiten. In den Arbeitsvorschlägen geben wir dazu Hinweise.

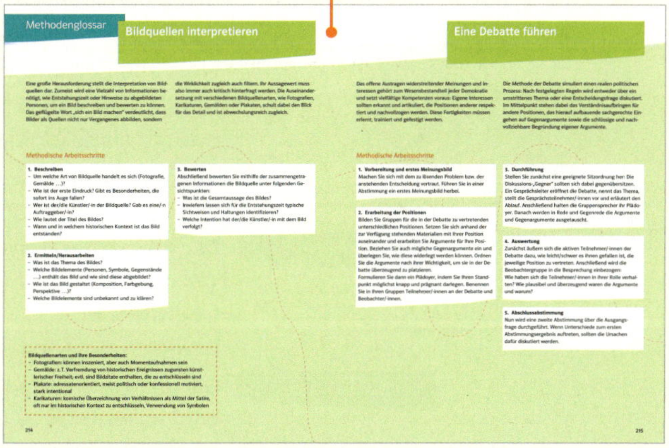

Mithilfe der leichten, mittleren und schweren **Arbeitsvorschläge** können Sie sich die Fragestellung der Themenseiten erarbeiten. Sie geben vielfältige Anregungen zur Diskussion – ob in der Kleingruppe oder im Plenum. Die Niveaustufen sind gekennzeichnet ([I]–[III]). Hinweise zum Lösen der Aufgaben stehen auf S. 232.

Verknüpfungen zu einem anderen Kapitel des Buches oder einer anderen Seite erkennen Sie an dem Symbol ⇥.

Sollte in den Texten der Autorinnen und Autoren auf die Verwendung beider Geschlechtsformen verzichtet werden, so dient dies lediglich der besseren Lesbarkeit.

Inhalt

Inhalt

1 Soziales Handeln in Familie, Schule und Betrieb

Situation:

Was haben das Geschlecht und die Herkunft mit der Berufswahl zu tun?

Was bedeutet die folgende Aussage des Statistischen Bundesamtes?
Je höher der schulische oder berufliche Abschluss der Eltern, desto seltener sind ihre Kinder an Hauptschulen und desto mehr Schüler besuchen ein Gymnasium.
Was steckt hinter dieser Erkenntnis? Ausländische Schüler gehen seltener auf Realschulen oder Gymnasien als deutsche, dafür aber deutlich häufiger auf Hauptschulen und auf Förderschulen.

Männerberuf?

Frauenberuf?

Hätten Sie's gewusst?

1. Wie viele der 3 999 im Jahr 2011 abgeschlossenen Ausbildungsverträge zum Maurer wurden von Mädchen unterschrieben?
2. Wie viele Männer waren im Jahr 2010 unter den 450 000 im Erziehungsbereich Tätigen?
3. Machen mehr Männer oder mehr Frauen das Abitur?

Lösungen: zu 1: 30 (ca. 0,75 %); zu 2: ca. 12 000 (ca. 2,7 %); zu 3: Frauen (ca. 55 %)

Ein erfundenes Gespräch zwischen Maria (18) aus dem 17. Jahrhundert und Nora (18) aus dem 21. Jahrhundert.

Maria: Ich arbeite als Magd auf einem Bauernhof, wo ich alle Dinge erlernt habe, die für mein Leben wichtig sind.

Nora: Ich mache eine Ausbildung in einer großen Zahnarztpraxis mit 4 Zahnärzten und 8 Helferinnen und Helfern.

Maria: Was ist eine Zahnarztpraxis und was bedeutet Zahnärzte?

Nora: Das sind Räume, in denen Doktoren arbeiten. Sie helfen Menschen, denen die Zähne wehtun. Und was machst du genau?

Maria: Ich stehe auf, wenn es hell wird. Dann füttere ich Kaninchen, Hühner und Gänse, mache das Frühstück, putze, koche, flicke, wasche die Wäsche, backe Brot und freue mich, wenn es dunkel wird und ich im Winkel sitzen und mich ausruhen kann.

Linktipps
Info und Recherche
53t878

Den Lernprozess organisieren:

Analyse der Situation

Wie mag der bisherige Lebensweg von Maria verlaufen sein? Welche Bedingungen haben ihre Kindheit und Jugend beeinflusst? Wie wird ihr weiteres Leben ausgesehen haben?
Auch wenn Nora als Zahnarzthelferin in einem „klassischen" Frauenberuf ausgebildet wird, so hat sich doch seit dem 17. Jahrhundert eine Menge verändert. Was müsste man berücksichtigen, wenn man für beide junge Frauen die Lebensgeschichte entwerfen will?

Erarbeiten, Informieren, Organisieren

Welche historischen Kenntnisse benötigen Sie, um Marias Lebensweg entwerfen zu können. Liefert Ihnen das vorliegende Arbeitsbuch ausreichendes Material, oder müssen Sie zusätzliche Informationen besorgen? Entwickeln Sie gemeinsam einen Arbeitsplan und eine sinnvolle Arbeitsorganisation.
Überlegen Sie, ob Sie beim Schreiben der erfundenen Lebensgeschichte Noras Informationen aus Ihrem Bekannten- oder Verwandtenkreis nutzen können.
Folgende Themen des Kapitels könnten Ihnen nützliche Informationen geben:

- Typisch Mann, typisch Frau
- Leben in Gruppen
- Familien- und Karriereplanung
- Der Familienbegriff im Wandel
- Zusammenleben und arbeiten

Aktiv sein

Entwerfen Sie in Gruppen für Maria und Nora mögliche Lebensläufe und präsentieren Sie diese in Ihrer Klasse. Arbeiten Sie besonders die Unterschiede heraus und achten Sie auf die Themen Bildung, Erziehung sowie Bürger- und Menschenrechte.

Kompetenzen im Blick:

Sie erfahren in diesem Kapitel, was einen Menschen prägt, welche Rollen er übernimmt und welche Bedeutung das Geschlecht heute noch bei der Wahl des Berufs hat. Sie untersuchen den gesellschaftlichen Wandel und die Veränderung von gesellschaftlichen Normen. Dabei berücksichtigen Sie auch, wie es zu Benachteiligungen kommen kann und wie Benachteiligungen zu verhindern sind.

Typisch Mann, typisch Frau

Geschlechterrollen und Arbeitsteilung

Familie
S. 12 ff.

Generation
S. 44

Sozialisation
S. 22 f.

M1 Sind neue Rollenmodelle notwendig?

a) Eine für alles

b) Einer für alles

Spiegel-Titelbilder aus dem Jahre 2010. Diese Ausgabe erschien mit zwei Titelseiten.

Erklärungen

Soziale Rolle: Von jedem Menschen wird ein bestimmtes Verhalten erwartet. Das jeweilige erwartete Verhalten hängt wiederum von der sozialen Position ab, an die Rechte und Pflichten gebunden sind. Zwei Beispiele: Ein Vater hat eine andere soziale Rolle und ein anderes Verhalten als sein Sohn. Eine Ausbilderin hat eine andere Rolle und zeigt ein anderes Verhalten als eine Auszubildende.
Menschen werden stark von den Erwartungen der Umwelt an ihre Rolle beeinflusst. Das Rollenverhalten kann verinnerlicht oder gespielt sein. Man spricht auch davon, dass Menschen eine Rolle auf der gesellschaftlichen Bühne spielen.
Die Erwartungen an Rollen sind nicht fest. Sie verändern sich langsam. So wandeln sich auch die Erwartungen an die Frauen- und Männerrolle in unserer Gesellschaft.

VT

Was zeichnet die ideale Frau und den idealen Mann aus? Fragt man das jeweils andere Geschlecht, erhält man oft Antworten, die von Vorurteilen nur so strotzen, M1.
Woher kommen diese Erwartungen an den Partner, der einerseits dem traditionellen Rollenbild entsprechen, andererseits aber auch modern sein soll? Und wohin führen diese neuen Ansprüche an das andere Geschlecht? Lösen sich alte Rollenmodelle langsam auf? Manche neuen Lebens- und Familienformen sind bereits durch eine Umkehr der einstigen Verhältnisse gekennzeichnet: Männer übernehmen sowohl in Familie und Beruf die Rolle der Frau und umgekehrt. Lassen sich Geschlechterrollen heute überhaupt noch eindeutig festlegen?
In der gesamtgesellschaftlichen Wahrnehmung werden bestimmte Berufe einem der beiden Geschlechter zugeordnet. Das Bild der typischen Mädchen- und Jungenberufe hat sich seit der Nachkriegszeit kaum geändert. Auch in der Realität übersteigt in den Arbeitsbereichen Erziehung und Soziales der Anteil an Arbeitnehmerinnen den der männlichen Kollegen um ein Vielfaches. Umgekehrt zeigt sich die Lage im Bereich Kfz-Handwerk und Maschinenbau.
Gibt es also Merkmale, die ein Berufsfeld als typisch weiblich definieren? Und welches Rollenverständnis liegt hinter solchen Zuschreibungen? Die Rückwirkungen unterschiedlicher Rollenmodelle auf die Familienstruktur und die Berufstätigkeit der Eltern verstärken diese Ungleichheiten.
Auch zu Beginn des 21. Jahrhunderts bleiben in den ersten zwei Lebensjahren der Kinder größtenteils die Mütter zu Hause, um sich der Pflege ihrer Kleinen zu widmen. Welche Folgen hat das für den Arbeitsmarkt einerseits und für die individuelle Berufsplanung der jungen Menschen andererseits?

M2 „Hip-Hop ist die letzte große Jugendkultur"

Ähnlich wie Mann und Frau werden auch „der Jugend" häufig feste Rollen und Eigenschaften zugeschrieben. Doch ist es überhaupt möglich, junge Menschen in solch ein starres Schema zu pressen?

Ein Interview mit Klaus Farin, Gründer und Leiter des Archivs für Jugendkulturen.

Spiegel Online: Jugendszenen unterliegen einem steten Wandel. Was hat das letzte Jahrzehnt geprägt?

Klaus Farin: Seit den Neunzigerjahren entstehen keine großen Jugendszenen mehr. Die letzte dominante Jugendkultur ist im Augenblick noch Hip-Hop – und sie wird die letzte sein. Es wird kleinteiliger, widersprüchlicher, schneller. Die Stile fließen ineinander über. Als Techno anfing, gab es vielleicht drei Stile – heute gibt es unzählige Varianten von Goa für die Techno-Hippies bis zu Gabber, der Hooligan-kompatiblen Variante. Rap mischt sich mit Reggae oder Rockmusik, und auch daraus entstehen neue Stile.

Spiegel: Aus Alt wird Neu – ist die Kreativität der jungen Menschen am Ende?

Farin: Umdeutung und Vermischung können auch kreativ sein. Anfang der Neunziger etwa gab es auf der einen Seite Punk, auf der anderen Techno – völlig unvereinbar, dachte man. Und plötzlich meldete sich eine Band namens The Prodigy, und es gab den Elektropunk. Man darf auch die Perspektive nicht vergessen – alles, was entsteht, ist für den 14-Jährigen von heute sowieso völlig neu.

Spiegel: Warum entstehen keine Massenbewegungen mehr?

Farin: Sie haben keine Zeit mehr dazu. Neue Trends werden so schnell von Medien aufgegriffen und zum Mainstream geformt, dass das langsame Heranwachsen einer großen Jugendkultur kaum mehr möglich ist. Damit eine Jugendkultur so groß werden kann wie etwa Hip-Hop, müssten sich die Medien mit dem Phänomen kontinuierlich drei Jahre beschäftigen. So viel Zeit gibt es aber nicht mehr. Deswegen wird es kleinteiliger und schnelllebiger – was ja nicht schlecht sein muss.

Spiegel: Jugendkulturen entstehen aus Rebellion am Etablierten. Gibt es noch diese Lust am Protest, wenn Eltern bis in ihre Vierziger hinein jugendlich wirken wollen?

Farin: Ich denke schon. Rebellion gegen das Etablierte bedeutet ja nicht unbedingt ein Aufbegehren gegen die Gesellschaft wie im Punk. Sondern mitunter auch nur gegen die eigenen Alten und gegen die Langweiler in der Schulklasse. Das war in den Fünfzigern bei den Halbstarken so und in den Neunzigern bei Techno. Es geht bei Jugendkulturen einfach darum, etwas Eigenes zu haben, das nicht jeder Gleichaltrige hat.

Spiegel: Ist das denn noch Aufbegehren, wenn Papa gern Reggae hört, der Junge aber Dancehall?

Farin: Natürlich ist Abgrenzung für Jugendliche heute nicht mehr so leicht wie in den Fünfzigerjahren. Aber es funktioniert noch. Die Musik muss nur ein bisschen schneller und extremer werden, dann ist man die über 30-Jährigen schon los. Dancehall mag auch für Papa akzeptabel sein, Black Metal sicher nicht. Außerdem sind die wenigsten Eltern jugendkulturell geprägt. Auch Jugendliche übrigens nicht: Nur 20 Prozent von ihnen gehören einer Jugendszene an.

Spiegel: Porno-Jugend, Aggro-Jugend, Säufer-Jugend – immer wieder wird eine Verrohung der Jugend postuliert. Ein Abwärtstrend?

Farin: Dass über Jugend negativ berichtet wird, ist nichts Neues. Seit Sokrates wird die neue Generation stets schlechter als die eigene alte dargestellt. Wir werten das in einer Forschungsgruppe aus: Achtzig Prozent der Berichterstattung über Jugendliche ist negativ. Es geht um Rechtsextremismus, Gewalt, Alkohol und Drogen – Themen, die nur zehn Prozent der Jugendlichen wirklich betreffen. [...]

Spiegel: Was bleibt denn übrig von den 2000er-Jahren?

Farin: Ganz klar – in den Nostalgiesendungen im Jahr 2020 wird aus diesem Jahrzehnt Hip-Hop gespielt werden. Neu entstanden sind außerdem Japan-Trends wie Visual Kei und Cosplayer, das hat vor allem die Mädchen geprägt. In Erinnerung werden auch bestimmte Sportszenen bleiben – die Skateboarder, die in diesem Jahrzehnt stärker geworden sind, oder Parcours. [...]

Carola Padtberg: Die 00er-Generation: „Hip-Hop ist die letzte große Jugendkultur", Spiegel Online, 11.12.2009, www.spiegel.de/schulspiegel/leben/die-00er-generation-hiphop-ist-die-letzte-grosse-jugendkultur-a-666113.html, Zugriff 08.04.2014

Arbeitsvorschläge

1. Beschreiben Sie die beiden Bilder (**M1**). Welche Lebens- und Arbeitsbereiche sind anhand der verschiedenen Gegenstände zu ermitteln? Warum könnte sich die Spiegel-Redaktion entschlossen haben, eine Ausgabe mit zwei Titelbildern herauszugeben?

2. Erstellen Sie anhand von **M1** eine Liste mit Merkmalen typischer Frauen- und Männerberufe. Fassen Sie diese zu Gruppen zusammen (z. B. Status, Gehalt, Bildungsstand).

3. Notieren Sie eigene Beobachtungen, wie sich die häusliche Arbeitsteilung in Ihrer Familie gestaltet. Entwickeln Sie aus Ihren Erfahrungen heraus gemeinsam mit der Klasse realistische Ideen für eine gerechte Verteilung der häuslichen Arbeit.

4. Oft heißt es: „Die Jugend von heute". Erörtern Sie, was für und gegen diese pauschale Aussage spricht (**M 2**).

5. Beschreiben Sie die Generation, der Sie sich selbst zugehörig fühlen. Beziehen Sie **M 2** mit ein.

[I] 1, 2, 5 [II] 3 [I]–[III] 4

Der Familienbegriff im Wandel

Wie sieht Familie heute aus?

M1 Wann spricht man von einer Familie?

VT

Laut der Shell-Jugendstudie von 2012 gaben 75 Prozent der weiblichen und 65 Prozent der männlichen Jugendlichen an, dass man eine Familie zum „Glücklichsein" braucht. Die meisten Kinder und Jugendlichen verbinden mit dem Begriff Familie Geborgenheit, Hilfe und Zusammenhalt. Deshalb wünschen sich auch die meisten für ihre Zukunft eine eigene Familie. Eine Heirat schließt dies aber nicht unbedingt mit ein.
In den letzten Jahren hat in Deutschland zudem der Anteil der Single-Haushalte sowie der freien Lebensgemeinschaften zu- und der der Ehepaare abgenommen. Wunsch und Realität scheinen nicht immer so leicht in Einklang gebracht werden zu können, obwohl der Staat durch das Grundgesetz Artikel 6 verpflichtet ist, die Familie durch familienpolitische Maßnahmen zu unterstützen.
Auch das Familienbild hat sich im Laufe der Zeit gewandelt. Lange Zeit galt die Kernfamilie mit Vater, Mutter, Kind(er) als die dominierende Familienform. Heutzutage gibt es aber zahlreiche Formen des familiären Zusammenlebens, zum Beispiel als sogenannte „Regenbogenfamilie", d.h. zwei gleichgeschlechtliche Partner mit Kind, als „Patchworkfamilie", also Mutter, Stiefmutter bzw. Vater, Stiefvater und Stiefgeschwister.
Wie kam es zur Vielfalt der Familienformen und stellen alleinerziehende Mütter oder Väter mit ihrem Kind auch eine Familie dar? Soll die Familienpolitik auf die Förderung aller Familienformen abzielen?

Erklärungen

Ehegattensplitting: Das ist ein Begriff aus dem deutschen Steuerrecht. Das zu versteuernde Einkommen von Ehepaaren oder eingetragenen Lebenspartnern wird ermittelt und halbiert (gesplittet).

Der **Familienbegriff** hat sich mit der Zeit gewandelt. Heutzutage wird Familie folgendermaßen definiert: In einer Familie müssen mindestens ein Erwachsener und ein Kind oder mehrere Kinder fest zusammenleben.

Der Begriff der **Individualisierung** stammt aus der Soziologie. Er bezeichnet einen mit der Modernisierung der Gesellschaft einhergehenden Wandel der Lebensformen und Lebensentwürfe.

Wohlfahrtsstaat ist die Kurzbezeichnung für einen Staat, der eine Anzahl unterschiedlicher (Fürsorge-)Maßnahmen, Programme und Politiken anwendet, die der sozialen, materiellen und kulturellen Wohlfahrt der Bevölkerung dienen, → Sozialstaat.

M2 Grundgesetz Artikel 6

(1) Ehe und Familie stehen unter dem besonderen Schutze der staatlichen Ordnung.

(2) Pflege und Erziehung der Kinder sind das natürliche Recht der Eltern und die zuvörderst ihnen obliegende Pflicht. Über ihre Betätigung wacht die staatliche Gemeinschaft. [...]

(4) Jede Mutter hat Anspruch auf den Schutz und die Fürsorge der Gemeinschaft.

(5) Den unehelichen Kindern sind durch die Gesetzgebung die gleichen Bedingungen für ihre leibliche und seelische Entwicklung und ihre Stellung in der Gesellschaft zu schaffen wie den ehelichen Kindern.

Auszug aus dem Grundgesetz der Bundesrepublik Deutschland

M3 Familien mit minderjährigen Kindern

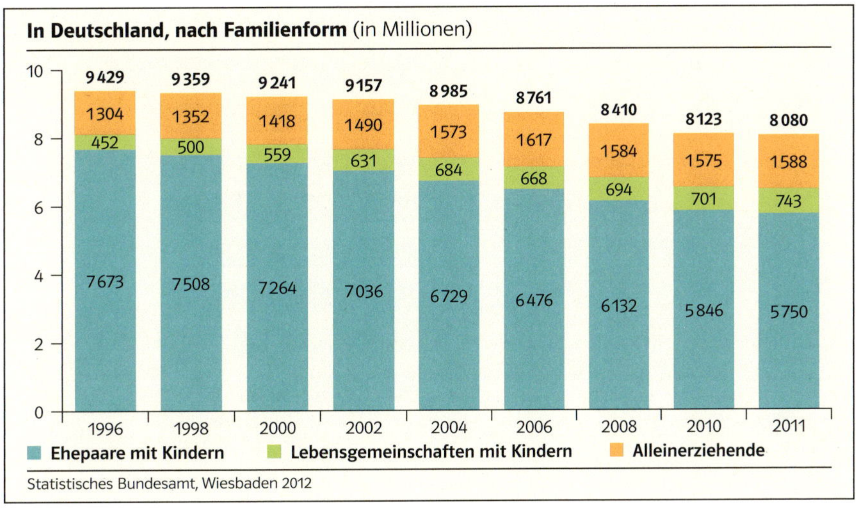

Statistisches Bundesamt, Wiesbaden 2012

M4 Ursachen eines familiären Strukturwandels

Scheu vor langfristigen Festlegungen und Erhalt von Wahlmöglichkeiten

Individualisierung und Pluralisierung haben die Handlungsoptionen stark erweitert und die Bereitschaft gemindert, sich langfristig und unumkehrbar festzulegen. [...] Die Zunahme der Wahlmöglichkeiten für die Lebensgestaltung führt dazu, dass der Kinderwunsch in Konkurrenz zu anderen Lebensentwürfen tritt.

Emotionalisierte und verengte Paarbeziehungen

Der Strukturwandel der Familie und der Formen privaten Zusammenlebens hat eine Emotionalisierung der Paarbeziehungen zur Folge. Zweierbeziehungen können sich zu „Zwecken in sich" verengen, wobei dann Kinder als Last, Konkurrenz oder Störung erlebt werden.

Zunehmende gesellschaftliche Akzeptanz von Kinderlosigkeit

Im Zuge der Pluralisierung und Differenzierung der Privatheit gewinnen Lebensformen ohne Kinder zunehmend an gesellschaftlicher Akzeptanz und treten in Konkurrenz zur „Normalfamilie". [...] Sozialen Druck, Kinder zu haben gibt es nicht mehr.

Gestiegene Ansprüche an die Elternrolle

Durch die Pädagogisierung der Gesellschaft, den hohen Stellenwert der Schule und die „Emanzipation des Kindes" haben sich die Anforderungen und Ansprüche an die Eltern als Erzieher erheblich erhöht. Die stärkere Ausrichtung des Familienlebens auf die Kinder kann gerade bei pädagogisch engagierten Eltern zu Erziehungsunsicherheiten und psychischen Belastungen führen.

Rationalisierung und Familienplanung

Die Geburt eines Kindes wird durch Aufklärung, bessere Methoden der Empfängnisverhütung (z.B. durch die Pille) oder auch durch Schwangerschaftsabbruch planbarer. Der Satz „Kinder hat man" gilt nicht mehr. [...] Die ungünstige Wirtschaftslage und die Arbeitslosigkeit tragen zum Verzicht auf Kinder bei. Hinzu kommt, dass durch die vermehrte Vergabe zeitlich befristeter Arbeitsstellen eine längerfristige Planung des eigenen Lebens problematisch und Kinder zum finanziellen Risikofaktor werden lässt. [...]

Thomas Meyer: Die Familie im demografischen Wandel, in: Bernhard Frevel (Hg.), Herausforderung demografischer Wandel, Wiesbaden 2004, S. 60 f., gekürzt

M5 Auch eine Familie?

Rudolf Schuppler

M6 Vereinbarkeit von Familie und Beruf

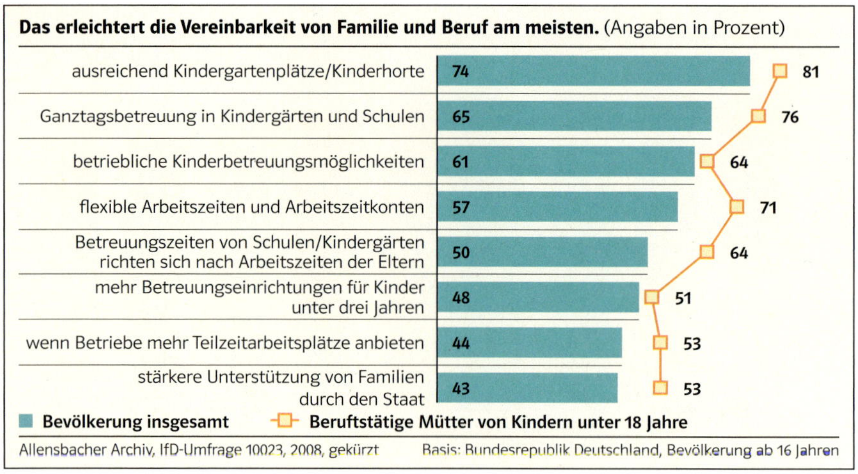

M7 Genug Platz für kleine Kinder?

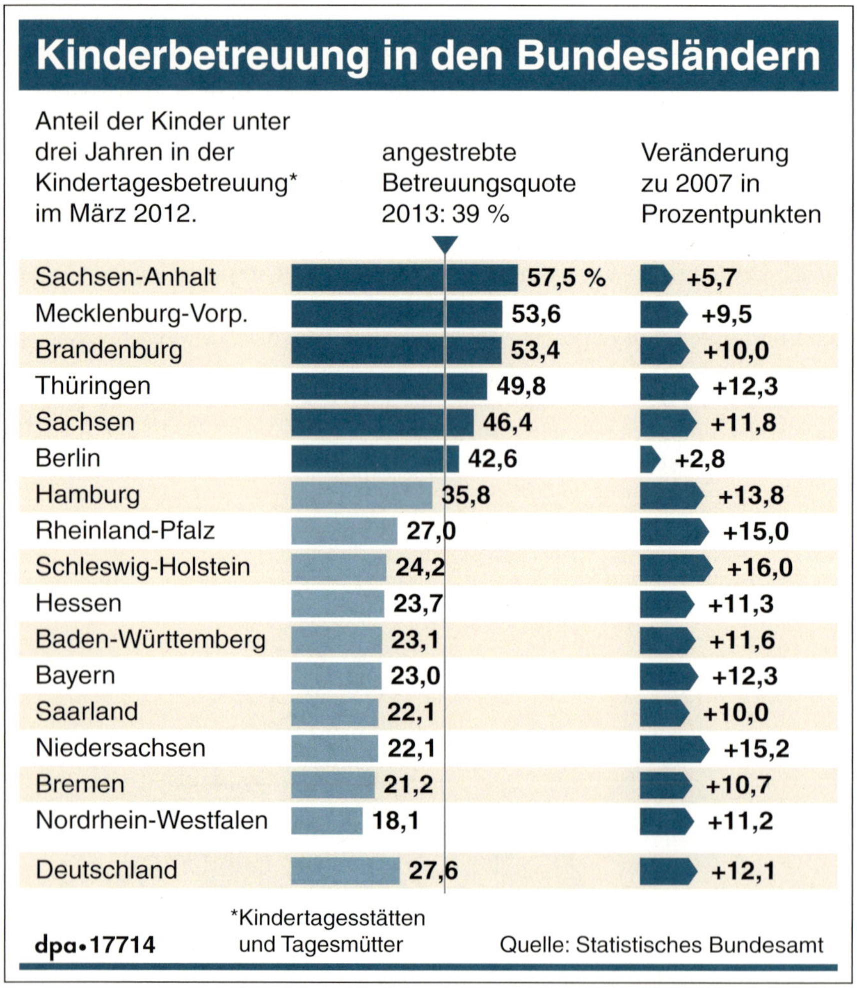

M8 Aufgaben der Familie

Für die Individuen bieten Partnerschaft und Familie Leistungen, die zum Teil gar nicht oder nur schwer anderswo zu bekommen sind. Allerdings hat der Wohlfahrtsstaat in den letzten 150 Jahren viele Aufgaben oder Funktionen übernommen, die vormals allein der Familie zugeordnet waren und von ihr den gesellschaftlichen Verhältnissen mehr oder weniger angemessen erfüllt wurden. Die Menschen sind weniger auf die Familie angewiesen, wenn es um die Sicherung individueller Wohlfahrt, Hilfe bei Krankheit und die existenzielle Absicherung im Alter geht. Daher wird vielfach die These vom Funktionsverlust der Familie vertreten. Diese dient als Begründung dafür, dass die Motivation, eine Familie zu gründen, beständig zurückzugehen scheint. Allerdings dürfte diese Argumentation zu kurz greifen. Soziale Beziehungen in der Gesellschaft, in der Arbeitswelt und Öffentlichkeit können zu materiellem Erfolg, sozialem Status und sozialer Anerkennung verhelfen. [...] Da aber Menschen Familien nicht deshalb gründen, um die damit verbundenen Leistungen für die Gesellschaft zu erbringen, sondern aus einem individuellen Interesse am Familienleben, muss die Gesellschaft einen Beitrag dazu leisten, dass dieses individuelle Interesse erhalten bleibt. Sie muss ebenso Sorge dafür tragen, dass Familien in der Lage sind, die von ihnen erwarteten Aufgaben in befriedigender Weise zu erfüllen. Denn die Auswirkungen des Handelns von Individuen in Familien können für die Gesellschaft sehr problematisch werden und mit hohen sozialen Kosten verbunden sein, so zum Beispiel, wenn Eltern ihren Erziehungsaufgaben nicht mehr oder nicht hinreichend nachkommen.

Johannes Huinink: Familie – Konzeption und Realität, 20.03.2009, in: Informationen zur politischen Bildung, Heft 301, Bundeszentrale für politische Bildung (Hg.), unter: www.bpb.de/izpb/8017/familie-konzeption-und-realitaet?p=all, Zugriff 17.08.2012, gekürzt

M9 Familienpolitik in Deutschland

In den vergangenen Jahren wollte die Regierung Frauen dazu ermutigen, Kinder zu bekommen und gleichzeitig ihre Karriere zu verfolgen. [...] Das Ehegattensplitting wirkt da wie ein Gegengift. Es belohnt nicht die Geburt von Kindern, es subventioniert allein die Ehe. Und es entmutigt Frauen, nach der Erziehung der Kinder wieder in den Beruf einzusteigen, weil jeder neu verdiente Euro die Steuerersparnis dahinschmelzen lässt.

„Lass es, es lohnt sich ja ohnehin nicht", diesen Satz mussten sich in den vergangenen Jahrzehnten viele Ehefrauen anhören, die die Stellenseiten der Zeitungen durchsuchten. Aber statt das Ehegattensplitting grundlegend zu reformieren, soll nun lediglich der Kreis der Anspruchsberechtigten erweitert werden. Geht es nach dem Willen von Grünen, SPD und einem Teil der Union, werden bald auch schwule und lesbische Paare in den Genuss jener Steuersubvention kommen, die bislang vor allem der traditionellen Hausfrauenehe zu gute kam. Das ist absurd, hat aber Methode: Die deutsche Familienpolitik gründet schon lange darauf, eine Subvention auf die nächste zu schichten. Mittlerweile gibt der deutsche Staat 196 Milliarden Euro pro Jahr für Ehe und Familie aus, das sind 7,6 Prozent der nationalen Wirtschaftsleistung. Nur leider wirkt sich das nicht auf die Geburtenstatistik aus, 1,39 Kinder bringt hierzulande eine Frau im Lauf ihres Lebens zu Welt, damit liegt Deutschland weit hinten in der EU.

Das Problem der deutschen Familienpolitik ist, dass sie sich nicht entscheiden kann. Sie subventioniert die Hausfrau mit fünf Kindern genauso wie die kinderlose Gattin, die ihre Zeit gern mit Shopping verbringt. [...]

Ein Bericht der Bundesregierung führt 152 verschiedene familienpolitische Leistungen auf. [...] In kaum einem anderen Industriestaat sei das Verhältnis zwischen Aufwand und Ertrag so ungünstig. 146 000 Euro gibt Deutschland laut OECD-Statistik bis zum 18. Lebensjahr eines Kindes für Ausbildung und Familienpolitik aus, im OECD Schnitt sind es 124 000 Euro. Doch bei den Geburten steht Deutschland am Ende der Tabelle; die Aussichten sind schlecht, Familie und Beruf unter einen Hut bringen zu können. [...]

Das Ehegattensplitting ist ein typisches Beispiel für die Ziellosigkeit der deutschen Politik. Es belohnt den Eheschluss zweier Menschen, die unterschiedlich viel verdienen. Ihre Einkommen werden addiert, halbiert und besteuert. [...]

Für Alleinerziehende gibt es keinen Splitting Vorteil. Verwitweten wird ein Jahr Gnaden-Splitting gewährt, dann ist Schluss. Eltern ohne Trauschein: Pech gehabt. [...] Viele Experten halten es deshalb für besser, das Ehegattensplitting durch ein Familiensplitting zu ersetzen.

Alexander Neubacher, René Pfister, Catalina Schröder: Die Braut-Prämie, Der Spiegel, Nr. 33, 2012, S. 16 ff.

M10 Schicksal einer Alleinerziehenden

Gerhard Mester

Arbeitsvorschläge

1. Beschreiben Sie, was Ihrer Meinung nach eine Familie ausmacht (**M1**, **M5**).

2. Fassen Sie **M4** in Bezug auf die Ursachen des familiären Strukturwandels in einer Mindmap zusammen.

3. Erläutern Sie, ausgehend von **M8**, warum Kinder nicht nur für ihre Familie, sondern auch für den Rest der Gesellschaft eine Bedeutung haben.

4. Recherchieren Sie die jeweiligen Familienbilder und die familienpolitischen Ansätze der im Bundestag vertretenen Parteien und vergleichen Sie diese.

5. Interpretieren Sie die Karikatur **M10**; Methode S. 214.

6. Entwickeln Sie zur Vorbereitung einer Debatte, Methode S. 215, ein familienpolitisches Konzept, das den demografischen Wandel berücksichtigt (**M6** bis **M9**).

[I] 1, 2 [II] 3, 4 [III] 6 [I]–[III] 5

Lebensbäume im Wandel der Zeit

Welche Auswirkungen hat der Bevölkerungsrückgang?

Demografie
S. 46

Migration
S. 104

soziale Sicherungssysteme
S. 90

M1 Wohin steuert Deutschland?

Horst Haitzinger, 2011

Erklärungen

Das Statistische Bundesamt nimmt regelmäßig **koordinierte Bevölkerungsvorausberechnungen** vor. Dies erfolgt anhand von zwei Varianten zur mittelalten Bevölkerung (30- bis 60-Jährige) sowie der Unter- und Obergrenze. Bei beiden geht man von einer annähernd konstanten Geburtenhäufigkeit von etwa 1,4 Kindern je Frau und einer Zunahme der Lebenserwartung aus. Bei der Untergrenze wird zusätzlich von einem Wanderungssaldo von jährlich 100 000 Menschen, bei der Obergrenze von 200 000 Menschen ausgegangen.

Multiethnisches Segment: Hier sind damit Bevölkerungsgruppen gemeint, die von ihrer Abstammung, Geschichte, Kultur, Sprache oder Religion her verschieden sind. In Ländern, in die viele Menschen einwandern, vermischen sich diese Gruppen.

VT

Die Struktur einer Bevölkerung kann durch sogenannte Lebensbäume dargestellt werden. Dabei handelt es sich um eine grafische Darstellung der Anteile der weiblichen und männlichen Bevölkerung in den unterschiedlichen Jahrgängen. Klassischer Weise spricht man von einer Bevölkerungspyramide (M 3), welche aber nur bis zum Ersten Weltkrieg eine passende Abbildung für die Bevölkerung Deutschlands darstellte. Anschließend wandelte sich der deutsche Lebensbaum von der Pyramidenform zur Zwiebel- und zukünftig Richtung Urnenform.
Die Ursachen für den Wandel liegen in der Veränderung der Geburten- und Sterberate. Durch bessere medizinische Versorgung, vorteilhaftere hygienische Verhältnisse sowie durch zahlreiche technische Innovationen und Arbeitsschutz in der Arbeitswelt stieg die Lebenserwartung an und die Sterberate verringerte sich (erster demografischer Wandel). So wuchs der Anteil der Älteren an der Gesamtbevölkerung. Anfang des letzten Drittels des 20. Jahrhunderts setzte der zweite demografische Übergang ein: Die Geburtenrate ging zurück.
Die Folgen des seit den 1970er-Jahren anhaltenden zweiten demografischen Wandels sind in der Öffentlichkeit lange nicht als gravierendes Problem wahrgenommen worden. Dabei sind in einigen Bundesländern die Folgen einer schrumpfenden Bevölkerung und damit eines wirtschaftlichen und demografischen Abwärtstrends unübersehbar: leer stehende Wohnungen, verfallende Stadtteile, überdimensionierte Wasserwerke und Kläranlagen. Wie können Regionen mit einer geringen oder schrumpfenden Bevölkerungszahl attraktiv gehalten werden? Wann soll auf die vorhergesagten Probleme reagiert werden?

M2 Demografische Entwicklung Deutschlands

Aussagen über künftige Entwicklungen sind eine Rechnung mit vielen Unbekannten und lassen sich nur mit großer Vorsicht formulieren. Gleichwohl sind vier klare langfristige Trends erkennbar:

1. Niedrige Geburtenraten: Die westdeutschen Geburtenraten werden weiterhin auf einem niedrigen Niveau verharren; die derzeit noch niedrigeren ostdeutschen Ziffern werden sich vermutlich dem westdeutschen Niveau annähern.

2. Alterung: Niedrige Geburtenraten und steigende Lebenserwartungen lassen die Alterung der Bevölkerung weiter voranschreiten. Diesem Prozess sind sowohl die einheimische Mehrheitsbevölkerung als auch etwas abgeschwächt die ethnischen Minderheiten unterworfen. [...] Die dramatische Alterung belastet die sozialen Sicherungssysteme (Alter, Gesundheit, Pflege) und erfordert langfristige Anpassungsstrategien.

3. Bevölkerungsrückgang: Der seit Beginn der Industrialisierung andauernde Trend eines stetigen Bevölkerungswachstums ist beendet. Selbst wenn jährlich 200 000 Migranten nach Deutschland zuwanderten, würde die Bevölkerung von derzeit 82 Millionen auf 75 Millionen im Jahr 2050 schrumpfen. [...]

4. Zuwanderung und Wachstum des multiethnischen Segments: Deutschland wird in den nächsten Jahrzehnten die Entwicklung zu einer Einwanderungsgesellschaft modernen Typs [...] fortsetzen. Wegen der niedrigen Geburtenziffer würde die Wohnbevölkerung ohne Zuwanderungen von heute 82 Millionen auf 59 Millionen im Jahr 2050 zurückgehen. [...]

Rainer Geißler: Die Sozialstruktur Deutschlands, Wiesbaden 2006, S. 66 f.

M3 Altersaufbau der Bevölkerung Deutschlands

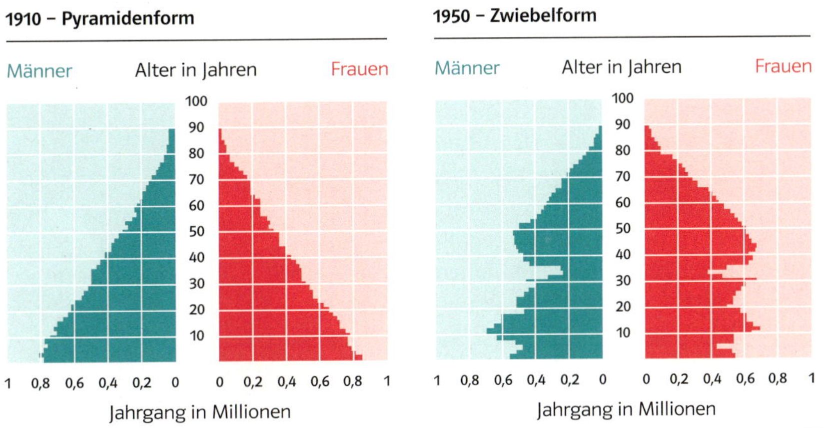

Quelle: Statistisches Bundesamt 2003

M4 Deutschland schrumpft, Merkel mahnt

Die Regierung schlägt Alarm: Die deutsche Wirtschaft muss mehr auf ausländische Fachkräfte und Frauen setzen, um ihre Wettbewerbsstärke in einer alternden Gesellschaft zu sichern. Berechnungen zufolge wird Deutschland bis 2060 ein Fünftel der Bevölkerung verlieren – etwa 17 Millionen Einwohner. Jeder Dritte wird dann 65 Jahre oder älter sein. [...] Merkel sagte, der demografische Wandel bringe neben der Globalisierung die größte Veränderung des gesellschaftlichen Lebens in Deutschland. „Wir dürfen uns den Herausforderungen nicht verweigern", mahnte sie. „Dann werden sich auch die Chancen zeigen." Bei der Entwicklung des Arbeitsmarkts setzt die Kanzlerin auf Menschen aus Zuwandererfamilien. Deren Zahl steige. „Wenn es uns nicht gelingt, diese Menschen in der gleichen Art und Weise in Deutschland mit Bildungsabschlüssen auszustatten [...], dann haben wir ein noch größeres Problem als das der unterschiedlichen Balance zwischen Jüngeren und Älteren." [Bundesarbeitsministerin] von der Leyen sagte, ohne ein Gegensteuern verschwänden in den nächsten 15 Jahren etwa sechs Millionen Menschen vom deutschen Arbeitsmarkt. „Das ist die dunkle Seite." Viel Potenzial liege aber bei den Frauen, die bislang nicht erwerbsfähig seien oder in Teilzeit arbeiteten. Der Chef der Bundesagentur für Arbeit, Frank-Jürgen Weise, sagte, ein Fachkräftemangel werde unweigerlich kommen. Der Präsident des Deutschen Industrie- und Handelskammertages, Hans Heinrich Driftmann, plädierte dafür, im Ausland mehr um Fachkräfte zu werben und ihnen besser bei der Eingliederung in Deutschland zu helfen. Eine der ganz großen Herausforderungen sei auch das Thema Gesundheit, mahnte Merkel. Die Ausgaben des Gesundheitssystems würden tendenziell schneller wachsen als die Steuereinnahmen, sagte sie voraus. „Ein gutes Gesundheitssystem ist so etwas wie der Garant dafür, dass die Würde des Einzelnen überhaupt geachtet werden kann." Dafür müsse das System jedoch immer wieder neu nachjustiert werden. [...] Innenminister Hans-Peter Friedrich (CSU) warb für einen Bewusstseinswandel in Deutschland. Die Herausforderung durch den demografischen Wandel sei zu bewältigen und auch als Chance zu sehen. Die Menschen müssten aber zu Veränderungen bereit sein – nicht nur in der Arbeitswelt. Auch in der Familienpolitik müsse sich einiges tun [...].

vme/dpa/afp: Deutschland schrumpft, Merkel mahnt, Spiegel-Online, 04.10.2012 www.spiegel.de/politik/deutschland/bundesregierung-fordert-dialog-ueber-den-demografischen-wandel-a-859561.html, Zugriff 04.10.2012

M5 Wege in die demografische Zukunftsfähigkeit

Sieben Thesen aus der Studie „Deutschland 2020" des Berlin Instituts für Bevölkerung und Entwicklung.

Die Angehörigen des geburtenstärksten Nachkriegsjahrgangs 1964 werden im Jahr 2031 67 Jahre alt sein. Sie sind der erste Jahrgang, der mit 67 Jahren in Rente geht.

- Um den heutigen Lebensstandard zu erhalten, müssen die Deutschen länger arbeiten. Solange die Menschen wie derzeit im Durchschnitt mit 60,4 (Frauen) beziehungsweise 61 (Männer) Jahren in Rente gehen, ist eine Altersversorgung nach heutiger Vorstellung nicht finanzierbar. Auch eine höhere Frauenerwerbsquote und kürzere Ausbildungszeiten würden die Arbeitsleistung der Deutschen verbessern. [...]
- Der demografische Wandel erfordert eine Reform des deutschen Föderalismus. Die kleinen Bundesländer Bremen und Saarland leiden massiv unter Strukturwandel, Überalterung und Bevölkerungsschwund. Flächenländer mit angrenzenden Stadtstaaten wie Schleswig-Holstein und Hamburg, oder Berlin und Brandenburg sind längst zu Hybriden geworden. Eine getrennte und kostenträchtige Doppelverwaltung dieser ökonomischen und sozialen Einheiten erscheint heute wenig sinnvoll. Zusammengelegte Bundesländer könnten effizienter arbeiten und mehr Einfluss geltend machen.
- Das Studienabschlussalter in Deutschland liegt mit über 28 Jahren über dem Niveau vergleichbarer Länder. Zu lange Studienzeiten verzögern den Eintritt ins Erwerbsleben und damit auch die Möglichkeit, in jungen Jahren finanziell abgesichert eine Familie zu gründen. Je später sich junge Menschen auf ein erstes Kind einlassen, desto größer ist die Wahrscheinlichkeit, dass dieses Kind ohne Geschwister aufwächst. Auch das Schulsystem hat einen Einfluss auf die Kinderzahlen: Ganztagsschulen, wie sie in Frankreich oder der Schweiz die Norm sind, ermöglichen beiden Elternteilen, einen Beruf auszuüben. Zudem erleichtern sie eine individuelle Förderung von hoch wie auch von weniger begabten Schülern. Unbedingt verbessert werden muss das System der Hauptschulen. Zum einen, damit Hauptschulabsolventen wieder größere Chancen am Arbeitsmarkt bekommen. Und zum anderen, um die besorgniserregend hohe Zahl vor allem an männlichen Jugendlichen zu reduzieren, die nicht einmal diesen Abschluss schaffen. Dies ist auch demografisch von Bedeutung, denn junge Männer ohne ausreichende Bildung finden seltener eine Partnerin zur Familiengründung als durchschnittlich Qualifizierte. [...]
- Die Unternehmen müssen sich auf alternde Belegschaften einstellen. [...] Denn eine Gesellschaft, die bald schon mehrheitlich aus über

M6 Bevölkerungsentwicklung und Altersstruktur

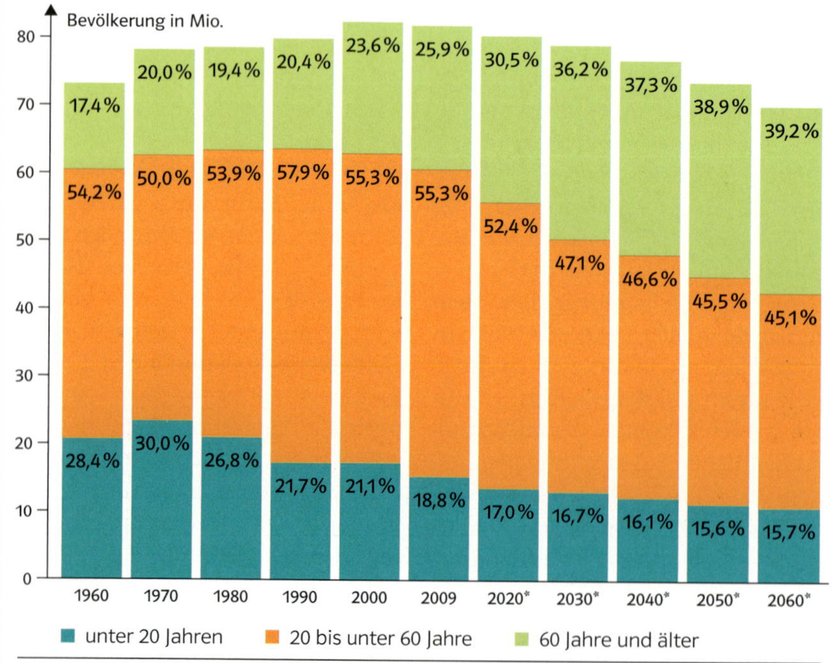

Statistisches Bundesamt, Wiesbaden

* Bevölkerungsvorausberechnung, Stand Ende 2010

50-Jährigen besteht, ist zwangsläufig auf die Leistungen der höheren Semester angewiesen.

- Die demografische Entwicklung macht deutlich, dass Deutschland in Zukunft weiter Einwanderung braucht. Ausländer müssen deshalb besser als bisher in die Gesellschaft integriert werden. Diese Aufgabe beginnt bei den Kindern von Ausländern. Sie sollten so früh wie möglich, am besten in Kindergärten und unter einer Mehrheit deutsch sprechender Spielkameraden, die deutsche Sprache erlernen. Generell wird zu wenig in die Bildung von Migrantenkindern investiert. Auch von den Zuwanderern selbst. [...] Als Folge gibt es nur wenige Ausländer mit hohen Qualifikationen. [...]
- Deutschland braucht deshalb eine gezielte Einwanderungspolitik nach einem Punktesystem, ähnlich wie sie von Staaten wie Kanada oder Neuseeland betrieben wird. Langfristig wird es nicht ausreichen, Hochqualifizierten die Einwanderung nach Deutschland lediglich zu ermöglichen, denn alle Industrienationen mit schwindender Bevölkerung werden bald schon um Fachkräfte konkurrieren. [...]
- Anders als in vielen anderen Ländern gelten Kinder in Deutschland nicht als Normal-, sondern häufig als ökonomischer Problemfall. Es ist aber nicht damit getan, Steuern für Familien mit Kindern zu senken und Kinderlose zu bestrafen. Was fehlt, ist eine gesellschaftliche Diskussion um den Eigenwert von Kindern. [...] Denn eine Gesellschaft ohne Kinder ist auf Dauer nicht überlebensfähig.

Steffen Kröhnert, Nieke van Olst, Reiner Klingholz: Wege in die demografische Zukunftsfähigkeit, Berliner-Institut für Bevölkerung und Entwicklung (Hg.), Berlin, unter: www.bpb.de/themen/XRJZHO,0,0,Wege_in_die_demografische_Zukunftsf%E4higkeit.html, Zugriff 12.10.2012, gekürzt

M7 Der Altersaufbau im Vergleich – eine Prognose

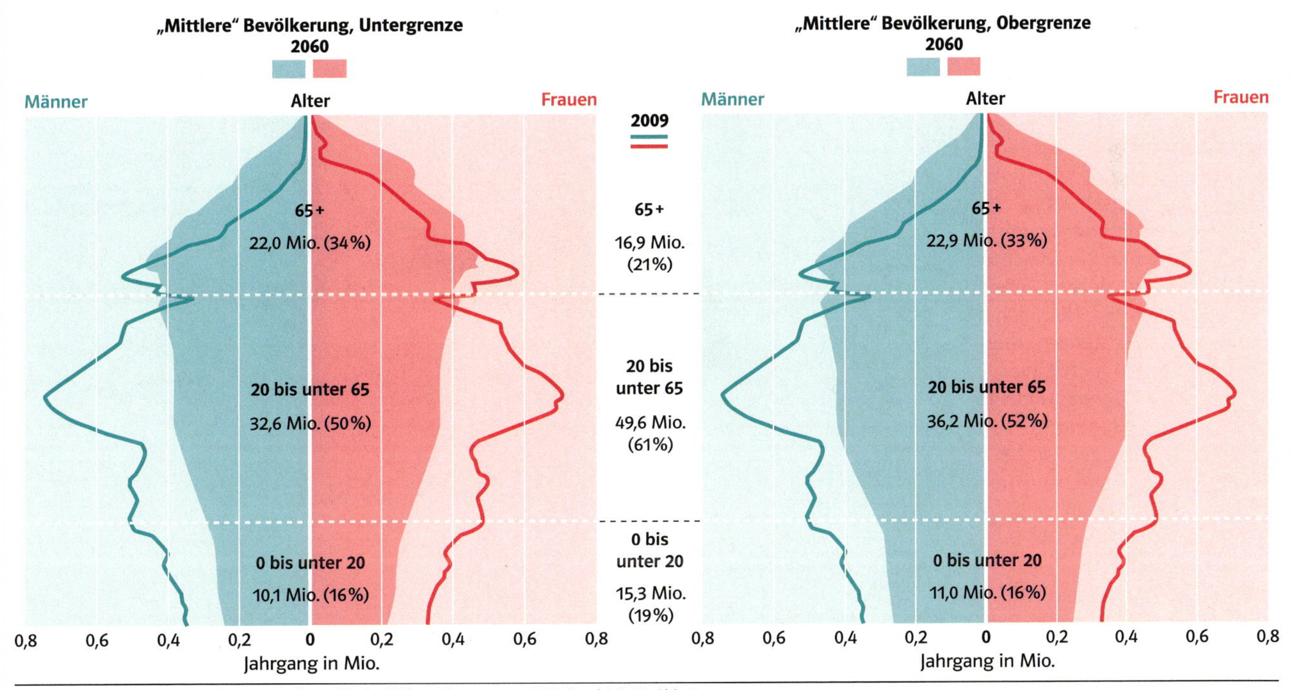

Statistisches Bundesamt/Bundeszentrale für politische Bildung, Datenreport 2011, Band 1, S. 23, Abb. 4

Arbeitsvorschläge

1. Fassen Sie die in **M4** genannten Herausforderungen des demografischen Wandels in einer Mindmap zusammen.

2a Beschreiben Sie die Lebensbäume (**M3**) und arbeiten Sie die Unterschiede heraus. Methode S. 222

2b Erläutern Sie die Einkerbungen bei den 35- und 5-Jährigen in **M3** (1950).

3. Interpretieren Sie die Karikatur **M1** im Kontext der Grafiken **M6** und **M7**; Methode S. 214.

4. Überprüfen Sie, inwieweit die unterschiedlichen Annahmen zur „mittleren Bevölkerung" (**M7**) eine Auswirkung auf die Prognose für die Bevölkerungsentwicklung für das Jahr 2060 haben. Beurteilen Sie die Verlässlichkeit von Prognosen generell; S. 103, **M2**.

5. Arbeiten Sie arbeitsteilig durch eine Recherche heraus, welche Positionen die Bundestagsparteien zu den in **M5** genannten Problemen einnehmen.

[I] 1, 2a [II] 2b, 5 [III] 4 [I]–[III] 3

Familien- und Karriereplanung
Kinder und/oder Karriere?

M1 Neue Rollenaufteilung

Thomas Plaßmann

Kinderbetreuung
S. 14

Kindergeld/Transferleistungen
S. 92

Erklärungen

Die Arbeitszeit in einem Betrieb kann unterschiedlich organisiert werden. Es sind verschiedene flexible **Arbeitszeitmodelle** möglich, die Familie und Beruf leichter vereinbar machen. Bei der Teilzeit wird die wöchentliche Normalarbeitszeit (35 bis 40 Stunden) reduziert. So arbeiteten nach Zahlen des Statistischen Bundesamtes im Jahr 2010 insgesamt rund 70 Prozent der erwerbstätigen Mütter im Alter von 15 bis 64 Jahren auf Teilzeitbasis, bei den Vätern waren es hingegen lediglich knapp 6 Prozent.
Bei der Gleitzeitarbeit kann innerhalb eines vorgegebenen Rahmens die Lage und Dauer der Arbeitszeit selbst gestaltet werden. Wird eine zu erbringende Arbeitsleistung festgeschrieben und ohne Kontrolle der Arbeitszeit erbracht, spricht man von Vertrauensarbeitszeit. Zunehmend wird auch die Möglichkeit eingeräumt, von zu Hause aus zu arbeiten.

Emanzipation [lat. Freilassung] ist die Befreiung von Individuen oder Gruppen aus rechtlicher, politisch-sozialer, geistiger oder psychischer Abhängigkeit. Hier ist speziell die rechtliche und gesellschaftliche Gleichstellung der Frau gegenüber dem Mann gemeint.

VT

In Artikel 3 des Grundgesetzes steht, dass alle Menschen vor dem Gesetz gleich sind. Ausdrücklich wird betont, dass Männer und Frauen gleichberechtigt sind und der Staat diese Gleichberechtigung zu fördern und durchzusetzen hat.
Doch immer wieder wird festgestellt, dass Frauen für die gleiche Tätigkeit weniger Geld erhalten als Männer und dass Frauen seltener Spitzenpositionen in Unternehmen einnehmen als Männer. Ist Angela Merkel, die erste Bundeskanzlerin der Bundesrepublik Deutschland, also nur eine Ausnahme? Oder liegt es daran, dass Frauen lieber Hausfrau und Mutter sind und weniger Wert auf die Karriere legen? Dies steht im Widerspruch zu den erlangten Bildungsabschlüssen: Mittlerweile absolvieren mehr Mädchen als Jungen das Abitur und auch bei den Hochschulabsolventen stehen Frauen und Männer auf einer Stufe.
Junge Frauen haben also beste Startchancen, aber sie scheinen immer noch Schwierigkeiten dabei zu haben, diese Chancen auch zu nutzen.
Was müsste die Politik tun, um dem entgegenzuwirken?

M2 Mütter zahlen drauf

[...] Die deutsche Mutter, vor allem, wenn sie in Westdeutschland lebt, arbeitet nicht. Jedenfalls erst einmal nicht – wenn das Kind klein ist. Dann gern in Teilzeit. Die eigene berufliche Zukunft bleibt oft ungeplant. Die Zahlen sprechen eine klare Sprache. 5,6 Millionen Frauen in Deutschland zwischen 25 und 59 Jahren gehen keiner Berufstätigkeit nach – keineswegs nur Hartz-IV-Empfängerinnen. 578 000 dieser Frauen haben einen Hochschulabschluss, weitere 2,9 Millionen einen Lehr- oder Berufsabschluss. Ein Hauptgrund für ihre berufliche Lage sind: Kinder. Selbst wenn die Kleinen größer werden, fassen viele nicht wieder Tritt. Von den Müttern mit Kindern zwischen drei und fünf Jahren ist immer noch mehr als ein Drittel nicht erwerbstätig – gar nicht, auch nicht halbtags.

In Westdeutschland hat nur rund jede vierte Mutter, deren jüngstes Kind 15 Jahre oder älter ist, einen Vollzeitjob. So verpufft nach der Schwangerschaft so manche teure Ausbildung einfach. Und warum? Liegt es nur an großen Lücken in der Kita-Landschaft, oder gibt es weitere Gründe? [...] Die Dortmunder Psychologin Kathrin Dewender, die Firmen zur Vereinbarkeit von Familie und Beruf berät, spricht von einer „kranken Konstellation“, der Mütter ausgesetzt seien, die zügig in den Job zurückkehren wollen. Vor allem in ländlichen Gebieten stünden Frauen unter erheblichem Druck, die Erziehungsverantwortung für den Nachwuchs bloß nicht zu früh aus der Hand zu geben. Ohnehin werden derzeit nur knapp zwölf Prozent der Unterdreijährigen in Nordrhein-Westfalen in Tageseinrichtungen betreut. So sei es oft „extrem kompliziert“, beruflich am Ball zu bleiben. Für die Frauen selbst ist das nicht ganz ungefährlich – sie werden schnell abgehängt, als zuverlässige Mitarbeiterinnen nicht mehr ernst genommen. [...]

Margarete Hucht: Mütter zahlen drauf, Spiegel Online 04.10.2011, www.spiegel.de/karriere/berufsleben/kinder-und-karriere-muetter-zahlen-drauf-a-780857.html, Zugriff 24.10.2012, gekürzt

M4 Durchschnittsalter der Mütter

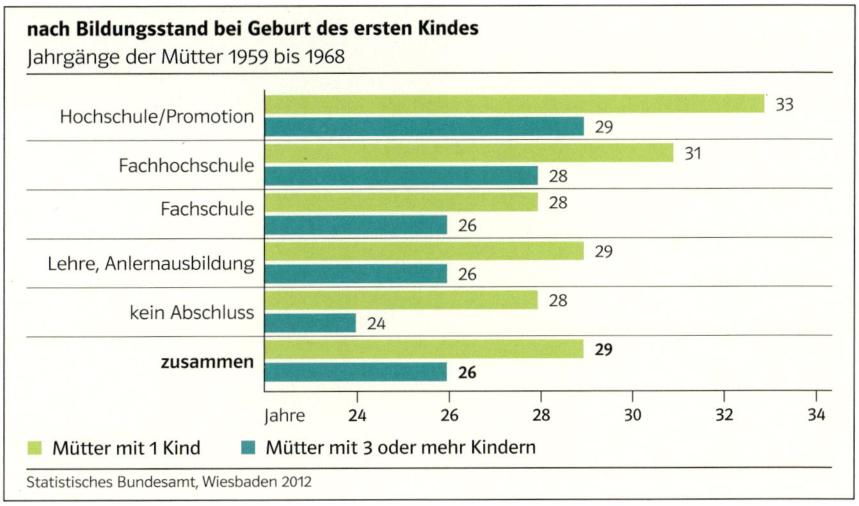

M3 Abenteuer Flexibilität

Wie können Unternehmen auf die Bedürfnisse junger Frauen und Familien eingehen? Über diese Frage wird seit Jahren in den Unternehmen und der Politik diskutiert. Familienpolitik ist längst zu einem wichtigen Faktor im Wettbewerb um gut qualifizierte Mitarbeiter geworden: Wer gute Mitarbeiter gewinnen und halten möchte, muss ihnen die Vereinbarkeit von Familie und Beruf ermöglichen. [...] Das weiß ein Großteil der Unternehmen. Sie bieten Teilzeitmodelle und Vertrauensarbeitszeit an, betriebseigene Kindergärten und die Möglichkeit, als Vater eine Auszeit zu nehmen. Doch die Theorie ist oft einfacher als die Praxis, weiß Jutta Rump, Professorin an der Fachhochschule Ludwigshafen: „Auf der rationalen Ebene hat so gut wie jedes Unternehmen verstanden, dass Frauen- beziehungsweise Familienförderung etwas bringt“, sagt Rump. „Wir haben hier kein Erkenntnis-, sondern ein Umsetzungsproblem.“

Linda Tutmann: Abenteuer Flexibilität, Focus Online, 04.07.2012, www.focus.de/schule/familie/tid-25271/beruf-und-familie-kein-wunschkonzert_aid_724320.html, Zugriff 23.10.2012, gekürzt

Arbeitsvorschläge

1a Beschreiben Sie, wie Sie sich Ihr eigenes zukünftiges Familienleben vorstellen. Wer kümmert sich um die Kinder und den Haushalt? Gibt es einen Hauptverdiener? Welche Unterstützung erwarten Sie vom Staat?

1b Vergleichen Sie anschließend in der Lerngruppe das Zukunftsbild der Jungen mit dem der Mädchen.

2. Benennen Sie die Probleme, die jungen Müttern den Wiedereinstieg in den Beruf erschweren.

3. Erklären Sie die Probleme des demografischen Wandels anhand von **M3**.

4. Interpretieren Sie die Karikatur **M1** unter Berücksichtigung der Materialien **M2** bis **M4**; → Methode S. 214.

5. Überprüfen Sie anhand der Materialien die Elternzeit und das Kindergeld auf ihre Wirksamkeit.

6. Entwickeln Sie Konzepte für einen familienfreundlichen Arbeitsplatz. Vergleichen Sie und nehmen Sie Stellung zu den Vorschlägen.

[I] 1a, 2 [II] 1b, 3 [III] 5, 6 [I]–[III] 4

Leben in Gruppen
Familiäre, schulische und berufliche Sozialisation

Migration
→ S. 104

M1 Dem Tüchtigen steht die Welt offen

Burkhardt Cziborra

Erklärungen

Inklusion: grundsätzlicher Einschluss aller Menschen; jeder wird von der Gesellschaft akzeptiert wie er ist und nimmt an ihr teil; → S. 26.

Integration: Eingliederung von Menschen nach vorher bestehender Trennung. Das Gegenteil von Integration ist das Ausgrenzen von Menschen.

Shell-Jugendstudie: Alle 3–4 Jahre werden ca. 2500 Jugendliche in Deutschland im Alter von 12 bis 25 Jahren zu ihrer Lebenssituation, ihren Glaubens- und Wertvorstellungen sowie ihrer Einstellung zur Politik befragt. Der Ölkonzern finanziert diese Studie, die von Wissenschaftlern erarbeitet wird.

Sozialisation: → S. 38

Zunft: Zusammenschluss von Handwerksmeistern zur Wahrung ihrer Interessen. Zünfte gab es vom Mittelalter bis ins 19. Jahrhundert.

VT

Zu allen Zeiten waren am Prozess der Erziehung und Eingliederung in die Gesellschaft (Sozialisation) nicht nur die Eltern eines Kindes, sondern weitere Personen, Gruppen und Institutionen beteiligt. Immer schon brauchte der Mensch – auch als Erwachsener – zum Überleben den anderen, die Gruppe. Sicherte in der frühen Menschheitsgeschichte die Gruppe (Kleinfamilie, Großfamilie, Sippe) das Überleben des Einzelnen im wahrsten Sinne des Wortes, so hat sich heute die Bedeutung der Gruppe verändert. Auch wenn die Gruppe weiterhin, vor allem im Kindes- und Jugendalter, Zufluchts- und Orientierungsort ist oder doch zumindest sein sollte, so verlangt die moderne Gesellschaft immer stärker vom Einzelnen die Übernahme von Verantwortung für sein persönliches Wohlergehen und Schicksal. Im Mittelpunkt steht jetzt der Erwerb der Fähigkeiten und Fertigkeiten, die es dem Menschen ermöglichen, ein selbstbestimmtes Leben zu führen. Dieser Prozess prägt uns, gleichzeitig aber prägen wir auch diejenigen, mit denen wir umgehen, die auf uns Einfluss nehmen. Familie, Verwandtschaft und enge Freunde sind die Ersten, mit denen wir zu tun haben (primäre Sozialisation). Mit zunehmendem Alter erweitert sich der Blickwinkel und damit auch die Lebenswelt: Kindergarten, Schule und Freundeskreis, auch die Berufswelt kommen hinzu (sekundäre Sozialisation). Besonders die Berufs- und Arbeitswelt mit ihren spezifischen Anforderungen hat im Leben des Jugendlichen in der Ausbildung und des Erwachsenen, der im Beruf steht, einen hohen Stellenwert. Da der Mensch sich in seinem gesamten Leben mit unterschiedlichen Personen und Institutionen im Berufs- und Privatleben auseinandersetzen muss, ist dieser Prozess niemals abgeschlossen (tertiäre Sozialisation).

M2 Einfluss der Familie

Ein Beitrag in der Wochenzeitung Die Zeit beschreibt Beständigkeiten und Veränderungen in der Sozialisationsinstanz Familie.

[…] „Es gab nie so viele Intensivfamilien: Eltern mit Wunschkindern, für die sie unglaublich viel tun", sagt Helmut Fend, pensionierter Professor für Entwicklungspsychologie an der Universität Konstanz, der seit mehr als 30 Jahren die Lebensläufe junger Menschen erforscht. Oft sind die Eltern weit über die Jugendzeit hinaus für ihren Nachwuchs da: Jede zweite Frau zieht erst dann bei ihren Eltern aus, wenn sie älter als 21 Jahre ist, jeder zweite Mann, wenn er älter als 24 Jahre ist. […] Das hat weitreichende Folgen: Obwohl wir unsere Unabhängigkeit immer stärker beschwören, unsere Individualität, unsere Freiheiten, ist der Einfluss der Familie nach wie vor entscheidend. Zwar ist er subtiler als in Zeiten, da man selbstverständlich den Beruf der Eltern ergriff oder den Hof übernahm – aber nicht minder stark. Wie groß die Bildungschancen eines Menschen sind, welche politischen oder kulturellen Wertvorstellungen er hat oder wie zufrieden er mit seiner Beziehung ist – all das ist auch eine Frage seiner Herkunft, seiner Familie. Ob er glücklich wird, erfolgreich oder selbstbewusst. Jeder ist das Kind seiner Eltern, ist Teil einer Familie. Und damit unter Menschen aufgewachsen, gegenüber denen er sich positioniert, von denen er sich abgrenzt – und von denen er doch meist mehr übernimmt, als ihm lieb ist. Je enger die Bindung ist, desto prägender wirkt die Sippe. Egal, ob sie friedlich war oder zerstritten, traditionell oder ausgeflippt, emotional oder sachlich, ernsthaft oder voller Leichtigkeit: Die Familie ist eine Schablone, die die Konturen des späteren Lebens vorgibt. Und wer daraus ausbrechen will, der muss sich dieser Vorgaben erst einmal bewusst werden. […] Helmut Fend beobachtete 2000 Menschen […], die heute Anfang-40-Jährigen, vom 12. bis zum 35. Lebensjahr. Er fragte sie, wie ihr Lebensweg verlaufen ist und welche Rolle die Herkunftsfamilie darin spielt. Die Ergebnisse dieser Studie („Lebensläufe ins frühe Erwachsenenalter") bestätigen [den] Eindruck. „Wir haben überraschend enge Zusammenhänge zwischen der Herkunftsfamilie und den Einstellungen der Menschen festgestellt. So verändert sich eher die Persönlichkeit als das Wertegerüst, das einem das Elternhaus vermittelt hat", sagt Fend. Wer aus einer CDU-nahen Familie kommt, wählt zu 80 Prozent wieder CDU, unter den Grünen fällt die Quote noch höher aus […]. Auch religiöse Werte werden vor allem im Elternhaus vermittelt. Und wer Vater und Mutter hat, die viel lesen, sich für Jazz interessieren oder ins Theater gehen, hat als Erwachsener deutlich häufiger ähnliche Vorlieben als Menschen, in deren Kindheit die ganze Zeit der Fernseher lief. […] Kinder von Langzeitarbeitslosen werden, statistisch gesehen, selbst oft langzeitarbeitslos. Töchter von Teenagermüttern werden selbst häufig jung Mutter. Und Gewalt in Familien überträgt sich ebenso häufig über Generationen wie Missbrauch, Sucht oder Panikattacken. […]

Eva-Maria Schnurr: Die Macht der Familie, 03.02.2010, www.zeit.de/zeit-wissen/2010/01/Die-Macht-der-Familie, Zugriff 25.02.2014, gekürzt

M3 Was für junge Menschen heute wichtig ist

Wertorientierungen: Pragmatisch, aber nicht angepasst
Jugendliche im Alter von 12 bis 25 Jahren (Angaben in %)

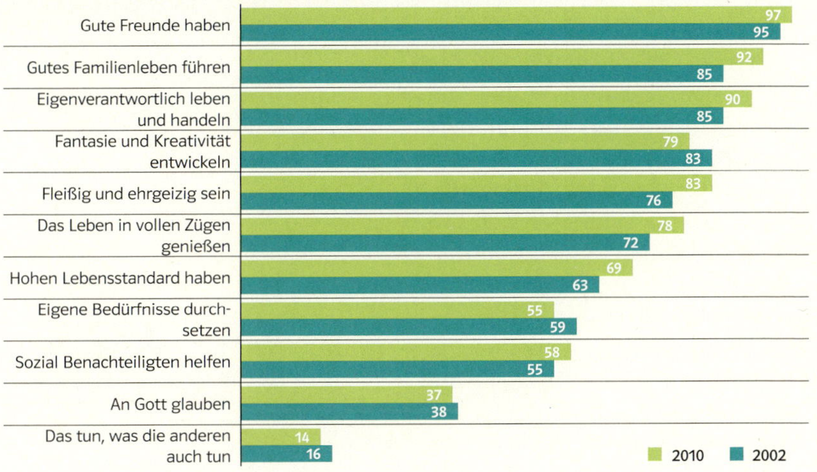

Deutsche Shell Holding GmbH (Hg.): Jugend 2010, 16. Shell Jugendstudie, www.shell.de/aboutshell/our-commitment/shell-youth-study/downloads, Zugriff 05.02.2014

M4 Schule in der Praxis

Der zunehmenden Kluft in den Bildungsverläufen von Kindern und Jugendlichen, die bestehende Bildungsangebote erfolgreich nutzen, und jenen, bei denen sich Benachteiligungen eher [anhäufen], muss entschiedener begegnet werden: Die in unterschiedlichen Abschnitten einer Bildungsbiografie eingeschlagenen Wege unterscheiden sich insbesondere nach Geschlecht, sozialer Herkunft und Migrationsstatus. Sie führen zu [Ungleichgewichten] der Bildungsbeteiligung und damit zu Unterschieden in den Bildungs- und Lebenschancen. Diese zunehmenden [trennenden] Erscheinungen stehen im Gegensatz zu der Inklusions- und Integrationsaufgabe des Bildungswesens. Eine zentrale Herausforderung besteht daher darin, allen jungen Menschen über ein dem gesellschaftlichen Entwicklungsniveau angemessenes Bildungsniveau die soziale und gesellschaftliche Teilhabe zu ermöglichen.

Deutsches Institut für Internationale Pädagogische Forschung: Bildungsbericht 2010, www.bildungsbericht.de/daten2010/wichtige_ergebnisse_web2010.pdf, Zugriff 25.02.2014, sprachlich vereinfacht

M5 Schule in der Theorie

Die Schule hat die klassischen Funktionen der Erziehung und Bildung. Durch Erziehung, d.h. die Vermittlung der richtigen Gesinnung, der vorherrschenden Normen und Werte, des angemessenen Verhaltens, sollen die Schüler zivilisiert und diszipliniert werden. Zugleich sollen die Schüler Bildung erwerben, d.h., ihre aktive Auseinandersetzung mit der Welt soll gefördert, sie sollen zu Selbstbestimmung befähigt und zur aktiven Gestaltung der Wirklichkeit qualifiziert werden. So kommen in diesen beiden Funktionen von Schule einerseits die vergesellschaftende, andererseits die [persönlichkeitsbildende] Seite von Sozialisation zum Ausdruck. Zwischen beiden Funktionen besteht eine gewisse Spannung. Außerdem wählt die Schule aus und weist [...] nach differenzierten Schulabschlüssen (z.B. Abitur) den Nachwachsenden unterschiedliche Positionen in der Gesellschaft zu. [...] Zugleich soll Schule diejenigen Qualifikationen vermitteln – Techniken, Fähigkeiten, Kenntnisse, „Tugenden" –, die für gesellschaftlich notwendig erachtet werden. Diese Qualifikationsfunktion der Schule ist ebenfalls [zwiespältig]: Einerseits geht es dabei z.B. um die traditionellen Tugenden wie Fleiß, Ordnung, Pünktlichkeit, zum anderen aber auch um Kritikfähigkeit, Kooperationsbereitschaft, Selbständigkeit u.Ä. Schließlich hat die Schule Legitimationsfunktion. Schüler sollen durch Schule zur Anerkennung des bestehenden politischen und sozioökonomischen Systems gelangen. [...] Wie diese [Funktionen] allerdings verarbeitet werden, hängt einerseits von den sozialisatorischen Vorgaben des Elternhauses ab, andererseits von der Art und Weise der alltäglichen Interaktion zwischen Lehrern und Schülern und zwischen Schülern und Schülern innerhalb des institutionellen Gefüges der Schule.

Ludwig Helbig: in: Politik im Aufriß, Frankfurt a.M. 1993, S. 20, gekürzt u. vereinfacht

M6 Schule heute – oder gestern?

Gerhard Mester, 1985

M7 Der heimliche Lehrplan

Schule vermittelt nicht nur laut den staatlichen Lehrplänen Wissen, Kenntnisse und Fertigkeiten, die im späteren Berufs- und Privatleben von Bedeutung sind. Jeder kennt aus seiner aktuellen oder ehemaligen Schülerzeit Dinge, die in keinem Lehrplan stehen und auch niemals stehen werden, die zu kennen aber trotzdem nützlich, manchmal in der Schule fast überlebensnotwendig ist:

- Wie überstehe ich langweilige oder anstrengende Stunden?
- Wie vermeide ich es, im Unterricht unangenehm aufzufallen?
- Wer lässt mich abschreiben und wer ist Egoist?
- Womit kann ich Lehrer am besten beeindrucken?
- Wie signalisiere ich Interesse am Unterricht und erledige gleichzeitig etwas anderes?
- Wie setze ich meine Interessen im Unterricht auch gegen den Lehrer durch?
- Womit kann ich das Mädchen/den Jungen in der 2. Reihe am besten beeindrucken?
- Wie bereite ich eine Klassenarbeit effektiv vor, wenn ich eigentlich keine Zeit dafür habe?

Autorentext

M8 Was früher wichtig war

In der bis zum Beginn des 19. Jahrhunderts dominierenden Form der beruflichen Bildung in der ständischen Gesellschaft, der in Zünften organisierten handwerklichen Lehre, fand sich eine ganzheitliche berufliche und lebensweltliche Sozialisation der Lehrlinge durch ihre Integration in Familie und Betrieb des ausbildenden Meisters. [...] Der Lehrling wohnte und lebte im Haushalt des Meisters und der „Meisterin" und lernte durch „Stehlen mit dem Auge" und seine zunehmende Mitwirkung an der Erledigung der betrieblichen Aufträge. Diese Lehre nach dem „Nachahm-Modell" beinhaltete eine vollständige Unterwerfung unter die Macht des Meisters. Zielperspektiven der traditionellen Handwerkslehre sind die „verlässliche Aufrechterhaltung und Weitergabe des Berufsstandes" durch die Verbindung von Berufsausbildung [...] und -ausübung und als zentrales Lernkonzept die Nachahmung der beruflich-fachlichen Fähigkeiten des Meisters und die Identifikation mit seinen Kompetenzen.

Klaus Hahne: Zur Bedeutung der Arbeit, in: Lernkonzepten der beruflichen Bildung, BWP 1/2003, Bundesinstitut für Berufsbildung (Hg.), Bonn 2003, S. 29, www.bibb.de/veroeffentlichungen/de/publication/show/id/760/1/2003, Zugriff 25.02.2014, sprachlich vereinfacht

M9 Was Arbeitgeber erwarten

Ein rascher Wandel in allen Lebensbereichen kennzeichnet unsere Gesellschaft. Davon zeugen auch die Anforderungen, die heute an einen Auszubildenden gestellt werden. Gutes Deutsch ist die Basis jeder Berufsausbildung in einem der ca. 330 Ausbildungsberufe, verbunden mit Grundkenntnissen in Englisch.
Mathematische Fähigkeiten zielen auf das Verständnis von Textaufgaben, die Anwendung von Formeln und den Umgang mit einem Taschenrechner. Besonders in gewerblich-technischen Ausbildungsberufen sind Kenntnisse aus den Fächern Physik, Chemie, Biologie und Technik gefragt.
Ausbildungsbetriebe erwarten auch, dass sich ihre zukünftigen Mitarbeiterinnen und Mitarbeiter durch Betriebspraktika Kenntnisse über wirtschaftliche Zusammenhänge (soziale Marktwirtschaft, Unternehmen und private Haushalte, Gefahr der Verschuldung etc.) angeeignet haben.
Ohne Computer geht heute nichts mehr. Folglich erwarten Betriebe von Azubis grundlegende Kenntnisse im Bereich der Informations- und Kommunikationstechniken. Dazu zählt auch das Wissen um Chancen wie um Risiken dieser Technologien.
Azubis sollten auch über kulturelle Grundkenntnisse verfügen. Dazu gehört elementares Wissen über Weltreligionen wie das Wissen um historische und gesellschaftliche Entwicklungen. So wichtig wie diese fachlichen Kenntnisse sind aus der Sicht der Ausbildungsbetriebe die persönlichen und sozialen Kompetenzen der Bewerber um einen Ausbildungsplatz. Klassische Tugenden wie Zuverlässigkeit und Pflichtbewusstsein sind weiterhin wichtig und werden es auch bleiben. Dazu gekommen sind aber auch Kompetenzen wie Flexibilität, Toleranz, Konflikt- und Teamfähigkeit, Selbstständigkeit, Verantwortungsbereitschaft. All das ergibt den „idealen Azubi".

Autorentext

M10 „Die gute Ehe"

In einem Eheratgeber des Jahres 1959 heißt es:

Wie kann man nun die Frage der Berufsarbeit der Ehefrau lösen, dass Konflikte nach Möglichkeit vermieden werden? Nichts einzuwenden ist gegen die Berufsarbeit der Ehefrau, solange keine Kinder da sind. Anders sieht die Lage aus, wenn Kinder kommen. Die moderne Kinderpsychologie weiß sehr genau um die Notwendigkeit der „Nestwärme" gerade für das Kleinkind. Deshalb sollte, solange die Kinder noch klein sind, die Mutter im Hause bleiben, falls nicht aus wirtschaftlichen Gründen ihre Mitarbeit unbedingt erforderlich ist. Über die Notwendigkeit dieser Mithilfe gehen die Ansichten natürlich weit auseinander. Sehr oft treibt gar nicht finanzielle Notlage die Ehefrau zur weiteren Berufsarbeit, sondern der Dämon „Lebensstandard". [...]
Männer haben ihrer Berufsarbeit gegenüber ein anderes Verhältnis als Frauen. Sie spielt in ihrem Leben eine weitaus größere Rolle als im Leben der Frauen. Wenn eine Ehefrau sich auf diese Tatsache nicht einstellt, kann es leicht zu Zerwürfnissen kommen. [...] Viele Männer klagen darüber, dass ihre Frauen für berufliche Belange nur insoweit Verständnis haben, als sie die Gehaltszahlung angehen. „Ich kann nun mal aus meinem Herzen keine Mördergrube machen", sagt einer dieser Ehemänner, „und wenn ich nach Hause komme, muss ich mir erst allen Ärger und alle Erlebnisse im Geschäft vom Halse reden. Das ist für mich so gut wie eine frische Dusche. Aber was tut meine Frau? Ich merke schon bei den ersten Worten, dass sie mir gar nicht richtig zuhört und dass ihr die Maschen auf ihrer Stricknadel viel wichtiger sind als das, was ich erzähle." Das sollte aber jede Frau können: mit interessiertem Gesicht zuhören, obwohl ihr alles in der Welt bedeutsamer erscheint als die Mitteilungen ihres Mannes. [...]

Familie im Wandel, in: Spiegel Special 4/2007, S. 103, www.spiegel.de/spiegel/spiegelspecial/d-52494025.html, Zugriff 25.02.2014

Arbeitsvorschläge

1. Interpretieren Sie die Karikatur **M1** und nehmen Sie kurz Stellung; Methode S. 214.

2. Erarbeiten Sie aus **M2** die zentrale Aussage. Bestätigt der Blick auf Ihre eigene Herkunftsfamilie die Sichtweise der Autorin?

3. Welche Erkenntnisse lassen sich aus **M3** ableiten? Wo gibt es Veränderungen zwischen 2002 und 2010? Fassen Sie Ihre Ergebnisse in einem kurzen Text zusammen; Methode S. 222.

4. Formulieren Sie in Stichworten die Funktionen schulischer Sozialisation (**M5**). Überprüfen Sie dann mithilfe von **M4** und der Karikaturen **M1** und **M6**, ob Schule und Gesellschaft diesen Ansprüchen gerecht werden.

5. Benennen Sie weitere Beispiele für den „heimlichen Lehrplan" (**M7**), und stellen Sie diese vor.

6. Stellen Sie in einer Tabelle die Elemente beruflicher Sozialisation in vorindustrieller Zeit (**M8**) und heute (**M9**) zusammen. Was sind die wichtigsten Unterschiede? Diskutieren Sie die Vor- und Nachteile der Veränderungen.

7. **M9** zeigt die Erwartungen von Ausbildungsbetrieben an den „idealen Azubi". Formulieren Sie Erwartungen eines Azubis an den „idealen" Ausbildungsbetrieb.

8. Entwerfen Sie nach der Lektüre von **M10** einen Partnerschafts- und Eheratgeber, der den Veränderungen seit 1959 Rechnung trägt.

[I] 3, 5 [II] 2, 8 [III] 4, 7 [I]–[III] 1, 6

Zusammen leben und arbeiten

Wie erreichen wir, dass niemand ausgeschlossen wird?

Chancengleichheit
S. 85

Migration
S. 104

Vereinte Nationen
S. 200 ff.

M1 Mach meinen Kumpel nicht an!

Werftarbeiter und Kumpels. Das Logo „die gelbe Hand" ist mittlerweile zum Symbol gegen Rassismus und Rechtsextremismus geworden.

Erklärungen

Europäische Menschenrechtskonvention: Für uns in Europa sind die Menschenrechte besonders geschützt, denn sie stehen fast wortgleich in dieser Konvention. Jeder Bürger und jeder Staat kann sich bei Verletzungen der Menschenrechte an den **Europäischen Gerichtshof für Menschenrechte** in Straßburg wenden. Das ist ein bedeutender Unterschied zu den Allgemeinen Menschenrechten der Vereinten Nationen, denn deren Einhaltung kann niemand erzwingen. Der Europäischen Gerichtshof für Menschenrechte in Straßburg spricht dagegen deutliche Urteile und stellt sich dabei auch über nationale Gerichte.

Mach meinen Kumpel nicht an! Für Gleichbehandlung, gegen Fremdenfeindlichkeit und Rassismus e.V. ist ein Verein. Seit 1986 setzt sich diese gewerkschaftliche Initiative gegen Fremdenfeindlichkeit, Rassismus und Rechtsextremismus ein. Ziele sind, über Diskriminierung aufzuklären und Maßnahmen dagegen zu entwickeln, sowie die Gleichbehandlung in der Arbeitswelt voranzutreiben. Der Verein ruft regelmäßig den Wettbewerb „Die Gelbe Hand" aus.

VT

„Die Gelbe Hand" ist nicht nur ein Logo, sondern auch ein Wettbewerb für Schülerinnen und Schüler an Berufsschulen und Berufskollegs. Ziel des Wettbewerbs ist die Auseinandersetzung mit den Themen Ausländerfeindlichkeit und Diskriminierung in der Arbeitswelt. Neben der Beschäftigung mit diesen Themen ist die anschließende öffentliche Präsentation der Ergebnisse wichtig, um auch andere Jugendliche direkt anzusprechen.
„Mach meinen Kumpel nicht an!" greift große gesellschaftliche Herausforderungen auf. Die sozialen Veränderungen unserer Zeit fordern integrative Prozesse, sodass die Vielzahl der Personen und Gruppen mit ihren unterschiedlichen Wurzeln und kulturellen Eigenheiten zu einer Gesellschaft verbunden werden können. Dabei geht es insbesondere in der Arbeitswelt nicht nur um die Integration von Bürgern mit Migrationshintergrund, sondern auch um die Frage, wie Menschen mit geistiger oder körperlicher Behinderung in die Betriebe und die entsprechenden Arbeitsabläufe eingegliedert werden können. Dies bezeichnet man als Inklusion.
Dabei gibt es einen deutlichen Unterschied zwischen Integration und Inklusion. Maßnahmen zur Integration zielen darauf ab, einen Menschen so zu trainieren, sodass er in der Lage ist, in der Schule oder im Betrieb mitzuarbeiten. Inklusion setzt hingegen darauf, die Bedingungen so zu gestalten, sodass diese den Bedürfnissen von Behinderten gerecht werden. Wenn die Menschenrechte für alle in einer Gesellschaft gelten, müssen alle gleichberechtigt mit einbezogen werden.
Doch wie soll dies verwirklicht werden? Wie genau müssen die schulische und betriebliche Ausbildung aussehen, um der Integration und der Inklusion gerecht zu werden? Welche Chancen und Risiken ergeben sich für alle Parteien währenddessen und in der späteren beruflichen Tätigkeit?

M2 Allgemeine Erklärung der Menschenrechte

In 30 Artikeln entstand 1948 durch die Erfahrungen des Zweiten Weltkriegs (Völkermord an den Juden, massenhafte Menschenrechtsverletzungen) ein Bekenntnis zur uneingeschränkten Einhaltung von grundlegenden Rechten. Alle Mitgliedstaaten der Vereinten Nationen sollen diese Regelungen einhalten und in ihren Staaten in Gesetze umsetzen.

Art. 1: Alle Menschen sind frei und gleich an Würde und Rechten geboren. [...]

Art. 2: Jeder hat Anspruch auf alle in dieser Erklärung verkündeten Rechte und Freiheiten, ohne irgendeinen Unterschied, etwa nach Rasse, Hautfarbe, Geschlecht, Sprache, Religion, politischer oder sonstiger Anschauung, nationaler oder sozialer Herkunft, Vermögen, Geburt oder sonstigem Stand. [...]

Art. 3: Jeder hat das Recht auf Leben, Freiheit und Sicherheit der Person.

Art. 5: Niemand darf der Folter oder grausamer, unmenschlicher oder erniedrigender Behandlung oder Strafe unterworfen werden.

Art. 7: Alle Menschen sind vor dem Gesetz gleich und haben ohne Unterschied Anspruch auf gleichen Schutz durch das Gesetz. Alle haben Anspruch auf gleichen Schutz gegen jede Diskriminierung, die gegen diese Erklärung verstößt. [...]

Art. 9: Niemand darf willkürlich festgenommen, in Haft gehalten oder des Landes verwiesen werden.

Art. 12: Niemand darf willkürlichen Eingriffen in sein Privatleben, seine Familie, seine Wohnung und seinen Schriftverkehr oder Beeinträchtigungen seiner Ehre und seines Rufes ausgesetzt werden. Jeder hat Anspruch auf rechtlichen Schutz gegen solche Eingriffe oder Beeinträchtigungen.

Art. 14.1: Jeder hat das Recht, in anderen Ländern vor Verfolgung Asyl zu suchen und zu genießen. [...]

Art. 18: Jeder hat das Recht auf Gedanken-, Gewissens- und Religionsfreiheit [...].

Art. 19: Jeder hat das Recht auf Meinungsfreiheit und freie Meinungsäußerung. [...]

Vereinte Nationen: Allgemeine Erklärung der Menschenrechte, www.un.org/depts/german/grunddok/ar217a3.html, Zugriff 03.03.2014, gekürzt

M3 Leichte Sprache

Leichte Sprache ist für alle Menschen gut zu verstehen und besonders wichtig für diese Menschen: z. B. Menschen mit Lernschwierigkeiten, die nicht gut lesen können, die nicht gut Deutsch können, Kinder und Jugendliche, ältere Menschen. [...]

- Die Sätze müssen kurz sein. Am besten ist es, wenn in jedem Satz immer nur eine Information steht.
- Nebensätze oder Schachtelsätze sind nicht gut. Das verwirrt.
- Am besten keine Fremdwörter oder Fachbegriffe benutzen. Sie sind schwer zu lesen und ganz schwer zu verstehen. Wenn Fremdwörter oder Fachbegriffe benutzt werden, müssen sie auf jeden Fall erklärt werden. Die Erklärungen müssen leicht zu finden sein.
- So viele Tun-Wörter (Verben) wie möglich benutzen. Hauptwörter (Substantive) sind oft schwerer zu verstehen.
- Es gibt oft Abkürzungen. Am besten ist es, wenn die Abkürzungen gar nicht genommen werden. Oder die Abkürzungen müssen erklärt werden.
- Es gibt viele Modeworte. Am besten ist es, wenn solche Modeworte nicht benutzt werden.
- Zahlen sollten immer als Ziffern und nicht in Worten geschrieben werden. Römische Ziffern sind schwer zu verstehen. Große Zahlen, Prozentzahlen oder andere besondere Zahlen sollten anders erklärt werden. Man kann zum Beispiel Vergleiche benutzen.
- Wenn etwas erklärt werden muss, ist es gut, wenn dazu Beispiele aus dem täglichen Leben genommen werden.
- Leichte Sprache darf nicht mit Baby- oder Kindersprache verwechselt werden! Keine kindliche und kindische Sprache benutzen! Das setzt Menschen mit Lernschwierigkeiten herab.

Aktion Mensch e. V.: Leichte Sprache, www.aktion-mensch.de/inklusion/unterricht/download.php?id=108, Zugriff 03.03.2014

Linktipp
Info und Recherche
wd6r5g

Arbeitsvorschläge

1. Beschreiben Sie die Abbildung „Die Gelbe Hand" (**M1**) möglichst genau! Welche gestalterischen Elemente des Logos „Mach meinen Kumpel nicht an!" drücken die Abwehrhaltung gegenüber rechten politischen Extremismus besonders deutlich aus?

2. Ergänzen Sie die aufgeführten Artikel der „Allgemeinen Erklärung der Menschenrechte" um weitere Aspekte, die Ihrer Meinung nach noch zu den Freiheitsrechten gehören. Recherchieren Sie im Anschluss die weiteren Artikel der Erklärung und vergleichen Sie diese mit Ihren Ergänzungen. Diskutieren Sie Ihr Ergebnis im Hinblick auf Übereinstimmungen und Unterschiede.

3. Erklären Sie die vorliegenden Artikel (**M2**), indem Sie die Regeln für die „leichte Sprache" (**M3**) beachten. Diskutieren Sie im Anschluss Auswirkungen auf den Unterricht, wenn derartige Anweisungen regelmäßig Anwendung finden müssten.

4. Informieren Sie sich über den Wettbewerb „Die Gelbe Hand" der Initiative „Mach meinen Kumpel nicht an!". Diskutieren Sie, ob für Ihre Klasse eine Teilnahme in Betracht kommt.

[I] 1 [I]–[III] 2, 3, 4

Demokratie im Betrieb

Wer darf mitreden und mitbestimmen?

M1 Betriebsrat und Jugendvertretung

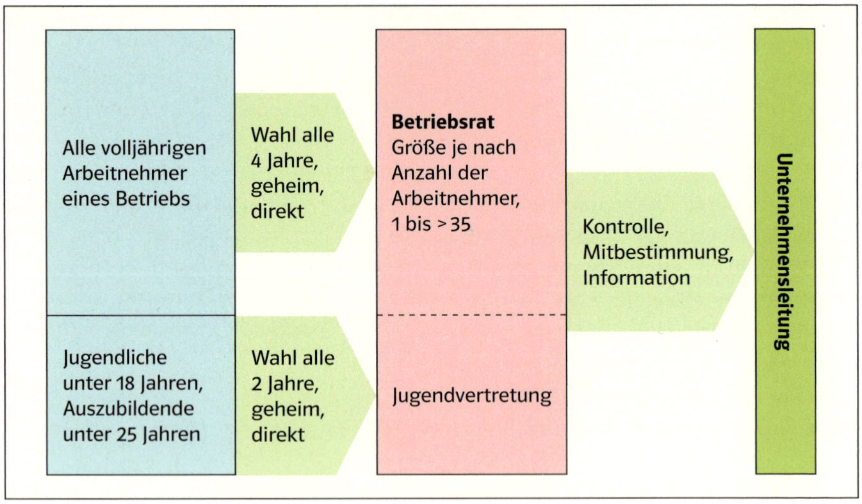

Erklärungen

Der **Betriebsrat** bündelt und vertritt die Interessen der Beschäftigten. Seine Rechte und Pflichten sind im Betriebsverfassungsgesetz geregelt. In Betrieben mit mindestens fünf wahlberechtigten Arbeitnehmern kann ein Betriebsrat gewählt werden. Arbeitgeber und Betriebsrat sollen zusammenarbeiten. Sie sollen alles unterlassen, was den Arbeitsablauf oder den Frieden des Betriebs stört. Ein Betriebsrat darf keine Arbeitskämpfe führen. Er kann Betriebsvereinbarungen mit der Unternehmensleitung schließen und überwacht, ob Tarifverträge, Gesetze und Arbeitsschutzvorschriften eingehalten werden.

Wenn in einem Betrieb fünf Jugendliche unter 18 Jahren arbeiten, können **Jugend- und Auszubildendenvertreter** gewählt werden. Sie kümmern sich um die Belange der anderen Jugendlichen.

Gewerkschaft: ein freiwilliger Zusammenschluss von Arbeitnehmerinnen und Arbeitnehmern. Die Organisation muss dauerhaft bestehen, nach demokratischen Grundsätzen aufgebaut und zu Arbeitskämpfen fähig sein. Zu den grundlegenden Aufgaben einer Gewerkschaft gehören: Tarifverhandlungen und Arbeitskämpfe führen, Tarifverträge schließen und ihren Mitgliedern Rechtsschutz gewähren. Im Betriebsverfassungsgesetz ist geregelt, dass Gewerkschaften bei Betriebsratswahlen mitwirken, indem sie u.a. Wahlvorschläge machen. Gewerkschaftsvertreter können auf Beschluss des Betriebsrates an dessen Sitzungen teilnehmen.

VT

Ähnlich wie eine Schülervertretung (SV) die Interessen der Schülerinnen und Schüler in der Schule vertritt, setzt sich in den Betrieben der Betriebsrat für die Arbeitnehmerinnen und Arbeitnehmer ein. Doch dieser Rat hat per Gesetz viel mehr Macht als eine SV. Vor fast 100 Jahren, im Jahr 1920, wurde in Deutschland das erste Betriebsratsgesetz verabschiedet. Wenige Jahre später, während des Nationalsozialismus, wurden die Gewerkschaften und die Betriebsräte verboten. Nach dem Zweiten Weltkrieg wurden diese Verbote wieder aufgehoben. Die 1949 gegründete Bundesrepublik Deutschland knüpfte an die demokratische Tradition der Weimarer Republik an: Bereits 1952 wurde das Betriebsverfassungsgesetz verabschiedet. Bis heute ist das Gesetz in Kraft, auch wenn es in einigen Punkten verändert wurde.
Alle vier Jahre dürfen volljährige Arbeitnehmerinnen und Arbeitnehmer eines Betriebs den Betriebsrat neu wählen – immer im Frühjahr in der Zeit zwischen dem 1. März und dem 31. Mai. Im öffentlichen Dienst heißt der Betriebsrat übrigens Personalrat. Die Größe des Rats ist abhängig von der Anzahl der Beschäftigten im Betrieb. Auch Jugendliche und Auszubildende dürfen wählen, sogar alle zwei Jahre. Sie wählen dann ihre Jugend- und Auszubildendenvertreter, die dafür sorgen, dass im Betriebsrat die Themen der Jugendlichen und Azubis gut vertreten sind.
„In Betrieben mit in der Regel mindestens fünf ständigen wahlberechtigten Arbeitnehmern, von denen drei wählbar sind, werden Betriebsräte gewählt", lautet §1 des Betriebsverfassungsgesetzes. Doch längst nicht in allen Betrieben werden Betriebsräte gewählt. Besonders in kleineren Unternehmen und dort, wo der Inhaber das Unternehmen führt, gibt es oft keinen Betriebsrat. Was sind wohl die Gründe?

M2 Ein gutes Modell?

[...] Einer Studie des arbeitgebernahen Instituts der Deutschen Wirtschaft zufolge akzeptieren zwei Drittel der Manager in deutschen Unternehmen den Betriebsrat wie eine betriebliche Führungskraft. Als Organ genießen die Arbeitnehmervertreter hohe Wertschätzung. Vier von fünf befragte Unternehmer bescheinigen ihm hohe Akzeptanz, für jeden zweiten ist der Betriebsrat sogar ein wichtiger Produktionsfaktor. So denkt auch Gunther Olesch, als Geschäftsführer der Phoenix Contact GmbH & Co. KG in Blomberg auch für die Personalarbeit verantwortlich. „Wer ein vertrauensvolles Verhältnis zum Sozialpartner aufbaut“, ist er überzeugt, „wird nicht mit Betriebsvereinbarungen und [zu viel Verwaltungsaufwand] bestraft.“ [...] „Dort wo man konstruktiv mit dem Betriebsrat kooperiert, werden bessere betriebswirtschaftliche Ergebnisse erzielt“, sagt Claus Schnabel, Inhaber des Lehrstuhls für Arbeitsmarkt- und Regionalpolitik an der Universität Nürnberg-Erlangen.

[...] Olesch hält Mitbestimmung für ein hohes, zu verteidigendes Gut. Opposition im Betrieb könne nur förderlich sein. „Aus konstruktivem Streit über den richtigen Weg ergibt sich stets mehr, als würde man seinen Kurs diktatorisch durchziehen.“ Man lebt schließlich in einer Demokratie.

Winfried Gertz, August 2010, http://arbeitgeber.monster.de/hr/personal-tipps/personalmanagement/organisation-controlling/der-betriebsrat-als-co-manager-067257.aspx, Zugriff 03.03.2014, gekürzt

M3 Rechte des Betriebsrats

Mitbestimmungs- und Mitwirkungsrechte

soziale Angelegenheiten
Zustimmung des BR erforderlich, sonst rechtsunwirksam, z. B.:
- Arbeitszeit
- Betriebsordnung
- Entgeltgestaltung
- Festsetzen von Prämien- und Akkordsätzen
- Sozialeinrichtungen
- Sozialplan bei Betriebsänderung oder Konkurs
- Unfallverhütung
- Urlaubsplan

personelle Angelegenheiten
begründeter Widerspruch schiebt Maßnahme auf, z. B.:
- betriebliche Berufsbildung
- Beurteilungsgrundsätze
- Einstellungen
- Ein- und Umgruppierungen
- Kündigungen
- Personalfragebögen
- Personalplanung

Beratungs- und Informationsrechte

wirtschaftliche und organisatorische Angelegenheiten
Mitwirkungsrechte ohne Entscheidungsbeteiligung:
- Beratung über technische und organisatorische Betriebsveränderungen oder Stilllegungen
- Information über die wirtschaftliche Lage des Unternehmens
- Information über die Produktions- und Absatzverhältnisse
- Information über Rationalisierungsvorhaben

Jürgen Feick: Wirtschaft und Umwelt; in: Herbert Uhl (Hg.), Leitfragen Politik, Stuttgart 2010, S. 118

M4 Betriebsräte in Deutschland

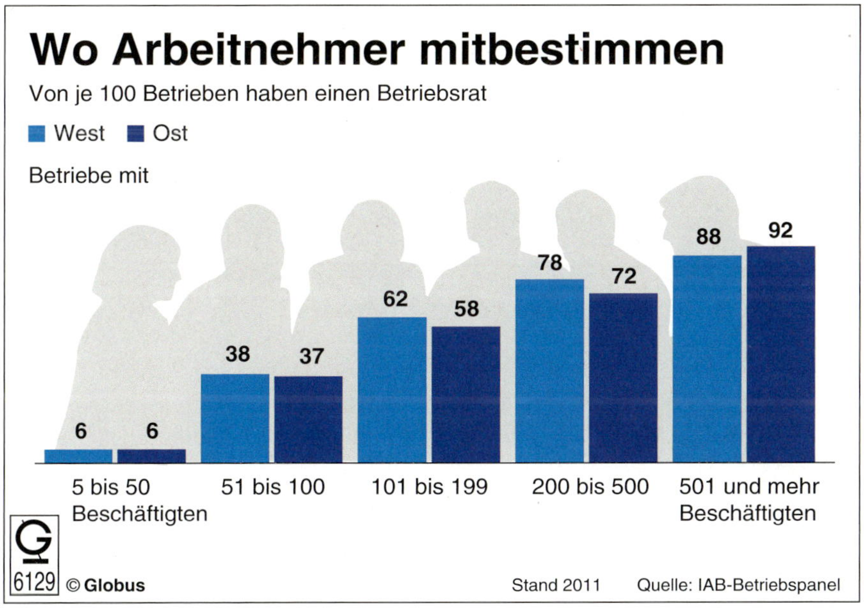

Arbeitsvorschläge

1. Wählen Sie aus **M3** jeweils einen Aspekt aus den sozialen und personellen Angelegenheiten aus, der Ihnen besonders wichtig ist. Begründen Sie Ihre Wahl.

2. Stellen Sie tabellarisch die unterschiedlichen Interessen von Belegschaften, Betriebsräten und Unternehmensleitungen mit Blick auf folgende Rahmenbedingungen gegenüber: Löhne, Arbeitszeit, Sicherung der Arbeitsplätze, Arbeitsbedingungen.

3. Stellen Sie dar, wie die Arbeit und Bedeutung von Betriebsräten in **M2** beschrieben werden. Diskutieren Sie die dargestellten Auffassungen.

4. Arbeiten Sie in Kleingruppen die wesentlichen Aussagen von **M4** heraus. Erörtern Sie dabei, welche Ursachen es haben könnte, dass nicht alle Unternehmen einen Betriebsrat haben; Methode S. 222.

[I] 2 [II] 1 [III] 3, 4

2 Orientierung in einer sich wandelnden Berufswelt

Situation:

Jung trifft Alt – Berufsbiografien gestern und heute

Marcel und Anna erleben die erste Weihnachtsfeier in ihrem neuen Ausbildungsbetrieb. Ihre Firma, ein im Ruhrgebiet ansässiges, mittelständisches Unternehmen im Bereich Elektrotechnik, lädt zu diesem Anlass alle aktiven und ehemaligen Mitarbeiterinnen und Mitarbeiter ein. So kommen die beiden mit Wilfried K., 73 Jahre, ins Gespräch.

Wilfried: Ah, junge Gesichter! Sie sind neu dabei, nicht wahr?
Marcel: Ja, wir machen hier seit dem Sommer unsere Ausbildung. Und Sie, wie lange waren Sie hier?
Wilfried: 36 von 43 Berufsjahren. Ich könnte euch eine Menge Geschichten erzählen.

Was ist am Berufsweg älterer Kollegen interessant?

Und dann erzählt Wilfried von seiner Elektroinstallateurlehre von 1955 bis 1958. Den Beruf hat er sich nicht ausgesucht: Sein Vater hatte die Ausbildung eingefädelt. Den Ausbildungsbetrieb hat er nach der Lehre schnell verlassen. Wilfried wechselte oft das Unternehmen, denn einen Job zu finden war damals kein Problem. Er ging sieben Jahre auf Montage und arbeitete als Industrieelektriker in der chemischen Industrie und im Fernmeldebau in Ludwigshafen, Minden, Krefeld, Frankfurt, Münster und anderen Orten.

Wilfried: Das war eine schöne Zeit, aber irgendwann möchte man mehr Ruhe haben und eine Familie gründen. Und so fing ich dann 1966 hier an.
Anna: Aber wir sind doch Zulieferer für den Bergbau und die Stahlindustrie. Damit hatten Sie bis dahin doch gar nichts zu tun.
Wilfried: Im Berufsleben lernt man nie aus. Da muss man am Ball bleiben, sich weiterbilden oder umschulen.

Mit Unterstützung des Unternehmens hat Wilfried von 1966 bis 1969 eine Technikerschule besucht – abends nach der Arbeit, dreimal in der Woche, drei Jahre lang. So kam er als Elektrotechniker in das Planungsbüro und war kaum noch auf Baustellen. In den 1970er- und 1980er-Jahren traf die Bergbau- und Stahlkrise auch seinen Betrieb, der sich neu aufstellen musste. Kaum war die wirtschaftliche Lage stabiler, folgten große technologische Innovationen: Der Computer hielt Einzug, zunächst in der Lagerhaltung, dann bei den technischen Zeichnungen und schließlich in der gesamten Steuerung der technischen Anlagen. Wilfried besuchte eine Fortbildung nach der anderen …

Linktipps
Info und Recherche
v4eh5c

Den Lernprozess organisieren:

Analyse der Situation

Anna und Marcel sind nachdenklich geworden. Sie fragen sich, wie sich ihr Berufsleben entwickeln wird und wo sie in zehn Jahren stehen werden.
Entwerfen Sie für die beiden Auszubildenden zwei unterschiedliche berufliche Lebensläufe für die nächsten zehn Jahre; S. 221 Methode: Szenariotechnik.
Analysieren Sie dazu zunächst die Berufsbiografie von Wilfried. Mit welchen beruflichen Herausforderungen war er konfrontiert? Welche Faktoren haben sein Berufsleben beeinflusst? Welche Entscheidungen hat er bewusst getroffen? Auf welche Faktoren hatte er keinen Einfluss?

Erarbeiten, Informieren, Organisieren

Welche Aspekte sollten bei der Entwicklung einer Berufsbiografie für Marcel und Anna berücksichtigt werden? Das Kapitel hält dazu unter anderem folgende Themenstellungen für Sie bereit:

- Herausforderung Ausbildung
- Was Arbeitgeber erwarten
- Überall Innovation
- Bevölkerungsentwicklung und Arbeitsmarkt
- Bildung als Zukunftskapital
- Der Schritt in die Selbstständigkeit
- Standortfaktoren verändern sich

Aktiv sein

Nutzen Sie die Gelegenheit, an Ihrem Ausbildungsplatz oder im Verwandten- und Bekanntenkreis ältere Menschen zu ihren beruflichen Lebensläufen zu befragen; S. 223 Methode: Eine Umfrage durchführen.

Kompetenzen im Blick:

In diesem Kapitel erhalten Sie die Gelegenheit, sich Zusammenhänge zwischen Ausbildung und späterer beruflicher Beschäftigung zu erschließen. Sie werden in die Lage versetzt, wirtschaftliche und technologische Einflüsse auf Ihre heutige und zukünftige Arbeits- und Erwerbssituation zu erkennen. So können Sie Ihre persönliche Lebenssituation und Ihre weitere Lebensplanung mit Blick auf die beruflichen Perspektiven durchdenken.

Auskommen mit dem Einkommen

Arbeiten wir, um zu leben, oder leben wir, um zu arbeiten?

Armutsgefährdungsschwelle
S. 89, M4

Armut
S. 88

Transferleistungen
S. 92

M1 Eine ungewöhnliche Karriere

Marie Curie, 1867–1934

Wie es anfing
Sie wächst im damals zum Russischen Reich gehörenden Teil Polens auf und besteht ihr Abitur als Klassenbeste.

Tiefpunkt
Weil Frauen in ihrer Heimat nicht studieren dürfen, arbeitet sie als Hauslehrerin.

Durchbruch
Sie zieht zum Studium nach Paris, entdeckt die Radioaktivität, erhält den Nobelpreis für Physik und auch noch den für Chemie.

N. N.: Aus dir wird nichts, Fluter, Nr. 36, S. 23, Bundeszentrale für politische Bildung (Hg.), 2010

Erklärungen

Arbeit: Der Begriff Arbeit kann aus unterschiedlichen Perspektiven wie der Wirtschaftslehre, Physik und Philosophie für unterschiedliche Bedeutungen stehen.
Im allgemeinen Sprachgebrauch wird als Arbeit die Art von Tätigkeiten bezeichnet, mit denen wir unseren Lebensunterhalt verdienen. In der Diskussion stehen aber auch häufig Begriffe wie Hausarbeit oder Erziehungsarbeit und die damit verbundene Frage nach ihrem ökonomischen Nutzen und einer gerechten Bezahlung.
Neben der wirtschaftlichen Betrachtung werden Menschen in einer Gesellschaft auch danach beurteilt, ob und wie sie arbeiten: als Erwerbstätige, Hausmann, Schwarzarbeiterin, Schüler, Auszubildende usw.

VT

Lebe ich, um zu arbeiten oder arbeite ich, um zu leben? Diese Frage stellen sich manche Menschen und es klingt so, als würden sich die Begriffe „Arbeit“ und „Leben“ irgendwie widersprechen. Gehört Arbeit zu unserem Leben oder können wir auch gut ohne sie auskommen?
In alten Wörterbüchern wird Arbeit u. a. mit „Mühe“ oder „Plage“ erklärt. Für viele Menschen ist Arbeit die Berufsarbeit. Das Wort „Beruf“ wiederum ist verwandt mit dem Wort „Berufung“.
Unser Verhältnis zur Arbeit ist zwiespältig. Wir brauchen sie, um unseren Lebensunterhalt zu verdienen. Andererseits ist Arbeit oft mühevoll. Viele sind im Beruf gestresst, weil die Anforderungen hoch sind. Im Vergleich zu früheren Jahrzehnten sind die Arbeitsbedingungen heute meist sehr gut. Aber gleichzeitig ist die Konkurrenz auf dem Arbeitsmarkt auch sehr groß.
Daneben findet das private Familienleben statt. Kinder werden betreut. Die Familienarbeit kostet viel Zeit. Sie steht dadurch in Konkurrenz zur Berufswelt. Das private Leben, die Erziehung der Kinder, die Erholung der Beschäftigten nach der Berufsarbeit sind aber auch die Grundlage für das Tätigsein im Beruf. Die beruflichen und privaten Anforderungen sind aufs Engste verzahnt und müssen koordiniert werden, was nicht immer einfach ist.
Um die Frage nach einem zufriedenstellenden Gleichgewicht zwischen beruflichen und privaten Anforderungen zu beantworten, muss man viele Faktoren beachten. Dabei sollte man vor allen Dingen nicht den menschlichen Faktor außer Acht lassen, denn viele verschiedene Menschen würden die richtige Balance zwischen Beruf und Familie auch sehr unterschiedlich definieren.

M2 Ist keine Arbeit auch Arbeit?

Steini, 33, sitzt jeden Tag vor dem Supermarkt, neben ihm liegen zwei Hunde, vor ihm steht ein kleiner Becher, in den die Menschen Münzen werfen. Manche geben ihm auch einen Pfirsich oder einen Riegel Hundefutter.

Warum arbeitest du nicht?

Das ist ja eine Art Arbeit. Ich sitze hier sechs Tage in der Woche, oft schon um neun. Da kommen schon ein paar Stunden zusammen.

Lohnt es sich denn?

Kommt auf den Tag an. Manchmal sind es nach sieben Stunden nur vier Euro, manchmal aber auch 15.

Warum bettelst du überhaupt?

Moment. Ich bettele nicht, ich schnorre. Ich sitze ja nicht hier mit einem Schild, auf dem „Ich habe Hunger“ steht. Ich entertaine die Leute. Hier geht keiner vorbei, der danach nicht ein Lächeln auf dem Gesicht hat.

Oliver Gehrs: „Ich sehe das als Weiterbildung“, fluter, Nr. 36, S. 18, Bundeszentrale für politische Bildung (Hg.), 2010

M3 Arm trotz Arbeit

[...] In Deutschlands Familien ist knapp jeder zehnte Hauptverdiener trotz Vollzeitjob von Armut bedroht. Am meisten betroffen sind Beschäftigte im Gastgewerbe. Dort ist rund jeder dritte Familienernährer armutsgefährdet, wie eine jüngst veröffentlichte Untersuchung der gewerkschaftsnahen Hans-Böckler-Stiftung zeigt. Weit überdurchschnittlich betroffen seien auch Beschäftigte im Bereich Kunst, Unterhaltung und Erholung sowie in Heimen und im Sozialwesen, wo jeder fünfte Hauptverdiener unter der Armutsgefährdungsschwelle liegt.

Am Bau sind gut acht Prozent und im Handel 12,5 Prozent armutsgefährdet. In der Energieversorgung, bei Banken und Versicherungen, in der öffentlichen Verwaltung, der chemischen Industrie oder im Fahrzeug- und Maschinenbau betrifft dies dagegen weniger als drei Prozent, wie die Analyse des Wirtschafts- und Sozialwissenschaftlichen Instituts (WSI) in der Hans-Böckler-Stiftung ergab. In den vergangen Jahren sei in Deutschland die Quote der sogenannten „Working Poor“ – der Arbeitsarmut – deutlich gewachsen. [...]

N. N.: Jeder 10. Hauptverdiener ist von Armut bedroht, Focus Online, 25.11.2013; www.focus.de/finanzen/news/arbeitsmarkt/working-poor-seine-familie-zu-ernaehren-macht-jeden-zehnten-arm_id_3430764.html, Zugriff: 11.02.2014

M4 Arbeit statt Armut

[...] Arbeitslosigkeit ist und bleibt die Hauptursache für Armut. Statt Armut als Symptom zu bekämpfen und nach zusätzlichen Sozialtransfers zu rufen, muss die wesentliche Ursache der Armut bekämpft werden: Mehr Menschen müssen in Arbeit gebracht, die Beschäftigungschancen verbessert und der Einstieg in Arbeit erleichtert werden. Ein Haupthindernis für den Einstieg in Beschäftigung und damit auch ein Armutsrisikofaktor ist ein geringer Bildungsstand: Die Arbeitslosenquote Geringqualifizierter ohne Berufsabschluss ist gut achtmal so hoch wie die von Hochqualifizierten. [...]

Bundesvereinigung der Arbeitgeberverbände: Argumente – Arbeit statt Armut, 9/2013, www.arbeitgeber.de/www%5Carbeitgeber.nsf/res/B2F78EAA2D894B52C12574F3002C305C/$file/ArbeitstattArmut.pdf, Zugriff 11.02.2014

M5 Mehrzahl ist qualifiziert

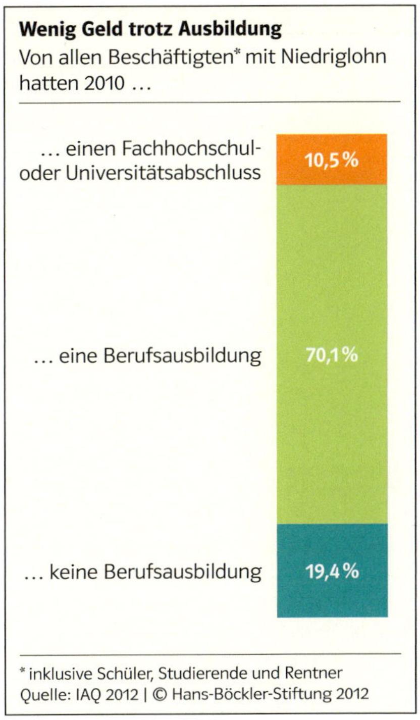

Arbeitsvorschläge

1. Bilden Sie sich eine eigene Meinung zu Steinis These (**M 2**), dass Schnorren Arbeit ist. Haben Sie dafür Verständnis oder sieht Ihre Vorstellung Ihres eigenen zukünftigen Arbeitslebens ganz anders aus?

2. Stellen Sie sich vor, Marie Curie (**M 1**) würde in der heutigen Zeit auf Steini (**M 2**) treffen. Erläutern Sie, wie sie vielleicht reagieren würde.

3. Recherchieren Sie eine bekannte Persönlichkeit, die einen ähnlich schwierigen Weg hatte (**M 1**). Stellen Sie dar, welche Faktoren notwendig waren, um erfolgreich zu werden.

4. In **M 3** bis **M 5** werden sehr unterschiedliche Fakten und Argumente zu der Frage, ob man in Deutschland von seiner Arbeit leben kann, dargestellt. Stellen Sie in einer Debatte die Positionen gegenüber; Methode S. 215.

5. Entwickeln Sie aus den kontroversen Positionen in **M 3** bis **M 5** einen Kriterienkatalog: Gibt es Maßnahmen, die man persönlich ergreifen kann, um sich vor Armut zu schützen?

6. Nehmen Sie persönlich Stellung zu der Frage, inwieweit eine Trennung oder auch Balance zwischen Arbeit und Leben existiert.

[I] 3 [II] 1, 2, 5 [III] 6 [I]–[III] 4

Jetzt wird es ernst

Herausforderung Ausbildung

M1 Das duale System

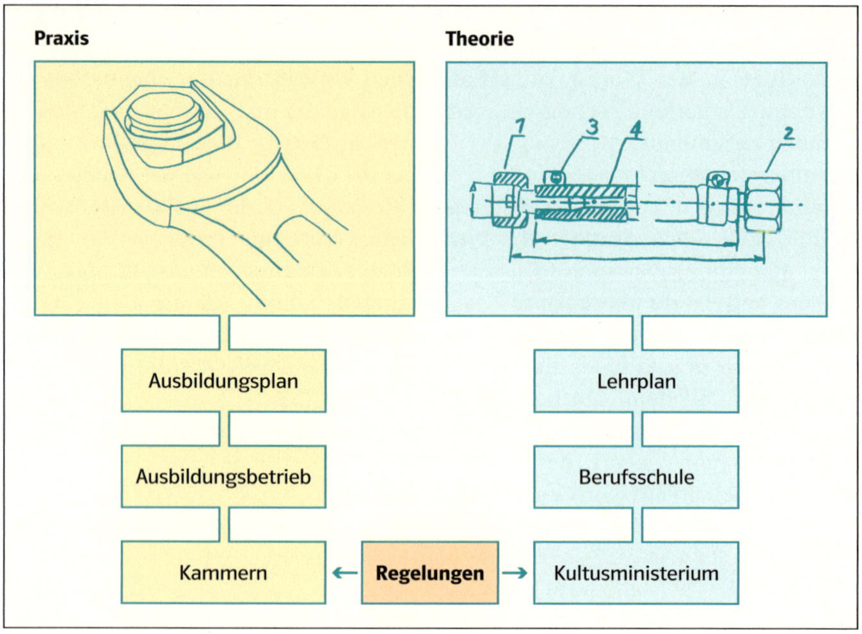

VT

Wenn andere Menschen Sie nach dem gefragt haben, was Sie beruflich machen, haben Sie bis jetzt wahrscheinlich geantwortet: „Ich bin Schülerin" oder „Ich bin Schüler". Wie würden Sie heute auf so eine Frage antworten? Schließlich machen Sie jetzt gerade die ersten Schritte in Richtung Berufswahl oder Berufstätigkeit. Das bedeutet, dass Ihre Ausbildung nun einen Rahmen hat, der stärker an einer beruflichen Praxis orientiert ist. Für viele von Ihnen heißt das sogar: lernen in einem Ausbildungsbetrieb und lernen in der Berufsschule. Sie sind bald sehr nah am Arbeitsleben, sehr viel näher als Sie es jemals in den vergangenen Jahren in der Schule waren.
Wenn Sie sich für eine sogenannte duale Ausbildung entschieden haben, sind Sie auf einem guten Weg. Junge Leute mit solch einer Ausbildung sind derzeit sehr gefragt auf dem Arbeitsmarkt. In ganz Europa ist die Jugendarbeitslosigkeit ein ernstes Problem, nur bei uns in Deutschland sieht es besser aus. Als Grund für die günstige Lage auf dem Arbeitsmarkt für junge Leute wird unter anderem auch das praxisnahe System der dualen Ausbildung genannt. Heute gibt es rund 330 staatlich anerkannte Ausbildungsberufe, vom Änderungsschneider bis zur Zweiradmechanikerin.
Viele Berufe haben sich in den letzten Jahren verändert und mit ihnen die Anforderungen. Der technologische und gesellschaftliche Wandel machen es notwendig, die Ausbildungsordnungen ständig weiterzuentwickeln. Die Wurzeln dieses Ausbildungssystems reichen übrigens rund 100 Jahre zurück. Ist das System vielleicht doch moderner als viele denken?

Erklärungen

Automatisierung: In Maschinen und Anlagen zur Produktion, zum Transport und zur Lagerung werden zunehmend Computer eingesetzt. Sie steuern entweder direkt an einer Antriebsachse Bewegungen oder die Abläufe und Bewegungen in einer Maschine werden von einer zentralen Steuerung übernommen. Von außen betrachtet wirkt es so, als würden die Maschinen wie von selbst arbeiten.

Duales System: Das System heißt dual – latein., wörtlich: zwei enthaltend –, weil die Ausbildung an zwei Lernorten stattfindet. Der theoretische und allgemeinbildende Teil findet nach staatlichen Lehrplänen in Berufsschulen statt. Der berufspraktische Teil findet – je nach Beruf – in einem Industrie- oder Handwerksbetrieb, Büro, Geschäft oder einer Praxis statt. Das duale System sorgt für eine praxisnahe Berufsausbildung und versorgt die Wirtschaft mit qualifizierten Arbeitskräften. Die Details der Ausbildung in einzelnen Berufen werden durch Ausbildungsordnungen festgelegt.
Die Ausbildung und der Unterricht in der Schule sorgen dafür, dass die Betriebe nicht einseitig nach ihren speziellen Anforderungen ausbilden. Das System funktioniert nur richtig, wenn viele Betriebe über ihren eigenen Bedarf hinaus bereit sind auszubilden. Sie sind besonders motiviert auszubilden, wenn sie später selbst Verwendung für die Azubis haben.

M2 Der Zusammenhang zwischen Qualifikation und Arbeitslosigkeit

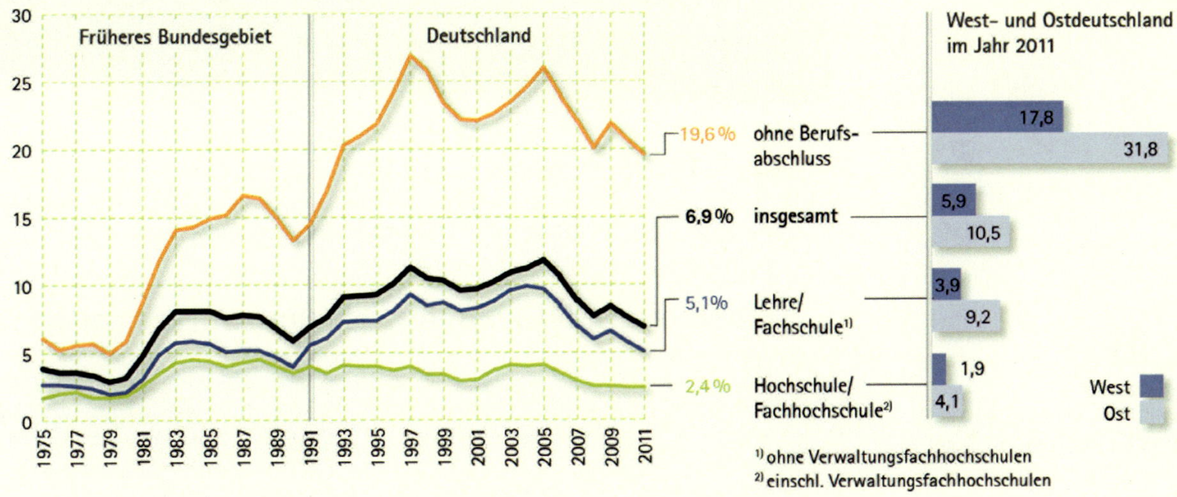

Anmerkung: Arbeitslose in Prozent aller zivilen Erwerbspersonen (ohne Auszubildende) gleicher Qualifikation; Erwerbstätige ohne Angabe zum Berufsabschluss nach Mikrozensus je Altersklasse proportional verteilt; bis 2004 Erwerbstätige im April; ab 2005 Erwerbstätige im Jahresdurchschnitt.

Quelle: IAB-Berechnungen auf Basis Mikrozensus und Strukturerhebungen der BA.

© IAB

M3 Risiko: geringqualifiziert

Geringqualifizierte haben es naturgemäß schwer, eine Beschäftigung zu finden, geht der Trend auf dem Arbeitsmarkt doch immer mehr in Richtung gute Aus- und ständige Weiterbildung. Immerhin 18 Prozent aller Berufstätigen in Deutschland oder rund 7,3 Millionen Beschäftigte fallen heute noch in die Kategorie „geringqualifiziert“, d.h., sie verfügen über keinen Berufsabschluss. Zwar war diese Quote in Westdeutschland in den 1980er-Jahren mehr als doppelt so hoch; damals gab es allerdings auch noch entsprechend viele einfache Jobs. Neue Technologien, der fortschreitende Automatisierungsprozess, aber auch die Globalisierung und die mit ihr verbundene Auslagerung einfacher und damit häufig lohnintensiver Produktionsprozesse ins Ausland haben die Arbeitswelt seitdem gehörig verändert. Folge: Die Anforderungen an die Erwerbstätigen sind sprunghaft gestiegen.

Ein Mindestmaß an Ausbildung ist überall notwendig. [...] Sicherheitsvorschriften müssen verstanden, Informationen korrekt wiedergegeben und mit Kunden muss angemessen umgegangen werden. Das Verstehen tätigkeitsrelevanter Texte gehört daher zu den Kompetenzen, die Arbeitgeber besonders stark von ihren geringqualifizierten Mitarbeitern verlangen.

Newsletter des Bundesverbandes deutscher Banken e. V.: Schul/Bank 08/2012, S. 6

M4 Vorbild Deutschland?

[...] Mit dem Modell duale Ausbildung gilt Deutschland als Vorreiter in Europa. Denn Europas Jugend ist heftig von der Krise getroffen: Fast jeder Vierte unter 25 Jahren ist arbeitslos, in Griechenland und Spanien sind es sogar fast 60 Prozent. In Deutschland dagegen liegt die Jugend-Arbeitslosenquote bei sieben Prozent. Das hat sich in Europa herumgesprochen. Bundeskanzlerin Angela Merkel präsentiert das duale System als Muster für Europa. [...] Doch auch hier gibt es Probleme. [...]

Björn Haubrok: Duales System als Vorbild?, Westdeutscher Rundfunk, 01.07.2013, gekürzt, www.wdr5.de/sendungen/morgenecho/serien/serienmanuskript/dualessystem104.html, Zugriff 02.12.2013

Arbeitsvorschläge

1. Sie befinden sich in einer beruflichen Ausbildung, machen ein Praktikum oder haben einen Berufswunsch? Dann sammeln Sie Informationsmaterial über Ihren Praktikums-, Ausbildungsbetrieb oder Ihren Beruf. Fertigen Sie daraus eine Präsentation an, aus der die für Sie neuen Anforderungen erkennbar werden. Stellen Sie hierbei auch vor, welche Stärken und Voraussetzungen Sie bereits mitbringen, um diesen Anforderungen gewachsen zu sein.

2. Eine gute Ausbildung schützt vor Arbeitslosigkeit. Untermauern Sie diese These mit Zahlen und Argumenten aus **M2** und **M3**; Methode S. 222.

3. Die duale Ausbildung gilt als Vorbild (**M4**). Was könnte andere Länder überzeugen? Stellen Sie begründete Vermutungen an und benennen Sie auch mögliche Probleme auf dem deutschen Ausbildungsmarkt.

[I] 1 [II] 2 [III] 3

Ganz schön viel verlangt

Was Arbeitgeber erwarten

M1 Eine Stellenanzeige

Wir suchen für ein großes, renommiertes Unternehmen motivierte, zuverlässige und engagierte

Elektriker, Elektroniker, Mechatroniker (m/w)

Aufgaben:
- Herstellung, Montage, Wartung, Entstörung und Instandhaltung von elektromechanischen Anlagen, Geräten und Baugruppen
- Komplettierung, Verdrahtung und Prüfung von Schaltanlagen und Schaltschränken
- Einhaltung von Qualiäts- und Leistungsstandards
- Reparatur- und Wartungsarbeiten

Qualifikationen:
- abgeschlossene Berufsausbildung als Elektriker (oder eine vergleichbare Ausbildung)
- Erfahrung im Arbeiten nach Zeichnungen
- selbstständiges und verantwortungsbewusstes Arbeiten
- konzentrierte und exakte Arbeitsweise
- schnelle Auffassungsgabe
- Zuverlässigkeit, Teamfähigkeit, Flexibilität
- Schichtbereitschaft
- Auto und FS von Vorteil

http://nrw.stellenanzeigen.de/stellenangebote/list_main.asp?t=handwerk, Zugriff 20.01.2009

M2 Darauf kommt es an

Sven Seurig, Inhaber eines Malerbetriebs in Großenhain:
„Das Wichtigste im Handwerk sind Umgangsformen, Höflichkeit und Freundlichkeit. Das ist erst mal eine Grundvoraussetzung und alles andere kommt dann von ganz allein. Eine gewisse Teamfähigkeit ist auch wichtig, weil die jungen Leute entweder auf der Baustelle mit erfahrenen Mitarbeitern oder in der überbetrieblichen Ausbildung mit Gleichaltrigen zusammenarbeiten und sich einordnen müssen. Wenn sie nicht mitziehen, dann funktioniert es nicht."

Norbert Dörschner, Geschäftsbereichsleiter Personalmarketing Kaufland:
„Persönliche Stärken, die im Kundenkontakt extrem wichtig sind, spielen bei uns eine große Rolle. Das sind Freundlichkeit, gepflegtes Aussehen und Ausstrahlung. Wenn es um die Inhalte der Arbeit geht, ist uns Verantwortungsbewusstsein sehr wichtig, weil im Handel alles im Detail höchsten Anforderungen genügen muss. Hinzu kommt noch Teamfähigkeit. Denn im Handel sind Sie immer mit Menschen zusammen. Einzelgänger oder Menschen, die gern isoliert arbeiten, werden hier nicht glücklich.

Bundesagentur für Arbeit (Hg.), Planet Beruf. Mein Start in die Ausbildung, Nürnberg, Juli 2008

VT

Sie haben eine Ausbildung begonnen und arbeiten auf den Berufsabschluss hin. Haben Sie sich richtig entschieden? Läuft bisher alles nach Ihren Vorstellungen? Natürlich denken Sie auch darüber nach, wie es danach weitergehen soll. Dann heißt es wieder: Bewerbungen schreiben! Sie haben gute Chancen, den Job zu bekommen, wenn die Erwartungen, die der Arbeitgeber hat, mit Ihren Kompetenzen übereinstimmen. Aber woher wissen Sie, was von Ihnen verlangt wird? Kann man dazu genügend Erfahrungen in der Ausbildung sammeln?

Erklärungen

Rechte und Pflichten der Auszubildenden sind in zahlreichen Gesetzen wie dem Berufsbildungsgesetz (BBiG), der Handwerksordnung, dem Jugendarbeitsschutzgesetz, im Betriebsverfassungsgesetz oder auch im Schulgesetz festgelegt.
- Die Hauptpflicht der Auszubildenden ist die Lernpflicht, die des Betriebs ist die Pflicht zur Ausbildung. Ausbildungsfremde Aufgaben müssen Auszubildende nicht ausführen.
- Die Auszubildenden müssen ihre Aufgaben sorgfältig erledigen und dokumentieren.
- Für sie besteht die Pflicht, an den Ausbildungsmaßnahmen teilzunehmen. Dazu zählt auch die Pflicht zum Besuch der Berufsschule. Die Azubis müssen übrigens nicht nur ihren Eltern, sondern auch ihren Ausbildern das Berufsschulzeugnis vorlegen.
- Sie müssen Weisungen folgen und die Betriebsordnung (Rauchverbot, Tragen von Schutzkleidung usw.) einhalten.
- Sie haben das Recht auf eine monatliche Vergütung, kostenlose Ausbildungsmittel und auf Freistellung für Ausbildungsmaßnahmen außerhalb der Ausbildungsstätte.
- Jugend- und Auszubildendenvertretungen sind zu wählen, wenn ein Betrieb mindestens fünf Arbeitnehmer beschäftigt, die jünger als 18 sind oder ihre Berufsausbildung absolvieren und jünger als 25 sind.
- Jeder Azubi hat das Recht auf ein Zeugnis bei Beendigung der Ausbildung.

M3 Wenn der Vertrag gelöst wird

Im Schnitt brechen etwa 25 Prozent der Azubis ihre Ausbildung vorzeitig ab. Diese Abbruchquote ist jedoch von Beruf zu Beruf sehr unterschiedlich. Die Hälfte schließt auch wieder einen neuen Ausbildungsvertrag. Meist geht der Wunsch zur Vertragsauflösung von den Auszubildenden aus. Von den gelösten Verträgen wurden:

- 57 % durch den Azubi gekündigt
- 32 % durch den Betrieb gekündigt
- 11 % im gegenseitigen Einvernehmen aufgelöst

Als Gründe für den Abbruch nennen die Auszubildenden in 70 Prozent der Fälle die Bedingungen im Betrieb. Am häufigsten werden dann Konflikte mit dem Ausbilder oder Chef angeführt. Weitere Gründe sind eine mangelhafte Ausbildung, ungünstige Überstunden- oder Urlaubsregelungen und das Ausüben ausbildungsfremder Tätigkeiten im Betrieb.

Persönliche Gründe, wie z. B. gesundheitliche Probleme, waren in 46 Prozent der Abbrüche der Auslöser. In rund einem Drittel der Fälle waren die Azubis unglücklich über die Berufswahl: Der Ausbildungsberuf war oft nicht ihr Wunschberuf oder die Auszubildenden hatten sich die Ausbildung und den Beruf ganz anders vorgestellt.

Autorentext, Daten nach Bundesinstitut für Berufsbildung (BIBB) 2013

M4 Das Vorstellungsgespräch

Ein Vorstellungsgespräch findet meist mit einem oder mehreren Mitarbeitern aus der Personal- und der jeweiligen Fachabteilung statt. Jetzt geht es darum, richtig Eindruck zu machen. Meistens haben Sie ein paar Tage Zeit für die Vorbereitung. Sammeln Sie wichtige Informationen über das Unternehmen – z. B. in der aktuellen Presse oder im Internet (zur wirtschaftlichen Entwicklung der Branche usw.). Damit Sie im Gespräch auch etwas über Ihre zukünftige Ausbildung äußern können, machen Sie sich vorher schlau bei der Industrie- und Handelskammer.

Alles, was Sie zum Gespräch mitbringen sollten, sind eine positive Einstellung, Ihre Bewerbungsunterlagen sowie einen Notizblock mit Ihren vorbereiteten Fragen. Das Gespräch selbst folgt einem typischen Verlauf. In der Regel ermöglicht man Ihnen ein kleines „warming-up". Meist, um Ihnen die Aufregung zu Beginn mit etwas Smalltalk zu nehmen. Man fragt Sie zu Ihrer Anreise, stellt Ihnen die anderen Teilnehmer vor oder hält einen kleinen Vortrag zum Unternehmen. Hören Sie aufmerksam zu, so können Sie sich auch gut von Ihrer Aufregung ablenken. Anschließend stellen Sie sich den Fragen zu Ihrer Person, zu Ihrer fachlichen und persönlichen Eignung und zu Ihrem persönlichen Umfeld. Dann werden die allgemeinen Rahmendaten (wie Beginn der Tätigkeit, Erwartungen, Gehalt usw.) geklärt. Zum Abschluss können Sie Ihre eigenen Fragen stellen und sich über den weiteren Entscheidungsprozess informieren.

Zusammengestellt nach: Bewerbertipps der BARMER GEK, www.barmer-gek.de/barmer/web/Portale/Versicherte/Zielgruppen/SchuelerAuszubildende/Bewerbungstipps/Vorstellungsgepraech/Das_20Vorstellungsgespr_C3_A4ch__C.html?w-cm=CenterColumn_t111132, Zugriff 04.12.2013, gekürzt

Arbeitsvorschläge

1. In **M1** und **M2** finden Sie Beispiele für die Erwartungen von Arbeitgebern. Stellen Sie aus Ihrer Sicht Vermutungen an, warum diese Kompetenzen im Berufsleben gefragt sind. Auf welche Kompetenzen wird besonders viel Wert gelegt?

2. Stellen Sie diesen Erwartungen von außen Ihre eigenen Vorstellungen gegenüber: Notieren Sie Ihre Gedanken unter den beiden Fragen „Was erwarte ich im Rahmen einer Berufsausbildung von mir?" und „Was erwarte ich von meinen Ausbildern?" auf Wandplakaten.

3. Beurteilen Sie die Angaben in **M3**: Warum werden Ausbildungsverhältnisse vorzeitig gelöst? Was können Auszubildende tun, damit ihr Ausbildungsverhältnis nicht vorzeitig vom Arbeitgeber gelöst wird? Was würden Sie einem Auszubildenden raten, dessen Ausbildungsverhältnis vorzeitig gelöst wurde? Recherchieren Sie mithilfe des Linktipps S. 31. v4eh5c

4a Gleichgültig, ob Sie sich in der Berufsvorbereitung oder in einem Ausbildungsverhältnis befinden, das nächste Vorstellungsgespräch kommt bestimmt. Überprüfen Sie **M4** daraufhin, welche Kompetenzen bereits bei einem Vorstellungsgespräch dargestellt werden können.

4b Informieren Sie sich im Internet (Jobbörsen) über weitere wichtige Aspekte eines Vorstellungsgesprächs. Ergänzen Sie Ihre Ergebnisse von 4a.

[I] 1 [II] 2 [III] 3, 4

Lernen – ein Leben lang

Bildung als Zukunftskapital

M1 Klug starten

Tomi Ungerer, 1974

VT

„Jetzt ist endlich Schluss mit der Lernerei!", denken manche, die ihre Berufsausbildung abgeschlossen haben. Aber kann man sich in der heutigen Arbeitswelt noch darauf verlassen, alles Nötige zu wissen? Berufe und Berufsbilder verändern sich schnell – was Geräte, Maschinen und Technologien angeht. Aber auch die Arbeitsaufläufe und Arbeitsformen ändern sich. Vielleicht scheint es vielen ganz selbstverständlich, dass man sich schnell auf neue Arbeitsbedingungen und -techniken einstellt. Aber ein Leben lang lernen – müssen wir das wirklich?

Ein Beispiel: Erst seit etwas mehr als 20 Jahren wird in allen Unternehmen das Internet genutzt. Die Arbeit mit Computern und Software ist für uns heute selbstverständlich, doch gab es auch eine Zeit davor. In zwanzig Jahren wird es Technologien geben, von denen die meisten von uns heute noch nichts ahnen. Auch damit werden wir uns dann auseinandersetzen müssen. Mehr noch: Experten sprechen davon, dass wir in einer Wissensgesellschaft, → S. 42, leben. Jeder muss lernen, mit der kulturellen und sprachlichen Vielfalt in Europa und der Welt umzugehen.

Die Universitäten wurden für Menschen mit einer qualifizierten Berufsausbildung geöffnet: Meister, Techniker und Fachwirte haben heute ein allgemeines Hochschulzugangsrecht. Das heißt, sie können ohne weitere Eignungstests oder Probezeiten jedes Fach ihrer Wahl an einer Universität oder an einer Fachhochschule studieren.

Bildung ist der Schlüssel, um auch zukünftig am wirtschaftlichen und sozialen Leben teilzuhaben. Jeder braucht gute Kenntnisse und Fähigkeiten, die auf dem neuesten Stand sind. Nicht zuletzt bietet eine möglichst gute Bildung bessere Chancen auf interessante und gut bezahlte Jobs.

Erklärungen

Bachelor und **Master** heißen die auf EU-Ebene vereinheitlichten Studienabschlüsse. Mit dem Bachelor wird nach etwa 6 Semestern (3 Jahren) an einer Hochschule das Studium beendet. Daran anschließen kann das Masterstudium, Dauer: 2 bis 4 Semester (1 bis 2 Jahre).

Sozialisation: In der frühen Kindheit lernen wir die Sprache, die Werte und die Regeln der Gesellschaft, in die wir hineinwachsen. Dabei entwickeln wir grundlegende Muster für unser späteres soziales Verhalten. Die Sozialisation gilt dann als gelungen, wenn sie uns gut auf das spätere Leben vorbereitet hat. Gut vorbereitet ist heute, wer selbstständig leben und erfolgreich arbeiten kann und wer nicht aufhört zu lernen.
Sozialisation findet nicht nur in der Familie statt, sondern auch in der Schule und in der Arbeitswelt. Denn auch dort lernen wir ständig neue Rollenanforderungen, lösen uns aber auch aus alten Rollen. Sie z. B. legen die Rolle des Schülers ab und schlüpfen in die Rolle des Berufstätigen. Sozialisation ist ein Prozess, der ein Leben lang anhält. Ein Rentner z. B. muss seine Rolle auch erst erlernen nach vielen Jahrzehnten Berufstätigkeit, → S. 22 ff.

M2 Neue Perspektiven

Anstöße Politik: Frau Meibeck, war Lehrerin schon immer Ihr Traumberuf?

Meibeck: Nein, ursprünglich wollte ich Restauratorin werden. Nach dem Abschluss der Hauptschule mit Fachoberschulreife und dem Besuch des Berufsgrundschuljahres habe ich deshalb eine Ausbildung zur Malerin und Lackiererin absolviert.

Anstöße Politik: War das der richtige Schritt in Richtung Ihres Traumberufs?

Meibeck: Mit dem Gesellenbrief hatte ich das notwendige Grundwissen für die Arbeit in einem Restaurationsbetrieb. Aber die Einstellungsbedingungen waren schlecht, weil es nur wenige Betriebe gab, in denen man als Restauratorin arbeiten konnte. Außerdem gab es viele Bewerber für solche Stellen, die bereits ein berufsspezifisches, abgeschlossenes Studium nachweisen konnten, also besser qualifiziert waren.

Anstöße Politik: Hat Sie das nicht entmutigt?

Meibeck: Nein. Zunächst habe ich eben in meinem Beruf als Malerin und Lackiererin gearbeitet. Dann habe ich mich entschlossen, die Fachhochschulreife, Schwerpunkt Gestaltung, an einer Kollegschule zu erlangen. Damit war ich meinem Ziel schon ein Stückchen näher. Später habe ich dann meinen Meister gemacht. Zu dieser Zeit begann ich mit Jugendlichen zu arbeiten und z.B. Auszubildenden mein Wissen weiterzugeben – das machte mir Spaß.

Anstöße Politik: Und das hat einen Sinneswandel ausgelöst?

Meibeck: Sinneswandel ist vielleicht nicht ganz richtig. Aufgrund der gegebenen Bedingungen habe ich überlegt, wie ich meine erworbenen Qualifikationen und Interessen bestmöglich nutzen könnte, auch wenn das hieß, dass ich dann eben nicht Restauratorin werden würde. Also erwarb ich an einer Kollegschule die Allgemeine Hochschulreife und nahm anschließend ein Lehramtsstudium auf.

Anstöße Politik: Das war ja nicht gerade ein einfacher Weg ...

Meibeck: Aber für mich hat er sich gelohnt.

Das Interview führte Andrea Wiemeyer

M3 „Ich will studieren!"

Die Nachfrage nach einem Studienplatz ohne Abitur ist so hoch wie noch nie zuvor. Die Zahl dieser Studienanfänger hat sich in den vergangenen fünf Jahren verdreifacht. Sie ist von 2007 bis 2011 von knapp 4000 auf rund 12000 gestiegen. Vor allem seit 2010 ist ein rasanter Anstieg zu beobachten, teilt das Centrum für Hochschulentwicklung mit. Nordrhein-Westfalen ist bei dieser Entwicklung Spitzenreiter. 4,7 Prozent aller Studierenden haben über den beruflichen Quereinstieg – Meisterabschluss oder mehrjährige Berufserfahrung – den Sprung an eine Fachhochschule oder Universität geschafft. [...]

CHO: Zahl der Studenten ohne Abitur steigt rasant, Westdeutsche Allgemeine Zeitung, 22.01.2013, S. 1

M4 Berufliche Fortbildung

Der Abschluss des Berufsausbildungsvertrages stellt für viele junge Arbeitnehmer nur den ersten Schritt in ihrem Berufsleben dar. Da die moderne Arbeitswelt laufend durch technische Neuerungen weiterentwickelt wird, müssen sich alle daran Beteiligten ständig informieren, d.h. sie müssen ihre Kenntnisse und Fertigkeiten dem neuesten Stand der Technik anpassen. Schätzungen gehen davon aus, dass sich das verfügbare Wissen der Menschheit alle fünf bis zehn Jahre verdoppelt.

Die berufliche Fortbildung, die auf einer abgeschlossenen Berufsausbildung aufbaut, ist für den heutigen Arbeitnehmer eine wichtige Voraussetzung, um den steigenden Anforderungen am Arbeitsplatz gerecht zu werden (z.B. Einsatz von EDV oder CNC-Maschinen). Wer beruflich aufsteigen will, muss meistens zusätzliche Qualifikationen vorweisen können – z.B. den Meisterbrief. Die Meisterprüfung kann nach dem Besuch einer Meisterschule abgelegt werden. Je nach Fachrichtung nimmt dies 1/2 bis 1 1/2 Jahre in Anspruch. Voraussetzung ist eine bestandene Gesellenprüfung. Ohne Meisterprüfung kann man sich in 41 handwerklichen Berufen nicht selbstständig machen. 2007 wurde der deutsche Meisterbrief durch die EU aufgewertet. Alle deutschen Handwerksmeister werden seitdem mit den Absolventen von Fachhochschulen und Bachelor-Studiengängen gleichgestellt. [...]

Helmut Nuding: Berufliche Fortbildung, in: ders./Josef Haller (Hg.), Wirtschaftskunde, Stuttgart 2012, S. 21f.

Arbeitsvorschläge

1. Interpretieren Sie die Karikatur **M1**. Diskutieren Sie, welches die entscheidenden Sprossen in einer Arbeitsbiografie sein könnten; Methode S. 214.

2. Erläutern Sie, ob die Arbeitsbiografie **M2** eher ein Ergebnis von Zufällen und äußeren Einflüssen oder von persönlichem Engagement ist.

3. Erörtern Sie, zu welchem Einsatz Sie bereit und in der Lage wären, um neue berufliche Ziele zu erreichen, und welche Motive Sie antreiben würden.

4. Entwickeln Sie in Gruppen und mit Fantasie mögliche Arbeitsbiografien für Ihr eigenes lebenslanges Weiterlernen. Lassen Sie sich dabei von den in **M2** bis **M4** beschriebenen Möglichkeiten anregen; Methode S. 221 oder S. 224.
Recherchieren Sie auch selbstständig Informationen zu Ihrem Berufsbild und -umfeld.

[II] 2, 3, 4 [I]–[III] 1

Überall Innovationen

Warum immer schneller und besser produziert wird

M1 Arbeiten früher

Autoproduktion bei Opel 1985, Karosseriebau

M2 Arbeiten heute

Autoproduktion bei Opel 2011, Karosseriebau

VT

Über den Einsatz von Robotern in der Industrie ist viel diskutiert worden. Wegzudenken sind die computergesteuerten Maschinen heute nicht mehr. Sie produzieren kostengünstiger als der Mensch und das auf hohem Niveau. Der „Kollege Roboter" arbeitet präziser, er kann schwerer heben, lässt sich nicht ablenken, legt keine Frühstückspause ein und arbeitet nachts ohne Zuschläge. Betriebe steigern durch Robotereinsatz ihre Produktivität. Der Mensch kann sich aus Produktionsprozessen zurückziehen, die gefährlich, eintönig oder belastend sind. Zurückziehen – aber wohin? Einerseits fallen einfache Tätigkeiten wie das Lackieren oder Schweißen in der Automobilproduktion für Menschen fort. Andererseits entstehen neue, hoch qualifizierte Berufe, die sich mit der Automatisierung von Produktionen befassen. Doch reicht das aus, um die große Zahl entfallener Arbeitsplätze auszugleichen?

Erklärungen

Der Begriff **Firma** hat verschiedene Bedeutungen:
- Nach dem Handelsgesetzbuch ist die Firma eines Kaufmanns der Name, unter dem er seine Geschäfte betreibt und die Unterschrift abgibt. Nach deutschem Recht kann nur ein Kaufmann eine Firma führen.
- Umgangssprachlich bezeichnet Firma ein Unternehmen, einen Betrieb oder ein Geschäft.

Ökonomisches Prinzip: allgemeiner Grundsatz für wirtschaftliches Handeln, wird von Unternehmen und Haushalten beachtet, das Ziel ist Nutzen- bzw. Gewinnmaximierung.
- Maximalprinzip: Mit einem begrenzten Aufwand (Input) soll ein möglichst großer Erfolg (Output) erzielt werden.
- Minimalprinzip: Mit möglichst wenig Aufwand (Input) soll ein definiertes Ziel (Output) erreicht werden.

Rationalisierung: Reduzierung von Produktionskosten bei gleicher Produktionsmenge und -qualität. Das kann durch Senken der Arbeitskosten erfolgen, durch den Einsatz von Maschinen und durch organisatorische Veränderungen. Das Ziel von Rationalisierungen ist eine erhöhte **Produktivität**.

M3 Wirtschaftliche Kennziffern

Wirtschaftliche Kennziffern		
Produktivität	**Wirtschaftlichkeit**	**Rentabilität**
$= \frac{\text{erzeugte Menge}}{\text{Einsatz}}$	$= \frac{\text{Ertrag}}{\text{Aufwand}}$	$= \frac{\text{Gewinn} \times 100}{\text{Kapital}}$
$= \frac{\text{400 Einheiten Waren}}{\text{20 Arbeitsstunden}}$	$= \frac{\text{Ertrag: 7 936 500 €}}{\text{Aufwand: 7 690 180 €}}$	$= \frac{\text{1 200 000 € Gewinn} \times 100}{\text{7 500 000 Kapital}}$
= 20 Einheiten je Arbeitsstunde	= 1,032 Faktor für Wirtschaftlichkeit	= **16 % Eigenkapitalrentabilität**

M4 Innovativ

Enis Ersü ist Chef der Firma Isra Vision (Intelligent Systems Robotics and Automation), eines erfolgreichen Technologieunternehmens in Darmstadt. Auszüge aus einem Interview:

Herr Ersü, Ihr Unternehmen bringt Robotern das Sehen bei. Wofür braucht man das?

Roboter in der Industrie können effizienter und damit rentabler arbeiten, wenn sie ihre Werkstücke und deren Position vollautomatisch erkennen können. Genau das leisten unsere sehenden Systeme, bestehend aus Kameras, Software, Hardware und spezieller Beleuchtung. Ein Lackier-Roboter an einem Fließband in der Autoindustrie kann damit Typ und Position einer Karosserie mit einer Präzision von 0,5 Millimeter erkennen. So kann er flexibler, genauer und schneller arbeiten und spart auch noch Material.

So müssen ihm weniger Menschen helfen?

Ja, aufwendige Fixierungen der Werkstücke entfallen beispielsweise. Das beschleunigt den Produktionsprozess und steigert die Produktqualität. Zudem können sehende Roboter ihre Arbeit selbst überprüfen und erledigen so zwei Operationen in einem Produktionsschritt. [...]

Wann erreichen Sie die 100-Millionen-Umsatz-Grenze?

Wenn es die Finanz- und Wirtschaftskrise nicht gegeben hätte, wären wir bereits da. [...]

Christian Siedenbiedel: „Sehende Roboter können ihre Arbeit selbst überprüfen", Frankfurter Allgemeine Sonntagszeitung, 17.02.2013, S. 36

M5 Ausgelastet

Die Kuka AG hat das hohe Tempo im Auftragseingang trotz wachsender konjunktureller Unsicherheiten beibehalten. Der Roboterhersteller aus Augsburg geht mit einem dicken Auftragsbuch in das neue Jahr, in dem die Beschäftigung weitestgehend gesichert scheint. [...] Der Konzern profitierte von der hohen Nachfrage nach Robotern und Systemen für die Autoindustrie, mit der er rund 70 Prozent des Geschäfts bestreitet. Vor allem Hersteller der Premiummarken haben in den Ausbau ihrer Werke investiert. Aber auch in der Industrie verzeichnete Kuka viele Bestellungen. Der Konzern baut derzeit seine Kapazitäten in Augsburg aus und errichtet in China ein neues Werk. [...]

kön: Kuka bleibt vollbeschäftigt, Frankfurter Allgemeine Zeitung, 06.02.2013, S. 12

M6 Gebildet

Das schulische und berufliche Bildungsniveau in Deutschland ist in den vergangenen Jahrzehnten deutlich gestiegen. Zu diesem Ergebnis kommt der 14. Kinder- und Jugendbericht, den die Bundesregierung einschließlich ihrer Stellungnahme dem Bundestag [...] vorgelegt hat. Nach Angaben des Berichts verfügen jüngere Menschen über formal höhere Schul- und berufsqualifizierende Abschlüsse als ältere Menschen. [...]

aw: Das Bildungsniveau steigt, Das Parlament, 18.02.2013, S. 12

Arbeitsvorschläge

1. Beschreiben und vergleichen Sie die beiden Fotografien **M1**, **M2**. Welche Veränderungen stellen Sie fest, welche Schlussfolgerungen ziehen Sie?
→ Methode S. 214.

2. Recherchieren Sie im Internet über die Autoproduktion und berichten Sie, wo Roboter eingesetzt werden und wo dort Menschen in der Produktion tätig sind.

3. Mithilfe von wirtschaftlichen Kennziffern (**M3**) lässt sich feststellen, wie erfolgreich ein Unternehmen arbeitet. Vollziehen Sie die drei Beispielrechnungen nach. Wie würde sich die Produktivität eines Unternehmens entwickeln, wenn
   a) mehr Mitarbeiter eingestellt werden bei gleichbleibender Produktion
   b) mehr produziert wird von gleich vielen Mitarbeitern?

4. Warum arbeiten Unternehmen wie in **M4** und **M5** genannt so erfolgreich? Greifen Sie für Ihre Erklärung auch auf **M3** zurück.

5. Welche allgemeine Dynamik in der Arbeitswelt erkennen Sie in **M1** bis **M6**? Skizzieren Sie Ihr Ergebnis in einem Flussdiagramm; → Methode S. 217.

[I]–[II] 1 [II] 2, 3, 4 [III] 5

Vertiefung

Der Weg in die Wissensgesellschaft

Wozu brauchen wir das Know-how?

Rationalisierung
S. 40

Produktivität
S. 40

M1 Qualifizierungsoffensive

Heiko Sakurai, 2007

Erklärungen

Die **Jugendarbeitslosenquote** der unter 25-Jährigen lag im März 2014 in Deutschland bei acht Prozent (Werte gerundet) – und damit am unteren Ende der Jugendarbeitslosenstatistik der Mitgliedstaaten der Europäischen Union. Griechenland hatte mit 58 Prozent die meisten jungen Arbeitslosen, gefolgt von Spanien (54%), Kroatien (49%) und Italien (43%). Im Durchschnitt betrug die Jugendarbeitslosigkeit in der EU zu diesem Zeitpunkt 24 Prozent. Die niedrigsten Werte hatten neben Deutschland Österreich (10%) und die Niederlande (11%).

VT

Zwischen 1991 und 2010 ist der Anteil hoch qualifizierter Tätigkeiten in Deutschland von 19 Prozent auf 24 Prozent angestiegen. Der Anteil von Hilfstätigkeiten ist im gleichen Zeitraum von 20 Prozent auf 16 Prozent gesunken. Der mehrfach angesprochene Strukturwandel in der Arbeitswelt setzt sich also stetig fort. Er ist notwendig, um den Wirtschaftsstandort Deutschland zu sichern und zu entwickeln. Allerdings scheint der Wandel an Grenzen zu stoßen: Glaubt man den Aussagen von Wirtschaft und Industrie, scheint ein Fachkräftemangel in einigen technischen Bereichen bevorzustehen. Daraus ergeben sich neue Perspektiven: Die viele Jahre herrschende Jugendarbeitslosigkeit dürfte – auch wegen der rückläufigen Bevölkerungsentwicklung – zukünftig zumindest in Deutschland kaum ein Problem mehr darstellen.
Nachdem sich Handwerk und Industrie lange Zeit eher wenig um die Ausbildung gekümmert und die Qualifikation junger Leute staatlichen Einrichtungen überlassen hatten, werben sie bereits jetzt an Schulen und bieten Unterstützung bei Ausbildung und Studium an. Kurzfristig sollen hoch qualifizierte ausländische Zuwanderer die Lücken schließen.
Die heutige technische Entwicklung, die zu Recht als weitere industrielle und technologische Revolution bezeichnet wird, steht erst am Anfang. Sie wird rasant weitergehen – vornehmlich in Asien. Wollen die europäischen Staaten bei dieser Entwicklung mithalten und ihre Position verteidigen, so wird die Wissensgesellschaft ein plausibles Szenario. Was aber bedeutet das für die Entwicklung innerhalb der Gesellschaft? Wird es bald nicht nur die Schere zwischen Arm und Reich, sondern auch zwischen gut und weniger gut Ausgebildeten geben? Und was bedeutet das für das Zusammenleben?

Im Hörsaal einer Universität während einer Vorlesung

M2 Technischer Fortschritt

Auch der technische Fortschritt wird für den Verlust von Arbeitsplätzen verantwortlich gemacht. Produktinnovationen verdrängen herkömmliche Produkte, Prozessinnovationen steigern die Arbeitsproduktivität und Maschinen machen Arbeitskräfte überflüssig. So weit nicht gleichzeitig eine Ausweitung des Produktionsvolumens stattfindet, kommt es in den betroffenen Industrien entweder zur Verkürzung der Arbeitszeit oder zur Entlassung von Arbeitskräften. Genauso gut wäre es aber auch denkbar, dass durch die Kostensenkung für das günstiger hergestellte Produkt der Absatz und in der Folge auch die Produktionsmenge ggf. sogar die Beschäftigung ausgeweitet wird. Auch die neuen Technologien selbst müssen hergestellt werden. [...]
Eine Dämpfung des technischen Fortschritts oder eine Minderung der internationalen Arbeitsteilung würde sich aber nicht positiv auf die Beschäftigung auswirken, sondern wäre durch die Auswirkungen auf die Wettbewerbs- und Innovationsfähigkeit eher negativ. Die Entwicklung trifft vor allem die gering qualifizierten Arbeitskräfte. [...]

Birgit Weber: Schöne neue Arbeitswelt? Die Zukunft der Arbeit, Informationen zur politischen Bildung, Heft 293, 2007, Bundeszentrale für politische Bildung (Hg.), unter: www.bpb.de/izpb/8588/schoene-neue-arbeitswelt-die-zukunft-der-arbeit, Zugriff 30.12.2012, gekürzt

M3 Positiv-Szenario zur Entwicklung einer Wissensgesellschaft

Die Entwicklung hin zur Wissensgesellschaft erhält ihre stärksten Impulse durch die Wissensproduktion in wissenschaftlichen Hochschulen und anderen Forschungseinrichtungen, durch die Hochtechnologieentwicklung besonders im Bereich der Informationstechnologien und durch die wissenschaftlich fundierte Qualifizierung immer größerer Teile der Bevölkerung. [...]
Intelligente Maschinen, Mikroprozessoren sowie Netz- und Funktechniken dringen mehr und mehr in alle Lebensbereiche vor. [...] Weltweit vernetzte Produktionsprozesse und Dienstleistungen, neue Organisationsformen von Unternehmen und Infrastrukturen entstehen bis hin zu virtuellen Unternehmen und hochleistungsfähigen Logistiksystemen. Diese Entwicklungen spiegeln sich auch in neuen Formen der weltweiten Arbeitsteilung sowie sekundenschnellen globalen Informations- und Kommunikationsprozessen. [...]
Die Ausweitung von Bildung und Ausbildung ist zugleich Voraussetzung und Folge der neuen Informations- und Kommunikationstechnologien. Einerseits bedarf es erheblicher Kenntnisse, um deren Vorteile zu nutzen. Andererseits verschaffen die modernen Informations- und Kommunikationstechnologien eine Fülle von Informationen, die zuvor nur mit viel Aufwand zu erhalten waren. Aber nur wer die Zusammenhänge kennt, wer Informationen im Hinblick auf ihre Auswirkungen und ihre Relevanz beurteilen kann, wer wesentliche von unwesentlichen Informationen unterscheiden kann, der verfügt über nützliches Wissen. Immer mehr Menschen besuchen daher immer länger Lehrgänge, Schulen und Hochschulen [...].
Der Bedarf an Arbeitskräften in einer Wissensgesellschaft ist hoch, weil zahlreiche Betätigungsfelder vor allem im Dienstleistungsbereich wachsen oder überhaupt erst neu erschlossen werden. [...]
Die Prinzipien der Effizienzsteigerung und der Rentabilitätsmehrung, der Beschleunigung und somit der Ökonomisierung der Gesellschaft setzen sich in der Wissens- und Wachstumsgesellschaft mehr und mehr durch. [...]
Die Globalisierung von Informationen, des Handels, der Arbeitskräftemigration, des Tourismus und des Kapitalverkehrs beschleunigt sich in der Wissens- und Wachstumsgesellschaft. [...]

Stefan Hradil: Die Wachstumsgesellschaft und die nachhaltige Gesellschaft: Zwei Szenarien, Bundeszentrale für politische Bildung, 31.05.2012, www.bpb.de/politik/grundfragen/deutsche-verhaeltnisse-eine-sozialkunde/139123/wachstumsgesellschaft-und-nachhaltige-gesellschaft?p=all, Zugriff 30.12.2012, gekürzt

Arbeitsvorschläge

1. Fassen Sie die Aussagen von **M2** zusammen und stellen Sie dar, welche Position die Verfasserin dieses Textes einnimmt.

2. Erläutern Sie die Bedeutung von Bildung, Ausbildung und Wissen hinsichtlich der Wettbewerbsfähigkeit der Wirtschaft eines Landes. Ordnen Sie hierzu auch die Aussage von **M1** ein; → Methode S. 214.

3. Erörtern Sie zunächst in Kleingruppen die möglichen gesellschaftlichen Auswirkungen einer Entwicklung zur Wissensgesellschaft. Nutzen Sie die Methode, → S. 221, und entwickeln Sie ein entsprechendes Szenario.

[I] 1 [II] 2 [III] 3

Jung trifft Alt

Bevölkerungsentwicklung und Arbeitsmarkt

Bevölkerungsentwicklung
S. 18, M 6

Generationenvertrag
S. 102

M1 Länger arbeiten

Klaus Stuttmann, 2010

Erklärungen

Demografischer Wandel: Bezeichnet die Veränderung der Bevölkerungsstruktur. Der erste demografische Wandel fand in Europa beim Übergang von der vorindustriellen zur industriellen Gesellschaft statt. Die Sterberate ging damals stark zurück und ein kräftiges Bevölkerungswachstum setzte ein.
Eine niedrige Geburtenrate zwischen 1965 und 1975 leitete den zweiten demografischen Wandel ein. Gleichzeitig stieg die Lebenserwartung; S. 16.

Generation bezeichnet in der Demografie und Sozialwissenschaft Menschen eines bestimmten Lebensalters oder eines bestimmten Zeitabschnitts. Eine Generation beginnt jeweils mit der Geburt der nächsten – in Deutschland etwa nach 30 Jahren. So ergeben sich drei Generationen: Die „junge“, 0–30 Jahre, die „mittlere“, 31–60 Jahre und die „ältere“, alle ab 61 Jahre.

VT

Kommt unsere Gesellschaft in die Jahre? Das Schlagwort von der alternden Gesellschaft macht die Runde.
Aber altern die Mitglieder einer Gesellschaft nicht immer? Was ist das Besondere an der gegenwärtigen demografischen Entwicklung? Und warum klingt immer ein alarmierender Unterton mit, wenn es heißt „In Deutschland werden zu wenig Kinder geboren“ und „Die Last der Renten werde die Arbeitenden erdrücken“?
Diese Fragen lassen sich von verschiedenen Seiten behandeln. Hier nehmen wir die mittlere, die arbeitende Generation in den Blick und fragen: Gehen uns die Arbeitskräfte aus?
Betrachtet man nur die Bevölkerung im erwerbsfähigen Alter von 15 bis 64 Jahren, sind die Zahlen eindeutig: Im Jahr 2012 waren 77 % dieser Bevölkerungsgruppe erwerbstätig. Der entsprechende Wert lag im Jahr 2002 noch bei rund 73 %. Es sind also heute mehr Menschen erwerbstätig als noch vor zehn Jahren. Insbesondere Frauen und ältere Personen sind zunehmend erwerbstätig. Da das Renteneintrittsalter auf 67 Jahre angehoben wurde, werden vermutlich mehr Menschen länger arbeiten. Die Arbeitswelt muss sich hier aber noch wandeln und auch mehr Arbeitsplätze für Ältere anbieten, statt sie in die Arbeitslosigkeit zu drängen. Besonders bei körperlich anstrengenden Berufen und Tätigkeiten müssen Lösungen gefunden werden, damit die Beschäftigten möglichst lange und gesund in der Arbeitswelt gehalten werden.
Heute ist es nichts Ungewöhnliches, wenn Väter ihre Elternzeit nehmen. Vielleicht ist es eines Tages auch normal, dass ältere Beschäftigte nicht zu früh aussortiert werden. Vielleicht gibt es zukünftig Arbeitszeitkonten, die einen gleitenden Ausstieg aus dem Arbeitsleben ermöglichen. Ein Azubi steigt ja schließlich auch nicht voll im Betrieb ein.

M2 Betriebe reagieren auf demografischen Wandel

Kerstin Pickl spürt den demografischen Wandel hautnah. Weil Fachkräfte knapper werden, steigt die Wertschätzung der Arbeitgeber für ihre qualifizierten Mitarbeiter. Für anspruchsvolle Tätigkeiten rufen sie sogar Eltern aus der Elternzeit zurück. Die Kinderbetreuung wird zum Engpass, und dann kommt Pickl ins Spiel. Sie leitet den Notkindergarten „Fluggi-Land", den der Flughafenbetreiber Fraport [in Frankfurt] vor zehn Jahren gegründet hat. „Wir hören häufiger von Eltern: ‚Fraport hat mich zurückgeholt. Ich brauche schnell einen Betreuungsplatz'", berichtet Pickl. Geöffnet hat ihre Einrichtung von 6 bis 22 Uhr. Bis um 16 Uhr des Vortags kann man sich für den nächsten Tag einen Platz sichern: für einen Tag oder länger.

Das Angebot richtet sich an Schichtarbeiter, die Kinder außerhalb der Kernzeiten von Tagesstätten versorgen wollen, und an Eltern, die plötzlich wieder zum Einsatz gerufen werden. Ein gutes Konzept, findet Edgar Stejskal. Sein Konzern unternehme viel, um mit dem demografischen Wandel fertig zu werden, sagt der Konzernbetriebsratsvorsitzende. Auch das kostengünstige konzerneigene Fitnessstudio und Zuschüsse für Sportaktivitäten lobt er. „Wir haben sehr anstrengende Jobs und wollen die Menschen möglichst lange im Arbeitsleben halten" [...].

5 000 Fraport-Mitarbeiter sind im Entladebereich des Frankfurter Flughafens eingesetzt: häufig mit schweren körperlichen Tätigkeiten. 43 Jahre ist das Durchschnittsalter mit zunehmender Tendenz. Ein Zehntel der Arbeitnehmer hat den sogenannten „Zehn-Kilo-Schein und darf etwa wegen eines Bandscheibenvorfalls nicht mehr auf dem Vorfeld eingesetzt werden. „Wir wünschen uns, dass unsere Arbeitsmedizin den Arbeitsschutz analysiert und Entlastungsschritte einbaut", sagt Betriebsrat Stejskal.

Auch im internationalen Postzentrum am Frankfurter Flughafen macht man sich Gedanken über die Demografie. Das aktuelle Durchschnittsalter der Belegschaft liege bei 47 Jahren, sagt der Niederlassungsleiter Peter Ferry. Er ist darauf eingerichtet, dass es innerhalb eines Jahrzehnts auf mehr als 50 Jahre ansteigen wird. [...] „Wir stellen uns die Frage, wie kann ich es jedem Mitarbeiter ermöglichen, bis 67 Jahre zu arbeiten. Niemand soll aus gesundheitlichen Gründen ausscheiden" [...].

Philipp Krohn: Mit dem Alter wachsen die Herausforderungen, Frankfurter Allgemeine Zeitung, 23.02.2013, S. 19

M3 Teamwork zwischen Jung und Alt

Ein älterer Beschäftigter arbeitet mit einem Berufsanfänger zusammen.

M4 Zunkunftsprognose

Trotz des demografischen Wandels könnte Deutschland sein Arbeitsvolumen bis zum Jahr 2030 stabilisieren. Zu diesem Ergebnis kommt eine Untersuchung im Auftrag der Robert-Bosch-Stiftung. Die Zahl der Menschen im Alter von 15 bis 65 Jahren werde bis dahin zwar sinken, aber die Einführung der Rente mit 67 mindere diesen Effekt für den Arbeitsmarkt. Weitere mögliche Maßnahmen:

- das Renteneintrittsalter um ein weiteres Jahr erhöhen
- die Erwerbsquote der 60- bis 64-Jährigen steigern
- Erwerbsbeteiligung der Frauen weiter steigern
- Fachkräfte aus dem Ausland anwerben

pik: Deutschland könnte Demographie trotzen, Frankfurter Allgemeine Zeitung, 05.03.2013, S. 11, vereinfacht und gekürzt

Arbeitsvorschläge

1 Interpretieren Sie die Karikatur **M1** und beschreiben Sie die Problemlage; Methode S. 214.

2. Politik und Betriebe reagieren auf den demografischen Wandel (**M2 – M4**). Erstellen Sie eine Mindmap mit den Informationen aus den Materialien und ergänzen Sie. Formulieren Sie zu jedem Aspekt eine negative und eine positive Auswirkung.

3. Beurteilen Sie in Kleingruppen, wie in Ihrem Beruf von altersgemischten Gruppen profitiert werden könnte. Sie können dazu eine Meinungsumfrage in Ihrer Schule oder Ihrem Betrieb durchführen; Methode S. 223.

[I]–[III] 1, 2, 3

Die demografische Entwicklung

Wird unser Land zu einer Rentnerrepublik?

M1 Einwohner und Geborene in Deutschland 1841 bis 2100

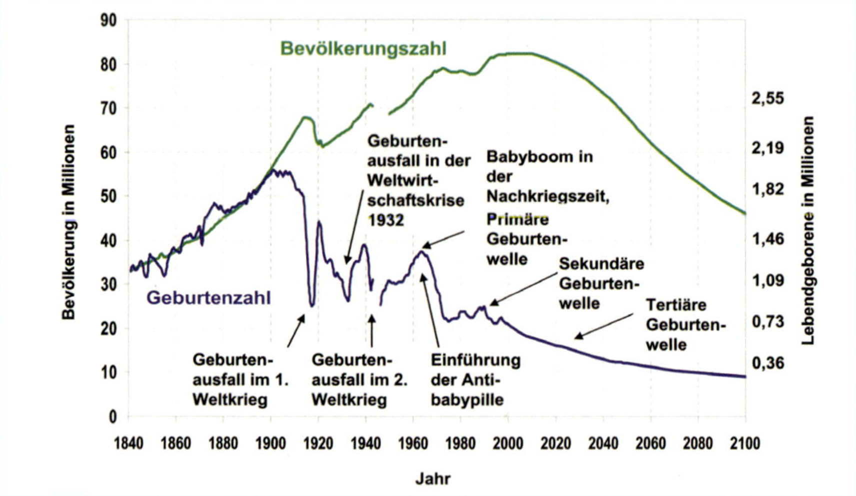

Herwig Birg: Dynamik der demographischen Alterung, Bevölkerungsschrumpfung und Zuwanderung in Deutschland in: Aus Politik und Zeitgeschichte, B20, 2003, S. 7

Generationenvertrag
S. 102

Migration
S. 104

Erklärungen

Die **Demografie** ist die Bevölkerungswissenschaft. Sie beschreibt zum einen die Struktur der Bevölkerung eines Landes, also die Zusammensetzung nach Merkmalen wie Alter, Geschlecht, Nationalität usw. Zum anderen untersucht sie quantitative Veränderung wie Wachsen bzw. Schrumpfen durch Geburten- und Sterberate sowie Zu- und Abwanderung.

HDI steht für Human Development Index. Der Index wurde von den Vereinten Nationen eingeführt, um den durchschnittlichen Entwicklungsstand eines Landes darzustellen. Der HDI setzt sich aus drei Komponenten zusammen: Lebenserwartung, (Aus-)Bildung und Kaufkraft.

Industrielle Revolution: Die Arbeitswelt und das Transportwesen veränderten sich ab dem 18. und im 19. Jahrhundert durch technische Erfindungen (z. B. Dampfmaschine, Eisenbahn). Die Massenproduktion in Fabriken entstand. Die landwirtschaftlich geprägte Gesellschaft wandelte sich zu einer auf Wachstum ausgerichteten **Industriegesellschaft**.

Die **durchschnittliche Lebenserwartung** ist die Zeitspanne zwischen der Geburt und dem Tod. Sie wird statistisch errechnet und beträgt in Deutschland (2011) für Frauen 82,73 Jahre und für Männer 77,72 Jahre.

VT

Seit Jahrzehnten lässt die Bevölkerungsentwicklung in Europa zwei Tendenzen erkennen: Der Anteil alter Menschen wächst dank gestiegener Lebenserwartung oder rückläufiger Sterberate. Gleichzeitig sinkt die Geburtenrate. Folgen sind eine schrumpfende und zunehmend alternde Bevölkerung. Um den Bestand einer Bevölkerung zu sichern, bedarf es einer statistischen Geburtenrate von etwa 2,1 Kindern pro Frau. Bei einer Geburtenrate von knapp unter 1,4 (wie sie Deutschland gegenwärtig aufweist) wird die Bevölkerung dagegen nur noch zu zwei Dritteln ersetzt. 1000 Frauen haben dann noch 667 Töchter, 444 Enkelinnen und 296 Urenkelinnen. Vorausberechnungen zur Folge werden im Jahr 2060 nicht mehr wie heute 82 Millionen Menschen in Deutschland leben, sondern nur noch 70 Millionen Menschen. Größe und Altersstruktur einer Bevölkerung werden neben ihrer Geburten- und Sterberate allerdings noch durch ein drittes Kriterium bestimmt: die Migration, also die Zu- und Abwanderung von Menschen.
Dass die Menschen immer älter werden, ist zu begrüßen. Diese Tendenz wird sich, sofern nicht unvorhersehbare Katastrophen diese erfreuliche Entwicklung stoppen, allein schon aufgrund des medizinischen Fortschritts auch in Zukunft fortsetzen. Gravierende Probleme entstehen erst, wenn ausreichender Nachwuchs fehlt. Dann kann die Innovationsfähigkeit einer Gesellschaft schwinden. Aber warum bekommen die Menschen in Europa immer weniger Kinder, wo die Geburtenrate in Afrika größtenteils hoch bleibt? Entwickelt sich Deutschland also zu einer Rentnerrepublik, in der es mehr Altenheime statt Kindergärten, mehr Senioren- statt Jugendtreffs gibt und Reformhäuser statt Spielzeugläden das Bild der Einkaufsstraßen prägen?

M2 Warum so wenig Nachwuchs?

Bauern- und Handwerkerfamilien des ausgehenden 19. Jahrhunderts waren kinderreich, weil sie auf billige Arbeitskräfte angewiesen waren. Obendrein sicherten die Eltern so ihre Versorgung im Alter. Mit der Industrialisierung und der Einführung staatlicher Rentensysteme entfiel der ökonomische Nutzen einer großen Kinderschar. Nachwuchs zu haben, war jetzt kein Produktionsfaktor mehr, sondern entwickelte sich im Gegenteil zum Kostenfaktor. Es reichte nicht mehr aus, für Essen und Kleidung zu sorgen. Familien mussten vermehrt auch in die Ausbildung und in [...] Konsumansprüche der Sprösslinge investieren.

Kriegsjahre und Wirtschaftskrisen haben die Kinderzahlen in Deutschland lange stark schwanken lassen. Stabil sind sie erst seit dem „Pillenknick" in den 1970er-Jahren, allerdings auf sehr niedrigem Niveau. Mit etwas weniger als 1,4 Kindern je Frau bekommen Deutschlands Eltern deutlich weniger Nachwuchs, als für eine stabile Bevölkerungszahl nötig wäre. [...]

Der Abwärtstrend war stetig, auch wenn es einige Abweichungen gab: Nach den beiden Weltkriegen und nach der Weltwirtschaftskrise zu Beginn der 1930er-Jahre sackte die durchschnittliche Kinderzahl jeweils für kurze Zeit stark nach unten. Kinderwünsche werden somit zu Krisenzeiten oft aufgeschoben, später aber häufig nachgeholt. Zwischen 1955 und 1964 schnellte die durchschnittliche Kinderzahl dagegen nach oben. Dieser „Babyboom" fiel mit dem „Wirtschaftswunder" zusammen. [...] Der Boom erwies sich jedoch als kurzlebig. [...] Der gesellschaftliche Aufbruch in den 1960er-Jahren, die Befreiung von als „bürgerlich" empfundenen Moralvorstellungen und die veränderte Rolle der Frau [...] trugen zu dieser tief greifenden Umgestaltung der individuellen Lebensentwürfe bei. Die „Antibabypille", die 1961 auf den Markt kam, hat diese Umgestaltung nicht ausgelöst. Sie passte nur perfekt dazu. Denn mit diesem relativ sicheren neuen Verhütungsmittel wurde die Verantwortung für die Familienplanung erstmals einzig und allein in die Hand der Frauen gelegt. Heute ist es für Frauen wie Männer nicht nur möglich, sondern gesellschaftlich akzeptiert, ohne Kinder durchs Leben zu kommen. Ökonomische Studien zeigen, dass Kinderlose sogar finanziell besser gestellt sind als Familien.

Sabine Sütterlin: Deutschland – eines der kinderärmsten Länder, Berlin-Institut für Bevölkerung und Entwicklung, Berlin 2008, www.berlin-institut.org/online-handbuchdemografie/bevoelkerungsdynamik/regionale-dynamik/deutschland.html, Zugriff 15.10.2012, gekürzt

Warum gibt es so wenig Nachwuchs in Deutschland?

M3 Demografisch-ökonomisches Paradoxon

Dieses vergleichende und relativierende Bewerten, unabhängig vom erreichten absoluten Lebensniveau, ist nicht nur in Deutschland verbreitet. Dabei könnte wichtig sein, dass im Zuge der Wohlstandssteigerungen die Sorge um ihren Verlust mitwächst. So kam es zu einer paradoxen, weltweit beobachtbaren Erscheinung: dem gegenläufigen Zusammenhang zwischen dem materiellen Lebensniveau eines Landes, das sich zum Beispiel mit der Lebenserwartung oder mit dem Pro-Kopf-Einkommen messen lässt, und dem Niveau seiner Geburtenrate. Dieses Phänomen lässt sich mit dem Begriff „demografisch-ökonomisches Paradoxon" fassen: Je rascher die sozioökonomische Entwicklung eines Landes voranschritt und je höher der Lebensstandard stieg, desto niedriger war die Geburtenrate, gemessen durch die Zahl der Lebendgeborenen pro Frau. In der Wissenschaft gibt es Versuche, die paradoxe Gegenläufigkeit des demografisch ökonomischen Zusammenhangs verständlich zu machen und durch rationale Erklärungen aufzulösen. Ein solcher Erklärungsansatz ist die von der Bevölkerungsökonomie entwickelte Theorie der Opportunitätskosten von Kindern, wobei mit Opportunitätskosten nicht die realen Ausgaben für Kinder gemeint sind, sondern die vorgestellten entgangenen Einkommen, auf die die Eltern bei einer Entscheidung für ein Kind verzichten müssten. Widmet sich ein Elternteil, und in den allermeisten Fällen ist dies immer noch die Frau, beispielsweise 20 Jahre der Erziehung von Kindern, dann entgeht ihr bei einem angenommenen Jahresverdienst von 30 000 Euro ein Lebenseinkommen von 600 000 Euro. [...]

Das Argument lautet: Wenn eine Frau auf Grund gesellschaftlicher Umstände wie mangelnder Betreuungseinrichtungen für Kinder gezwungen ist, zwischen der Aufnahme einer Erwerbsarbeit oder der Erziehung von Kindern zu wählen, dann entgeht ihr bei einer Entscheidung zugunsten der Kindererziehung ein Erwerbseinkommen, das umso höher ausfällt, je höher das erzielbare Pro-Kopf-Einkommen ihres Landes ist. [...]

Aus dieser Sicht werden Kinder in wirtschaftlich erfolgreichen Ländern, gemessen auf der Skala der entgangenen Einkünfte, umso unerschwinglicher, je weiter die Einkommensentwicklung voranschreitet. Es ist dann nicht paradox, sondern einleuchtend, dass die Geburtenrate mit steigendem Verdienst abnimmt. [...]

Herwig Birg: Ergebnisse international vergleichender Forschung, in: Informationen zur politischen Bildung, Hg. Bundeszentrale für politische Bildung, Nr. 282, Bonn 2011, S. 13 f.

M4 Weltkarten im Vergleich

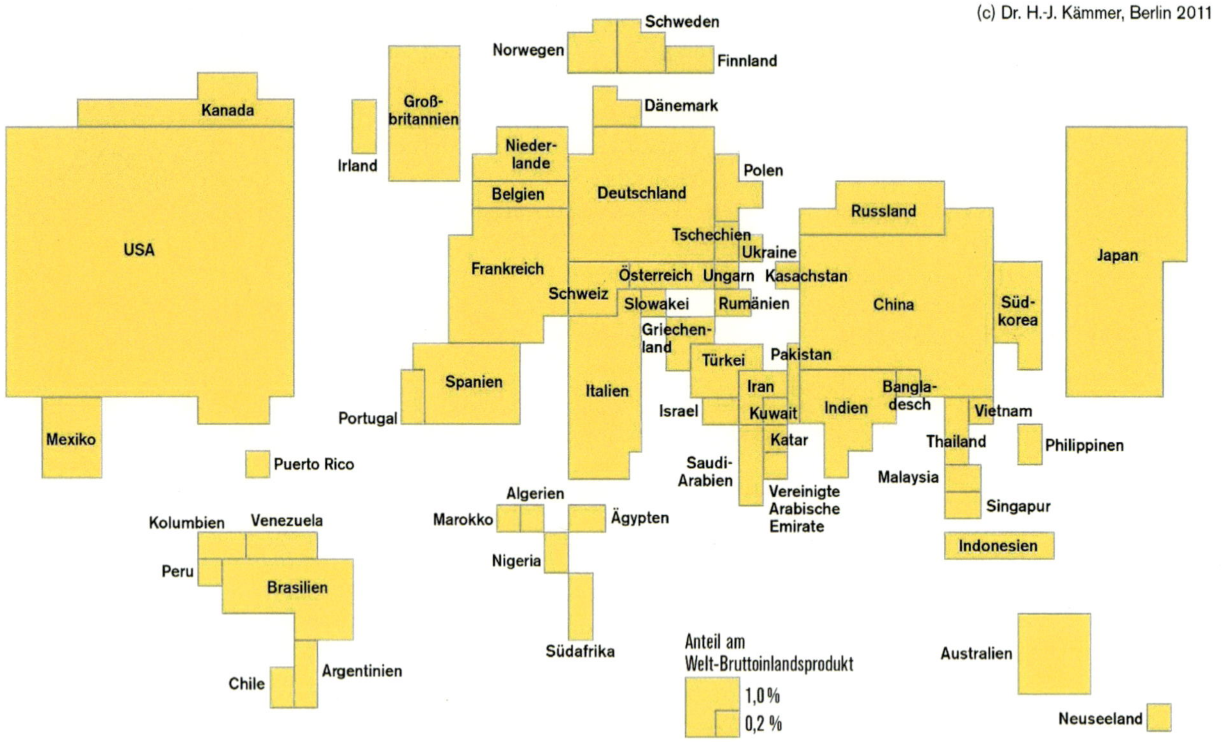

Ökonomische Weltkarte 2009 (Die Flächen der Staaten sind proportional zu ihrem Bruttoinlandsprodukt)
Dargestellt sind Staaten mit einem Anteil von 0,2 % oder mehr am Welt-Bruttoinlandsprodukt.
Diese 60 Staaten erwirtschaften 96,2 % des Welt-Bruttoinlandsproduktes.

M5 Hurra, die Deutschen haben wieder Platz

Freie Straßen, bessere Luft, weniger Arbeitslose – wenn die Deutschen immer weniger werden, hat das doch nur Vorteile, oder? [...] Im Augenblick ist es einfach zu voll bei uns. Heute haben alle das Gefühl, es steht ihnen jemand im Weg, deswegen wird gedrängelt, was das Zeug hält, und die meisten Menschen reagieren angespannt bis panisch. Auch wenn es um die Bevölkerungsentwicklung geht: „Was? Geburtenrückgang? Oh Gott, die Deutschen sterben aus!“ Aber das tun wir doch gar nicht, wir werden nur weniger. Und das wird uns gut bekommen. Weniger Menschen sind leichter zu ernähren. Weniger Menschen verursachen weniger Kohlendioxid und weniger Müll. Weniger Menschen leben einfach besser. [...] Die Damen und Herren Bürgermeister können sich darauf konzentrieren, die vorhandenen Kinder, Senioren und sonstigen Anwohner mit Schulen, Freizeitangeboten und einem anständigen öffentlichen Nahverkehr zu versorgen [...] – das Leben wird insgesamt wesentlich angenehmer. Entspannter wird es sowieso. Die Massen drängen sich vielleicht noch da, wo sie freiwillig hingehen: in Fußballstadien und bei Konzerten. Aber nicht mehr in Hörsälen und Fußgängerzonen. [...] Und wahrscheinlich auch nicht in Arbeitsagenturen. In einem Land, das so viel exportiert, müsste doch gerade für weniger Menschen genug zu tun sein. Natürlich nur für gut Ausgebildete, aber die gibt es ja dann auch: kleinere Schulklassen, bessere Betreuung, Qualität statt Quantität. [...]

Rainer Dachselt: Hurra, die Deutschen haben wieder Platz, 02.04.2008, www.ard.de/themenwoche2008/politische-debatte/die-deutschen-haben-wieder-platz/-/id=742962/nid=742962/did=754030/157ko0l/index.html, Zugriff 15.10.2012

M6 Der Trend dreht sich um

Reiche Länder, wenig Kinder – das galt bislang. Je höher die ökonomische Entwicklung ist, desto öfter sagen Paare wieder Ja zum Kind, wie aktuell in den USA und den Niederlanden.

Es ist paradox: Den Menschen in Industrieländern geht es immer besser – und die Geburtenrate sinkt. Dass mit zunehmendem Reichtum weniger Kinder geboren werden, ist ein weltweites Phänomen. Die Angst mancher Länder vor Überalterung oder gar dem Aussterben der eigenen Bevölkerung sei aber unbegründet, schreiben US-Forscher im Wissenschaftsmagazin „Nature“. Werde ein bestimmter Grad ökonomischer Entwicklung erreicht, drehe sich der Trend um. In den USA und den Niederlanden steige die Geburtenrate bereits wieder leicht an.

Die Wissenschaftler um Hans-Peter Kohler von der Universität Pennsyl-

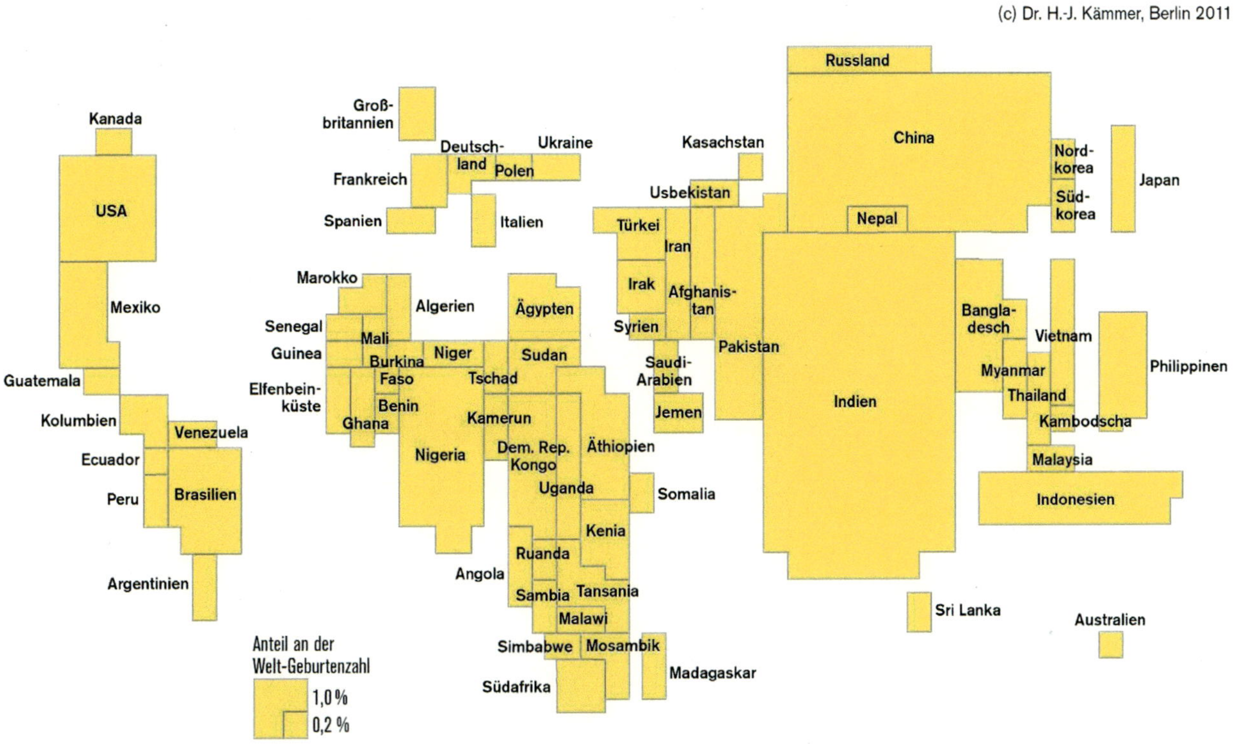

Demographische Weltkarte 2010 (Die Flächen der Staaten sind proportional zu ihrer Geburtenzahl)
Dargestellt sind Staaten mit einem Anteil von 0,2 % oder mehr an der Welt-Geburtenzahl.
Diese 73 Staaten haben einen Anteil von 93,5 % an der Welt-Geburtenzahl.

vania in Philadelphia analysierten für ihre Studie Daten von 1975 und 2005 aus 24 Ländern. Sie erfassten jeweils die Geburtenrate und den zwischen null und eins liegenden „Human Development Index“ (HDI), der Wirtschaftskraft, Lebenserwartung und Bildungsgrad der Menschen eines Landes berücksichtigt. [...] Liegen die HDI-Werte sehr hoch, nimmt die Gebärfreudigkeit wieder zu. Die Geburtenrate steigt langsam, aber stetig wieder an. [...] Die hochentwickelten Industrieländer müssten also möglichst viel tun, um den Index ihrer Bevölkerung weiter anzuheben – also in Bildung, Gesundheit und Arbeitsplätze investieren. Voraussetzung sei zudem eine familienfreundliche Politik, die auf die Gleichberechtigung von Mann und Frau achte. [...]

map/dpa: Trend dreht sich um, Focus Online, 05.08.2009, www.focus.de/gesundheit/gesundleben/partnerschaft/news/geburtenrueckgang-trend-dreht-sich-um_aid_423670.html, Zugriff 18.10.2012

Arbeitsvorschläge

1. Beschreiben Sie die Karten **M1** und arbeiten Sie die verschiedenen Einflussfaktoren auf die Geburtenrate heraus; → Methode S. 218.

2. Erläutern Sie den veränderten ökonomischen Nutzen von Kindern vor und nach der Industrialisierung (**M2**).

3. Fassen Sie in einem Satz zusammen, was Herwig Birg (**M3**) unter dem Begriff „demografisch-ökonomisches Paradoxon“ versteht.

4. Überprüfen Sie die Allgemeingültigkeit der Theorie vom demografisch-ökonomischen Paradoxon anhand der beiden Weltkarten (**M4**).

5. Diskutieren Sie, wo die Grenzen einer ökonomischen Betrachtungsweise der demografischen Entwicklung liegen (**M6**).

6. Geben Sie mit eigenen Worten die möglichen positiven Auswirkungen des demografischen Wandels wieder (**M5**) und nehmen Sie Stellung dazu.

7. Erörtern Sie, welche gesellschaftlichen Folgen sich für a) Unternehmen, b) Rentner und c) Arbeitnehmer durch den demografischen Wandel in Deutschland ergeben könnten; → Methode S. 224.

[I] 1, 3 [II] 2 [III] 4, 5, 6 [I]–[III] 7

Auf eigenes Risiko

Der Schritt in die Selbstständigkeit

M1 Selbstständig im Handwerk

Eine Schornsteinfegermeisterin im Einsatz in Iserlohn. Im Handwerk hat die Selbstständigkeit eine große Tradition.

VT

Wer wäre nicht gern sein eigener Chef? Doch ist wirklich jeder von uns zum Unternehmer oder zur Unternehmerin geeignet? Um als Selbstständiger bis ins Rentenalter erfolgreich arbeiten zu können, benötigt man Selbstdisziplin, sehr gute Kenntnisse seines Marktes, ein gutes Produkt und ausreichend Geld. Existenzgründer bekommen oft von Banken nur schwer Kredite. Selbstständige sind in der Regel vollkommen allein für ihre soziale Absicherung zuständig. Sie müssen daher mehr verdienen als ein durchschnittlicher Arbeitnehmer, weil sie ihre freiwilligen Beiträge für die Krankenversicherung und Rücklagen für das Alter selber aufbringen müssen. Außerdem sollte ein Selbstständiger Rücklagen bilden, falls das Geschäft einmal nicht gut läuft.
Dann muss man noch berücksichtigen, dass Selbstständige in der Regel viel längere Arbeitszeiten haben als Angestellte. Topverdiener sind oft nur die Freiberufler wie Ärzte, Rechtsanwälte oder Steuerberater. Auch viele Handwerksmeister arbeiten sehr erfolgreich. Daneben gibt es aber auch eine sehr große Zahl von Selbstständigen, die mit sehr wenig Einkommen und ohne Alterssicherung über die Runden kommen muss.
Eine sehr gute Basis ist auf jeden Fall eine Berufsausbildung und viel Berufserfahrung. Manchmal ergibt sich die Möglichkeit, einen Betrieb zu übernehmen. Denn durch den demografischen Wandel fehlt es oft an geeigneten Nachfolgern.
Welche Qualitäten und wie viel Kapital muss man mitbringen? Welche Fehler lassen sich bei einer Existenzgründung vermeiden? Das sind wichtige Fragen, die man beantworten muss, bevor es losgeht mit der Arbeit auf eigene Rechnung und volles eigenes Risiko.

Erklärungen

Businessplan: Geschäftskonzept eines neu zu gründenden Unternehmens. Dieser Plan ist die Voraussetzung, um überhaupt von Banken oder staatlichen Förderprogrammen Geld für die Existenzgründung zu erhalten.

Freie Berufe: Dazu zählen zum Beispiel Ärzte, andere Heilberufe, Apotheker, Rechtsanwälte, Steuer- und Unternehmensberater, Architekten und Berufe aus dem Kulturbereich. Sie unterliegen keiner Gewerbeordnung, deshalb spricht man von freien Berufen. In diesem Sektor werden pro Jahr rund 40 000 Ausbildungsplätze angeboten. Um selbst einen freien Beruf ergreifen zu können, muss man selbstständig arbeiten und eine wissenschaftliche, schriftstellerische, unterrichtende oder erzieherische Tätigkeit ausüben.

Selbstständige: Erwerbstätige, die auf eigenes Risiko und eigene Rechnung wirtschaftlich tätig sind und dabei einen Betrieb oder eine Arbeitsstätte als Eigentümer oder Pächter führen.

M2 Volles Risiko, wenig Einkommen?

Kein Chef und keine festen Arbeitszeiten, dafür ein gutes Einkommen – so verlockend klang das Leben eines Alleinunternehmers lange Zeit. Deren Zahl stieg in den Jahren 2000 bis 2011 um rund 800 000 auf 2,6 Millionen an, wie aus einer Studie hervorgeht, die das Deutsche Institut für Wirtschaftsforschung (DIW) veröffentlicht hat.

Der Studie zufolge ist die Zunahme hauptsächlich auf Alleinunternehmer, also auf Selbstständige ohne Angestellte zurückzuführen. Deren Zahl wuchs im vergangenen Jahrzehnt um 40 Prozent. „Hauptgrund für diese Entwicklung ist die Förderung durch die Arbeitsagenturen", sagt Karl Brenke, Arbeitsmarktexperte des DIW. [...] Nach DIW-Berechnungen liegt der Durchschnittsverdienst der Alleinunternehmer bei 12,70 Euro [pro Stunde] und damit unter dem der Arbeitnehmer. Einige Alleinunternehmer verdienen anscheinend noch nicht einmal genug, um ihre Existenz zu sichern. Einer Studie des Instituts für Arbeitsmarkt- und Berufsforschung (IAB) aus dem vergangenen Jahr zufolge fallen 12,5 Prozent der Solo-Selbständigen unter die monatliche Armutsgrenze von 925 Euro. Und auch die aktuellen Berechnungen des DIW ergeben: Die unteren zehn Prozent der Alleinunternehmer verdienen im Schnitt nur 800 Euro brutto im Monat.

Die Bundesagentur für Arbeit (BA) unterstützt solche Selbstständigen, aktuell beziehen rund 127 000 Unternehmer als sogenannte „Aufstocker" Zuschüsse in Form von Hartz IV. „Insgesamt ist es positiv, wenn mehr Menschen den Mut zur Selbständigkeit haben", sagt Frank-Jürgen Weise, Vorstandschef der BA. „Kritisch sehe ich aber, dass die Zahl der Selbständigen zunimmt, die von ihrer Arbeit nicht leben können und daher aufstockende Leistungen des Staates beziehen müssen." Hier müsse stärker hinterfragt werden, ob ein Geschäftsmodell überhaupt tragfähig sei.

Julian Kutzim, dpa: DIW-Studie zu Selbständigkeit: Unternehmer und trotzdem arm, Spiegel-Online, 13.02.2013, www.spiegel.de/wirtschaft/soziales/zahl-der-selbststaendigen-steigt-einkommen-im-niedriglohnbereich-a-883130.html, Zugriff 05.12.2013

M3 Selbstständigkeit: Chance und Risiko

Auszug aus einem Interview mit Professor Bruno Frey von der Universität Zürich. Er lehrt dort Ökonomie und forscht über Glück.

Was raten Sie Menschen, die an ihrem Arbeitsplatz unzufrieden sind, Herr Professor Frey?

Ich würde ihnen raten, selbstständig zu werden. Sich im freien Arbeiten als Persönlichkeit zu entfalten.

Und die Existenzängste, die man als Selbstständiger hat?

Sie haben recht, die gibt es. Und trotzdem zeigen Studien, dass Selbstständige glücklicher sind! Obwohl sie im Schnitt nicht so viel verdienen wie Angestellte. Und mehr Stunden pro Woche arbeiten. Das lässt sich nur damit erklären, dass die Selbstständigkeit die Unabhängigkeit erhöht, Menschen aktiver und zufriedener macht.

Trotzdem: Dieser Schritt erfordert Mut. Als Selbstständiger trägt man die Verantwortung für seinen Lebensunterhalt komplett allein.

Ja, aber Risiko ist nicht nur etwas Negatives. Risiko ist belebend, hält einen wach. Das Schlimmste ist Monotonie bei der Arbeit.

Annabel Dillig: „Wir wollen arbeiten", Neon 7/2008, S. 80 f.

M4 Woran man denken muss

Arbeitsvorschläge

1. Nennen Sie einige Berufe und Branchen, in denen viele Menschen selbstständig arbeiten. Welche Gründe und Motive könnten für ihre Selbstständigkeit ausschlaggebend sein?

2. Vergleichen Sie Ihre Vermutungen mit den Angaben im Interview **M3** und der Studie **M2**. Erläutern Sie auch die Risiken der Selbstständigkeit.

3. Arbeiten Sie in Gruppen und Recherchieren Sie im Internet; Linktipps S. 39.
   a) welche Schritte für eine Existenzgründung notwendig sind
   b) wie der Staat Gründerinnen und Gründer fördert. Überlegen Sie auch, warum er das tut.
   Präsentieren Sie anschließend Ihre Ergebnisse und diskutieren Sie diese.

4. Laden Sie Existenzgründer in Ihren Unterricht ein und sprechen Sie mit ihnen über den Arbeitsalltag, Belastungen und Befürchtungen, Arbeitszufriedenheit usw; Methode Hearing S. 216.

[I] 1 [II] 2 [I]–[III] 3, 4

Heute hier, morgen dort

Unsichere Arbeitsverhältnisse und ihre Folgen

M1 Schwierige Verhältnisse

Thomas Plaßmann, 2011

Mindestlohn S. 100

Erklärungen

Von einem **Normalarbeitsverhältnis** wird gesprochen, wenn der Arbeitnehmer oder die Arbeitnehmerin Vollzeit arbeitet (meist 35 bis 40 Stunden pro Woche) und fest in einem Unternehmen angestellt ist. Zeitarbeitnehmerinnen und -arbeitnehmern, die von ihrem Arbeitgeber – der Zeitarbeitsfirma – an andere Unternehmen verliehen werden, zählen nicht dazu. Arbeitnehmer in einem Normalarbeitsverhältnis sind voll in die sozialen Sicherungssysteme integriert. Sie haben über die von ihrem Einkommen abgeführten Beiträge Ansprüche auf Leistungen aus der Arbeitslosen-, Renten-, Kranken- oder Pflegeversicherung.

Als **atypische Beschäftigung** gelten Teilzeit mit weniger als 21 Wochenstunden, geringfügig oder befristet Beschäftigte und Zeitarbeit (auch Leiharbeit genannt). Eine typische geringfügige Beschäftigung ist der Minijob mit der Verdienstgrenze von 450 Euro pro Monat.

Flexibilisierung: Bezeichnung für den Übergang von umfassend vertraglich geregelten Arbeitsverhältnissen (feste Arbeitszeiten, tarifvertraglich festgelegte Gehälter, Kündigungsschutz) zu einer Arbeitsvermarktung weitgehend ohne feste Vorgaben.

VT

Wer arbeitet, hat eine unbefristete Vollzeitstelle. Das war in Deutschland lange Zeit fast die Regel. Die Mehrzahl der Arbeitnehmer war damals vorrangig im produzierenden Sektor beschäftigt. Wer Vollzeit arbeitete, konnte sicher sein, dass er im Ruhestand eine Rente bekommt, die seinen Lebensunterhalt sichert. Auf dieser Grundlage wurde der Sozialstaat der Bundesrepublik Deutschland in den 1950er- und 1960er-Jahren aufgebaut und alle sozialen Sicherungssysteme darauf ausgerichtet. In den 1960er-Jahren herrschte Vollbeschäftigung in der Bundesrepublik.
Doch in der Arbeits- und Wirtschaftswelt gab es in den letzten Jahrzehnten einen Strukturwandel. Die Mehrzahl der Erwerbstätigen arbeitet heute im Dienstleistungssektor. Damit ändern sich auch die Anforderungen an die Beschäftigungsverhältnisse. Die Normalbeschäftigung wird von den Unternehmen zunehmend infrage gestellt. Sie erscheint als starr und unflexibel. Die Unternehmen begründen ihre Einstellung mit dem steigenden Druck durch die globalisierten Märkte. Aus diesem Grund bevorzugen sie zunehmend flexible Beschäftigungsformen, damit sie auf Veränderungen schnell reagieren können. Die Folge ist eine steigende Zahl der sogenannten atypischen Beschäftigungsverhältnisse. Auf die Absicherung dieser Beschäftigten ist das soziale Netz nicht ausgelegt. Die atypisch Beschäftigten leisten nur einen geringen bis keinen Beitrag zu den Sozialversicherungen. Was auffällt, ist die Tatsache, dass mehr Frauen als Männer atypisch beschäftigt sind. Frauen sind häufig in Teilzeit oder Minijobs tätig, um Familie und Beruf zu vereinbaren. Wie weit gehen Sie mit, wovor können Sie sich schützen?

M2 Arbeitswelt gespalten

„Wohlstand für alle“ lautete einst das Credo Ludwig Erhards, des ersten Wirtschaftsministers des Landes. Dieses Versprechen prägte die Bundesrepublik über Jahrzehnte, es unterschied sie von vielen anderen Volkswirtschaften. Doch was ist dieses Versprechen heute noch wert? Die Arbeitswelt zerfällt. Auf der einen Seite stehen Manager, Fachkräfte und Stammbelegschaften, die davon profitieren, dass gut ausgebildete Arbeitskräfte knapp sind. Auf der anderen Seite steht jene Personalreserve, die je nach Bedarf eingestellt und wieder entlassen werden kann – als Leiharbeiter oder über Werkverträge, über Teilzeitarbeit oder befristete Jobs. Viele von ihnen arbeiten außerhalb tarifvertraglicher Regelungen. [...]

Sven Böll, Markus Dettmer, Catalina Schröder Janko Tietz, Florian Zeafass: Wohlstand für alle – anderen, Der Spiegel, Nr. 17, 23.04.2012, S. 75 ff., gekürzt

M3 Niedriglohn für Millionen

Immer mehr Arbeitnehmer in Deutschland erhalten nur einen Niedriglohn von weniger als 10,36 Euro brutto die Stunde. Im Jahr 2010 traf dies auf jeden fünften Beschäftigten in einem Betrieb mit zehn oder mehr Mitarbeitern zu. Der Anteil der Niedriglohnbezieher ist damit von 18,7 Prozent im Jahr 2006 auf 20,6 Prozent gestiegen. Dies gab das Statistische Bundesamt in Berlin bekannt. „Mit dieser Steigerung setzte sich ein längerfristiger Trend fort“, sagte der Präsident der Behörde, Roderich Egeler. Zu ähnlichen Ergebnissen waren bereits gewerkschaftsnahe Wirtschaftsforschungsinstitute gekommen. Nun sind sie amtlich bestätigt.

Nach Angaben des Bundesamts waren 2010 von den 30,9 Millionen Arbeitnehmern etwa jeder Vierte oder 7,8 Millionen atypisch beschäftigt. Sie haben eine Teilzeitstelle mit bis zu 20 Wochenstunden, einen Minijob, einen befristeten Arbeitsvertrag oder sind bei einer Zeitarbeitsfirma angestellt. Fast jeder Zweite von ihnen bekommt einen Niedriglohn. Besonders ausgeprägt ist dies bei Minijobbern, von denen 84,3 Prozent einen Niedriglohn erhalten. Sie verdienen mit 8,19 Euro die Stunde nur knapp halb so viel wie ein Normalarbeitnehmer mit einem durchschnittlichen Stundenlohn von etwa 17 Euro.

Maßgeblich für das Einkommen ist die Branche: Besonders hoch ist der Anteil der Niedriglöhner bei den angestellten Taxifahrern (87 Prozent), knapp gefolgt von Friseurinnen und Reinigungskräften. In Restaurants, Kinos, Wäschereien liegt die Quote noch bei über 70 Prozent, im Einzelhandel, in Callcentern und bei Leiharbeitern bei mehr als 60 Prozent. Hat sich der Arbeitgeber nicht an einen Tarifvertrag gebunden, erhält fast ein Drittel der Beschäftigten einen Niedriglohn. Bei tariftreuen Unternehmen gilt dies nur für jeden achten Mitarbeiter. Außerdem fanden die Statistiker heraus: Der Abstand zwischen Gering- und Besserverdienern wächst. „Die Geringverdienenden verloren etwas den Anschluss an die Mitte“, sagte Egeler.

Die Behörde analysiert die Arbeitsverdienste alle vier Jahre. Als Niedriglohn gilt dabei ein Verdienst, der kleiner ist als zwei Drittel des mittleren Einkommens aller Beschäftigten. Im Jahr 2010 beziffert das Bundesamt diesen Wert mit 10,36 Euro. Die Angaben der Behörde beruhen auf den Daten von 1,9 Millionen Arbeitnehmern. Betriebe mit weniger als zehn Beschäftigten wurden allerdings nicht erfasst [...].

Thomas Öchsner: Mehr als sechs Millionen Deutsche bekommen Niedriglohn, Süddeutsche Zeitung, 11.09.2012, S. 1

M4 Erwerbsformen in Deutschland

abhängig Beschäftigte nach Geschlecht und Erwerbsform
(Angaben in Millionen, gerundet, im Jahr 2011)

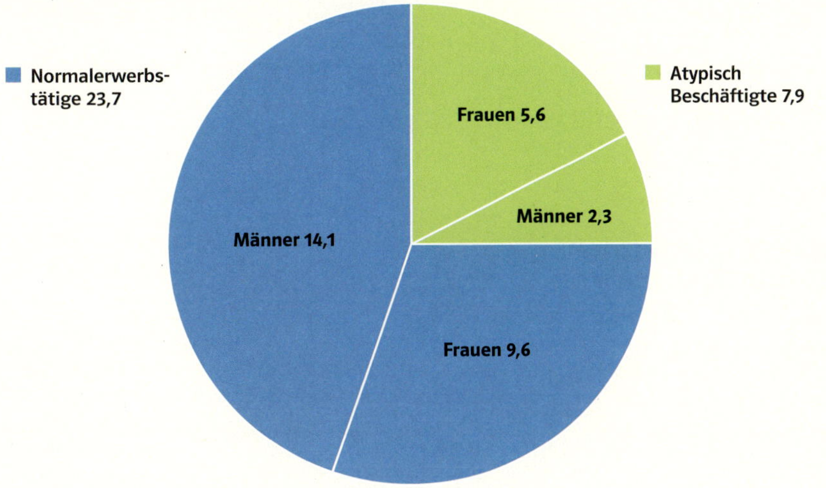

15- bis 64-jährige, ohne Personen in Bildung oder Ausbildung

Statistisches Bundesamt, Wiesbaden 2012

M5 Atypisch Beschäftigte

Atypisch Beschäftigte in Deutschland in Millionen, gerundet

	2011	2006	1996
Teilzeitbeschäftigte	5,0	4,9	3,2
befristet Beschäftigte	2,8	2,6	1,8
geringfügig Beschäftigte	2,7	2,7	1,1
Zeitarbeitnehmer	0,8	0,6	–

15- bis 64-jährige, ohne Personen in Bildung oder Ausbildung, Überschneidungen zwischen den Gruppen

Statistisches Bundesamt, Wiesbaden 2012

M6 Debatte im Bundestag

„Minijobs sind ein wichtiger Teil des erfolgreichen deutschen Arbeitsmarktes!"

Karl Schiewerling, CDU

„Minijobs sind eine biografische Sackgasse für viele Frauen!"

Annette Kramme, SPD

„Minijobs geben vielen Menschen die Möglichkeit, sich etwas dazuzuverdienen!"

Johannes Vogel, FDP

„Minijobs sind organisiertes Lohndumping!"

Diana Golze, Die Linke

Nach der Debatte am 25. Oktober 2012 verabschiedete der Bundestag ein umstrittenes Gesetz zur geringfügigen Beschäftigung. Minijobber dürfen bis zu 450 Euro verdienen und unterliegen einer Rentenversicherungspflicht mit Befreiungsmöglichkeit. Nach der dritten Lesung fand eine namentliche Abstimmung statt. Die meisten Abgeordneten folgten darin der Beschlussempfehlung des Ausschusses für Arbeit und Soziales.

Zitate zusammengestellt aus: Verena Renneberg: Der Mini wächst, Das Parlament, Nr. 44/45, 29.10.2012, S. 1

M7 Wo wird atypisch gearbeitet?

Atypische Jobs oft bei Dienstleistern

Der Anteil atypisch Beschäftigter betrug in den Branchen

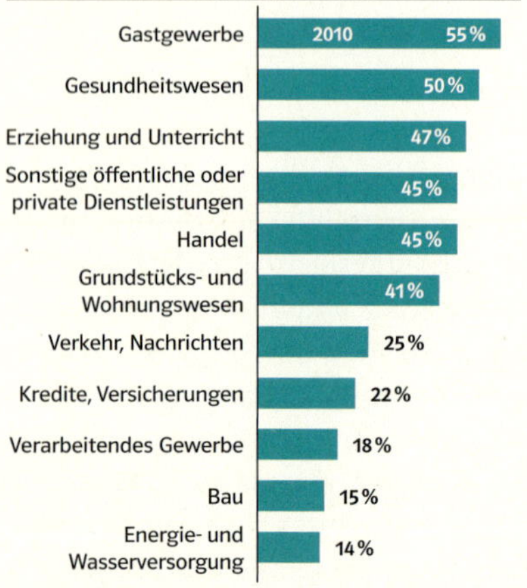

Quelle: Keller, Schulz, Seifert 2012
© Hans-Böckler-Stiftung 2012

M8 Risiken der Leiharbeit

Thomas Plaßmann

M9 Minijob: Pro und Kontra

Domenica Kott arbeitet erst seit Kurzem im Sonnenstudio. Eigentlich ist sie gelernte kaufmännische Assistentin für Fremdsprachen. Sie war sogar mehrere Jahre in einem Versicherungsunternehmen für Wassersport angestellt. „Aber im September ist das Arbeitsverhältnis leider aufgelöst worden, seitdem bin ich auf Jobsuche." Währenddessen also arbeitet sie auf 400-Euro-Basis im Bräunungscenter. Damit ist die junge Frau eine sogenannte geringfügig Beschäftigte. Eine Minijobberin, eine von 7,16 Millionen in ganz Deutschland. [...]

Domenica Kott ist nicht die einzige Angestellte des Solariums. Insgesamt sieben junge Frauen arbeiten in der Filiale. Allesamt als Minijobberinnen. Einzig der Studioleiter hat eine Vollzeitstelle. Diese Konstellation ist nicht unüblich. Knapp zwei Drittel der geringfügig Beschäftigten in Deutschland sind Frauen. [...]

Laut der „Mini-Job-Zentrale" der Deutschen Rentenversicherung lag das Durchschnittseinkommen von Minijobbern für das Jahr 2010 bei 259,56 Euro im Monat [...]. „Klar wäre eine höhere Bezahlung gut", sagt Domenica, „aber es ist schwierig, etwas zu finden, wo ich mir die Zeit so gut einteilen kann. Das ist das Gute an dem Job." Damit spricht sie einen der Vorteile der Minijobs an, den auch Befürworter wie der Hauptgeschäftsführer des Handelsverbands Deutschlands gern betonen: „Minijobs sind für eine flexible Branche wie den Einzelhandel ein unverzichtbarer Teil des Kundenservices und der Arbeitsorganisation." Nur mit ihrer Hilfe könnten die Unternehmen den Personalbedarf an die Waren- und Kundenströme anpassen. Kritiker wie der Deutsche Gewerkschaftsbund sagen hingegen, geringfügig bezahlte Stellen würden vollwertige Arbeitsplätze verhindern und seien eine Niedriglohnfalle. In der Praxis sieht die Situation jedoch anders aus. Für den Leiter des Sonnenstudios ist die Sache klar: „Mit lauter vollen Stellen könnte ich den Laden nicht führen. Das ginge schon allein aus Zeitgründen nicht." [...]

Julian Burgert: Für 50 Euro mehr, Das Parlament, Nr. 44/45, 29.10.2012, S. 3

In Hotels und Gaststätten arbeiten die meisten atypisch Beschäftigten.

M10 Total flexibel?

Wer einen Job antritt, macht sich um eine Befristung oft keine Gedanken. Der Arbeitsmarkt ist schließlich hart umkämpft. Wer überhaupt eine Stelle hat, ist froh. Erst wenn das Vertragsende droht, wird es schwierig – eine Erfahrung, die jetzt auch die Gastro-Mitarbeiter im Spaßbad „Festland" machen. Nach vier Jahren Dauerbefristung verlieren sie ihren Job und werden gegen neue Befristete ausgetauscht.

An sich sind befristete Arbeitsverhältnisse nichts Schlechtes. Flexibel zu sein ist für Unternehmen wichtig. So können sie auch Arbeitsplätze schaffen, wo sonst keine wären. Und Kosten sparen. Für einen städtischen Betrieb wie die Bäderland GmbH ist das nicht unwichtig.

Trotzdem scheint die Flexibilisierung heute vor allem den Arbeitgebern zu dienen. Jeder zweite neue Job ist ein Job auf Zeit, Kettenverträge sind keine Seltenheit. Besonders oft sind junge Menschen betroffen. Und wer gründet schon eine Familie, wenn die Arbeitslosigkeit droht? Wer bittet um eine teure Fortbildung, wenn er um Entfristung kämpft? Gleichzeitig sucht das Land Fachkräfte und will junge Paare zum Kinderkriegen animieren. Paradoxer geht es kaum. Zu viel Flexibilisierung können wir uns auf Dauer nicht leisten. [...]

Nina Paulsen: Die Stadt als schlechtes Vorbild, Hamburger Abendblatt, 11.02.2013, S. 7

Arbeitsvorschläge

1. Beschreiben Sie die Beschäftigungsformen in der Bundesrepublik Deutschland (**M4**); Methode S. 222.

2. Stellen Sie dar, was unter dem Begriff „atypische Beschäftigungsform" verstanden wird (**M5**, **M7**, **M9**).

3a Erklären Sie, wie sich die Ausweitung des Niedriglohnsektors auswirkt (**M2**, **M3**).

3b Interpretieren Sie anhand Ihrer Ergebnisse die Karikatur **M1**; Methode S. 214.

4. Frauen sind besonders von Altersarmut betroffen. Arbeiten Sie in Kleingruppen die Zusammenhänge heraus, die dazu führen. Beachten Sie hierzu auch Ihre Ergebnisse aus Aufgabe 1.

5. Überprüfen Sie die Aussage der Karikatur (**M8**) unter dem Aspekt der sozialen Verantwortung von Unternehmen; Methode S. 214.

6. Informieren Sie sich mit **M6** und **M9** über Minijobs und stellen Sie Vor- und Nachteile für Unternehmen und Arbeitnehmer zusammen. Bringen Sie auch Ihre eigenen Erfahrungen ein.

7. Formulieren Sie in Partnerarbeit einen fiktiven Brief an die Bäderland GmbH (**M10**), in dem Sie versuchen, die Verantwortlichen zu einer anderen Einstellungspraxis zu bewegen.

8. Diskutieren Sie, welche Schlüsse Sie für sich selbst aus der Arbeit mit den Materialien dieser Seiten ziehen.

[I] 1, 2 [II] 3a, 4 [III] 5, 8 [I]–[III] 3b, 6, 7

Standortfaktoren verändern sich
Was zählt für Unternehmen und Beschäftigte?

M1 Standortfaktor Wissenschaft und Forschung

Viele Unternehmen suchen die Nähe von Universitäten und Forschungseinrichtungen.

Erklärungen

Harte Standortfaktoren stehen bei der Entscheidung für einen Standort in Unternehmen an erster Stelle, denn diese harten Faktoren sollen letztendlich Wettbewerbsvorteile verschaffen.

Weiche Standortfaktoren spielen bei Unternehmen eine Rolle, wenn sie zwischen mehreren Standorten auswählen können. Ein Standort mit einem hohen Wohn- und Freizeitwert ist auch für Arbeitnehmer attraktiv. Für Arbeitnehmer mit Familie spielen weiche Faktoren eine besonders große Rolle.

VT

Die rasche Verfügbarkeit von Rohstoffen in der Form von Steinkohle war der herausragende Standortfaktor des Ruhrgebietes zu Beginn der Industrialisierung in Deutschland. Der Wandel der Wirtschaft im Ruhrgebiet wurde u. a. dadurch notwendig, dass die Steinkohle an Bedeutung verlor. Die Konkurrenz aus dem Ausland konnte billiger anbieten und die Kohle selbst vielfach durch Erdgas und Erdöl ersetzt werden.
Aber auch die Bedeutung der Standortfaktoren selbst unterliegt einem stetigen Wandel. Frachtkosten sind heute im Vergleich zur Mitte des 20. Jahrhunderts so günstig, dass sie kaum eine Rolle spielen.
Hingegen haben bei den Dienstleistungen und in einigen Bereichen der Industrie die Lohnkosten und niedrige Steuern eine so große Bedeutung, dass Unternehmen Teile der Produktion oder die gesamte Herstellung ins preiswertere Ausland verlagern. Andererseits ist Deutschland mit seiner zentralen Lage in Europa ein idealer Platz, um von hieraus Märkte zu erobern.
Bundesländer und Kommunen werben um Unternehmen und stehen dabei oft in Konkurrenz. Die Unternehmen wiederum werben um die besten Arbeitskräfte. Bei der Ansiedlung bzw. dem Erhalt zukunftsträchtiger, innovativer Unternehmen spielen weiche Standortfaktoren eine bedeutsame Rolle: Die hoch qualifizierten Arbeitskräfte achten sehr genau darauf, wie es an einem Ort mit der Familienfreundlichkeit – Angebote an Kindergärten, Schulen, Freizeit- und Sportmöglichkeiten – aussieht.
Für Deutschland spricht ein bedeutender Standortfaktor: die gute Qualifikation, d.h. Bildung und Ausbildung der Arbeitnehmer.

M2 Harte und weiche Standortfaktoren

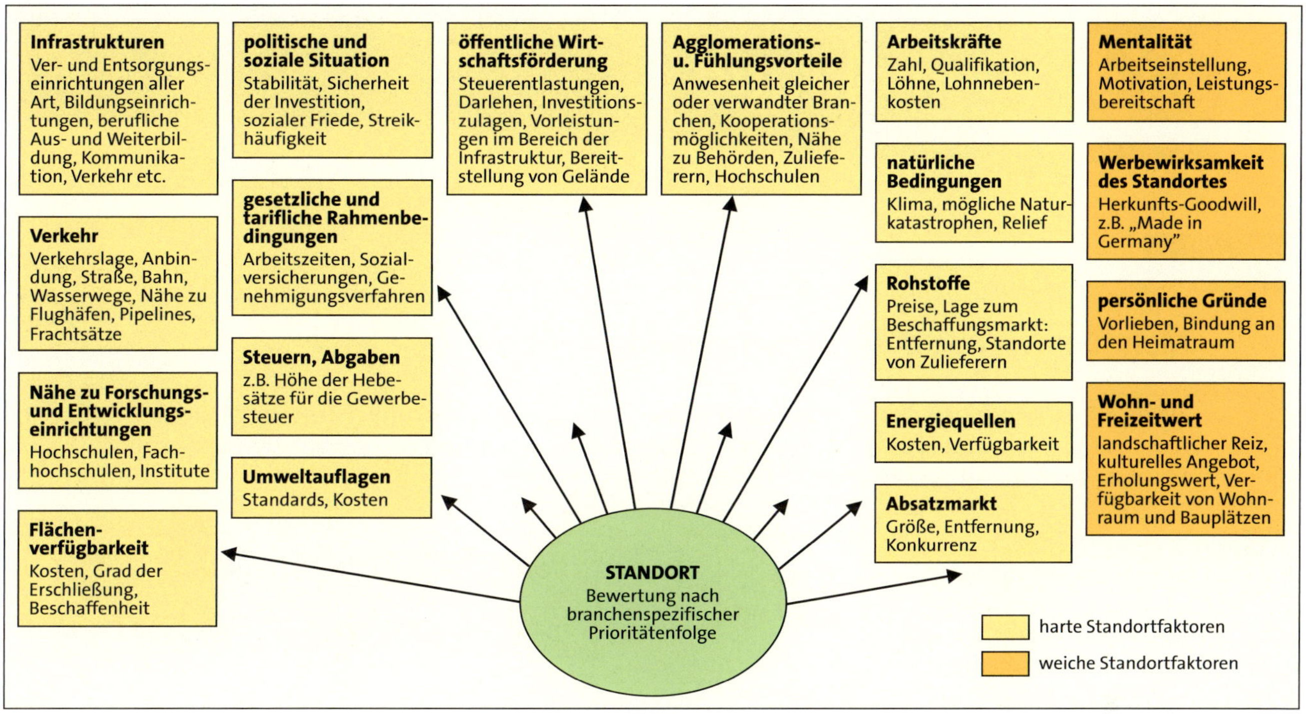

M3 Eine Entscheidung treffen

An unserem Ort will sich ein Unternehmen ansiedeln. Was spricht dafür, was dagegen?

Politiker sind darauf bedacht, dass sich zukunftsträchtige Unternehmen in ihrem Land bzw. in ihrer Kommune ansiedeln. Das schafft Arbeitsplätze und sorgt für Steuereinnahmen. Zahlreiche Punkte, auf die Unternehmen achten, sind zu bedenken:

- Gibt es verfügbare freie Gewerbeflächen zu einem guten Preis?
- Wie ist die verkehrstechnische Anbindung (Hafen, Flughafen, Autobahn, Bahn)?
- Können Subventionen gezahlt werden?
- Sind die Genehmigungsverfahren unkompliziert und schnell?
- Sind qualifizierte Arbeitskräfte in der Nähe vorhanden?
- Ist der Ort für Arbeitskräfte attraktiv?
- Gibt es Möglichkeiten, später die Flächen zu erweitern?

Das Bundesland lockt mit Subventionen zur Sanierung der Flächen und der verkehrstechnischen Erschließung. Es fordert ansiedlungswillige Unternehmen im Gegenzug auf, für Weiterbildungsmaßnahmen zu sorgen, um Arbeitslose wieder in Beschäftigung zu bringen.

Lokalpolitiker freuen sich auf Steuereinnahmen, wollen aber auch die lokale Wirtschaft fördern. Ist unter solchen Gesichtspunkten die Ansiedlung eines großen Unternehmens günstig? Das Handwerk vor Ort ist unentschlossen: Die Flächen des Gewerbegebietes könnten sie selbst gut nutzen. Wird das neue Unternehmen vielleicht Aufträge an sie vergeben? Andere Fragen bleiben: Was ist mit dem Naturschutz, der Nutzung der Flächen für Naherholung? Müssen neue Straßen gebaut werden oder ist es besser, die stillgelegte Eisenbahnstrecke zu reaktivieren? Was ist mit dem Lärm und dem zusätzlichen Verkehr?

Autorentext

Arbeitsvorschläge

1. Stellen Sie den Unterschied zwischen harten und weichen Standortfaktoren mit eigenen Worten an einem Beispiel dar (**Erklärungen**, **VT**, **M 2**).

2. Nehmen Sie begründend Stellung zu der Behauptung, dass viele harte Standortfaktoren zunehmend an Bedeutung verlieren.

3a Arbeiten Sie in Kleingruppen und entwickeln Sie mithilfe von **M 2** und **M 3** eine Checkliste zur Beurteilung der Standortfaktoren für folgendes Szenario: Ein Hochtechnologieunternehmen produziert Verbrauchsmaterial für den medizinischen Bereich für Spezialkliniken in ganz Deutschland. Die Entscheidungsträger des Unternehmens möchten sich möglicherweise in Ihrem Heimatort ansiedeln.

3b Präsentieren Sie dann Ihre Ergebnisse der Klasse und formulieren Sie nach der Diskussion Empfehlungen.

[I] 1 [II] 2 [I]–[III] 3

3

Bürgerinnen und Bürger in der Demokratie

Situation:

Mehr Demokratie durch E-Partizipation?

Einige Jugendliche fühlen sich durch Politiker nicht genügend repräsentiert und üben ihr Wahlrecht nicht aus. Neben Wahlen gibt es aber weitere Möglichkeiten, sich politisch zu engagieren oder seine Meinung kundzutun. Eine davon ist die E-Petition, auch Online-Petition genannt.

Website für Online-Petitionen des Landtags von NRW (Ausschnitt)

Stellen Sie sich vor, Sie würden morgen folgende Schlagzeile lesen: „Schülerin kippt per Online-Petition Politik aus dem Lehrplan". So könnte die Vorgeschichte abgelaufen sein: Politik ist das Fach, das Lara in der Schule am wenigsten Spaß macht. Sie ist der Meinung, dass es jedem überlassen sein sollte, ob er etwas über Politik wissen möchte oder sich nicht dafür interessiert. Einige Mitschüler halten das für eine gute Idee, andere finden den Gedanken absurd.

Um zu beweisen, dass es noch viel mehr Schüler gibt, die so denken wie sie, gründet Lara eine Gruppe in einem sozialen Netzwerk mit dem Namen: „Politikunterricht abschaffen!" Innerhalb weniger Tage haben mehrere Tausend Menschen zu dieser Gruppe virtuell „gefällt mir" gesagt.

Lara ist begeistert und findet, dass bei so viel Zustimmung nun auch die davon erfahren sollten, die Gesetze beschließen. Eine Freundin rät ihr, auf einer bekannten Plattform eine E-Petition zu starten. Lara meldet sich bei der Plattform an und ist überrascht, wie viele Menschen dort zu den unterschiedlichsten Themen eine Petition gestartet haben: für den Ausbau von Kinderspielplätzen, gegen die Schließung eines Schwimmbades, für kostenlose warme Mahlzeiten in allen Schulkantinen.

Um ihre eigene Online-Petition zu starten und Unterstützer zu finden, muss Lara eine Begründung schreiben, warum sie den Politikunterricht abschaffen will. Sie stellt ihre Petition online und sammelt digitale Unterschriften. Nach vier Wochen endet der Zeitraum, für den sie ihre Petition eingetragen hat. Nun steht Lara vor der Frage, wie es mit diesem Ergebnis weitergehen soll. Will und kann sie es wirklich schaffen, den Politikunterricht abzuschaffen?

Linktipps
Info und Recherche
9vn4ht

Den Lernprozess organisieren:

Analyse der Situation

Wie realistisch erscheint Ihnen, dass eine E-Petition eine Gesetzesänderung auslöst?
Was muss man über politische Partizipation im Allgemeinen und Online-Petitionen im Besonderen wissen? Welche Möglichkeiten der politischen Beteiligung gibt es neben Online-Petitionen? Worin liegen möglicherweise Grenzen und Risiken der politischen Meinungsbildung und Beteiligung durch E-Partizipation?

Erarbeiten, Informieren, Organisieren

Informieren Sie sich mithilfe des Buches und nutzen Sie weitere Quellen. Recherchieren Sie Hintergrundinformationen, sachliche Darstellungen sowie Meinungen zum Thema. Formulieren und notieren Sie Thesen und Argumente. Legen Sie gemeinsam fest, wie Sie den Lernprozess zeitlich organisieren und verteilen Sie Aufgaben an alle Mitglieder der Lerngruppe. Folgende Seiten in diesem Kapitel können Ihnen bei der Arbeit helfen:

- Der Einfluss von Interessengruppen
- Formen der Partizipation
- Die Politik und das Internet
- Aufgaben des Bundestages – Wie entstehen Gesetze?
- Gewaltenteilung in der Bundesrepublik

Aktiv sein

Sammeln und analysieren Sie Informationen zum Thema und entwickeln Sie aus unterschiedlichen Perspektiven Argumente, die für oder gegen die These sprechen, dass Online-Petitionen mehr Demokratie bedeuten. Führen Sie eine Debatte zum Thema; S. 215 Methode: Eine Debatte führen.

Kompetenzen im Blick:

In diesem Kapitel können Sie sich Standpunkte erarbeiten, wie unsere Demokratie weiterentwickelt werden kann. Dabei sprechen Sie über Wahlen und andere Formen der Partizipation. Sie denken über Ihre Rolle als Staatsbürgerin bzw. Staatsbürger nach und überlegen, wie Sie Ihre Ideen einbringen können und Unterstützer finden. Sie erkennen schließlich, welche Möglichkeiten zur Mitgestaltung Ihrer eigenen Lebenswirklichkeit bestehen.

Gewaltenteilung in der Bundesrepublik

Wer hat die Macht im Staat?

M1 Gewaltenteilung

 61 110

Erklärungen

In **Artikel 20** des Grundgesetzes sind die Grundprinzipien unseres Staates festgehalten: Demokratie, Sozialstaat und Rechtsstaat. Mit der Bindung der Exekutive und Judikative an die Gesetze und der Legislative an die demokratische Grundordnung ist die Gewaltenteilung angesprochen. In den auf Art. 20 folgenden Artikeln wird die vertikale Gewaltenteilung zwischen Bund und Ländern festgelegt.

Man unterscheidet die gesetzgebende Gewalt (**Legislative**), die vollziehende Gewalt (**Exekutive**) und die rechtsprechende Gewalt (**Judikative**) und spricht von der sogenannten **horizontalen Gewaltenteilung**.

Die Bundesrepublik Deutschland ist ein Bundesstaat. Dies bedeutet, dass es neben der Bundesregierung auch die 16 Bundesländer mit ihren Regierungen gibt, die in diesem Bund zusammenarbeiten. So haben die Gemeinden, die Bundesländer und die Bundesregierung verschiedene Aufgaben, die sie in Abstimmung miteinander und in Zusammenarbeit bewältigen sollen. Dies bezeichnet man als **vertikale Gewaltenteilung**.

VT

Ludwig XIV., König von Frankreich im 17. Jahrhundert, war ein absoluter Herrscher. Er allein machte die Gesetze und wenn es ihm nicht passte, danach zu handeln, änderte er sie einfach. Er selbst stand außerhalb der Gesetze. Das bedeutete: Er musste sich nicht an sie halten und niemand konnte ihn rechtlich daran hindern. Er sah sich nur Gott gegenüber in der Verantwortung. Was er anordnete, das musste geschehen. Die Franzosen waren seine Untertanen und ihnen blieb nichts anderes übrig, als zu gehorchen.
Passte ihm ein Urteil eines Gerichts nicht, dann änderte er es.
Auch Diktatoren trachten danach, alles allein zu bestimmen und zu kontrollieren. Deshalb versuchen sie die drei Gewalten – Legislative, Exekutive und Judikative – in ihre Hände zu bekommen, um uneingeschränkt und allein herrschen zu können.

Das Kennzeichen einer Demokratie hingegen ist, dass die drei Gewalten niemals in einer Hand sind. Niemand soll uneingeschränkte Macht haben, selbst die vom Volk gewählten Vertreter, die Abgeordneten, nicht. Die Gewalten sollen sich gegenseitig kontrollieren: Die Legislative beschließt die Gesetze und kontrolliert die Exekutive, die diese Gesetze umsetzt.
Die Judikative soll Exekutive und Legislative in ihrer Arbeit kontrollieren: Niemand soll gegen bestehende Gesetze – auch nicht gegen das Grundgesetz – verstoßen.
Die vertikale Gewaltenteilung meint die Aufgabenteilung zwischen Gemeinden, Ländern und dem Bund. Die Gemeinden und Länder sollen so viel wie möglich selbst entscheiden können. Im Bundesrat wirken die Länderregierungen an der Gesetzgebung mit.

M2 Der Bundesrat als Bindeglied zwischen Bund und Ländern

Die 16 deutschen Bundesländer bilden gemeinsam die Bundesrepublik Deutschland. Auf der Ebene des Bundesstaates werden alle Angelegenheiten geregelt, die im ganzen Land einheitlich sein sollen und die das Verhältnis zu anderen Staaten betreffen, wie z.B. die Außenpolitik. Auf der Ebene der Bundesländer werden alle Aufgaben wahrgenommen, die nicht einheitlich geregelt werden müssen (z.B. das Schulwesen und die Polizei). Beide Ebenen werden durch eine politische Institution miteinander verknüpft, die speziell diese Aufgabe der Verschränkung der geteilten Staatsgewalt hat: der Deutsche Bundesrat. Die Mitglieder des Bundesrates werden nicht gewählt, sondern von den jeweiligen Landesregierungen berufen. Sie sind in ihren Ländern Träger der Exekutive, als Mitglieder des Bundesrates aber üben sie legislative Staatsgewalt aus. Jedes Land verfügt über drei bis sechs Stimmen im Bundesrat je nach seiner Einwohnerzahl. Bei der Stimmabgabe sind die Bundesratsmitglieder an die Weisungen ihrer Regierung gebunden und können nur einheitlich abstimmen. Sie wirken an der Gesetzgebung des Bundes mit. Entweder bringen sie selbst Gesetzesentwürfe ein oder die Entwürfe der Bundesregierung werden ihnen zur Stellungnahme zugeleitet. Wenn Gesetzesentwürfe die Finanzen der Länder betreffen, in ihre Verwaltung eingreifen oder das Grundgesetz ändern sollen, können sie nur mit Zustimmung des Bundesrates in Kraft treten.

Autorentext

M3 Die Stimmen der Länder im Bundesrat

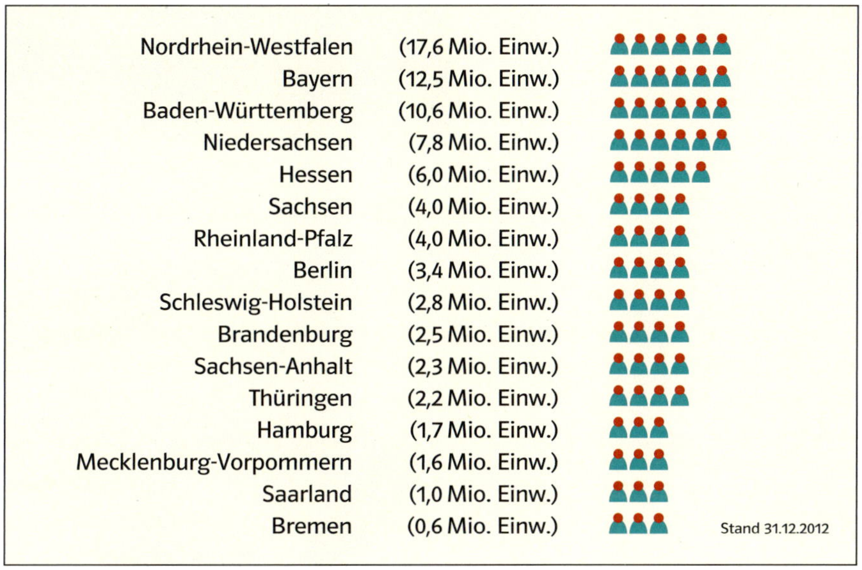

M4 Beispiele für vertikale Gewaltenteilung

Bund	Bund und Länder	Länder
auswärtige Angelegenheiten	Strafrecht und Strafvollzug	Kultur
Verteidigung, Zivilschutz	Abfallwirtschaft, Luftreinhaltung, Lärmbekämpfung	Polizei- und Versammlungsrecht
Staatsangehörigkeit, Pass- und Meldewesen	Aufenthaltsrecht für Ausländerinnen und Ausländer	Schule und Bildung
Zölle und Außenhandel	Jagdwesen, Natur- und Landschaftspflege	Presse- und Rundfunkwesen
Währungs-, Geld- und Münzwesen, Maße, Gewichte, Zeitbestimmung	Ausbildungsförderung, Förderung der wissenschaftlichen Forschung	Bauordnungsrecht
Bahn, Post, Flugsicherung	öffentliche Fürsorge	Straßenbau
Abwehr von Gefahren des internationalen Terrorismus, Waffen- und Sprengstoffrecht		Landesplanung und Kommunalrecht (Städte und Gemeinden)

Grundgesetz Art. 70 bis 74

Arbeitsvorschläge

1. Beschreiben Sie mithilfe des Schaubildes **M1**, des **VT** und der **Erklärungen** die horizontale Gewaltenteilung und ordnen Sie die Institutionen der Bundes- und der Länderebene richtig zu.
2. Stellen Sie den Unterschied zwischen horizontaler und vertikaler Gewaltenteilung dar. Nutzen Sie **M1**, **VT** und die **Erklärungen**.
3. Erläutern Sie die Aufgaben des Bundesrates. Nutzen Sie **M2** bis **M4**, **VT**.

[I] 1, 2 [II] 3

Bundestagswahl und Wahlgrundsätze
Wer wählt den Bundestag?

repräsentative Demokratie
→ S. 66

M1 Stimmzettel zur Bundestagswahl

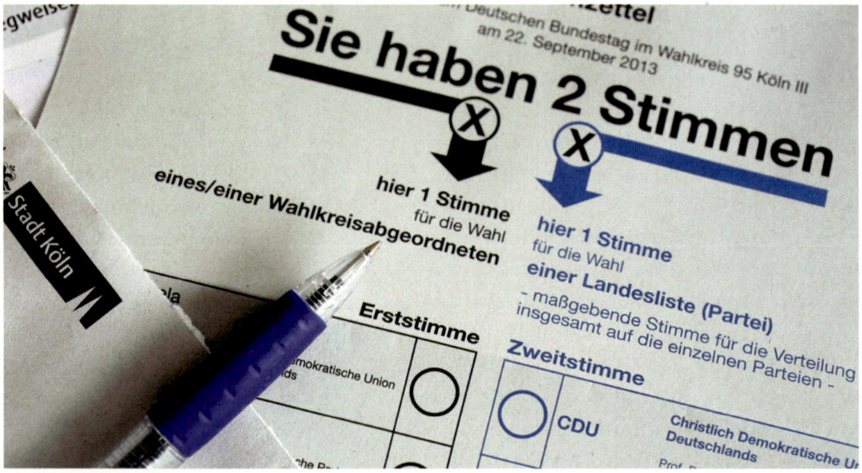

Erklärungen

In dem ersten demokratischen Staat auf deutschem Boden – der Weimarer Republik – gab es keine **5-Prozent-Klausel**. Hierdurch gelangten sehr viele kleine Parteien in das Parlament und es war außerordentlich schwierig, eine dauerhafte Regierung zu bilden. Dies nutzten vor allem die extremen Parteien. Um eine solch große Zersplitterung zu vermeiden, gibt es diese 5-Prozent-Hürde bei den Wahlen zum Bundestag.

Bei der **Mehrheitswahl** konkurrieren die Kandidaten in einem Wahlkreis um die Stimmen der Wähler. Nur der Kandidat mit den meisten Stimmen gewinnt und zieht in das Parlament ein. Bei der Mehrheitswahl sind fast immer die Kandiaten großer Parteien im Vorteil.
Bei der **Verhältniswahl** stellen die Parteien Listen zur Wahl auf. Der Wähler kann hier nur eine Partei, also die Liste der Partei, wählen. Bei der Verhältniswahl haben auch Kandidaten der kleineren Parteien eine Chance.
Bei den Wahlen zum Bundestag gibt es ein Mischwahlsystem; → M1. Mit der Erststimme wird per Mehrheitswahl der Direktkandidat gewählt, mit der Zweitstimme per Verhältniswahl die Liste einer Partei.

VT

Die Wahlen in der Bundesrepublik Deutschland laufen nach festgelegten Regeln ab. Damit soll erreicht werden, dass alle Wähler und Kandidaten überall gleiche Chancen haben. Diese Regeln gelten für alle Wahlen – für die Kommunalwahlen ebenso wie für die Landtags- und die Bundestagswahlen. Es gibt insgesamt fünf Wahlgrundsätze. Sie sind im Grundgesetz in den Artikeln 28 und 38 festgelegt und schreiben vor, dass Wahlen allgemein, unmittelbar, frei, gleich und geheim abgehalten werden müssen. Wählen dürfen alle Deutschen, die das 18. Lebensjahr vollendet haben und denen das Stimmrecht nicht aufgrund einer richterlichen Entscheidung entzogen wurde. Als Kandidaten können sich alle Deutschen aufstellen lassen, die älter als 18 sind. Gewählt wird alle vier Jahre. Wie bei den Landtagswahlen gibt es auch bei den Bundestagswahlen eine Erst- und eine Zweitstimme. Für die 299 Wahlkreise, in die die Bundesrepublik für die Bundestagswahl eingeteilt ist, können Direktkandidaten aufgestellt werden. Wer im Wahlkreis die meisten Erststimmen erhält, ist der direkt gewählte Bundestagsabgeordnete. Mit der Zweitstimme wählt man die Liste einer Partei. Auf dieser stehen die Kandidaten, die die Partei vorab aufgestellt hat. Je nachdem, wie viel Prozent an Stimmen die Partei erhält, kommen diese Kandidaten in den Bundestag. Wer auf der Liste ganz oben steht, hat also die besten Chancen. Allerdings zieht eine Partei nur dann in den Bundestag ein, wenn sie bundesweit mindestens fünf Prozent der Stimmen erhalten oder drei Direktmandate gewonnen hat. Durch die Zweitstimmen kommt es oft zu Überhangmandaten. Diese zusätzlichen Sitze im Parlament entstehen, wenn eine Partei mehr Direktmandate gewinnt, als ihr nach den Stimmenanteilen der Zweitstimmen zustünde. Die Parteien behalten diese Überhangmandate. Deshalb sitzen oft mehr als die vorgesehenen 598 Abgeordneten im Bundestag in Berlin.

M2 Ablauf der Stimmabgabe im Wahllokal

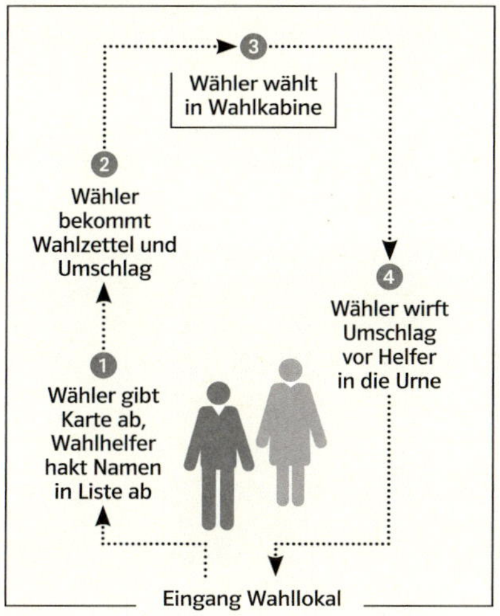

M3 Die fünf Wahlgrundsätze

Allgemein
Alle Bürger sind wahlberechtigt, soweit sie die allgemeinen Voraussetzungen dafür erfüllen. Keine Gruppe darf aus sozialen, politischen oder wirtschaftlichen Gründen von der Wahl ausgeschlossen werden.

Unmittelbar
Die Stimmen der Wählerinnen und Wähler werden direkt für die Zuteilung der Abgeordnetensitze verwendet. Es gibt keine Zwischeninstanz, wie z. B. Wahlmänner.

Frei
Die Stimme kann frei von staatlichem Zwang oder sonstiger unzulässiger Beeinflussung abgegeben werden. Niemand wird wegen seiner Wahlentscheidung benachteiligt.

Gleich
Alle Wahlberechtigten haben gleich viele Stimmen zu vergeben. Alle Stimmen haben gleiches Gewicht. Eine Ausnahme von dieser Regel macht die 5-Prozent-Klausel.

Geheim
Es darf nicht feststellbar sein, wie der einzelne Bürger gewählt hat.

Autorentext, nach Grundgesetz Art. 38 Abs. 1

M4 Abgeordneter werden

Eine Demokratie muss grundsätzlich jedem die Möglichkeit eröffnen, andere zu vertreten. Es gibt nur einige wenige Bedingungen: Der Bewerber für den Bundestag muss volljährig und Deutscher sein, 200 Unterschriften von Unterstützern vorlegen, bestimmte Formen und Fristen bei der Anmeldung einhalten. Das reicht. Dann steht sein Name auf dem Stimmzettel. Und er kann mit der Erststimme gewählt werden. Sein Arbeitgeber hat ihn auf Verlangen bis zu zwei Monate vor der Wahl freizustellen (ohne Anspruch auf Bezüge) und darf ihn wegen der Bewerbung nicht benachteiligen.

Aber ob dieser Einzelbewerber damit auch Chancen auf den Einzug in den Bundestag hat, steht auf einem anderen Blatt. Denn die einfache Mehrheit in einem Wahlbezirk, das können je nach Wahlbeteiligung schnell 40 000 Stimmen sein, oft auch 50 000, 60 000 oder mehr. [...]

Deshalb führt der aussichtsreichere Weg in den Bundestag über eine Parteikandidatur. Doch in eine Partei einzutreten, den Mitgliedsbeitrag zu zahlen und dann zu sagen: „Hallo, bringt mich in den Bundestag", das dürfte auf die anderen Parteimitglieder etwas vermessen wirken. Zumeist steht am Anfang die „Ochsentour". Die unermüdliche Arbeit vor Ort, das Mitwirken in den verschiedenen Gremien, die allmähliche Profilierung, sodass die Parteimitglieder den Eindruck gewinnen, mit diesem Bewerber im Wettstreit der Parteien punkten zu können. Nicht von ungefähr haben viele Bundestagsabgeordnete ihre ersten Erfahrungen als Volksvertreter in den Stadt- und Gemeinderäten gesammelt, sich dort bewährt und so für „Höheres" qualifiziert.

Gregor Mayntz: Kandidatenkür und Wahl, in: Blickpunkt Bundestag Spezial, S. 8, Deutscher Bundestag (Hg.), Berlin 2010, unter www.mitmischen.de/verstehen/infomaterial1/aufbau-bundestag/Downloads/Die_Abgeordneten_des_Bundestages.pdf, Zugriff 30.12.2012, gekürzt

M5 Wer bestimmt, wer ins Parlament einzieht?

Wen die Parteien auf sichere Plätze setzen – und das ist oft die große Mehrheit der Abgeordneten –, der ist lange vor der Wahl praktisch schon „gewählt", bloß eben nicht von den Bürgern. [...] Und wer im Wahlkreis verliert, kommt oft dennoch ins Parlament. Die Parteien „überlisten" die Wähler, indem sie ihre Wahlkreiskandidaten über die Liste absichern. Denn wer auf den starren, vom Wähler nicht zu verändernden Listen auf vorderen Plätzen der etablierten Parteien steht, dem kann der Wähler rein gar nichts mehr anhaben. Könnten die Bürger dagegen wirklich auswählen, würden manche „Repräsentanten" sogleich hinweggefegt. Doch genau das können die Bürger nicht: die Abgeordneten durch Abwahl für ihr Tun verantwortlich machen. [...] Damit ist die ganze Konzeption von der repräsentativen Demokratie, wie sie unserer Verfassung zugrunde liegt, in Wahrheit ohne Fundament. Die Bürger können die Abgeordneten nur dann als ihre Repräsentanten ansehen und die von ihnen beschlossenen Gesetze nur dann als bindend anerkennen, wenn sie ihre Vertreter wirklich gewählt haben, frei und unmittelbar, wie es das Grundgesetz ja auch ausdrücklich vorschreibt. Genau das ist aber nicht der Fall. Wer ins Parlament kommt, das wird von den Parteien bestimmt. [...]

Hans Herbert von Arnim: Die Deutschlandakte. Was Politiker und Wirtschaftsbosse unserem Land antun, München 2008, 2. Auflage, S. 42 f., gekürzt

Nach einer Bundestagswahl: Wahlplakate werden abmontiert.

M6 Direktmandate und Listenmandate

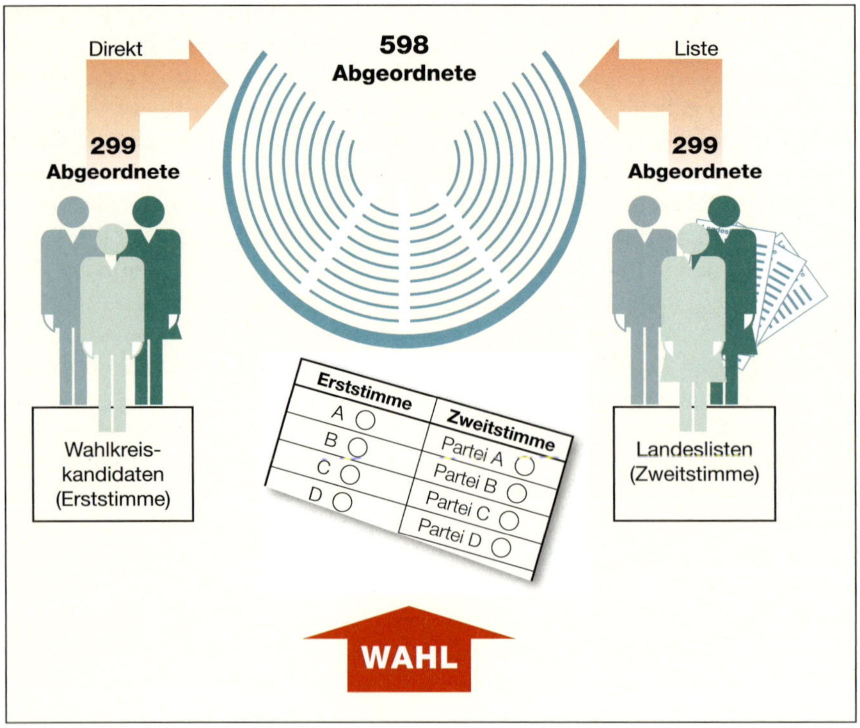

M7 Verhältniswahlsystem – Modellrechnung

Es sollen 10 Sitze vergeben werden. Die Parteien A, B, C und D stehen zur Wahl. Insgesamt werden 500 Stimmen abgegeben. Nun soll die Sitzverteilung nach dem Verhältniswahlsystem errechnet werden.

Partei	Stimme	Prozent/ Sitze
A	250	50/5
B	100	.../...
C	100	.../...
D	50	.../...
Summe	500	100/10

Autorentext

M8 Der Bundestag wird größer

Die parlamentarischen Geschäftsführer der Bundestagsfraktionen haben sich [...] auf ein neues Wahlrecht verständigt. [...] Demnach sollen künftig alle Überhangmandate für eine Partei durch Ausgleichsmandate für die anderen Fraktionen kompensiert werden. [...]

Warum musste jetzt überhaupt etwas geändert werden?

Das Bundesverfassungsgericht hatte Ende Juli [2012] das geltende Wahlrecht für verfassungswidrig erklärt. [...] Die Richter entschieden, dass künftig nur noch 15 Überhangmandate ohne Ausgleich zugunsten der anderen Fraktionen zulässig seien. [...]

Warum werden jetzt alle Überhangmandate ausgeglichen?

Dass jetzt alle Überhangmandate ausgeglichen werden, liegt [...] auch an den Forderungen der Opposition. SPD, Grüne und Linke verlangten einen Totalausgleich. Weil die Union an einer überparteilichen Lösung interessiert war, musste sie diese Bedingung der Opposition akzeptieren. Sie verliert durch den jetzt vereinbarten Totalausgleich einen erheblichen Vorteil: Bei der Wahl 2009 gingen alle 24 Überhangmandate an die Union.

Hätte man die Überhangmandate nicht einfach komplett verbieten können?

Nein, denn sie sind eine automatische Folge anderer Regeln im Wahlrecht. Das zeigt das Beispiel Baden-Württemberg: Bei der Bundestagswahl 2009 erreichte die CDU dort 34,4 Prozent der Zweitstimmen. Die Christdemokraten hätten damit eigentlich nur Anspruch auf 27 Abgeordnete gehabt. Die CDU gewann in dem Land aber 37 der 38 Wahlkreise. Den 37 Siegern konnte man den Einzug ins Parlament nicht verwehren. Deshalb sitzen jetzt zehn baden-württembergische CDU-Abgeordnete mehr im Bundestag als der Partei eigentlich zugestanden hatten.

Hätte man die Überhangmandate nicht auch ohne Vergrößerung des Bundestags ausgleichen können?

Dies wäre möglich gewesen, die Grünen hatten auch einen entsprechenden Vorschlag eingebracht. Demnach wäre Parteien, die in einem Bundesland Überhangmandate gewonnen haben, in anderen Ländern eine gleich große Zahl an dort gewonnenen Listenmandaten gestrichen worden. Damit konnten sich die Grünen aber nicht durchsetzen. [...]

Hätte es eine Möglichkeit gegeben, schon das Entstehen von Überhangmandaten zu verhindern?

Es gibt zwei relevante Möglichkeiten, die Wahrscheinlichkeit von Überhangmandaten deutlich zu reduzieren: die Rückkehr zum Einstimmensystem sowie eine Verringerung der Zahl der Direktmandate.

Was spricht gegen größere Wahlkreise?

Bisher werden die regulär 598 Abgeordneten des Bundestags je zur Hälfte über die Direktwahlkreise und über die Landeslisten der Parteien bestimmt. Würde man den Anteil der Direktmandate verkleinern, käme es naturgemäß deutlich seltener zu Überhangmandaten. Für diese Lösung war es jetzt aber zu spät.

Ein Neuzuschnitt von Wahlkreisen dauert in der Regel mehrere Jahre – und in vielen Bezirken sind die Kandidaten für die Bundestagswahl 2013 bereits aufgestellt. Außerdem sind in einigen ländlichen Regionen die Wahlkreise bereits jetzt sehr groß. [...]

Was spricht gegen das Einstimmen-System?

Bis 1953 hatte jeder Bürger nur eine Stimme. Diese war sowohl für die Wahl des Direktkandidaten am Ort als auch für die Ermittlung der Mehrheitsverhältnisse im Bundestag entscheidend. In diesem Einstimmen-System war damit kein Splitting möglich. Dieses Splitting ist jedoch die Hauptursache für die Entstehung von Überhangmandaten.

Ein Abrücken vom Zweistimmen-System würde die Zahl der Überhangmandate also deutlich verringern, völlig verhindern könnte es solche Mandate aber nicht. Außerdem lehnen die kleinen Parteien jedes Einstimmen-System ab, weil sie dabei schlechter abschneiden würden. [...]

Wie funktioniert das neue Wahlrecht?

Zunächst werden die 598 regulären Mandate entsprechend der Bevölkerungsgröße auf die Länder verteilt. Nach der Wahl wird dann in jedem Bundesland dieses Sitzkontingent auf die einzelnen Parteien nach ihrem Zweitstimmenanteil im jeweiligen Land verteilt. [...] Falls dann in einem Bundesland Überhangmandate für eine Partei anfallen, verbleiben diese dort – zusätzlich zu den Sitzen, die dem Land eigentlich zustehen. Anschließend wird auf Bundesebene die Zahl der Mandate für die anderen Parteien so lange erhöht, bis das Verhältnis der Zweitstimmen trotz der Überhangmandate wiederhergestellt ist. Am Ende werden die so auf Bundesebene ermittelten zusätzlichen Mandate auf die Landeslisten der Parteien verteilt.

Ein Beispiel: Die CDU hat 200 Sitze nach Zweitstimmen errungen, die SPD 100. Dazu kommen bei der CDU noch 20 Überhangmandate. Damit das Größenverhältnis zwischen beiden Parteien gewahrt bleibt, wird die Zahl der Sitze im Bundestag so lange erhöht, bis die SPD im Vergleich zur CDU wieder die Hälfte der Mandate hat. Die CDU käme dann auf 220 und die SPD auf 110 Sitze.

Robert Roßmann: Der Bundestag wird größer, Süddeutsche Zeitung, Süddeutsche.de 24.10.2012, www.sueddeutsche.de/politik/wahlrechtsreform-der-bundestag-wird-groesser-1.1505375-2, Zugriff 30.12.2012, gekürzt

M9 Tyrannei der Mehrheit

Der Politikwissenschaftler Franz Walter zur Frage einer Veränderung des deutschen Wahlrechts zu einem Mehrheitswahlsystem:

Das Mehrheitswahlrecht [...] sorgt für klare Verhältnisse. Selbst ein kleiner Koalitionspartner, der oft als Zünglein an der Waage über ungebührlich viel Erpressungs- und Machtpotenzial verfügt, wird innerhalb eines solchen Systems nicht mehr benötigt. Und am Ende der jeweiligen Legislaturperiode steht die Verantwortlichkeit für die Politik der vorangegangenen Jahre unzweifelhaft fest. [...] Erfreulich [...] auch [...], dass mit dem Mehrheitswahlrecht der Einfluss der Parteienoligarchie [Parteienherrschaft, Anm. d. Red.] schwinden wird. Im Vordergrund steht dann die Person des Kandidaten, nicht mehr die Kungel- und Intrigenfähigkeit von Politfunktionären in den Hinterzimmern des Parteienbetriebs. Der Kandidat orientiert sich viel stärker an den Wählern. [...] Doch man kann es auch ganz anders sehen. Abgeordnete in Parlamenten des Mehrheitswahlrechts verstehen sich zuallererst als eisenharte Lobbyisten von Wahlkreisinteressen. [...] Auch wäre politisch und innerparteilich die Regel des Proporzes außer Kraft gesetzt. [...] Aber der Proporz sorgt doch [...] für die Berücksichtigung von Minderheiten. [...] Es ist schwer vorstellbar, dass Deutschland die „Tyrannei der Majorität" erträgt. Denn dann würde sich die Opposition unmittelbar und rigide in den Bereich der Gesellschaft verlegen, nicht selten in Form von Demonstrationen, auch Streiks, wie wir es bezeichnenderweise in schöner Regelmäßigkeit in Frankreich erleben. [...] Und schließlich: Selbst wenn man in dieser Republik das Mehrheitswahlrecht installieren könnte, alle hier erwähnten Vorzüge jenes Systems würden sich dennoch weiterhin an der föderalen Struktur des Landes brechen. Denn es gäbe weiterhin den Bundesrat, somit wohl weiterhin Mehrheiten unterschiedlicher Couleur im Bundesparlament hier, in der Länderkammer dort. [...] Insofern wird die Diskussion über die Wahlrechtsreform rasch wieder verebben. Ganz traurig muss man darüber nicht sein, denn überall dort, wo in dieser Welt das Mehrheitswahlrecht bereits existiert, wird gegenwärtig lebhaft darüber debattiert, ob man das eigene System nicht reformieren sollte – genau: in Richtung eines Verhältniswahlrechts.

Franz Walter: Tyrannei der Mehrheit, Spiegel-Online, 06.03.2008, www.spiegel.de/politik/deutschland/wahlrechtsdebatte-tyrannei-der-mehrheit-a-539863.html, Zugriff: 01.04.2014

Linktipp
Info und Recherche
2u68km

Arbeitsvorschläge

1. Beschreiben Sie den Ablauf der Stimmabgabe in einem Wahllokal.

2. Erörtern und erläutern Sie die Bedeutung von Erst- und Zweitstimme.

3. Bearbeiten Sie in Gruppen **M6** und **M7**. Beschreiben Sie die Ergebnisse und besprechen und vergleichen Sie.

4. Arbeiten Sie Argumente und Gegenargumente zum neuen Wahlrecht bezüglich der Überhangmandate aus **M8** heraus.

5. Die Wahl ist ein wichtiger Bestandteil der Demokratie. Diskutieren Sie die Richtigkeit dieser Aussage unter Berücksichtigung von **M4** und **M5**.

6. Sind alle fünf Wahlgrundsätze (**M3**) notwendig? Besprechen Sie diese Frage in Gruppen und tragen Sie dann Ihre Ergebnisse zusammen.

7. Erörtern Sie die Positionen, die der Verfasser von **M9** vertritt.

[I] 1, 3 [II] 2, 4 [III] 5, 6, 8 [I]–[III] 7

Aufgaben des Bundestages

Wie entstehen Gesetze?

M1 Einblick in den Bundestag

Erklärungen

Wichtige Instrumente des Bundestages sind seine **Ausschüsse**. Sie unterstützen die Bundesregierung, aber sie kontrollieren sie auch. So steht zum Beispiel dem Auswärtigen Amt der Auswärtige Ausschuss gegenüber, dem Justizministerium der Rechtsausschuss. Die Zahl der Ausschüsse schwankt. Der erste Bundestag 1949 hatte 40, der 17. Bundestag 2009 zählte 22 ständige Ausschüsse.

Bei der **mittelbaren und repräsentativen Demokratie** werden die Aufgaben und Rechte von den wahlberechtigten Bürgern auf gewählte Abgeordnete und auf Organe der vollziehenden Gewalt und der Rechtsprechung übertragen. Damit wirkt das Volk nicht unmittelbar und direkt auf die Gesetzgebung, die Verwaltung des Staates und die Rechtsprechung ein. Diese Aufgabe übernehmen Repräsentanten, die im Auftrag des Volkes und anstelle des Volkes handeln.

Bildlich gesprochen kann man sich die **Verfassungsorgane** eines Staates wie die Organe eines Körpers vorstellen: Sie müssen gesund sein und möglichst fehlerlos arbeiten, damit es dem Körper gut geht. Außerdem müssen sie zusammenarbeiten und sind aufeinander angewiesen: Wie die Hand nicht ohne die Tätigkeit des Gehirns fehlerfrei arbeiten kann, so sind auch Bundestag, Regierung und Rechtsprechung aufeinander angewiesen.

VT

Die Bundesrepublik Deutschland ist eine repräsentative Demokratie. Dies bedeutet, dass das Volk Vertreter wählt, die für vier Jahre als Abgeordnete in den Bundestag einziehen. Gemäß der deutschen Verfassung, dem Grundgesetz, sind die Abgeordneten nur ihrem Gewissen unterworfen und an Aufträge und Weisungen nicht gebunden (Grundgesetz Art. 38 Abs. 1).
Als vom Volk gewählte Vertretung ist der Bundestag zugleich die gesetzgebende Gewalt auf der Bundesebene. Er ist damit eines der wichtigsten Organe der Bundesrepublik Deutschland. Der Artikel 20 des Grundgesetzes, der die Teilung der Gewalten und die Aufgaben der verschiedenen Verfassungsorgane – wie die des Bundestages – festlegt, ist nicht veränderbar (Grundgesetz Art. 79 Abs. 3).
Im Bundestag finden regelmäßig Debatten und Lesungen statt. In den Debatten geht es um die Darlegung der verschiedenen Meinungen und Standpunkte der Volksvertreter. Die Debatten dienen nicht nur der Meinungsbildung der Abgeordneten, sondern haben auch die Funktion, die Bevölkerung über wichtige Streitfragen, Überlegungen und Vorhaben zu informieren. Sie sind deshalb öffentlich, d. h. es sind Besucher zugelassen und in den Medien wird darüber berichtet.
Zentrale Aufgabe des Bundestages ist die Gesetzgebung. In Lesungen werden die Gesetzesvorschläge diskutiert. Findet sich keine Mehrheit, so kann ein Gesetz an Ausschüsse überwiesen werden. Dort wird es überarbeitet, um es erneut dem Bundestag zur Entscheidung vorzulegen. Manche Gesetze benötigen die Zustimmung des Bundesrates. Auch fast alle Regelungen des Grundgesetzes können durch den Bundestag verändert werden. Allerdings braucht man für eine solche Änderung eine Zweidrittelmehrheit.
Zu den Aufgaben des Bundestages gehören die Entscheidungen über den Einsatz der Bundeswehr, die Genehmigung internationaler Verträge und die Wahl des Bundeskanzlers. Hinzu kommt die Kontrolle der Bundesregierung. Hier übernimmt besonders die Opposition eine wichtige Aufgabe.

M2 Wer sitzt wo im Bundestag?

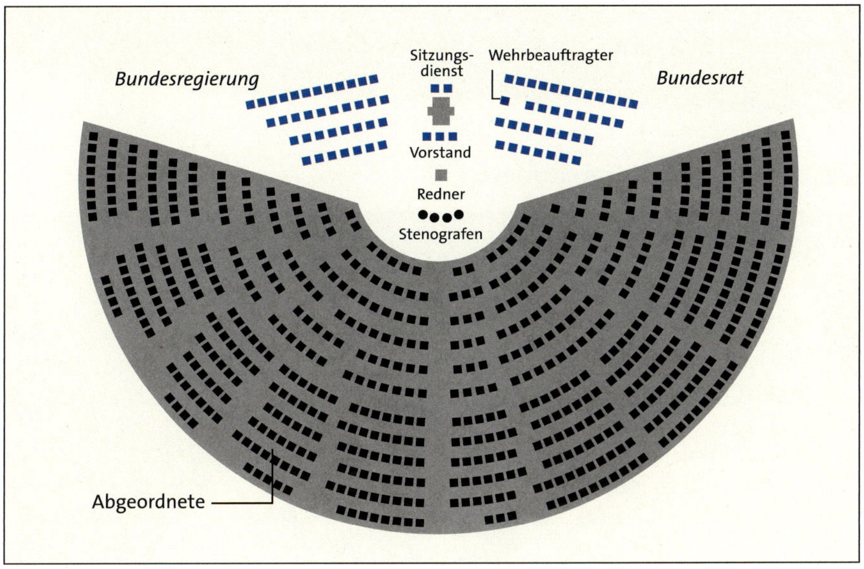

M3 So entsteht ein Gesetz

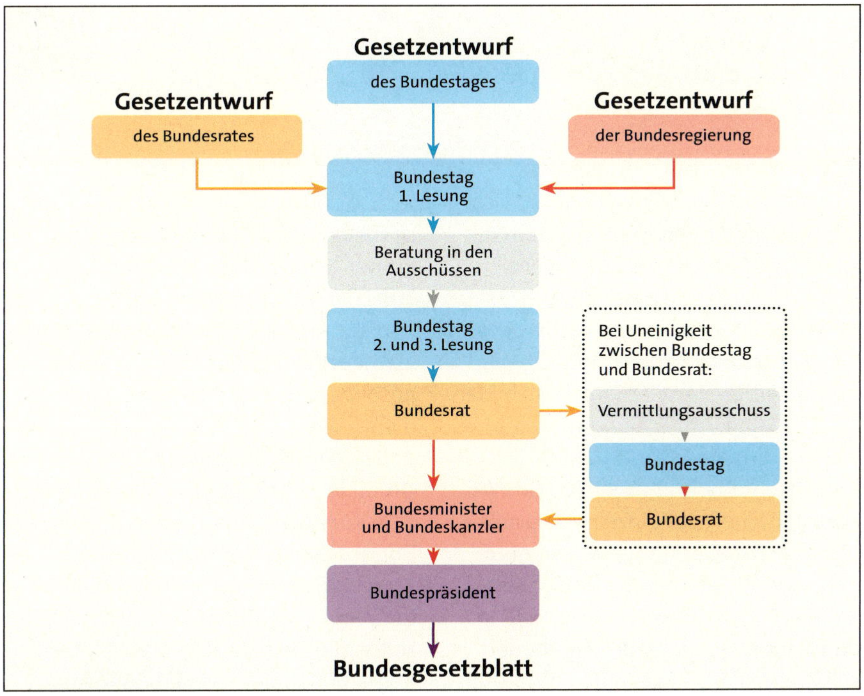

M4 Grundsätze der Verfassung

Die Bundesrepublik Deutschland ist ein demokratischer und sozialer Bundesstaat.

Alle Staatsgewalt geht vom Volke aus. Sie wird vom Volke in Wahlen und Abstimmungen und durch besondere Organe der Gesetzgebung, der vollziehenden Gewalt und der Rechtsprechung ausgeübt.

Die Gesetzgebung ist an die verfassungsmäßige Ordnung, die vollziehende Gewalt und die Rechtsprechung sind an Gesetz und Recht gebunden. [...]

Grundgesetz Art. 20 Abs. 1–3

M5 Was immer bleibt

Eine Änderung dieses Grundgesetzes, durch welche die Gliederung des Bundes in Länder, die grundsätzliche Mitwirkung der Länder bei der Gesetzgebung oder die in den Artikeln 1 und 20 niedergelegten Grundsätze berührt werden, ist unzulässig.

Grundgesetz Art. 79 Abs. 3

M6 Gesetzgebung

Gesetzesvorlagen werden beim Bundestag durch die Bundesregierung, aus der Mitte des Bundestages oder durch den Bundesrat eingebracht.

Die Bundesgesetze werden vom Bundestag beschlossen. Sie sind nach ihrer Annahme durch den Präsidenten des Bundestages unverzüglich dem Bundesrat zuzuleiten.

Grundgesetz Art. 76 Abs. 1 sowie Art. 77 Abs. 1

Linktipp
Info und Recherche
3d7p5m

Arbeitsvorschläge

1. Erstellen Sie eine Liste mit den Aufgaben des Bundestages.

2. Erläutern Sie, wie ein Gesetz entsteht (**M 3**). Nutzen Sie dabei den Begriff „Lesung".

3. Erklären Sie, was es bedeutet, dass die Bundesrepublik Deutschland eine repräsentative Demokratie ist und die Bundestagsabgeordneten die Vertreter des deutschen Volkes sind.

4. Arbeiten Sie heraus, woran man erkennen kann, dass der Bundestag eines der wichtigsten Verfassungsorgane ist. Tipp: S. 60, drei Gewalten. Nutzen Sie zudem **M 4** und **M 6**.

[I] 1 [II] 2, 3, 4

Opposition und Fraktionen
Wie wird die Regierung kontrolliert?

M1 Freiheit der Abgeordneten

Gerhard Mester

VT

Die meisten Abgeordneten gehören einer Partei an. Sie sind von dieser Partei zur Wahl aufgestellt und von ihr im Wahlkampf unterstützt worden. Die Abgeordneten des Bundestages, die derselben Partei angehören, bilden eine Fraktion. Im 18. Bundestag gibt es vier Fraktionen: CDU/CSU, SPD, Die Linke und Bündnis 90/Die Grünen. Die Fraktionen der einzelnen Parteien organisieren die Arbeit der Abgeordneten im Parlament und entscheiden darüber, ob ein Gesetzesvorschlag in den Bundestag eingebracht werden soll. Gleichzeitig wird in den einzelnen Fraktionen darüber diskutiert, welche Ziele angestrebt und welche Entscheidungen getroffen werden müssen.
Es wird auch abgesprochen, wie im Parlament abgestimmt werden soll. Dagegen steht die Forderung des Grundgesetzes (Art. 38 Abs. 1), dass Abgeordnete „an Aufträge und Weisungen nicht gebunden" und „nur ihrem Gewissen" unterworfen sind. Es ist deshalb für die Abgeordneten nicht immer einfach, zwischen dem Kurs ihrer Partei, für die sie angetreten sind, und der eigenen Gewissensfreiheit zu vermitteln. Allerdings gibt es keinen absoluten Zwang, den Entscheidungen, die die Mehrheit der eigenen Fraktion getroffen hat, immer zu folgen.
Oft bilden zwei oder mehr Fraktionen eine Koalition, um aus ihren Reihen den Bundeskanzler wählen zu können. Die übrigen Fraktionen bilden die Opposition. Ihre Aufgabe ist sehr wichtig. Sie sollen die Ziele der Mehrheits- oder Regierungsfraktionen im Bundestag ebenso kritisch betrachten wie die Arbeit der Bundesregierung. Alle Fraktionen erhalten aus dem Steueraufkommen Geld, damit sie ihre Arbeit sachgerecht erledigen können. Damit die Oppositionsfraktionen ihre schwierige Aufgabe bewältigen können, erhalten sie pro Kopf ihrer Fraktion etwas mehr Geld.

Erklärungen

Mit **Fraktion** ist hier der Teil eines Parlamentes gemeint. Um ihre politischen Ziele besser durchsetzen zu können, bilden Abgeordnete Fraktionen – meistens nach ihrer Parteizugehörigkeit. Innerhalb der Fraktionen werden Zielsetzungen, Grundsätze und Strategien diskutiert – durchaus mit unterschiedlichen Meinungen. Auch in den Fraktionen der Regierungsparteien werden Themen und Vorschläge der Regierung auf diese Weise diskutiert. Hierdurch findet eine erste Kontrolle der Regierung durch die Abgeordneten der eigenen Parteien statt. Diesen Vorgang nennt man **fraktionsinterne Kontrolle**.

Im Bundestag bilden die Fraktionen und Abgeordneten, die nicht die Regierung bilden, die **Opposition**.

Eine Aussprache, eine Diskussion, die im Bundestag vor der Gesamtheit der Abgeordneten stattfindet – und nicht in Ausschüssen oder Fraktionen –, wird als **Plenardebatte** bezeichnet.

M2 Die Bundesregierung kontrollieren

Der Bundestag hat mehrere Möglichkeiten, die Bundesregierung zu kontrollieren. Dazu zählen neben dem konstruktiven Misstrauensvotum unter anderem auch die Großen und Kleinen Anfragen, die Regierungsbefragung oder Untersuchungsausschüsse. [...] Die Regierung kann also nicht gegen den Willen des Parlaments regieren. In der Regel sorgen aber die Mehrheits- oder Regierungsfraktionen dafür, dass die Regierungspolitik verteidigt und durchgesetzt wird. Daher ist es besonders wichtig, in den eigenen Reihen eine Mehrheit zu finden. Das bedeutet letztlich, dass der Bundestag nicht als Ganzes der Regierung gegenübersteht. Vielmehr findet eine Verschränkung der Gewalten statt, also der gesetzgebenden und der ausübenden Gewalt. Dennoch muss die Regierung immer mit Widerspruch rechnen. Mitunter sind die Auseinandersetzungen im eigenen Lager gegensätzlicher als dann die Debatten zwischen Mehrheit und Minderheit im Plenum. So gesehen übt das Parlament auch als Ganzes seine Kontrollfunktion aus.
Die Hauptaufgabe der öffentlichen Kritik und Kontrolle fällt allerdings vor allem der Opposition zu. Oftmals kommt es in der parlamentarischen Arbeit aber zu Kompromissen und manchmal sogar zu Linien quer durch die Fraktionen.

Juli Gudehus & Michael Reinold: Der Deutsche Bundestag im Reichstagsgebäude, Deutscher Bundestag, 2007, S. 119 f.

M3 Oppositionsarbeit

Die CDU/CSU-Bundestagsfraktion hat den Oppositionsauftrag, den ihr die Wählerinnen und Wähler zugewiesen haben, in demokratischer Verantwortung angenommen. Die Rolle der Opposition ist eine [grundlegend] wichtige Rolle in der parlamentarischen Demokratie – auch wenn es immer nur die zweitschönste Rolle sein kann.
Die Aufgabe der Opposition ist eine zweifache: zum einen, das Handeln der Regierung kritisch zu begleiten, auf Fehlentscheidungen und Fehlentwicklungen aufmerksam zu machen, wo nötig, auch öffentlich Widerstand zu organisieren. Zum anderen, die eigenen Alternativen darzulegen, für sie zu werben, neue Mehrheiten für diese Alternativen zusammenzubekommen. [...]

Wolfgang Schäuble. In: Blickpunkt Bundestag, http://webarchiv.bundestag.de/cgi/show.php?fileToLoad=560&id=1074, Zugriff 06.11.2008

M4 Kontrolle der Regierung

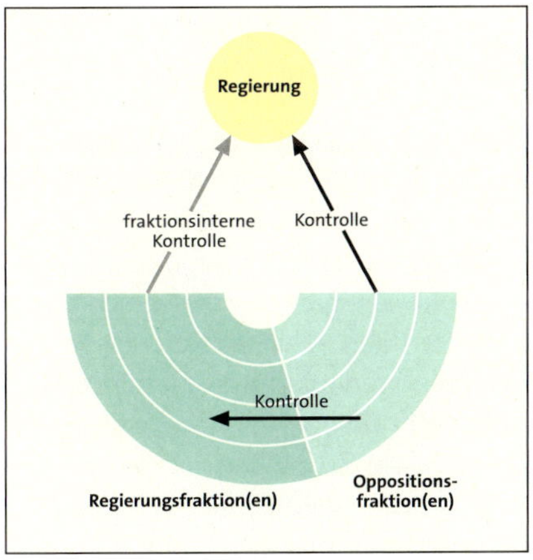

M5 Nur dem Gewissen unterworfen?

[...] Über Entscheidungen wird meist bereits vor der Abstimmung im Bundestag intern in den Fraktionen abgestimmt. Fast alle Mitglieder halten sich an das Ergebnis. Der Fraktionszwang, auch Fraktionsdisziplin genannt, ist in keinem Gesetz und auch nicht der Bundestagsgeschäftsordnung festgeschrieben. Allerdings schreiben ihn Koalitionsregierungen regelmäßig in den Koalitionsverträgen fest.
Ein Argument der Befürworter einer Fraktionsdisziplin ist die Arbeitsfähigkeit der Regierung. Ohne Fraktionsdisziplin könnten Abweichler der Koalitionsfraktionen gemeinsam mit der Opposition Gesetzesvorhaben blockieren. Außerdem heißt es oft, da Abgeordnete sich im Wahlkampf auf ihre Partei verlassen können, müsste die Partei sich umgekehrt auch auf die Abgeordneten verlassen können.
Ein Abgeordneter, der sich nicht an den Fraktionszwang hält, kann dafür nicht geahndet werden. Auch das regelt das Grundgesetz, in Artikel 46 Absatz 1: „Ein Abgeordneter darf zu keiner Zeit wegen seiner Abstimmung oder wegen einer Äußerung, die er im Bundestage oder in einem seiner Ausschüsse getan hat, gerichtlich oder dienstlich verfolgt oder sonst außerhalb des Bundestages zur Verantwortung gezogen werden."
Allerdings hat der Abgeordnete bei einem Konflikt mit der Fraktion die Möglichkeit, diese zu verlassen. [...]

tagesschau.de, Norddeutscher Rundfunk: Nur ihrem Gewissen unterworfen? www.tagesschau.de/inland/fraktionszwang104.html, 22.09.2012, Zugriff 22.12.2012, gekürzt

Arbeitsvorschläge

1. Recherchieren Sie die aktuelle Zusammensetzung des Deutschen Bundestages. Benennen Sie die Fraktionen und wie viele Sitze sie haben. Stellen Sie die Sitzverteilung grafisch dar.

2. Nennen Sie die Aufgaben der Fraktionen.

3. Erläutern Sie den Begriff „fraktionsinterne Kontrolle" (Begriff, **VT**, **M 2**, **M 4**).

4. Beschreiben Sie die Aufgaben der Opposition (**VT**, **M 2 – M 4**).

5. Erklären Sie, auf welches Problem **M 1** aufmerksam macht. Beachten Sie dabei Art. 38 Abs. 1 GG (**VT**) und **M 5**. Nehmen Sie Stellung zu der Problematik; Methode S. 214.

6. Vergleichen Sie die fraktionsinterne Kontrolle mit der durch die Opposition und erörtern Sie die Unterschiede.

[I] 1, 2, 4 [II] 3 [III] 5 [I]–[III] 6

Parteien im Wettbewerb

Sind Parteien wirklich notwendig?

M1 Parteienfinanzierung

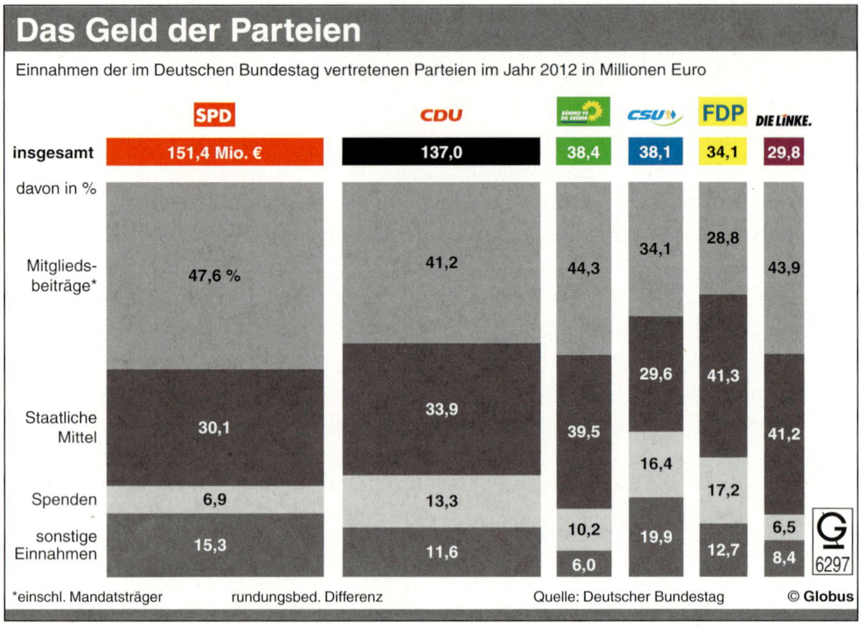

Erklärungen

Im Jahr 2014 waren beim Bundeswahlleiter 114 **Parteien** eingetragen – von der Partei „Ab jetzt … Demokratie durch Volksabstimmung" über die Rentner-Partei bis zur XXL-Partei Wir wollen Mehr … In ihren **Parteiprogrammen** halten die einzelnen Parteien ihre Überzeugungen, Werte, Ziele und Standpunkte fest.

Die Parteien werden gefördert. Die Höhe der **staatlichen Fördermittel** hängt von den Wahlergebnissen ab. Für die ersten 4 Millionen Wählerstimmen gibt es 0,85 € pro Stimme, 0,70 € für jede weitere Stimme. Hinzu kommen 0,38 € für jeden eingenommenen Euro an Beiträgen und Spenden. Im Jahr 2013 betrug die gesetzlich festgelegte Obergrenze für die staatliche Parteienfinanzierung 154,1 Millionen Euro.

Nach Schätzungen beliefen sich die Ausgaben der Parteien für **Wahlwerbung** (Plakate, Broschüren, Fernsehspots …) für die Wahlen zum Bundestag im Jahr 2013 auf 70 Millionen Euro.

VT

Da es in unserer Gesellschaft höchst unterschiedliche und vielfältige Interessen gibt, die häufig auch gegeneinander stehen oder sich gegenseitig ausschließen, gibt es viele verschiedene Parteien. Alle Parteien fassen die Vorstellungen und Interessen ihrer Mitglieder zusammen und formulieren Ziele, die sie auf politischem Wege durchsetzen wollen. Dies sind die Parteiprogramme. Sie dienen der Information der Öffentlichkeit und zugleich der Werbung. Jeder, der seine Interessen hier wiederentdeckt, soll sich der Partei anschließen und sie unterstützen, damit auch möglichst seine Ziele erreicht werden.
Parteien haben aber auch sehr genau festgelegte Aufgaben: Sie sollen in der Öffentlichkeit Probleme und Lösungsvorschläge darstellen und den Bürgern die Möglichkeit bieten, sich eine eigene Meinung zu aktuellen Themen zu bilden. Darüber hinaus sollen sie die aktive Teilnahme der Menschen am politischen Leben fördern. Und schließlich stellen sie Kandidaten für die Wahlen in den Gemeinden, Ländern und im Bund auf, die sie entsprechend schulen.
Das alles kostet viel Geld. Besonders die Wahlkämpfe sind sehr teuer. Parteien werden zum Teil aus Steuergeldern finanziert. Dies führt immer wieder zu Diskussionen. Viele Leute empfinden die Förderung durch den Staat als Selbstbedienung der Parteien. Schließlich bestimmen die Abgeordneten über die Höhe der Förderung – und Abgeordnete sind Mitglieder von Parteien. Andere sagen, Förderung sei nötig, damit die Parteien nicht von Spendern abhängig sind. Diese hätten dann zu viel Einfluss auf die Politik.

M2 Aufgaben der Parteien

Die Parteien wirken an der Bildung des politischen Willens des Volkes auf allen Gebieten des öffentlichen Lebens mit, indem sie insbesondere auf die Gestaltung der öffentlichen Meinung Einfluss nehmen, die politische Bildung anregen und vertiefen, die aktive Teilnahme der Bürger am politischen Leben fördern, zur Übernahme öffentlicher Verantwortung befähigte Bürger heranbilden, sich durch Aufstellung von Bewerbern an den Wahlen in Bund, Ländern und Gemeinden beteiligen, auf die politische Entwicklung in Parlament und Regierung Einfluss nehmen, die von ihnen erarbeiteten politischen Ziele in den Prozess der staatlichen Willensbildung einführen und für eine ständige lebendige Verbindung zwischen Volk und den Staatsorganen sorgen.

Parteiengesetz § 1 Abs. 2

M3 Demokratische Regeln

Die Parteien wirken bei der politischen Willensbildung des Volkes mit. Ihre Gründung ist frei. Ihre innere Ordnung muss demokratischen Grundsätzen entsprechen. Sie müssen über die Herkunft und Verwendung ihrer Mittel sowie über ihr Vermögen öffentlich Rechenschaft geben.

Parteien, die nach ihren Zielen oder nach dem Verhalten ihrer Anhänger darauf ausgehen, die freiheitliche demokratische Grundordnung zu beeinträchtigen oder zu beseitigen oder den Bestand der Bundesrepublik Deutschland zu gefährden, sind verfassungswidrig. Über die Frage der Verfassungswidrigkeit entscheidet das Bundesverfassungsgericht.

Grundgesetz Art. 21 Abs. 1 und 2

M4 Mitgliederentwicklung

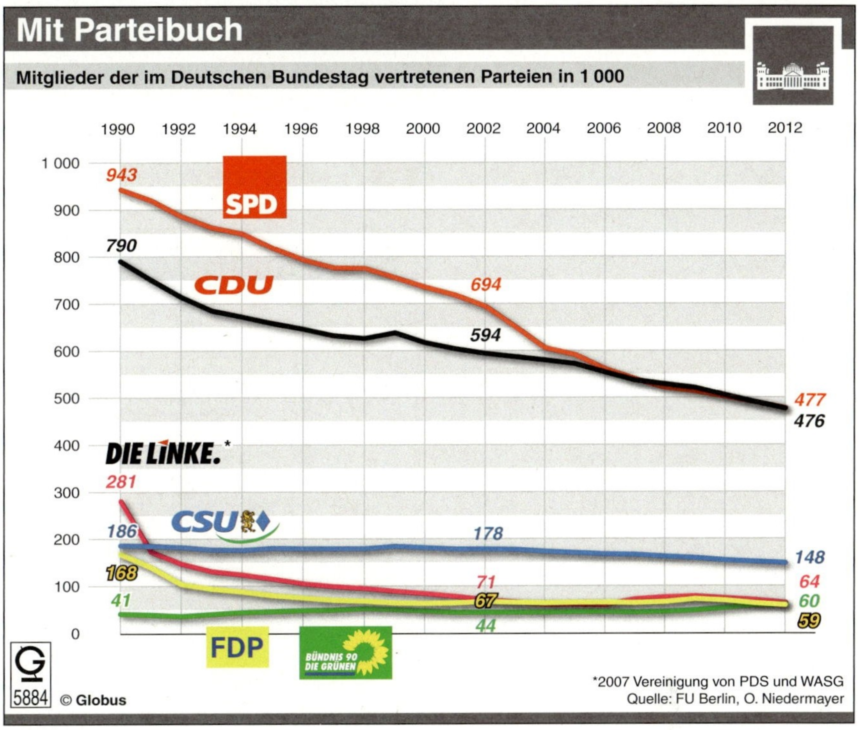

M5 Geld vom Staat für die politischen Parteien

Pro staatliche Förderung:	Kontra staatliche Förderung:
Parteien sind gesetzlich verpflichtet, bestimmte Aufgaben zu erfüllen. Deshalb ist es nur gerecht, wenn sie vom Staat unterstützt werden. Würden sich Parteien nur aus Spenden und Mitgliedsbeiträgen finanzieren, wären sie von Spendern abhängig, Politik wäre käuflich. Da die Parteien staatliche Unterstützung erhalten, müssen sie ihre Finanzen offenlegen und auch alle Spenden bekannt geben. Dadurch wird der Bestechlichkeit entgegengewirkt. Gleichzeitig können die Bürger erkennen, welche Abhängigkeiten bestehen.	Die Parteien machen den Staat zum Selbstbedienungsladen, da sie über die Abgeordneten über die Höhe der Zuschüsse des Staats bestimmen. Wären die Parteien auf Spenden und Beiträge angewiesen, würden sie sich viel mehr am Willen der Wähler orientieren. Bekämen alle Parteien weniger Geld, würden sie sparsamer damit umgehen und nicht in den Wahlkämpfen Unsummen für die Parteienwerbung ausgeben.

Autorentext

Linktipp
Zusatzmaterial
ua544j

Arbeitsvorschläge

1. Nennen Sie die Aufgaben der Parteien in Deutschland und beschreiben Sie, wie sich die Parteien finanzieren (**M 1**, **M 2**); Methode S. 222.

2. Erörtern Sie in Gruppen die Argumente, die für und die gegen eine staatliche Finanzierung der Parteien sprechen (**M 5**). Diskutieren Sie Ihre Ergebnisse im Plenum.

3. Beschreiben Sie die Entwicklung der Mitgliederzahlen der Parteien (**M 4**) und besprechen Sie, worin die Ursachen liegen könnten.

[I] 1 [I]–[III] 2, 3

Formen der Partizipation
Was wollen die Bürgerinnen und Bürger?

M1 Einfluss nehmen

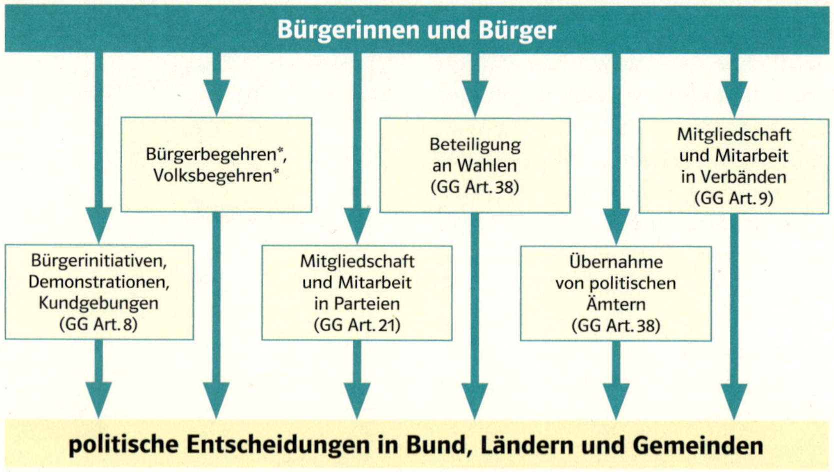

* nicht auf Bundesebene, nicht in allen Bundesländern; (GG: Grundgesetz)

Erklärungen

Mit **direkter Demokratie** bezeichnet man die Form der direkten Beteiligung des Volkes an den politischen Entscheidungen. So kann abgestimmt werden über Personen (Wahl des Bundeskanzlers, des Bundespräsidenten, von Ministern, Richtern) oder über Sachfragen (Einrichtung eines Jugendzentrums, Bau einer Umgehungsstraße, Schließung eines Kraftwerkes, Einführung einer neuen Währung, Kriegserklärungen, Gesetze und Verträge). Die Entscheidungen werden über Volksabstimmungen getroffen.

Petition: Ersuchen, das als Eingabe in Form einer Bitte oder Beschwerde an das Parlament gerichtet wird.

VT

Parteien sollen sich ändern, sollen sich mehr um die Lösung der anstehenden Aufgaben kümmern, weniger um Pöstchen und Macht. Parteien muss auf die Sprünge geholfen werden. Und da helfen viele Menschen mit. Sie betätigen sich politisch, oft ohne in einer Partei zu sein. Wer sich aktiv für den Umweltschutz einsetzt, sich an Initiativen für ein besseres Zusammenleben von Jung und Alt beteiligt, der macht Politik: Er arbeitet an der Lösung von Aufgaben in unserer Gesellschaft mit.
Kluge Politiker beobachten sehr genau, in welchen Bereichen die Menschen sich engagieren, ob in Vereinen, Gruppen oder Initiativen. So erfahren sie, wo ihre Partei nicht sorgfältig und gut gearbeitet hat.
Daneben machen viele Bürger von ihrem Recht Gebrauch, sich direkt bei den verantwortlichen Stellen zu beschweren oder Wünsche vorzutragen: Das Petitionsrecht (Grundgesetz Art. 17) legt fest, dass jeder das Recht hat, „sich einzeln oder in Gemeinschaft mit anderen schriftlich mit Bitten oder Beschwerden an die zuständigen Stellen und an die Volksvertretung zu wenden".
Deshalb sind in allen Landesparlamenten und dem Bundestag Arbeitsgemeinschaften eingerichtet worden, die sich ausschließlich mit diesen Eingaben beschäftigen. Diese sogenannten Petitionsausschüsse prüfen die Anfragen und leiten sie, wenn es notwendig ist, an die Fachausschüsse oder Ministerien weiter.
Immer mehr Bürger nutzen die Möglichkeiten des Internets und reichen Petitionen auf diesem Wege beim Bundestag ein. 1,1 Millionen Bürgerinnen und Bürger hatten sich zuletzt beim Petitionsausschuss des Bundestages angemeldet, um Petitionen via Internet einzubringen, zu unterstützen und zu diskutieren.

M2 Unruhe als erste Bürgerpflicht

Das neue Gespenst in Europa heißt direkte Demokratie. Manche nennen es Plebiszit, Volksabstimmung, Volksbegehren und Volksentscheid. Die einen sehen darin „mehr Demokratie“, die anderen eine Gefahr für den Rechtsstaat.

Und das ist das Gespenstische an dem neuen Gespenst: Beide haben recht. Das Plebiszit kann, wohldosiert und sorgsam angewendet, so etwas sein wie die Erfüllung der Demokratie. Das Plebiszit kann die Demokratie aber auch zerstören, wenn es die individuellen Bürger- und Menschenrechte missachtet.

Das Plebiszit kann also etwas Wunderbares sein, wenn es ein Ausdruck einer kollektiven Verantwortung für das Gemeinwesen ist, einer Verantwortung, die sich nicht darauf beschränkt, alle paar Jahre ein Parlament zu wählen. Das Plebiszit kann aber auch etwas Furchtbares sein, wenn sich darin nur die Egoismen addieren und Vorurteile gegenüber Minderheiten verfestigen.

Demokratie ist mehr als blanke Statistik, mehr als eine Abstimmungsprozedur; sie ist eine Wertegemeinschaft. Demokratie ist eine Gemeinschaft, die ihre Mitglieder achtet und schützt. Demokratische Entscheidungen sind nicht automatisch rechtsstaatliche Entscheidungen, sie stehen nicht – kraft Mehrheit – automatisch auf dem Boden der Verfassung.

Mehrheit ist natürlich nicht unbedingt gleichzusetzen mit Wahrheit, Richtigkeit und Verfassungsmäßigkeit. Das gilt im Parlament – und das gilt auch für das Plebiszit. Wenn eine Mehrheit der Bürger die Todesstrafe guthieße, besagte das gewiss nicht, dass die Todesstrafe auch richtig ist.

Und es wäre absurd zu unterstellen, dass bestimmte Menschen Rechte nur dann haben, wenn auch die Mehrheit dieser Ansicht ist. Dann hätten Beschuldigte in spektakulären Strafverfahren, dann hätten Minderheiten bald nicht mehr viele Rechte; die Unschuldsvermutung hätte wohl nicht mehr lange Bestand, und der Rassismus hätte Oberwasser. [...]

Auch plebiszitäre Demokratie braucht ein Korrektiv, ein Kontrollorgan. Sie braucht das Kontrollorgan, das auch die repräsentative Demokratie kontrolliert: Sie braucht die Kontrolle durch das Verfassungsgericht. [...]

Diese Freude [der Bürger an der Politik], manchmal ist es eine Lust, ist bisweilen kreativ und bisweilen destruktiv. Bürger dringen auf bessere Kindergärten und Schulen, Bürger bringen Gesetze zu Fall und neue zuwege, Bürger legen ihr Veto ein gegen die Privatisierung von Wasser- und Stadtwerken, Bürger verhindern den Verkauf des kommunalen Abwasserkanalnetzes, Bürger stoppen den Bau von Hochhäusern und Einkaufspassagen, Bürger entscheiden über das Schicksal des alten Flughafens, Bürger lassen die Zusammenlegung zweier Bundesländer scheitern, Bürger verhindern eine Schulreform, Bürger überziehen ein Land mit einem radikalen gesetzlichen Rauchverbot, Bürger erzwingen in Stuttgart eine Schlichtung zum Mega-Projekt Stuttgart 21. [...]

Die moderne Zivil- und Protestgesellschaft erhitzt und informiert sich im Internet, dort konstituiert und organisiert sie sich, findet sie Zuspruch, verschafft sie sich Expertenwissen. Sie wird diskussionsfähig und streitbar – also politisch. Sie macht aber dann die Erfahrung, dass sie an Grenzen stößt, dass sie über ihre Kreise nicht hinausdringt. Sie trifft auf die klassisch repräsentative Politik, die ihr wenig Gehör schenkt und ihr keinen Zutritt gewährt. [...] Womöglich lernen die Regierenden, die Unruhe der Bürger als produktive Unruhe zu betrachten. [...]

Heribert Prantl: Unruhe als erste Bürgerpflicht, Deutschlandfunk, dradio.de, 02.01.2011, www.dradio.de/dlf/sendungen/hintergrundpolitik/1349068/, Zugriff 30.12.2012, gekürzt

M3 Protest gegen Atommülltransporte

Bürgerprotest gegen Atommülltransporte in das Zwischenlager Gorleben. „Castor“ ist der Name der Spezialbehälter für den Transport des hochradioaktiven Materials.

Linktipp
Info und Recherche
r6c9zf

Arbeitsvorschläge

1a Arbeiten Sie in Gruppen und erörtern Sie anhand der Materialien dieser Doppelseite die Möglichkeiten und die Grenzen direkter Demokratie.

1b Stellen Sie Ihre begründete Stellungnahme im Plenum vor und diskutieren Sie die verschiedenen Positionen.

2. Recherchieren Sie in arbeitsteiligen Gruppen zu den Möglichkeiten direkter Einflussnahme von Bürgern.

[I]–[III] 1, 2

Die Politik und das Internet
Ist mehr Partizipation möglich?

Medien und Demokratie
S. 116 ff.

M1 Parteien und Politiker im Internet

Live-Chat der SPD: Der Parteivorsitzende Sigmar Gabriel (l.) und die Bundesministerin für Arbeit und Soziales Andrea Nahles beantworten Fragen von Bürgern

Erklärungen

Mit **Arabischer Frühling** ist die Freiheitsbewegung in arabischen Staaten gemeint, die im Dezember 2010 begann. Von Tunesien aus erfassten die Aufstände zahlreiche Staaten in Nordafrika und im Nahen Osten.

Plagiat: Diebstahl geistigen Eigentums durch Nachahmen und Veröffentlichen eines Werks, das von einem anderen geschaffen wurde.

Twitter (englisch: Gezwitscher) ist ein Kurznachrichtendienst im Internet. Die Nachrichten dürfen nur 140 Zeichen lang sein. Neben Privatpersonen nutzen besonders Unternehmen, Parteien und Politiker sowie Massenmedien diesen Dienst. Die Angebote kann man abonnieren und erhält dann ständig Kurznachrichten vom jeweiligen Absender. Die Beiträge in Twitter werden Tweet genannt.

VT

Für die Politik und die Partizipationsmöglichkeiten der Bürger ist ein neues Zeitalter angebrochen. Fast jeder nutzt heute das Internet, um sich Informationen zu beschaffen oder mit anderen in Kontakt zu treten. Die Politik kann sich dieser Entwicklung nicht verschließen. Vorbei sind die Zeiten, wo die Bürger alle vier Jahre zur Wahl gingen und gelegentlich einem Abgeordneten einen Brief schrieben. Der Wähler kann sich heute in Echtzeit an der Politik beteiligen. Besonders vor Wahlen wird deutlich, dass sich vor allem jüngere Wählerinnen und Wähler Informationen über Parteien und Politiker aus den entsprechenden Onlineangeboten beschaffen. Die Menschen wünschen sich Informationen aus erster Hand. Sie wollen wissen, welche Positionen die einzelnen Abgeordneten zu bestimmten Themen haben, oder welchen Standpunkt sie zu einer geplanten Maßnahme vertreten. Viele Politiker haben sich darauf eingestellt und teilen via Website, Twitter oder Facebook mit, was ihre Anliegen sind.
Die neuen Medien sorgen für mehr Einblicke in die Abläufe. Mittlerweile gibt es sogar Projekte bzw. Organisationen, die sich die Transparenz der Politik und die Verbindlichkeiten der Aussagen der Politiker zum Ziel gesetzt haben. Sie stellen Hintergrundinformationen über einzelne Politiker zusammen, über deren Abstimmungsverhalten, aber auch deren Nebentätigkeiten.
Für Politiker kann das zu einer Gradwanderung führen: Eine heute getroffene Aussage, die vielleicht nur für eine bestimmte Zielgruppe gedacht war, kann morgen zum Stolperstein in der politischen Karriere werden. Welche Vor-und Nachteile ergeben sich durch das Internet für die Politik und den einzelnen Politiker?

M2 Politik und Internet

[...] Die Wirklichkeit des weltweiten Internet verändert die Bedingungen politischer Kommunikation von Grund auf, aber auch das materielle Konzept von Demokratie und Partizipation.

Die politische Freiheit und Gleichheit der Bürger realisiert sich im Netz zum ersten Mal in Permanenz: Die neu entstehenden Strukturen eröffnen die Möglichkeit jederzeitiger und umfassender politischer Einflussnahme und Gestaltung, über jede Art von geographischer, politischer oder sozialer Grenze hinaus. Jenseits von Parteien, Verbänden und klassischen Medien entwickeln sich fast über Nacht revolutionäre Verhaltensmuster, werden traditionelle Macht- und Entscheidungszentren durch Umleitungen umgangen, wird der Einzelne endgültig vom Objekt zum Subjekt politischer Gestaltung. Wer in Posemuckel wohnt, kann heute in China die Welt verändern, umgekehrt natürlich auch.

Schon jetzt hat das Internet auch die Arbeitsbedingungen der Politik erheblich verändert. Die Verfügbarkeit fast aller relevanter Informationen über iPhone und iPad macht politische Debatten anspruchsvoller, weil der Gegner falsche Zahlen oder Zitate umgehend widerlegen und entkräften kann. Die Existenz des Netzes bedeutet eine enorme Beschleunigung: Innerhalb von Minuten und Stunden verbreiten sich Tatsachen und Gerüchte, werden Meinungen gebildet und verworfen. Die Reaktionszeiten für die Politik werden immer kürzer: Wenn ein Vorfall bekannt wird, muss man einen Tag später sprechfähig sein, sonst hat man schon verloren. Unser Aktionsradius vergrößert sich aber enorm. Die Rückkopplung zwischen Wählern und Gewählten erfolgt in Echtzeit. Auch Politiker, die nicht twittern oder posten, können sich dem nicht entziehen. Die neuen Medien wie Twitter, Facebook lösen die traditionellen Medien wie Presse, Funk und Fernsehen nicht ab, sondern treten mit ihnen in vielfältige Interaktion. Die damit verbundene Komplexität ist für alle Beteiligten extrem arbeitsintensiv, erlaubt aber auch Formen der Kommunikation und Bürgeransprache, an die früher nicht zu denken war. [...]

Die vielleicht wichtigste Innovation des Netzes aber besteht darin, dass es über Twitter und andere Dienste „Schwarmintelligenz" ermöglicht. Als ich in einem Tweet bekannte, dass ich nicht wisse, wie man auf dem Blackberry Umlaute schreibt, dauerte es keine vier Minuten, bis mich von allen Seiten Tweets erreichten, in denen das prompt erklärt wurde. Als ein bedeutender deutscher Politiker Anfang des Jahres unter Plagiatsverdacht kam, hätte es normalerweise Monate gedauert, um seine Dissertation gründlich zu überprüfen. Der „Schwarm" erledigte diese Aufgabe innerhalb von zwei Wochen in aller Gründlichkeit. [...]

Peter Altmaier: Mein neues Leben unter Piraten, FAZ.NET, 13.10.2011, www.faz.net/aktuell/feuilleton/debatten/digitales-denken/politik-und-internet-mein-neues-leben-unter-piraten-11493287.html, Zugriff 08.08.2012

M3 Die Macht der Masse

Die große Masse ist schlauer als der Einzelne – das ist die Idee, die hinter der Schwarmintelligenz steckt. [...] Auch das Internet macht diese Schwarmintelligenz möglich, denn durch die Struktur seines Datennetzes schafft es eine weltweite Verbindung der Nutzer untereinander. Die Möglichkeit, Nachrichten über Netzwerke zu verbreiten, gleicht dadurch einem Schneeballsystem. [...] Der ehemalige Verteidigungsminister Freiherr zu Guttenberg musste diese Dynamik der Informationsverbreitung schmerzlich am eigenen Leib erfahren. Stolperstein seiner Amtskarriere war seine Doktorarbeit, in der er offensichtlich abgeschrieben hatte. Aufgedeckt wurde das ganze Ausmaß seiner Plagiate erst durch das Internet. „Guttenplag" hieß ein Wiki-Projekt; das ist eine Webseite, über die Menschen im Internet Inhalte teilen und fortschreiben können. Dort haben immer mehr Internetnutzer die Verfehlungen von Guttenberg online gestellt. Das geschah in einer rasenden Geschwindigkeit, die so ohne das System Internet nie möglich gewesen wäre. Letztlich war die Faktenlage für seine Verfehlung erdrückend genug, um den Verteidigungsminister zum Rücktritt zu zwingen. Die Masse hat also letztlich als korrigierendes Element im Internet funktioniert.

Wikipedia, Wikileaks, Crowdfunding, Guttenplag, die Facebook-Revolution im Arabischen Frühling und andere Internetgeschichten machen deutlich, wie ein solches Schneeballsystem die Masse mobilisieren und ihr damit eine Macht einräumen kann, die es so noch nie gab. Nur hier wird die Möglichkeit, sich mit Gleichgesinnten zu verbinden, potenziert. [...]

Petra Haubner: Schwarmintelligenz – die Macht der Masse, WDR Köln, 23.04.2012, www.planet-wissen.de/natur_technik/computer_und_roboter/social_media/schwarmintelligenz.jsp, Zugriff 12.08.2012

Linktipp
Info und Recherche
q443tj

Arbeitsvorschläge

1. Beschreiben Sie die Partizipationsmöglichkeiten über das Internet (**VT**, **M1**).

2. Analysieren Sie die Bedeutung der Internetauftritte der Parteien in Bezug auf deren Bedeutung für Wahlen.

3. Erklären Sie, wie die Schwarmintelligenz funktioniert (**M2**, **M3**).

4. Nehmen Sie Stellung zu der Abschlussfrage im **VT**.

5. Recherchieren Sie in Gruppen nach verschiedenen Projekten, die sich zum Ziel gesetzt haben, Politiker zu kontrollieren. Stellen Sie Ihre Ergebnisse in der Klasse vor; Linktipp.

[I] 1 [II] 2, 3, 5 [III] 4

Der Einfluss von Interessengruppen
Sind heimliche Strippenzieher am Werk?

Einfluss von Organisationen
S. 86

Ratifizierung
S. 154

Erklärungen

Die Wandelgänge vor dem Sitzungssaal im britischen Parlament werden als Lobby bezeichnet. Alle, die Politiker beeinflussen wollten, hielten sich in diesen Wandelgängen auf. Heute werden damit Personen bezeichnet: Man nennt sie **Lobbyisten**. Sie gibt es – ganz offiziell – auch im Bundestag. Dort dürfen die Vertreter der zugelassenen Verbände ihr Wissen und ihre Ansichten den Abgeordneten vortragen.

In Berlin sind fast 1700 **Interessenverbände** offiziell registriert. Einige Beispiele aus vier Bereichen:

Wirtschaft und Arbeit
- Arbeitgeberverbände
- Bundesverband des Deutschen Groß- und Außenhandels
- Deutscher Bauernverband
- Ärzteverbände
- Gewerkschaften
- Bund der Steuerzahler

Soziales/Freizeit
- Wohlfahrtsverbände
- Familienverbände
- Sportverbände
- Automobilklubs
- Deutscher Bundesjugendring

Humanitäres/Gesellschaft
- Deutsches Rotes Kreuz
- Arbeiterwohlfahrt
- Umweltorganisationen
- Amnesty International

Religion, Kultur, Wissenschaft
- Kirchen (und viele angeschlossene Verbände)
- religiöse Gemeinschaften
- wissenschaftliche Vereinigungen

M1 Interessenvertreter für die Umwelt

Mitglieder von Greenpeace protestieren gegen die Überfischung der Meere.

VT

Als Vertreter des Volkes ist es Aufgabe der Abgeordneten, Entscheidungen zu treffen, die dem Gemeinwohl dienen, also allen Menschen in der Bundesrepublik zugute kommen. Das ist nicht einfach: Einerseits sollen die Abgeordneten die Ziele und Vorstellungen ihrer Parteien verwirklichen helfen, andererseits ist es schwierig zu erkennen, was die Menschen wirklich wollen. Die Interessen sind ja sehr unterschiedlich. Soll mehr Geld für Kindergärten und weniger für Straßen ausgegeben werden? Erhöht der Staat die Steuern auf Benzin, damit die Menschen weniger mit dem Auto fahren und die Umwelt geschont wird? Oder müssen nicht die Arbeitnehmer, die weite Wege zur Arbeit zurücklegen müssen, mehr Unterstützung bekommen?
Für alle diese unterschiedlichen Interessen haben sich Menschen in Verbänden zusammengeschlossen, um ihren Forderungen Nachdruck zu verleihen. Die Verbände vertreten Interessen der Arbeitgeber oder der Arbeitnehmer. Sie setzen sich für Sport, kranke Mitmenschen, für den Umweltschutz oder politisch Verfolgte ein. Sie vertreten die Autofahrer wie der ADAC oder die Radfahrer wie der Deutsche Fahrrad Club. Alle Verbände wollen die Politiker davon überzeugen, dass die Interessen der Gruppe, die sie vertreten, besonders wichtig sind und unbedingt berücksichtigt werden müssen.
Neben diesen Interessenverbänden gibt es die Lobbyisten. Sie versuchen – meistens durch persönliche Kontakte – die Bundestagsabgeordneten für ihre Sache einzunehmen. Dabei kann es um das Rauchverbot oder um Sicherheitsgurte in Schulbussen gehen.
Die einen finden es richtig, dass es diese Interessenvertreter gibt. Wie sonst sollten die Abgeordneten genau erfahren, was die verschiedenen Gruppen in der Bevölkerung wollen? Andere sehen die Gefahr der Beeinflussung: Wer sehr viel Geld hat, kann sich gute Fachleute leisten, die überzeugen können.

M2 Berechtigte Interessen von Gruppen

Die einzelne Bürgerin, der einzelne Bürger, sei es als Gewerbetreibender, als Mitglied einer bestimmten Berufsgruppe, als Empfänger staatlicher Leistungen oder einfach für bestimmte Belange engagiert, kann Auffassungen alleine, ohne Zusammenschluss mit Gleichgesinnten, kaum zur Geltung bringen. Auf diese Mitwirkung der betroffenen und interessierten Kreise ist der Gesetzgeber auch angewiesen. Zum einen findet er bei ihnen ein erhebliches Maß von Sachkunde auf dem betreffenden Gebiet, ohne dass er schwerlich gerechte und auch geeignete Regelungen entwickeln könnte. Zum anderen ist es legitim und nützlich, wenn er Bedenken und Belange dieser betroffenen Kreise rechtzeitig kennt und gegebenenfalls berücksichtigt, weil auch ein Gesetz nicht mit Gewalt durchgeboxt werden kann, sondern darauf angewiesen ist, dass es von den Betroffenen akzeptiert und befolgt wird.

Rupert Schick/Wolfgang Zeh: So arbeitet der Deutsche Bundestag, Rheinbreitbach, NDV, 14, Aufl. 2000, S. 84 f.

Aktion gegen Lobbyisten in den Ministerien vor dem Reichstag in Berlin

M3 Geld für gute Worte

Den Regierungsapparat zu beeinflussen und damit ein ganzes Land zu verändern, ist ein stilles Geschäft. Eines, bei dem die Beteiligten versuchen, unter der Wahrnehmungsschwelle einer breiten Öffentlichkeit zu bleiben. Doch seit drei Bundestagsabgeordnete – Hermann-Josef Arentz, Laurenz Meyer (beide CDU) und Jann-Peter Janssen (SPD) – zurücktreten mussten, weil sie Geld vom Energiekonzern RWE oder von VW bekommen hatten, hören die Fragen nicht auf: Wen finanziert die Wirtschaft, wen schmiert sie? Wie beeinflusst sie Parlament und Regierung? Wer hört auf sie, weil er will? Wer, weil er muss? [...]

Die Einflussnahme in Berlin beginnt im Regierungsalltag. Dort tragen Lobbyisten ihre Ideen und Argumente als Erstes den Ministerialbeamten vor, weil diese den Entwurf für ein künftiges Gesetz schreiben. [...]

Konzerne und Verbände üben sehr wohl Druck auf Politiker aus, wenn sie es können und es nützlich erscheint. Fast nie spielt Geld eine Rolle, fast immer einige hundert oder tausend Arbeitsplätze. Wie viele Jobs in einem Wahlkreis beispielsweise an VW hängen, daran werden Abgeordnete vor wichtigen Entscheidungen schon mal unsanft erinnert. [...]

Ob solche Ereignisse der Demokratie schaden, dafür sei dreierlei entscheidend, sagt Politikprofessor Michael Greven: „Erstens muss die Entscheidungsverantwortung weiter eindeutig bei den Politikern liegen." Natürlich sei ein Abgeordneter den Unternehmen in seinem Wahlkreis verpflichtet, aber zweitens „muss es auch mit wenig Ressourcen gelingen können, sich Gehör zu verschaffen. Zumindest für den Berliner Regierungsalltag habe ich da meine Zweifel. Da ist die Organisationsmacht der Konzerne und Verbände doch ziemlich überwältigend." Und drittens sei Lobbying nur akzeptabel, wenn es „absolut transparent zugeht".

Götz Hamann: Geld für gute Worte. In: Die Zeit vom 20.01.2005, Nr. 4, gekürzt

M4 Politiker, blamiert euch nicht

Im Abkommen der Vereinten Nationen gegen Korruption hat sich die internationale Staatengemeinschaft verpflichtet, gegen korrupte Amtsträger vorzugehen und bei solchen Delikten international eng zusammenzuarbeiten. Neun Jahre ist das jetzt her. 160 Staaten haben damals zugestimmt. [...] Doch die Bundesrepublik hat das UN-Abkommen bis zum heutigen Tag nur unterschrieben. [...] Deutschland befindet sich, was die Korruptionsgesetzgebung angeht, auf einer Stufe mit Syrien, Saudi-Arabien und dem Sudan. [...] In allen Parteien findet man Abgeordnete, die sich seit Jahren für eine Ratifizierung aussprechen. [...] In dieser Woche haben nun die Chefs führender deutscher Unternehmen gefordert, das UN-Abkommen endlich zu ratifizieren. Sie sehen ihre Glaubwürdigkeit im Ausland gefährdet. [...]

Sybille Klormann: Politiker, blamiert euch nicht länger, Zeit-Online, 10.08.2012, www.zeit.de/politik/deutschland/2012-08/korruption-deutschland-abgeordnete-2/komplettansicht, Zugriff 28.11.2012, gekürzt

Linktipp
Info und Recherche
2hf4n7

Arbeitsvorschläge

1. Arbeiten Sie in Gruppen: Wählen Sie einen Interessenverband aus, recherchieren Sie zu diesem und erläutern Sie, wessen Interessen der Verband vertritt, welche Ziele er verfolgt und wie er versucht, Einfluss zu gewinnen.

2. Interessenverbände und Lobbyisten wollen Öffentlichkeit und Politik beeinflussen. Erörtern Sie in einer Debatte, ob solche Versuche der Einflussnahme in einer Wirtschaftsordnung wie der sozialen Marktwirtschaft ihre Berechtigung haben. Nutzen Sie **M 4** und beachten Sie in der Diskussion, ob es überhaupt positive oder negative Effekte und Grenzen der Einflussnahme gibt; Methode S. 215.

[I]–[II] 1 [I]–[III] 2

Mitbestimmung in der Arbeitswelt
Wo endet die demokratische Teilhabe?

betriebsbezogene Mitbestimmung
S. 28

Gewerkschaften
S. 28

Erklärungen

Mitbestimmung: In Unternehmen werden Entscheidungen getroffen, die die Zukunft des ganzen Unternehmens und seiner Beschäftigten betreffen. Vertreter von Arbeitnehmern und Anteilseigner sitzen in großen Unternehmen (ab 500 Beschäftigten) zusammen im Aufsichtsrat (AR), der die Geschäftsleitung kontrolliert. Die Besetzung des AR ist zum Teil paritätisch, d. h. zahlenmäßig haben Arbeitnehmer und Anteilseigner gleich viele Stimmen. Für Unternehmen mit deutscher Rechtsform gelten in Deutschland:
- **Drittelbeteiligungsgesetz** für Unternehmen von 500 bis 2000 Beschäftigte, gilt in weniger als 1500 Unternehmen, AR: 1/3 Arbeitnehmer, 2/3 Arbeitgeber
- **Mitbestimmungsgesetz** für Großunternehmen ab 2000 Beschäftigte, betrifft ca. 650 Unternehmen, AR: fast paritätisch, im Streitfall durch doppeltes Stimmrecht des AR-Vorsitzenden Mehrheit für Anteilseigner
- **Montanmitbestimmungsgesetz** für 9 Bergbaubetriebe und 22 Eisen- und Stahlbetriebe, AR: paritätisch, plus ein neutrales Mitglied

Bestehen Unternehmen aus mehreren Betrieben können Gesamtbetriebsräte gegründet werden. In Konzernen können Gesamtbetriebsräte wiederum einen Konzernbetriebsrat gründen.

qualifizierte Mitbestimmung: bezeichnet die betriebliche und unternehmensweite Mitbestimmung von Arbeitnehmern

M1 Demokratische Teilhabe in Unternehmen

Jupp Wolter, 1981

VT

In Deutschland haben die Bürger auch in ihrer Rolle als Arbeitnehmerinnen und Arbeitnehmer im Unternehmen Mitbestimmungsrechte. Dies ist im internationalen Vergleich keinesfalls selbstverständlich und wurde im Laufe der Geschichte in einem langen Prozess erstritten.

Zu Beginn der Industrialisierung hatten Arbeiter nur eine Aufgabe – sie mussten die Anweisungen der Eigentümer ausführen. Die Unternehmer bestimmten in den Betrieben. Sie diktierten z. B. die Höhe der Löhne, die Länge der Arbeitszeiten oder wem gekündigt wurde. Erst Ende des 19. Jahrhunderts gelang es den Arbeitern, sich zu organisieren und Druck auf die Unternehmer auszuüben. Sie gründeten Gewerkschaften und streikten. Dadurch konnten sie in Arbeitskämpfen den Unternehmern höhere Löhne und kürzere Arbeitszeiten abringen. Auch politisch erzielten sie Erfolge.

Seit vielen Jahrzehnten ist die Mitbestimmung in den Unternehmen gesetzlich geregelt. Diese Gesetze geben den Beschäftigten Mitwirkungsrechte unterschiedlichen Ausmaßes.

Bundespräsident Gauck sagte in seiner Rede anlässlich der Gedenkfeier zum 80. Jahrestag der Zerschlagung freier Gewerkschaften durch die Nationalsozialisten, dass Deutschland eine mit Leben erfüllte Interessenvertretung der Arbeitnehmer benötigt ebenso wie Mitbestimmung in seinen Unternehmen. In Deutschland brauchen wir gelebte Demokratie im Arbeitsalltag, sagte das Staatsoberhaupt am 2. Mai 2013 in Berlin. Diese Demokratie sei fast so wichtig wie die gelebte und sich entwickelnde Demokratie unseres politischen Raums.

Im Alltag steht das deutsche Modell der Mitbestimmung im globalen Wettbewerb unter Druck. Unternehmen mit ausländischer Rechtsform – z. B. Limiteds – fallen nicht unter die deutschen Mitbestimmungsgesetze. Viele Unternehmen haben Standorte im Ausland, an denen es eine derartige Mitbestimmung nicht gibt. Wie viel Mitspracherecht bleibt den Beschäftigten noch?

M2 Zwischen Kooperation und Konflikt

Aus der Sicht einer freien Marktwirtschaft erscheint das gesetzliche Mitwirkungsrecht der Arbeitnehmer systemfremd. Die Leitungsbefugnis des Unternehmens gilt als legitimiert über das Eigentumsrecht und das freie Vertragsrecht. [...] Die Mitwirkung der Arbeitnehmer an wirtschaftlichen Entscheidungen scheint dabei flexible Marktanpassungen eher zu verzögern oder zu behindern. Indem die Arbeitskräfte mit den Unternehmen Arbeitsverträge abschließen, unterstellen sie sich freiwillig den Weisungen und werden im Gegenzug dafür entlohnt. [...]
Von den Gewerkschaften wird der Kampf um die Mitbestimmung auf Unternehmensebene mit der Gleichberechtigung von Kapital und Arbeit begründet. Auch wird die Einschätzung der Risikoverteilung nicht geteilt, da für die Arbeitnehmer Arbeitsplatzverluste durch Managementfehler weitaus existenzbedrohender sein können als der Einlageverlust für beschränkt haftende Kapitaleigner. Deshalb sollen Arbeitnehmer ebenso wie Eigentümer bzw. Anteilseigner über wirtschaftliche Entscheidungen mitbestimmen können. Gefordert wird also die paritätische bzw. qualifizierte Mitbestimmung. Wenngleich die Arbeitgebervertreter die Mitwirkung der Arbeitnehmer selten grundsätzlich ablehnen, sehen sie doch ihr Verfügungsrecht über das von ihnen investierte Kapital als eingeschränkt und die Funktionsfähigkeit des Unternehmens durch unflexible Entscheidungen bei kurzfristigen Markterfordernissen als gefährdet. [...]

M3 Die Mitbestimmung in unterschiedlichen Perspektiven

Arbeitgeber *Hans-Wilhelm Gäb, bis 1998 Aufsichtsratsvorsitzender bei der Adam Opel AG und Vize-Präsident von General Motors Europa*	**Arbeitnehmer** *Klaus Franz, [ehemaliger] Konzernbetriebsratschef und stellvertretender Aufsichtsratsvorsitzender bei Opel*
Wenn ich an Gewerkschaften denke ... dann denke ich an eine Institution, die in der Demokratie unverzichtbar ist, die im Augenblick unter Druck ist und klug handeln muss, um die Zukunft zu bewältigen und ihre öffentliche Akzeptanz zu stabilisieren.	**Wenn ich an Arbeitgeber denke ...** dann denke ich an Menschen, Unternehmen und Organisationen, die Akteure unseres Wirtschaftssystems sind und die innerhalb dieses Systems ihre Interessen verfolgen. Zu diesem System gehören auch die Arbeitnehmer mit ihren spezifischen Interessen. Beide Gruppen brauchen einander und deshalb ist es sinnvoll, dass Arbeitgeber und Arbeitnehmer auf Augenhöhe zusammenarbeiten.
Arbeitnehmervertreter im Opel-Aufsichtsrat waren für mich... gleichberechtigte Kollegen, die im Kampf um die Perspektiven des Unternehmens manchmal intensiver gearbeitet haben als viele Manager.	**Anteilseignervertreter im Aufsichtsrat sind für mich...** wichtige Verhandlungspartner bei der Suche nach pragmatischen Lösungen für Probleme in einem Unternehmen, aber auch oftmals mundfaul, angepasst und wenig kritikfähig in der Erfüllung ihrer Funktion.

Hans-Böckler-Stiftung: Mitbestimmung in Europa, Düsseldorf 2006, www.boeckler.de/pdf/p_themenheft_mitbest_europa_2006.pdf, Zugriff 03.03.2014

M4 Mitbestimmung als Standortvorteil für Deutschland?

Der Konflikt um die qualifizierte Unternehmensmitbestimmung wurde vor dem Bundesverfassungsgericht ausgetragen. Für das Gericht war das verfassungsmäßige Verfügungsrecht über das Eigentum gewährleistet, da das Letztentscheidungsrecht bei den Anteilseignern blieb. Gleichzeitig wurde auch eine Einschränkung der alleinigen Verfügungsrechte der Anteilseigner als verfassungskonform angesehen. Denn schließlich steht in Art. 14, Abs. 2 GG: „Eigentum verpflichtet. Sein Gebrauch soll zugleich dem Wohle der Allgemeinheit dienen."

Birgit Weber: Kooperation und Konflikt – Menschen im Unternehmen, in: Informationen zur politischen Bildung, Bundeszentrale für politische Bildung (Hg.), 2007,Heft 293, S. 41, gekürzt

Arbeitsvorschläge

1. Interpretieren Sie die Karikatur **M1** und nehmen Sie Stellung, inwieweit demokratische Rechte in der Arbeitswelt gelten; Methode S. 214.

2. Erläutern Sie die Sichtweisen auf die Mitbestimmung (**M2**).

3. Welche Übereinstimmungen und Unterschiede entdecken Sie in der Einschätzung der Mitbestimmung in Deutschland zwischen Unternehmensleitung und Belegschaft (**M3**, **M4**).

4. Diskutieren Sie, ob die Mitbestimmungsrechte ein Standortvorteil oder ein Hemmschuh für die wirtschaftliche Entwicklung in Deutschland sind.

[II] 2, 3 [III] 4 [I]–[III] 1

4 Soziale Gerechtigkeit und gesellschaftliche Ungleichheit

Situation:

Viel Arbeit, wenig Einkommen – ist das gerecht?

Dennis hat sich vor drei Monaten als Friseur selbstständig gemacht, weil er als Angestellter viel zu wenig verdient hat. Er hat ein Existenzgründungsdarlehen erhalten und einen Gewerbeschein beantragt. Da er keine Meisterprüfung abgelegt hat, hat er das Geschäft als Farb- und Schnittservice für Haare angemeldet. Er unterhält sich mit einem Kunden über seine Gründe für den Schritt in die Selbstständigkeit.

Angestellte Friseure gehören zu den Geringverdienern; S. 101, M4

Kunde: Waren Sie als Angestellter unzufrieden?
Dennis: Wissen Sie, seit dem Ende der Ausbildung ging es stetig bergab. Anfangs habe ich ein Tarifgehalt von 900 Euro brutto bekommen. Dazu kam reichlich Trinkgeld. Dann haben überall diese Billigläden wie „Cut an go" eröffnet. Das brachte einen enormen Preisdruck. Mein Chef ist aus dem Tarifvertrag ausgestiegen und die Löhne fielen in den Keller.
Kunde: Für die Kunden ist billig natürlich gut. Aber dass das solche Folgen für Sie hat ...
Dennis: Ich habe in der Woche bis zu 48 Stunden gearbeitet, bis spätabends und am Wochenende. Als der Lohn runterging, habe ich auf Urlaub und Partys verzichtet. Zuletzt habe ich sogar Hartz IV beantragt und eine Aufstockung zum Lohn erhalten. Trotzdem blieben mir im Monat weniger als 200 Euro zum Leben.
Kunde: Unglaublich. Also deswegen die Selbstständigkeit?
Dennis: Irgendwann bekam ich meine Renteninfo. Da stand, dass ich mit meinen Beträgen eine Rente von monatlich 42 Euro bekommen würde. 42 Euro! Das bringt doch nichts.
Kunde: Und was ist jetzt anders als vorher?
Dennis: Was ich mit einem Haarschnitt hereinhole, bleibt nach Abzug der Nebenkosten für den Laden bei mir. Wenn ich länger arbeite, weiß ich, dass ich den Gewinn nicht teilen muss. Ich habe einen Antrag auf „Befreiung von der Sozialversicherungspflicht" gestellt und muss für mich keine Sozialabgaben abführen. Und glauben Sie mir, mein Kühlschrank ist voller als vorher.
Kunde: Das verstehe ich, aber was wird aus Ihrer Rente und aus unseren Sozialsystemen, wenn keiner mehr einzahlt? Besser wäre es doch, wenn man von seinem Einkommen gut leben könnte.
Dennis: Klar, aber ganz ehrlich: Zunächst muss ich doch an mich denken, oder?

Linktipps
Zusatzmaterial
4wu63u

Den Lernprozess organisieren:

Analyse der Situation

Was ist, wenn Dennis alt ist? Soll man heute schon an morgen denken?
Welche Probleme werden am Beispiel von Dennis deutlich?
Welche Lösungsmöglichkeiten gibt es für diese Probleme?
Welche Auswirkungen hat diese Situation eines Einzelnen auf die gesamte Gesellschaft?

Erarbeiten, Informieren, Organisieren

Dennis hat viele Probleme. Welche Aspekte sollten besonders berücksichtigt werden? Wie kommen Sie zu einer begründeten Einschätzung der persönlichen und gesellschaftlichen Folgen? Organisieren Sie sich in Arbeitsgruppen und klären Sie, wer bis wann welche Arbeitsschritte erledigt. In diesem Kapitel können Ihnen folgende Themen helfen:

- Arm trotz Arbeit
- Heute schon an morgen denken?
- Die neue soziale Frage heute
- Die Kosten des Sozialstaats
- Pro und Kontra Sozialstaat
- Armut in einem reichen Land
- Das soziale Netz in Deutschland

Aktiv sein

Wie ist der Zustand und Reformbedarf unseres Sozialstaats, ausgehend von dem Fallbeispiel des Friseurs Dennis? Bereiten Sie dazu ein Hearing in Ihrer Klasse vor; S. 216 Methode: Expertenbefragung/Hearing.

Kompetenzen im Blick:

In diesem Kapitel beschäftigen Sie sich mit den Themen Ungleichheit und soziale Gerechtigkeit. Sie untersuchen das System der sozialen Sicherung und diskutieren Lösungen für die anstehenden Probleme. Dabei tauschen Sie Ihre Vorstellungen von sozialer Gerechtigkeit aus. Sie bringen die Zukunft der sozialen Sicherungssysteme mit Ihrer persönlichen Zukunft in Zusammenhang.

Die sozial(politisch)e Frage
Wie kam sie auf die Tagesordnung?

Arbeitsproduktivität
S. 41, M3

Industrielle Revolution
S. 46

Erklärungen

Armenarzt: War früher ein von der Gemeinde bezahlter Arzt, der sich um die armen Kranken kümmerte. Besonders infolge der Industrialisierung im 19. Jahrhundert verschlechterten sich die Lebensverhältnisse in den schnell wachsenden Städten. Die elenden Lebensbedingungen der Arbeiter und ihrer Familien spiegelten sich in den Warteschlangen bei den Armenärzten.

Feudalzeit: Die meisten Menschen lebten in Deutschland seit dem Mittelalter bis weit ins 19. Jahrhundert hinein als Bauern auf dem Land. Das Land gehörte meist Adligen. Die Bauern waren Leibeigene (Eigentum des Landeigners) und mussten tun, was er verlangte. Sie durften sein Land nicht verlassen und schuldeten ihm Abgaben in Form von:
- Fronarbeit (Zwangsarbeit für den Landeigner)
- Naturalabgaben (den Zehnten des selbst Erwirtschafteten), später auch Steuern (Geld)

Der Feudalismus bremste die wirtschaftliche Entwicklung. Die Revolution von 1848 beendete diese Epoche.

Kapitalismus: Wirtschaftsordnung, in der die Eigentümer von Kapital (Geld- und Sachkapital, insbesondere Produktionsmittel) über dieses frei verfügen und es zur Gewinnerzielung einsetzen dürfen.

Produktionsfaktoren: Boden, Arbeit, Kapital sowie das technische Wissen sind als Produktionsfaktoren die Grundlage jeder Produktion.

M1 Warten beim Armenarzt

Der Armenarzt, Gemälde von Jules Leonhard, 1860

VT

Soziale Sicherungssysteme, die alle wesentlichen Lebensrisiken abdecken, konnte man sich vor rund 130 Jahren nicht einmal im Traum vorstellen.
Gleichwohl: Ende des 19. Jahrhunderts wurden in Deutschland die Fundamente des modernen Sozialstaats gelegt.
Gewiss, es gab Vorläufer: etwa die mittelalterlichen Handwerkerordnungen mit begrenzten Fürsorgeregeln für Mitglieder, geringe Schutzverpflichtungen von Arbeitgebern gegenüber ihren Arbeitern in der Feudalzeit oder eine sehr begrenzte staatliche Armenpflege seit dem 16. Jahrhundert. Wer arm, krank oder alt war, war meist auf sich selbst gestellt, auf die Familie oder auf Almosen angewiesen. Kirchliche und andere wohltätige Einrichtungen betrieben Armenküchen und boten notdürftige Versorgung an.
Die „soziale Frage" wurde durch die Folgen der industriellen Revolution im 18. und 19. Jahrhundert, durch rasantes Bevölkerungswachstum und die zunehmende Verstädterung ganz neu gestellt. Ein ungezügelter Kapitalismus beutete die ausschließlich von ihrer Arbeitskraft lebenden Menschen rücksichtslos aus und trieb sie mit ihren Familien ins Elend. In den großen Industrie- und Handelszentren waren die sozialen Probleme unübersehbar. Sie wurden zum politischen Problem, weil sich Widerstand in Form von Arbeitervereinen, Gewerkschaften und Arbeiterparteien regte.
Sie wurden außerdem zum wirtschaftlichen Problem, weil eine bis zum Letzten ausgebeutete Arbeiterschaft weniger leistungsfähig war, den Produktionsfaktor Arbeit also schwächte. Die Arbeiterbewegung drängte auf revolutionäre Veränderungen oder Reformen. Einige konservative Politiker erkannten die Gefahr für die alte Ordnung und sahen in Sozialgesetzen eine Befriedung der Arbeiterschaft. So kam die „soziale Frage" auf die Tagesordnung.

M2 Tätigkeitsfelder des modernen Sozialstaats (Beispiele)

Soziale Sicherung	Sozialer Ausgleich	Soziale Gleichberechtigung
Absicherung typischer Lebensrisiken durch – Sozialversicherungsmodelle – staatliche Dienste bzw. staatliche finanzielle Hilfen	**Anstreben von Chancengleichheit** durch – finanzielle Umverteilung – gezielte Förderungspolitik	**Rechte und Schutz potenziell Schwächerer** durch – Benachteiligungsverbote – individuelle und Gruppenrechte – Vorschrift von Schutzmaßnahmen

M3 Marktwirtschaft

Die Marktwirtschaft beruht darauf, dass jede und jeder die eigenen Interessen in den Vordergrund stellt und danach handelt. Das macht die Leistungsfähigkeit einer Marktwirtschaft aus, weil alle alles daransetzen, möglichst erfolgreich zu sein. Ein solches individuelles Verhalten treibt die ganze Wirtschaft an und hat die Marktwirtschaft – trotz mancher Krisen – zu einer erfolgreichen Wirtschaftsordnung gemacht. [...]

Wenn jeder nur seinen eigenen wirtschaftlichen Interessen folgt, kann das auch negative Folgen haben, denn es können sich vor allem die Interessen der Stärkeren durchsetzen. Das „Modell Marktwirtschaft" hat auch Kehrseiten:

Soziale Härte: Wer in der Marktwirtschaft nicht mithalten kann, weil er krank, alt oder zu wenig qualifiziert ist und deshalb kein sicheres oder ausreichendes Einkommen hat, kann allenfalls auf Mitleid und Hilfsbereitschaft hoffen. Von der Gemeinschaft hat er nach diesem Modell nichts zu erwarten.

Rücksichtslose Arbeitsbedingungen: Unternehmen investieren, wenn dies Gewinn verspricht. Maßnahmen, die die Arbeitsplätze an Sicherheit und Gesundheit der Arbeitskräfte ausrichten, können die Produktion verteuern und den Gewinn verringern. [...]

Vernachlässigung öffentlicher Aufgaben und gemeinsamer Probleme: Da jeder nur nach seinem eigenen Nutzen handelt, werden solche Aufgaben nicht angepackt, die für die Allgemeinheit wichtig sind. So würden beispielsweise Straßen und Bahnlinien, Krankenhäuser und Theater nur in dicht besiedelten und für die Wirtschaft profitablen Gebieten gebaut werden, nicht aber in abgelegenen Landstrichen.

Jürgen Feick: Wirtschaft und Politik, in: Herbert Uhl (Hrsg.): Grundwissen Politik, Stuttgart/Leipzig 2007, S. 77 f.

M4 Soziale Marktwirtschaft

Ein Grundprinzip der sozialen Marktwirtschaft ist es, die im marktwirtschaftlichen Wettbewerb stehenden Menschen nicht ohne Schutz zu lassen, wenn sie in dieser Wettbewerbswirtschaft nicht für ihren Unterhalt sorgen können. [...]

Menschen können krank werden oder einen Unfall erleiden; sie brauchen dann nicht nur medizinische Versorgung, sie können auch nicht mehr für sich selbst oder von ihnen abhängige Familienmitglieder Geld verdienen. Das Gleiche gilt, wenn sie ihre bezahlte Beschäftigung verlieren und arbeitslos werden oder wenn sie aus Altersgründen aus dem Arbeitsprozess ausscheiden. [...] Heute gibt es für solche Fälle gesetzlich vorgeschriebene Versicherungen [...].

Über diese existenzsichernde Sozialpolitik im engeren Sinne hinaus gehen Maßnahmen, die das Ideal einer Gesellschaft vor Augen haben, in der alle Menschen gleiche Chancen haben sollen, ihre Fähigkeiten zu entwickeln. Eine solche Zielsetzung setzt Umverteilung von Möglichkeiten und die Förderung von benachteiligten Gruppen in größerem Stil voraus. Unter einem solchen Blickwinkel wird der garantierte Kitaplatz für Kinder [...] oder die gezielte Förderung von Ausbildung Teil einer breit verstandenen Sozialpolitik. [...]

Jürgen Feick: in: Marktwirtschaft – ein Erfolgsmodell mit Mängeln, in: Herbert Uhl (Hrsg.): Leitfragen Politik, Stuttgart/Leipzig 2010, S. 109 f., gekürzt

Arbeitsvorschläge

1. Interpretieren Sie das Bild **M1**. Was sagt Ihnen das Bild über die Zustände jener Zeit? Methode Bildquellen interpretieren S. 214.

2. Erklären Sie, wie im 19. Jahrhundert die „soziale Frage" entstand (**VT**). Schreiben Sie die genannten Ursachen auf und erläutern Sie, warum diese Ursachen eine so große Wirkung entfalteten.

3. Im Laufe der Jahrzehnte erweiterte sich die „soziale Frage". Ermitteln Sie, welche Tätigkeitsfelder eines modernen Sozialstaats in **M2** genannt werden. Was haben sie mit der ursprünglichen sozialen Frage noch gemeinsam, wo unterscheiden sie sich?

4. Arbeiten Sie in Partnerarbeit die Vor- und Nachteile der „reinen" Marktwirtschaft heraus (**M3**) und beurteilen Sie diese.

5. Erläutern Sie mit eigenen Worten, was unter „sozialer Marktwirtschaft" (**M4**) zu verstehen ist. Nehmen Sie die Tabelle **M2** als Ausgangspunkt und ordnen Sie den Tätigkeitsfeldern konkrete Maßnahmen zu.

6. Nehmen Sie Stellung zu den Unterschieden zwischen Marktwirtschaft und sozialer Marktwirtschaft.

[II] 2, 3, 5 [III] 4, 6 [I]–[III] 1

Die neue soziale Frage heute

Wege aus Armut und Benachteiligung

Armut
S. 88

demografischer Wandel
S. 16 ff., 44, 46

Integration
S. 22

Migration
S. 104, 190

M1 Guter Hoffnung?

Berndt A. Skott

Erklärungen

Humankapital: die im Menschen angelegten und erweiterbaren Fähigkeiten und Fertigkeiten (Qualifikationen), um produktiv an der Wirtschaft teilzunehmen. Sie entscheiden über seine Chancen, eine gute und gut bezahlte Arbeit am Arbeitsmarkt zu erhalten.

Soziale Mobilität: Veränderung der sozialen oder ökonomischen Position im individuellen Lebenslauf oder gegenüber der Elterngeneration. Beispiele für einen Aufstieg: Eine junge Frau absolviert eine Ausbildung zur Kauffrau im Einzelhandel, studiert über den zweiten Bildungsweg Informatik und Marketing und wird später Chefin einer Online-Handelsplattform. Vater war Dachdecker, Kind wird Bauingenieur. Beispiele für einen Abstieg: Ein Ehepaar mit einem guten Haushaltseinkommen lässt sich scheiden. Ein Ehepartner verliert den Job, bekommt gesundheitliche Probleme und gerät in Armut. Eltern waren Professoren, Kinder werden Frisör und Erzieherin.

VT

Die „soziale Frage" des 19. Jahrhunderts war aus den wirtschaftlichen und sozialen Umwälzungen entstanden, welche die Industrialisierung hervorgebracht hatte. Politisch lag sie an der Konfliktlinie zwischen Kapital und Arbeit – zwischen denen, die über Kapital und dessen Einsatz verfügen konnten, und denen, die nur ihre Arbeitskraft anzubieten hatten. Die Errungenschaften des Sozialstaats in Deutschland waren vor allem von einer sich in Gewerkschaften und Parteien organisierenden Arbeiterschaft erkämpft worden.
Sind Probleme wie Armut, soziale Ungleichheit und Ausgrenzung als politische Herausforderungen und Aufgaben des Staates grundsätzlich anerkannt, dann stellt sich die „soziale Frage" immer wieder neu. Veränderungen in Gesellschaft und Wirtschaft schaffen stets neue Ungleichheiten und damit auch sozialstaatliche Herausforderungen.

In einer zunehmend internationalisierten Wirtschaft verbessern sich die Arbeits- und Verdienstmöglichkeit gut Qualifizierter, während die geringer Qualifizierten von Arbeitslosigkeit bedroht sind oder von schlecht bezahlter Arbeit leben müssen.
Der demografische Wandel setzt den Sozialstaat unter Druck: In einer alternden Gesellschaft sind immer mehr zu versorgen, die aus dem Arbeitsprozess ausgeschieden sind. Gleichzeitig sinkt der Anteil derer, die in die sozialen Sicherungssysteme einzahlen und als Beschäftigte Steuern entrichten.
Dringend benötigte Zuwanderung in den deutschen Arbeitsmarkt verstärkt die Arbeitsplatzkonkurrenz für geringer Qualifizierte und verlangt zugleich eine Sozial-, Bildungs- und Arbeitsmarktpolitik, die die soziale, wirtschaftliche und politische Integration von Migranten fördert. Wie werden diese Herausforderungen angegangen?

M2 Chancengleichheit

Der Sozialstaat der Nachkriegszeit hat ein Mindestmaß an sozialer Sicherheit geschaffen, aber es ist offensichtlich, dass er versagt hat, Chancengleichheit zu schaffen; die Wirkkraft sozialer Herkunft besteht weitgehend unverändert. Das ist besorgniserregend, weil die derzeitigen Veränderungen die negativen Folgen sozialer Herkunft zu verhärten scheinen. Erstens, die positiven Auswirkungen von Qualifikation werden stärker, während fehlende Kompetenzen zunehmend bestraft werden. Zweitens, Migration im großen Stil wird anhalten und Migrantenkinder sind besonders benachteiligt bei der Verteilung der Chancen. Und drittens, wir müssen uns auf eine wachsende Polarisierung zwischen Familien einstellen, weil [...] der Abstand zwischen trotz Arbeit armen und durch Arbeit reichen Haushalten größer wird. Kurz: Die größte Herausforderung besteht darin, vor allem in unsere Kinder zu investieren und deren Lebenschancen und Entwicklungsmöglichkeiten zu stärken und anzugleichen.

Gøsta Esping-Andersen: Warum brauchen wir eine Reform des Sozialstaats? Gøsta Esping-Andersen beantwortet von Jens Alber gestellte Fragen. In: Leviathan, Jahrgang 34/2006, S. 66/67, Übersetzung: Jürgen Feick, sprachlich vereinfacht

M3 Humankapital ansammeln

In wissens-intensiven Wirtschaften hängen die Lebenschancen von der Lernfähigkeit der Menschen ab, ihrer Fähigkeit, Humankapital anzusammeln. Es ist gut belegt, dass heute der Einfluss der sozialen Herkunft genauso stark ist wie in der Vergangenheit – besonders im Hinblick auf die intellektuelle Entwicklung und das Erreichen von Ausbildungszielen. [...] Wir stehen vor enormen demografischen Ungleichgewichten, und um die Alten unterstützen zu können, müssen wir die Produktivität der Jungen maximieren.

Gøsta Esping-Andersen et al.: Why We Need a New Welfare State, Oxford, Oxford University Press, 2002, S. 2/3, Übersetzung: Jürgen Feick, sprachlich vereinfacht

M4 Bildungsabschlüsse nach Migrationsstatus

Bildungsabschlüsse* von Personen im Alter von 15–65 Jahren, Deutschland 2009 – Angaben in %; (ohne Personen in Bildung oder Ausbildung)

	hoch	mittel	niedrig	keine Angabe
ohne Migrationshintergrund	26,1	61,4	12,2	0,3
mit Migrationshintergrund (alle)	19,3	38,0	42,2	0,6
mit Migrationshintergrund (Neuzuwanderer 2008/09)	42,7	32,2	24,6	0,5

* hoch: Meister-, Techniker- bis hin zu Fachhochschul- und Universitätsabschlüssen
mittel: abgeschl. Lehre bis hin zu Fach-/Hochschulreife mit und ohne Lehrausbildung
niedrig: ohne Abschluss bis hin zu Haupt- oder Realschulabschluss ohne Lehre

nach: Herbert Brückner, Auswirkungen der Einwanderung auf Arbeitsmarkt und Sozialstaat, Bertelsmann Stiftung, Gütersloh 2013, S. 15

M5 Zwei Erfahrungsberichte

Atilla Korkmai, 22, Berlin-Moabit: „Viermal habe ich die Schule abgebrochen. Zweimal normale Hauptschule, dann zwei spezielle Maßnahmen vom Arbeitsamt für Schulabbrecher. Ich bin einfach nie hingegangen. Meine Mutter und mein Onkel haben zwar versucht, mir gut zuzureden, aber das hat nichts gebracht. Meine Mutter habe ich da sowieso nie ernst genommen. Ich hatte immer das Gefühl, ich muss eher auf sie aufpassen als sie auf mich. Mein Vater hat uns verlassen, als ich fünf war. Meine Mutter hat in einer Wäscherei gearbeitet, später war sie arbeitslos. Dieses Mal will ich den Abschluss unbedingt schaffen. Ich habe jetzt eine Freundin. Wegen ihr habe ich angefangen, über Zukunft nachzudenken!"

Melda Akbas, 17, Berlin: „Im nächsten Jahr will ich Abitur machen. [...] Mir ist das auch wichtig, ich will gut sein, und ich will auch, dass meine Eltern stolz sind auf mich. Vielleicht studiere ich später Jura. Als mein Vater nach Deutschland kam, ging er zur Hauptschule, aber er schaffte den Abschluss nicht. Uns Kindern wurde immer gepredigt, wie wichtig Bildung ist und dass man durchhalten muss. Wir besitzen seit Jahren den deutschen Pass, aber das schützt uns nicht vor Vorurteilen. Viele denken ja, Türke, das ist gleich rückständig und doof. Die sehen den türkischen Namen, die sehen den dunklen Teint, und wenn du dann noch ein Kopftuch trägst, dann halten sie dich für blöde."

nach: Katrin Elger, Ansbert Kneip, Merlind Theile: Für immer fremd, Der Spiegel, 5/2009, S. 34–36, gekürzt

Arbeitsvorschläge

1a Interpretieren Sie die Karikatur **M1**.
1b Erörtern Sie, ob es nach Ihrer Ansicht Bevölkerungsgruppen gibt, deren Nachwuchs in die Armut geboren wird (**M1**, **M2**); Methode S. 214.

2. Beschreiben Sie, welche neuen sozialpolitischen Probleme im **VT**, und in **M2**, **M3** angesprochen werden.

3. Beurteilen Sie, welche Hürden Atilla Korkmai und Melda Akbas (**M5**) überwunden haben. Kann das jeder?

4a Erörtern Sie, welche Unterschiede zwischen allen Einwohnern mit Migrationshintergrund und den neueren Zuwanderern auffallen (**M4**).

4b Diskutieren Sie die voraussichtlichen Auswirkungen auf den Sozialstaat, wenn neue Zuwanderer im Durchschnitt besser ausgebildet sind.

[I] 2 [III] 3, 4b [I]–[III] 1, 4a

Gewinnt, wer gut organisiert ist?

Der Einfluss von Organisationen

Lobbyisten
S. 76

Medienmacht
S. 118 f.

Wahlen
S. 62

M1 Wer hat Einfluss?

Lokführerstreik, Rentner, Obdachloser, Warnstreik im öffentlichen Dienst

Erklärungen

Einfluss: bezeichnet hier die Möglichkeit, eigene Perspektiven und Interessen in politische Entscheidungsprozesse einzubringen.
Einfluss wird genommen auf:
- das Setzen von Themen auf die (öffentliche) Tagesordnung
- die Definition von Problemen und betroffenen Gruppen
- die Diskussion von Alternativen der Problembewältigung
- die Entscheidungen
- die Umsetzung von Entscheidungen

Macht: die Möglichkeit, eigene Ziele und Interessen gegen die Interessen anderer und auch gegen Widerstand durchzusetzen.

VT

Wir charakterisieren heutige Gesellschaften als Netzwerk- oder Mediengesellschaften. Wir sprechen vom Verbändestaat und der Macht der Lobbyisten, um den Einfluss mächtiger und einflussreicher Interessengruppen auf politische Entscheidungen hervorzuheben. Nur wer in der Lage ist, sich zu organisieren und Handlungsfähigkeit beweist, wird Einfluss gewinnen. Nur wer gut vernetzt ist, kommt an wichtige Informationen und kann seine Vorstellungen an wichtigen Stellen in Entscheidungsprozesse einfädeln. Nur wer in den Medien präsent ist und sie effektiv nutzen kann, erreicht die Menschen und kann sie mobilisieren.
Nicht immer ist die Größe einer Gruppe für ihre Macht entscheidend. Kleinere Gruppen oder Verbände, deren Mitglieder an wichtigen Schaltstellen von Wirtschaft und Gesellschaft sitzen, können häufig ihre Interessen gegen größere Gruppen durchsetzen. Wenn jene Gruppen sich verweigern oder streiken, können sie große Teile der Wirtschaft lahmlegen oder soziale Funktionen blockieren. Zu diesen Gruppen gehören etwa die Ärzteschaft mit ihren Verbänden, Piloten und Fluglotsen oder auch Lokomotivführer mit ihren Gewerkschaften. Diese kleineren, für das Funktionieren von Wirtschaft und Gesellschaft besonders wichtigen Gruppen können sich so Privilegien sichern.
Antworten auf die „soziale Frage" hängen deshalb auch damit zusammen, ob eine Gruppe in der Lage ist, sich zu organisieren, sich zu artikulieren, Drohpotenzial aufzubauen und so Einfluss zu gewinnen.

M2 Neue soziale Frage

Zu den Mächtigen unserer Gesellschaft gehören heute nicht mehr allein die Kapitaleigner. Mächtig sind Kapitaleigner und Arbeitnehmer zusammen. Beide Gruppen sind heute in starken Verbänden organisiert. Sie versuchen nicht nur die jeweiligen Sonderinteressen ihrer Mitglieder gegenüber der anderen Seite durchzusetzen. Sie sind ebenso in der Lage, ihre Sonderinteressen gegenüber der übrigen Bevölkerung zu behaupten. [...] Es sind die Nichtorganisierten, kinderreiche Familien, alleinstehende Mütter mit Kindern, alte Menschen, die nicht mehr Arbeitsfähigen, Behinderte [...]. Sie sind den organisierten Verbänden in aller Regel unterlegen. [...] Hier stellt sich die Neue Soziale Frage. [...] Die Unfähigkeit vieler Menschen, sich gegen Benachteiligungen zu wehren, hängt oft damit zusammen, dass sie über kein wirtschaftlich wirksames Leistungsverweigerungs- und damit über kein Droh- und Störpotenzial verfügen, mit dessen Hilfe sie die Berücksichtigung ihrer Interessen erzwingen könnten. [...] Der Staat als Anwalt des Gemeinwohls hat die Aufgabe, dafür zu sorgen, dass die Nichtorganisierten in der Gesellschaft im Wettbewerb um die verteilbaren materiellen und immateriellen Güter gegen die Organisierten nicht an die Wand gedrückt [...] werden. [...] Während der normale Wahlbürger nur einmal alle 4 Jahre seine Interessen bei der Wahl in die Waagschale werfen kann, vermögen die Organisierten auch zwischenzeitlich [...] ihre Interessen zu vertreten. [...]

Heiner Geißler: Die Neue Soziale Frage, Herderbücherei, Freiburg im Breisgau 1976, S. 15 ff., gekürzt

M3 Jeder für sich allein?

Die Armut in Deutschland ist eine andere als die im 19. Jahrhundert; es gibt keine arme Klasse mehr, die sich kämpferisch zusammenschließen könnte. Den Armen von heute fehlt das Sprachrohr, das einst für die Arbeiterklasse die Gewerkschaft war; ihnen fehlen der Stolz, das Selbstbewusstsein, das Zusammengehörigkeitsgefühl; jeder ist für sich allein – relativ arm dran. Armut hat heute so viele Gesichter: Da ist der arbeitslose Akademiker; da ist der Gelegenheitsarbeiter und der wegrationalisierte Facharbeiter; da ist die alleinerziehende Mutter, die den Sprung ins Berufsleben nicht mehr schafft; da ist die Supermarkt-Kassiererin auf Stundenbasis; da sind die Langzeitarbeitslosen, da sind die schon immer Zukurzgekommenen am Rand der Gesellschaft; da sind die Einwandererkinder, die nicht aus dem Ghetto herauskommen. [...]

Heribert Prantl: Heimat Sozialstaat, Süddeutsche.de 23.02.2010, www.sueddeutsche.de/politik/debatte-um-hartz-iv-heimat-sozialstaat-1.1802, Zugriff 24.02.2014

M4 Sind Rentner machtlos?

Willkommen in der neuen deutschen Altenrepublik. Die Macht hat sich verschoben, von den Jungen nach hinten. Sie werden immer mehr. Das macht die Alten stark. Sie sind weit stärker als gedacht. [...] Ein Drittel der Wähler ist über 50, wer jünger ist, geht weitaus seltener zur Wahl. Das könnte Folgen haben, wie bereits vor fünf Jahren Altbundespräsident Herzog schwante: „Ich fürchte, wir sehen gerade die Vorboten einer Rentnerdemokratie. Die Älteren werden immer mehr, und alle Parteien nehmen überproportional Rücksicht auf sie.“ [...] Dafür, dass jede sozialpolitische Entscheidung in Deutschland ihrer eigenen wirtschaftlichen Zukunft dient, müssen die Rentner von heute und morgen gar nicht viel tun, das erledigen die Parteien schon von ganz allein für sie. [...]

Hendrik Ankenbrand, Ralph Bollmann: Deutschland wird zur Rentnerdemokratie, Frankfurter Allgemeine Sonntagszeitung, 02.02.2014, S. 20/21, gekürzt

M5 Gewerkschaften im Dilemma

Es ist nicht alles Gold, was glänzt. Auch nicht bei den Gewerkschaften. Zwar steigt die Zahl der Mitglieder wieder, Fachkräfte sind rar, was die Chance erhöht, kräftigere Lohnsteigerungen durchzusetzen. In der Politik wächst die Bereitschaft, Mindestlöhne festzulegen. Man kann die Geschichte aber auch anders erzählen: Nicht nur Arm und Reich driften auseinander, sondern auch Fachkräfte und Geringqualifizierte. Während Letztere häufig Jobs finden, deren Entlohnung zum Leben kaum ausreicht, gehören Erstere oft zu denen, deren Steuern auf Lohn und Konsum ein Gutteil der Staatsausgaben decken muss. [...] Die Arbeitnehmervertretungen geraten so in die Zwickmühle: Sie müssten sich eigentlich vor allem um die ärmeren Arbeitnehmer kümmern, doch die Fachkräfte bilden meist das Rückgrat dieser Organisationen. [...]

Thomas Hauser: Kapital und Arbeit, badische-zeitung.de, 02.05.2013, www.badische-zeitung.de/kommentare-1/tagesspiegel-kapital-und-arbeit--71499763.html, Zugriff 24.02.2014

Linktipp
Info und Recherche
j5xa52

Arbeitsvorschläge

1. Fassen Sie zusammen, welche Behauptungen in **M2/M3** zur „Neuen Sozialen Frage“ aufgestellt werden. Ordnen Sie die Fotos (**M1**) zu.

2. Erläutern Sie, wie **M4** die Aussagen von **M2** korrigiert.

3. Beurteilen Sie, ob die Gewerkschaften die Interessen aller Arbeitnehmer in gleicher Weise vertreten (**M5**).

4. Bilden Sie Arbeitsgruppen und recherchieren Sie im Internet zu unterschiedlichen Verbänden: finanzielle, organisatorische Ausstattung, Anzahl und gesellschaftliche Bedeutung der Mitglieder. Erörtern Sie dann, wie Sie den Einfluss der Verbände einschätzen.

[I] 1 [II] 2 [III] 3 [I]–[III] 4

Armut in einem reichen Land

Was heißt und was bedeutet arm?

Armut in Deutschland
S. 87, M3

Armut in Entwicklungsländern
S. 188

Bildung und Arbeitslosigkeit
S. 35

Sozialstaatsdiskussion
S. 94 f.

M1 Fragen eines Obdachlosen

Ich muss euch hier mal fragen
warum wollt ihr uns verjagen
und von unseren Plätzen
in die Ungewissheit hetzen
Mir ist außerdem nicht klar
wieso bedeuten wir Gefahr
zerstört der Anblick von uns Armen
euren Pseudowohlstandsrahmen
sind wie Spiegel vorm Gesicht
erinnern wir an Menschenpflicht
welche Pläne habt ihr morgen
wollt ihr uns final entsorgen
oder Pennerghettos bauen
damit wir nicht die Stadt versauen
sucht doch mal zu uns Kontakt
bevor ihr uns ins Abseits packt
vielleicht gelingts sogar zu sehen
warum wir hier im Elend stehen
durch überspringen dieser Hürde
akzeptiert ihr unsere Würde

Heiko Andre Meyer: Fragen, in: Platte, Das Berliner Straßenmagazin, 8/1995, S. 2

Erklärungen

Absolute Armut gibt einen Zustand an, der einem Menschen ein Überleben als Mensch nicht mehr erlaubt. Hier geht es um existenzielle materielle Bedürfnisse (Essen, Trinken, Bekleidung, Schutz, Hygiene). Aber auch sozial-kulturelle Mindestbedingungen können für das Überleben notwendig sein: z. B. ein Mindestmaß an persönlicher Zuneigung und Geborgenheit, an sozialer und kultureller Teilhabe. Es ist schwierig bis unmöglich, einen gültigen absoluten Wert anzugeben, der für alle Menschen überall gelten soll.

Relative Armut stellt einen Vergleich mit anderen Menschen her. Oft wird das mittlere Einkommen in einer Gesellschaft als Maßstab genommen. Wer über weniger als 60 % dieses mittleren Einkommens verfügt, gilt nach üblicher Definition als armutsgefährdet, mit weniger als 50 % als arm. Arm bedeutet, dass man einen als angemessen und menschenwürdig erachteten Lebensstandard nicht mehr erreicht.

Versteckte Armut liegt in Deutschland vor, wenn Personen, die Anspruch auf Grundsicherung (Hartz IV oder Sozialhilfe) hätten, diese nicht in Anspruch nehmen.

VT

Deutschland ist ein wirtschaftlich reiches Land. Trotzdem gibt es Millionen Menschen, die arm sind oder am Rande zur Armut leben – trotz Sozialstaat. Besonders betroffen oder bedroht sind die Haushalte von Arbeitslosen, Alleinerziehenden (meist Frauen) und Paaren mit drei und mehr Kindern. Viele Kinder leben in armen Familien und haben dadurch geringere Lebenschancen. Und viele alte Menschen – meist Rentnerinnen – müssen mit einem außerordentlich bescheidenen Einkommen auskommen.

Bei **Armutsberechnungen** stehen in der Regel die monatlichen bzw. jährlichen **Einkommen** von Haushalten im Vordergrund. Die laufenden Einkommen sind höchst ungleich verteilt: Die untersten 10 % der Haushalte mussten sich im Jahr 2010 mit 3,7 % des gesamten Einkommenkuchens der Privathaushalte begnügen. Den obersten 10 % standen 23,1 % des Gesamteinkommens zur Verfügung, den oberen 30 % sogar 49,2 %.

Aber auch **Vermögen** und deren Verteilung in der Gesellschaft sind wichtig; denn aus Vermögen wird Einkommen gewonnen (Gewinne, Dividenden, Zinsen, Mieten etc.), und Vermögen kann fehlendes laufendes Einkommen ersetzen oder ergänzen.

Nicht nur die Einkommen sind in Deutschland ungleich verteilt, auch die Vermögen. 1998 besaßen die oberen 10 % der Haushalte 45 % des Privatvermögens, 2008 waren es sogar 53 %. Das Statistische Bundesamt hat ermittelt, dass sich die unteren 50 % der Haushalte 1998 mit 3 % und 2008 mit nur noch 1 % des Privatvermögens begnügen mussten.

Armut kann viele Gründe haben. Und Armut hat Folgen. Wer arm ist, verliert leicht den Anschluss, wird ausgeschlossen aus dem normalen gesellschaftlichen Leben. Er oder sie kann sich nicht so gut ernähren und pflegen wie Bessergestellte, wird leichter krank und stirbt auch früher. Die Lebenserwartung eines Mannes mit weniger als 60 % des mittleren Einkommens liegt bei ca. 70 Jahren. Steht ihm mehr als 150 % zur Verfügung, steigt sie auf ca. 81 Jahre. Bei Frauen liegt die entsprechende Lebenserwartung bei rund 77 bzw. bei über 85 Jahren.

M2 Kinder in Armut

Jedes dritte Kind, also rund 22 000 Jungen und Mädchen, ist in Duisburg von Sozialhilfeleistungen abhängig. Viele leben in Armut. „Und jedes vierte Duisburger Grundschulkind wird ohne Essen in die Schule geschickt“, erklärt Jugendamtsleiter Thomas Krützberg. Insgesamt leben in Deutschland 1,7 Millionen Kinder in Armut [bzw. sind durch Armut gefährdet]. So steht es im umstrittenen Armutsbericht der Bundesregierung [...]. Diesen Kindern fehlt es nicht nur an einem Frühstück oder einer warmen Mahlzeit in der Schule. Sie sind auch stark benachteiligt, wenn es um Mobilität, soziale Kontakte und die Teilhabe an kulturellen Veranstaltungen geht. „Viele Duisburger Familien können sich außer der Erfüllung der Grundbedürfnisse nichts mehr leisten, und wenn sie sich doch was leisten, gibt es eine Woche kein vernünftiges Essen“, heißt es im Duisburger Sozialbericht 2012. [...]

Sinan Sat: Armut in Duisburg – viele Kinder gehen hungrig zur Schule, WAZ 06.03.2013, www.derwesten.de/staedte/duisburg/armut-in-duisburg-viele-kinder-gehen-hungrig-zur-schule-id7691684.html, Zugriff 29.01.2014, gekürzt

M3 Reiches, armes Land

Daniela Lehmeier, 30 Jahre alt, lebt allein mit ihrem Sohn im oberpfälzischen Amberg. Für ihre Arbeit als Verkäuferin bekam sie jahrelang kaum Geld. Sie sah darin nie einen Grund zur Klage, sie war glücklich. Jetzt ist sie arbeitslos. Daniela Lehmeier braucht all ihre Kraft, um 12 000 Euro Schulden zu tilgen. Sie ist stark. Sie wird das schaffen. Manchmal jedoch kommt ihr Sohn Andre weinend aus der Schule. Er wird ausgeschlossen, weil er nicht die richtigen Klamotten trägt. Er hat einen großen Wunsch: Er würde mit seiner Mutter gern einmal Pizza essen gehen.

Der 20-jährige Patrick hatte schon fast keine Chance mehr, bevor sein Leben richtig begann: abgebrochene Hauptschule, kriminelle Karriere, sechs Monate Gefängnis. Jetzt holt er in Köln seinen verpatzten Schulabschluss nach. Er bekommt Einsen und Zweien. Patrick schreibt Bewerbungen, um anschließend einen Job zu finden. [...] Plötzlich hat er viel zu verlieren.

Nadja Klinger/Jens König: Einfach abgehängt. Ein wahrer Bericht über die neue Armut in Deutschland, Berlin 2006, S. 31 f., gekürzt

Suche nach Pfandflaschen

M4 Armutsgefährdung in Deutschland

	2005	2012
Schwellenwert für Armutsgefährdung[1] in Euro je Monat (Beispiele)		
Alleinstehende/r	736	869
2 Erwachsene, 2 Kinder unter 14 J.	1545	1826
Armutsgefährdungsquote nach Sozialleistungen in %[2]		
Haushalte insgesamt	14,7	15,2
nach Alter:		
unter 18 Jahre	19,5	18,9
18 – 24 Jahre	23,3	24,3
25 – 49 Jahre	14,1	13,7
50 – 64 Jahre	11,4	12,8
65 Jahre und älter	11,0	13,6
nach Erwerbssituation:		
erwerbstätig	7,3	7,7
erwerbslos (arbeitslos)	49,6	59,3
nach Haushaltstyp:		
Einpersonenhaushalt	23,2	25,6
2 Erwachsene, kinderlos	8,3	8,9
Alleinerziehende	39,3	41,9
2 Erwachsene, 1 Kind	11,6	9,8
2 Erwachsene, 3 oder mehr Kinder	26,3	24,1
nach Bildungsabschluss[3]:		
niedrig	22,8	25,5
mitttel	13,7	14,8
hoch	8,6	8,3

Anmerkungen:
1) 60 % des mittleren Einkommens der entsprechenden Haushaltsgruppe
2) Haushaltseinkommen unter 60 %-Schwelle (ohne Renten und Pensionen)
3) Daten für 2008 und 2012

Statistisches Bundesamt, Wiesbaden 2014; Daten nach Mikrozensus bzw. EU-SILC

Arbeitsvorschläge

1. Arbeiten Sie in Kleingruppen und notieren Sie, was Sie unter Armut verstehen. Stellen Sie sich Ihre Ergebnisse gegenseitig vor und diskutieren Sie Gemeinsamkeiten und Unterschiede.

2. Interpretieren Sie das Gedicht des Obdachlosen (**M1**). Was beklagt er? Was wünscht er? Hätten Sie Probleme, mit Obdachlosen zu reden?

3. Erörtern Sie, welche Folgen die in **M2** beschriebene Situation für die Zukunft der Kinder haben kann. Berücksichtigen Sie auch **M2** auf S. 35.

4. Die Personen in **M3** sind auf unterschiedliche Weise von Armut betroffen. Erläutern Sie, was genau ihre Schwierigkeiten ausmacht. Entwickeln Sie Lösungsvorschläge, wie ihnen geholfen werden könnte.

5. Interpretieren Sie die Tabelle **M4** und besprechen Sie Ihre Ergebnisse: Welche Gruppen sind besonders durch Armut gefährdet. Welche möglichen Gründe sehen Sie dafür? Ziehen Sie auch **M2** und **M3** zu Rate. Beurteilen Sie, ob der relative Armutsbegriff sinnvoll ist. Welche Schwächen sehen Sie? Methode S. 222.

[II] 4 [I]–[III] 1, 2, 3, 5

Das soziale Netz in Deutschland

Wie gut sind wir versorgt?

Generationenvertrag
S. 102

M1 Wer trägt das soziale Netz?

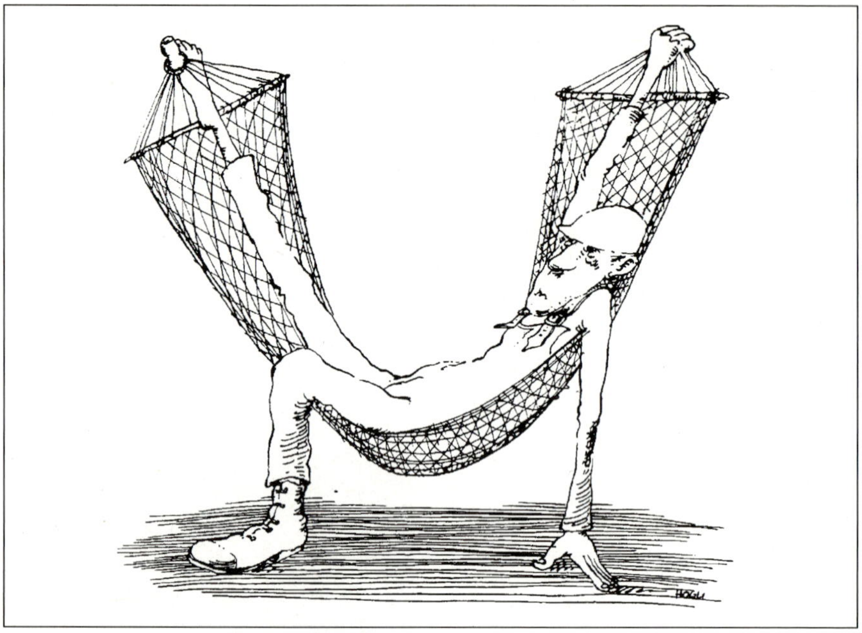

Amelie Glienke (Hogli)

Erklärungen

Solidarität im staatlichen System der sozialen Sicherheit bedeutet, dass der Einzelne verpflichtet ist, ihm Unbekannte zu unterstützen, wenn diese der Hilfe bedürfen.

Die Gesamtheit aller Maßnahmen, die soziale Sicherheit gewährleisten sollen, wird als **soziales Netz** bezeichnet.

Das Prinzip der **Subsidiarität** gesteht dem Staat nur die helfende Ergänzung der Selbstverantwortung kleiner Gemeinschaften zu. Soziale Probleme soll der Einzelne zunächst selbst versuchen zu bewältigen (Stufe 1). Wenn dies nicht gelingt, müssen Familie und Nachbarschaft sowie wohltätige Einrichtungen und die Kirchen einspringen (Stufe 2). Erst wenn auch diese Hilfe nicht greift, soll der Staat mit Leistungen aus Steuern oder Versicherungsgemeinschaften weiterhelfen (Stufe 3).

Die Zahlungen an die Sozialversicherungen, die von Arbeitnehmern und Arbeitgebern anteilig entrichtet werden, heißen **Sozialabgaben**.

VT

Das soziale Netz in Deutschland ruht im Wesentlichen auf drei unterschiedlichen Prinzipien, Organisationsformen und Finanzierungsregeln:
Das **Versicherungsprinzip** spielt die größte Rolle. Für Arbeitnehmer ist die gesetzliche Sozialversicherung verpflichtend (M 2). Sie deckt die grundlegenden Risiken für etwa neunzig Prozent der Bevölkerung ab und wird überwiegend aus Beiträgen der Arbeitnehmer und Arbeitgeber finanziert. Staatliche Zuschüsse tragen zur Finanzierung bei.
Selbstständige und Freiberufler, die nicht gesetzlich versicherungspflichtig sind, treffen Eigenvorsorge, indem sie sich z. B. privat versichern oder freiwillig in die gesetzliche Sozialversicherung gehen.
Das **Versorgungsprinzip** ist auf kleinere Gruppen beschränkt. Hier wird die Finanzierung der Leistungen aus Steuermitteln sichergestellt. Ein Beispiel ist die Versorgung von Beamten, Richtern und Berufssoldaten. Sie nehmen im System der sozialen Sicherung eine privilegierte Stellung ein.
Das **Fürsorgeprinzip** kommt zur Geltung, wenn die gesetzlichen Sozialversicherungen oder private Versicherungen nicht greifen, deren Leistungen nicht ausreichen oder wenn Betroffene nicht genügend Eigenmittel zur Selbsthilfe haben. Die Leistungen werden in der Regel aus Steuermitteln bezahlt und liegen überwiegend in der Hand von staatlichen oder kommunalen Verwaltungen. Auch nichtstaatliche Organisationen werden hier aktiv – im Auftrag und finanziert durch staatliche Verwaltungen oder auf eigene Initiative und finanziert durch Spenden.

M2 Die Säulen der gesetzlichen Sozialversicherung

Arten	Rentenversicherung	Krankenversicherung	Arbeitslosenversicherung	Pflegeversicherung	Unfallversicherung
Versicherungsträger	Versicherungsanstalten	Krankenkassen	Bundesagentur für Arbeit	Pflegekassen der Krankenkassen	Berufsgenossenschaften
Leistungen (Beispiele)	- Altersrente - Erwerbsunfähigkeitsrente - Hinterbliebenenrenten	- Krankenhilfe, z. B. Arztbesuch - Krankengeld - Krankenhauspflege - Mutterschaftshilfe - Familienhilfe	- Arbeitsförderung - Fortbildung - Umschulung - Arbeitsvermittlung - Arbeitslosengeld	- Geldleistungen - Sachleistungen	- Unfallverhütung - Heilbehandlung - Renten - Sterbegeld
Beiträge (Prozentanteil vom monatlichen Arbeitseinkommen)	18,9 %, davon: Arbeitnehmer 9,45 % Arbeitgeber 9,45 %	15,5 %, davon: Arbeitnehmer 8,2 % Arbeitgeber 7,3 %	3,0 %, davon: Arbeitnehmer 1,5 % Arbeitgeber 1,5 %	2,05 %, davon: Arbeitnehmer 1,025 %* Arbeitgeber 1,025 %	Höhe unterschiedlich nach Unfallgefahr Arbeitgeber trägt Beitrag allein

*abweichende Anteile in Sachsen und für Kinderlose

nach: Herbert Uhl (Hg.): Leitfragen Politik, Stuttgart 2010, S. 74, aktualisierter Stand: 01/2014

M3 Mehr Subsidiarität?

Soll das Prinzip der Subsidiarität weiter ausgedehnt werden und jeder zunächst in vollem Umfang seines Vermögens versuchen, Notlagen zu überwinden? Wie sähe das Leben in unserer Gesellschaft aus, wenn sich der Staat teilweise oder vollständig aus den sozialen Angelegenheiten zurückziehen würde? Vielleicht wächst dann der Zusammenhalt unter den Bürgern und alle werden hilfsbereiter, weil sie wissen: „Unverhofft kommt oft …" Vielleicht treibt dann auch jeder Einzelne mehr finanzielle Vorsorge für seine Lebensrisiken?

Autorentext

M4 Rundum versorgt?

Im Sozialstaat Deutschland zu leben, ist eine vergleichsweise komfortable Situation. Von der Wiege bis zur Bahre? Nein, schon vor der Geburt treffen wir auf die sozialstaatliche Betreuung. Im Laufe des Lebens können wir für jeden von uns vielfältige Eingriffe des Sozialstaats voraussehen.

Wenn eine Schwangerschaft eingetreten ist, stellt der Sozialstaat u. a. Schwangerschaftsbetreuung, Mutterschutz und Geburtshilfe. Es folgen dann Erziehungsgeld, Kindergeld, gesundheitliche Vorsorge und Betreuung im Krankheitsfall, Krankengeld, Wohngeld, Kindergarten, BAföG (Berufsausbildungsförderung), Sozialhilfe, Arbeitsbeschaffungsmaßnahmen, Arbeitslosenunterstützung, Behindertenbetreuung, soziale Dienste wie Suchthilfe oder Familienberatung, Unfallrente, Rehabilitationsmaßnahmen (Maßnahmen zur Wiedereingliederung in das berufliche und gesellschaftliche Leben z. B. nach Unfall oder Krankheit), Pflegegeld und Altenbetreuung sowie Altersrente.

Das alles ist noch lange nicht vollständig aufgelistet!

Lothar F. Neumann/Klaus Schaper: Die Sozialordnung der Bundesrepublik Deutschland, Lizenzausgabe der Bundeszentrale für politische Bildung, 4. Aufl., Bonn 1998, S. 9, Original: Campus-Verlag 1982, 1. Auflage (gekürzt und verändert)

Arbeitsvorschläge

1. Beschreiben Sie, welche Lebensrisiken durch die fünf Säulen der gesetzlichen Sozialversicherung abgesichert werden (**M2**). Notieren Sie, wie sie finanziert werden.

2. Fertigen Sie einen Lebensstrahl an und ordnen Sie diesem Elemente des sozialen Netzes zu (**M2**, **M4**).

3. Arbeiten Sie in Gruppen zu folgenden Aufgabenstellungen:
- Was unterscheidet Solidarität in der Familie von Solidarität im Sozialstaat oder auch in einer privaten Versicherung?
- Sollte das Prinzip der Subsidiarität strenger angewendet werden und der Sozialstaat zunehmend weniger eingreifen (**M3**)? Welche positiven und welche negativen Konsequenzen erwarten Sie?
- Welche Folgen erwarten Sie, wenn das Prinzip der Solidarität verstärkt angewendet wird?

4. Interpretieren Sie die Aussage von **M1** und diskutieren Sie, an wen sich die Zeichnerin wendet und welchen Aussagen sie mit ihrer Karikatur widerspricht; Methode S. 214.

[I] 1, 2 [II]–[III] 3 [I]–[III] 4

Die Kosten des Sozialstaats

Wer zahlt wie viel?

M1 Was Arbeitnehmer und Arbeitgeber zahlen

Bürokraft Automobilindustrie		Arbeitnehmerin		Arbeitgeber	
Bruttolohn		**1977,00 €**			
Lohnsteuer, Klasse 4		211,75 €		–	
Solidaritätszuschlag[4]		11,64 €		–	
Kirchensteuer		19,06 €		–	
Krankenversicherung	15,5%[1]	162,11 €	8,2%	144,32 €	7,3%
Pflegeversicherung[2]	2,05%	25,21 €	1,025%	25,21 €	1,025%
Rentenversicherung	18,9%	186,83 €	9,45%	186,83 €	9,45%
Arbeitslosenversicherung	3,0%	29,66 €	1,50%	29,66 €	1,50%
Unfallversicherung	1,31%[3]	–	–	25,89 €	1,31%
Nettolohn		**1330,75 €**			

(Stand 01/2013)

1 Durchschnittswert aller gesetzlichen Krankenkassen
2 Pflegeversicherung für kinderlose Arbeitnehmer hat einen Zuschlag von 0,25 Prozentpunkten, die allein der Arbeitnehmer zahlen muss
3 Durchschnittswert, der je nach Branche schwankt
4 Sondersteuer, die sich „Ergänzungsabgabe" nennt.

Erklärungen

Bruttoinlandsprodukt (BIP): stellt den Jahreswert aller in einer Volkswirtschaft produzierten Waren und Dienstleistungen dar. Die Veränderungsrate des BIP ist die zentrale Messgröße, um die Leistungsfähigkeit von Volkswirtschaften international zu vergleichen.

Sozialbudget: Hier wird einerseits zusammengestellt, welche finanziellen Mittel jährlich für sozialstaatliche Aufgaben zur Verfügung gestellt werden, andererseits, wie viel für Sozialleistungen ausgegeben wird.

Sozialleistungsquote: Sie stellt die Ausgabenseite des Sozialbudgets ins Verhältnis zum Bruttoinlandsprodukt(BIP) eines Jahres. So kann man sehen – und über die Jahre ungefähr vergleichen –, welcher prozentuale Anteil des jährlich Erwirtschafteten in sozialstaatliche Leistungen geflossen ist.

Transferleistungen: Geld oder Sachleistungen, die eine Person oder ein Unternehmen erhält, ohne dafür eine direkte Gegenleistung erbringen zu müssen. Hierzu gehören u.a. Ausbildungshilfen (BAföG), Kindergeld, Elterngeld, Arbeitslosengeld II und die Sozialhilfe. Bei Unternehmen spricht man von Subventionen:
- finanzielle Förderungszahlungen und Unterstützungen, z.B. Forschungsförderung
- steuerliche Vergünstigungen, z.B. niedrigere Energiesteuern für besonders energieintensive Produktionen

VT

Wenn Gemeinschaften sich als Ganzes zur Hilfe verpflichten, dann muss das auch gemeinschaftlich finanziert und organisiert werden. In parlamentarischen Demokratien entscheiden letztlich Parlamente, wem wie geholfen werden soll. Oder auch: ob es eine Verpflichtung gibt, selbst Vorsorge zu treffen und sich gegen Lebensrisiken zu versichern. Dort wird auch entschieden, wer wann wie viel zu bezahlen hat und wem wann wie viel zusteht – ob es sich nun um Geldzahlungen handelt, die Zuteilung von Sachgütern oder das Recht, Dienstleistungen in Anspruch zu nehmen, wie z.B. Kinderbetreuung, Krankenversorgung, Pflegedienste usw. Verwaltungen wenden diese Gesetze dann in der Praxis an.
Der Sozialstaat wird aus unterschiedlichen Quellen finanziert. Arbeitnehmer zahlen u.a. Sozialabgaben in die gesetzlichen Versicherungen und leisten Zuzahlungen im Krankheitsfall. Arbeitgeber zahlen für ihre Beschäftigten ebenfalls in die Sozialversicherungen ein, sind zur Lohnfortzahlung im Krankheitsfall und bei Mutterschaft verpflichtet.
Staatliche Ausgaben werden von allen Steuerzahlern getragen und für unterschiedliche Transferleistungen verwendet: für Zahlungen, wie z.B. Ausbildungshilfen, Kindergeld, Arbeitslosengeld II, Sozialhilfe, Wohngeld; für Sachleistungen, wie Wohnraum, Einrichtungsgegenstände, Nahrungsmittel und Kleidung; für Dienstleistungen, die u.a. von Sozialverwaltungen erbracht werden. Aus Steuermitteln werden auch staatliche Zuschüsse zur gesetzlichen Renten- und Krankenversicherung gezahlt.
Zusammengerechnet ist das jährlich eine Menge Geld. Zu viel und wirtschaftlich schädlich, sagen die einen. Notwendig und auch für die Wirtschaft wichtige gesellschaftliche Voraussetzungen gewährleistend, sagen die anderen.

M2 Der Sozialstaat – nur eine wirtschaftliche Belastung?

Ja: Die These, dass der Sozialstaat ein Hemmschuh für mehr Beschäftigung sei, fußt auf einem Anreiz- und einem Kostenargument. Zum einen schwäche ein großzügiger Sozialstaat die Arbeitsanreize. Je großzügiger soziale Leistungen bemessen sind, so das zweite gängige Argument, desto attraktiver ist es, Sozialleistungen zu beziehen, anstatt einer regulären Erwerbsarbeit nachzugehen. [...]
Zum anderen erhöhen Sozialabgaben die Lohnnebenkosten und verteuern damit den Produktionsfaktor Arbeit für die Unternehmen. Diese reagieren, indem sie menschliche Arbeit durch Maschinen ersetzen oder kostengünstigere Produktionsstandorte im Ausland errichten.
[...] Wenn die Absicherung gegen soziale Risiken wie Alter und Krankheit nicht über staatliche Sozialsysteme erfolgt, bedarf es entsprechender privater oder betrieblicher Systeme, die natürlich ebenfalls finanziert werden müssen.

Nein: Der Sozialstaat darf [...] nicht auf die Rolle eines unproduktiven Kostgängers reduziert werden. Vielmehr schafft er erst die Voraussetzungen für die Funktionsfähigkeit einer modernen Volkswirtschaft. Die sozialen Dienstleistungen tragen dazu bei, die Arbeitsmarktchancen für zahlreiche Gruppen nachhaltig zu stärken.
So verbessern öffentlich finanzierte Kinderbetreuungs- und Pflegeeinrichtungen die Vereinbarkeit von Familie und Beruf. Auch die Wirtschaft profitiert von einer ausreichend finanzierten staatlichen Gesundheitsvorsorge. [...] Nicht zuletzt reduziert der Sozialstaat die Ungleichheit der Einkommen und entschärft damit auch gesellschaftliche Spannungen. Es dürfte kein Zufall sein, dass Probleme wie Kriminalität, Drogenkonsum oder Teenagerschwangerschaften in den gut ausgebauten Sozialstaaten seltener auftreten als in Ländern mit einem weitmaschigeren sozialen Netz.

Joachim Möller: Der Sozialstaat ist teuer und macht träge – stimmt's?, Spiegel-Online, 29.11.2011, www.spiegel.de/karriere/berufsleben/mythen-der-arbeit-der-sozialstaat-ist-teuer-und-macht-traege-stimmt-s-a-800474.html, Zugriff 20.01.2014, gekürzt

M3 Sozialleistungsquote

Anteil der Sozialleistungen am Bruttoinlandsprodukt 1991 bis 2013

Jahr	in %
1991	25,9
1995	28,3
2000	29,7
2005	30,1
2010	30,6
2012	29,6
2013	29,9

Zahlen für 2013 geschätzt, ab 2009 auch private Krankenversicherungen berücksichtigt

Bundesministerium für Arbeit und Soziales: Sozialbericht 2013, Berlin 2013, Tabellenanhang T1, Tabelle I-1, gekürzt

M4 Sozialbudget: Finanzierung und Leistungen

Für 2013, Angaben in Milliarden Euro, gerundet

Einnahmen	853	Ausgaben	776
Sozialbeiträge der Arbeitgeber	291	Krankheit	267
Sozialbeiträge der Versicherten	258	Alter	254
davon:		Kinder	81
– Arbeitnehmer	193	Invalidität	62
– Eigenbeiträge v.		Hinterbliebene	54
Leistungsempfängern	36	Arbeitslosigkeit	33
– Selbständige	16	Wohnen	16
Zuschüsse des Staates	291	Ehegatten u. Mutterschaft	4
sonstige Einnahmen	14	Allg. Lebenshilfen	4

Der positive Finanzierungssaldo (Überschuss) entsteht z. B. dadurch, dass Ausgaben nicht im gleichen Jahr anfallen. Beispiel: der allmähliche Aufbau von Anwartschaften etwa in der Rentenversicherung.

Sozialbericht 2013, a. a. O., Tabellenanhang T6, Tabelle II, vereinfacht

Linktipp
Zusatzmaterial
fw3e58

Arbeitsvorschläge

1a Ermitteln Sie mithilfe von **M1**, wer welchen prozentualen Anteil an den Sozialversicherungsbeiträgen trägt. Zählen Sie dazu alle Sozialversicherungsbeiträge jeweils für die Arbeitnehmer- und die Arbeitgeberseite zusammen. Setzen Sie die beiden Summen ins Verhältnis zum Bruttolohn; → Methode S. 222.

1b Arbeiten Sie dann heraus, welchen Anteil am Bruttolohn Steuern und Sozialabgaben der Arbeitnehmerin haben?

1c Ermitteln Sie nun die Personalkosten des Arbeitgebers: Zählen Sie zum Bruttolohn die Beitragszahlungen des Arbeitgebers.

2a Werten Sie aus, welchen Anteil Arbeitgeber, Versicherte und der Staat (alle Steuerzahler) an der Finanzierung des Sozialbudgets (**M4**) haben.

2b Ermitteln Sie den Anteil der größten Ausgabenblöcke an den Gesamtausgaben; → Methode S. 222.

3. Erklären Sie, wie sich der Anteil der Sozialausgaben am Bruttoinlandsprodukt (**M3**) seit 1991 entwickelt hat. Erörtern Sie, welche Einflüsse für Veränderungen von Jahr zu Jahr theoretisch verantwortlich sein können.

4. Was spricht für und was gegen einen gut ausgebauten Sozialstaat? Führen Sie dazu eine Debatte; → S. 215. Lesen Sie den Artikel **M2** ganz; → Linktipp.

[II] 1, 2 [I]–[III] 3, 4

Pro und Kontra Sozialstaat

Wie viel Soziales ist genug?

soziale Frage
S. 82 ff.

Transferleistungen
S. 92

M1 Ein Dilemma

Gerhard Mester, 2003

VT

Das Grundgesetz verpflichtet alle staatlichen Organe, für soziale Sicherheit, sozialen Ausgleich und soziale Teilhabe zu sorgen. Ein wichtiges Instrument, um Ungleichheit auszugleichen, sind die Steuern. Die Einkommens- und Lohnsteuer sind die wichtigste Einnahmequelle des Staates. Sie berechnen sich nicht nach einem festen Steuersatz, sondern dieser ist von der Höhe des Einkommens abhängig (Steuerprogression). Das Existenzminimum (8354 Euro im Jahr 2014) bleibt dabei steuerfrei.
Die Idee: Wer mehr verdient, soll einen größeren Beitrag dazu leisten, staatliche Aufgaben zu finanzieren. So wird die finanzielle Belastung der Bürger sozial gerechter verteilt.
Mit den Steuereinnahmen finanziert der Staat öffentliche Aufgaben, wie z. B. die Grundsicherungen Sozialhilfe und Arbeitslosengeld II oder die Ausbildungshilfe (BAföG) für junge Leute aus einkommensschwachen Familien.
Diese Transferleistungen haben das Ziel, Benachteiligungen abzubauen und soziale Unterschiede zu verringern. Soziale Gerechtigkeit und Chancengleichheit für jeden Bürger sollen so erreicht werden.
Die Sozialstaatlichkeit ist im Grundgesetz nicht genau beschrieben. Ihre Gestaltung erfolgt im politischen Alltag. Die einzelnen politischen Entscheidungen müssen immer wieder ausgehandelt werden. Manchmal hat auch das Bundesverfassungsgericht das letzte Wort, wenn es überprüft, ob Gesetze mit dem Grundgesetz vereinbar sind.
Jeder Bürger muss für sich und andere Leistungen erbringen. Die Gemeinschaft trägt Verantwortung für das soziale und wirtschaftliche Wohlergehen ihrer Bürger. Die Sozialstaatlichkeit ist also nicht nur eine politische, sondern auch eine gesellschaftliche Aufgabe. Sie muss immer wieder neu gestaltet werden.

Erklärungen

Die **Beitragsbemessungsgrenze** spielt eine Rolle bei der Ermittlung der Beiträge zu der gesetzlichen Renten-, Arbeitslosen-, Kranken- und Pflegeversicherung. Der Beitrag zur Sozialversicherung ist ein bestimmter Prozentsatz vom Bruttoeinkommen. Übersteigt das monatliche Einkommen die Beitragsbemessungsgrenze (im Jahr 2014: Rentenversicherung Westdeutschland, Arbeitslosenversicherung 5950 Euro, Kranken- und Pflegeversicherung 4050 Euro), wird der Versicherungsbeitrag von dem Grenzbetrag (im Beispiel 5950 Euro bzw. 4050 Euro) erhoben. Der Teil des Einkommens, der über der Grenze liegt, bleibt unberücksichtigt. Mit steigendem Einkommen jenseits dieser Grenze sinkt der prozentuale Anteil vom Einkommen, der für die Sozialversicherungsbeiträge gezahlt werden muss.

Steuerprogression: ein finanzpolitisches Mittel zur sozialpolitischen Umverteilung. So funktioniert die Progression: Der Prozentsatz (Steuersatz), mit dem Einkommen versteuert wird, steigt mit der Höhe des Einkommens. So beträgt der Eingangssteuersatz in Deutschland 14,0% ab 8354 Euro Jahreseinkommen (Grundfreibetrag) und steigt bis 42,0% ab 52000 Euro Jahreseinkommen. Mit diesem Spitzensteuersatz wird nur der Teil des Einkommens besteuert, der über 52000 Euro liegt.

M2 Zukunft des Sozialstaats

Die empirische Wohlfahrtsstaatsforschung hat nachgewiesen, dass die Bundesrepublik – entgegen den hierzulande dominierenden Medienbildern wie dem davon geprägten Massenbewusstsein – keineswegs den „großzügigsten“ europäischen Sozialstaat besitzt, sondern hinsichtlich der Leistungsgewährung [...] weit zurückgefallen ist und heute höchstens noch im unteren Mittelfeld (Platz 8 oder 9) rangiert.

Auch der Missbrauch des Wohlfahrtsstaates durch nicht Anspruchsberechtigte hält sich trotz zahlreicher Berichte (vor allem der Boulevardpresse) über spektakuläre Einzelfälle, ausgeprägter Vorurteile bezüglich sozialer Randgruppen, die existenziell auf Sozialleistungen angewiesen sind, und des Stammtischgeredes über „Sozialschmarotzer“ in Grenzen. Alle seriösen Studien gelangen zu dem Schluss, dass es sich bei dem beklagten Leistungsmissbrauch weder um ein Massenphänomen handelt, noch der Sozialstaat dadurch finanziell ausgezehrt wird. [...]

Die demografischen Entwicklungsperspektiven werden in Öffentlichkeit und Medien zu einem wahren Schreckensszenario verdüstert. Dabei fehlen keine Babys, sondern Beitragszahler/innen, die man etwa durch eine konsequente(re) Bekämpfung der Arbeitslosigkeit, die Erhöhung der Frauenerwerbsquote, die Erleichterung der Zuwanderung und/oder die Erweiterung des Kreises der Versicherten gewinnen kann. Statt zu klären, wie man aus einer längerfristigen Veränderung der Altersstruktur resultierende Schwierigkeiten solidarisch (z. B. durch die Erhöhung der Beitragsbemessungsgrenze und/oder die Verbreiterung der Basis des Rentensystems, also die Einbeziehung von Selbstständigen, Freiberuflern und Beamten) bewältigen kann, benutzt man sie als Hebel zur Durchsetzung unsozialer „Sparmaßnahmen“.

Leistungskürzungen sind keine Sozialreform, sondern sind ein Rückfall ins vorletzte Jahrhundert, als die Gesellschaft ihre Mitglieder nicht vor allgemeinen Lebensrisiken aufgrund fehlender Ressourcen zu schützen vermochte. [...]

Christoph Butterwegge: Krise und Zukunft des Sozialstaats, 10.11.2006, www.nachdenkseiten.de/?p=1855, Zugriff 31.10.2012, gekürzt

M3 Armuts-Heuchler

[...] Die „moderne Armut“ ähnelt nur noch entfernt dem, was man einst Armut nannte, und ich spreche nicht von der selbst verschuldeten Armut eines Alkoholikers, eines Verschwenders oder Bankrotteurs. Trotzdem schaffen wir uns die entsprechende Illusion. [...] Wie der Begründer der klassischen Volkswirtschaftslehre, David Ricardo, schon vor über 200 Jahren sagte: „Wenn jeder Mensch, der Unterstützung benötigt, sicher sein könnte, sie zu erhalten [...] dann würde sich seine Anstrengung allein darauf konzentrieren, diese Unterstützung zu erlangen.“ Das gilt heute auch noch. Die Moralprediger, die überall Armut sehen, weil ihre Weltanschauung es fordert, haben in Wahrheit gerne am wachsenden Wohlstand unseres Landes teilgenommen. Die anderen auch, alle anderen. [...]

Ohne die Armen wären ja die Gutmenschen verloren. Wenn es aber zu wenig Arme gibt, so schafft man sich welche. Dass man darüber nicht offen sprechen darf, ist der eigentliche Skandal. Dieser beginnt schon mit der Definition von Armut: „Jeder, der weniger als 60 Prozent des Durchschnittseinkommens verdient, gilt als arm.“ Eigentlich heißt es, „befindet sich im Armutsrisiko“. Aber das hält diejenigen, die ein unbändiges Interesse daran haben, über möglichst viele „Arme“ lamentieren zu können, nicht davon ab, aus dem Risiko gleich eine Tatsache zu machen. [...]

Dafür wird jetzt alles versucht, in der Zukunft doch wieder recht zu behalten: Wenn fast ausnahmslos alle unabhängigen Wirtschaftswissenschaftler vorrechnen, dass ein flächendeckender Mindestlohn von 7,50 Euro zum Verlust von etwa 1 Million offizieller Arbeitsplätze führt, dann sorgen die Sozialpolitiker, die sich dafür stark machen, vor allem für die Sicherheit ihres eigenen Arbeitsplatzes. Unter Hinweis auf die dann wieder gestiegene Arbeitslosigkeit werden sie bald neue Sozialleistungen fordern. Mit der dann wieder zunehmenden „relativen Armut“ besorgen sie sich neue Munition für ihre Kritik an „den Verhältnissen“. [...]

Denjenigen, die das zu Verteilende erst geschaffen haben, wird der Erfolg allzu oft geneidet, und diejenigen, die versuchen, an den Ursachen der Misere anzusetzen und dafür unbequeme Wahrheiten aussprechen, werden regelmäßig verunglimpft. Auch die Armutsdebatte zeigt, dass man mit dem kostbaren Gut der Wahrheit bei uns zu sparsam umgeht. Armes Deutschland!

Hans Olaf Henkel: Die Armuts-Heuchler, Der Tagesspiegel, 29.11.2009, www.tagesspiegel.de/meinung/kommentare/gast-kommentar-die-armuts-heuchler/1640404.html, Zugriff 25.10.2012, gekürzt

Arbeitsvorschläge

1. Geben Sie die Aufgaben des Sozialstaats wieder und nennen Sie zu jeder von ihnen ein Beispiel (**VT**; **S. 83**, **M 2**).

2. Interpretieren Sie die Karikatur **M 1**; Methode S. 214.

3. Vergleichen Sie die beiden Aussagen (**M 2**, **M 3**) zum Sozialstaat:
   - Wer befürchtet welche Entwicklung?
   - Wer wirft wem was vor?
   - Was wird gefordert und welche Folgerungen ergeben sich daraus?

4. Führen Sie ein Hearing durch zum Thema „Wie viel Sozialstaat ist genug?“; Methode S. 216.

[I] 1 [II] 3 [III] 4 [I]–[III] 2

Umbau oder Abbau des Sozialstaats?

Die Agenda 2010 und ihre Folgen

Armut
→ S. 88

unsichere Arbeitsverhältnisse
→ S. 52 ff.

Mitgliedschaft in Parteien
→ S. 71

Erklärungen

Agenda 2010 (Zusammenfassung):
Auswirkungen auf den Arbeitsmarkt:
- Zusammenlegung von früherer Sozialhilfe und Arbeitslosenhilfe zum Arbeitslosengeld II; erwerbsfähige Sozialhilfeempfänger werden in die Arbeitsförderung und -vermittlung aufgenommen
- Bezugsdauer von Arbeitslosengeld I (am bisherigen Lohn/Gehalt orientiert) auf ein Jahr verkürzt (für ältere Arbeitnehmer länger); danach Arbeitslosengeld II etwa in der Höhe der Sozialhilfe (Grundsicherung nach Bedürftigkeit)
- für Arbeitslose gilt fast jede vom Arbeitsamt vermittelte Arbeit als zumutbar; bei Nichtannahme Reduzierung der Leistungen
- Erleichterung eines Niedriglohnsektors sowie von Zeit- und Leiharbeit; Förderung von Minijobs
- erleichterte Kündigungen von Beschäftigen in Kleinbetrieben

Auswirkungen auf die Sozialversicherungen:
- Stabilisierung des Beitragssatzes in der Rentenversicherung (u. a. Erhöhung des Renteneintrittsalters und zukünftig niedrigere Rentenanpassungen) und in der gesetzlichen Krankenversicherung (u. a. Reduzierung von Leistungen und Erweiterung der Zuzahlungen von Kranken; Festschreibung des Beitragssatzes für Arbeitgeber)

M1 Widerstand gegen Hartz IV

Wöchentliche Demonstration – hier in Magdeburg 2004

VT

In den Jahren 2003 bis 2005 wurde die Agenda 2010 von der rot-grünen Bundesregierung unter Kanzler Gerhard Schröder durchgesetzt. „Deutschland hat […] mit einer Wachstumsschwäche zu kämpfen, die auch strukturelle Ursachen hat. Die Lohnnebenkosten haben eine Höhe erreicht, die für die Arbeitnehmer zu einer kaum mehr tragbaren Belastung geworden ist und die auf der Arbeitgeberseite als Hindernis wirkt, mehr Beschäftigung zu schaffen. […] Wir werden Leistungen des Staates kürzen, Eigenverantwortung fördern und mehr Eigenleistung von jedem Einzelnen abfordern müssen", so Schröder in der Regierungserklärung 2003. „Fördern und Fordern" war die Losung. Der Arbeitsmarkt sollte flexibler, die deutsche Wirtschaft wettbewerbsfähiger werden.
Mit dem Herzstück ‚Hartz IV' war die Agenda 2010 eine der einschneidendsten Sozialstaatsreformen. Kritiker sprachen vom Abbau des Sozialstaats, Befürworter von dessen Umbau. Der Sozialstaat sollte angesichts des demografischen Wandels und internationaler Herausforderungen zukunftssicher werden.
Beim linken Flügel der SPD, bei den Gewerkschaften und den Wohlfahrtsverbänden traf die Agenda auf heftige Kritik, Demonstrationen begleiteten den Gesetzgebungsprozess.
Die Agenda 2010 hat wohl zu größerer internationaler Wettbewerbsfähigkeit und zu Beschäftigung beigetragen. Andererseits arbeiten viele Arbeitnehmer in unsicheren Jobs, viele beziehen trotz Erwerbstätigkeit zusätzlich Sozialgeld.
Politische Verliererin war die SPD, obwohl auch die Grünen in der Regierung saßen und auch CDU, CSU und FDP den Gesetzen zugestimmt hatten. Die SPD verlor zwischen 2002 und 2012 nicht nur fast ein Drittel ihrer Mitglieder, sondern ab 2004 auch dramatisch Wahlen. Links von der SPD konnte sich eine neue Partei etablieren: Die Linke.

M2 Arme Bilanz

Mit Hartz IV hat die Armut im Lande zugenommen. Hartz IV hat die Stimmung im Land niedergedrückt. Das Armutsrisiko ist selbst für diejenigen gestiegen, die mit der Reform wieder in Arbeit gelangt sind: Hartz IV verändert nämlich die Struktur der Arbeitsverhältnisse, die Löhne sinken in den Keller. Die Arbeitsverhältnisse mit Tariflohn werden abgelöst von Ein-Euro- und Mini-Jobs, von befristeten Teilzeit- und Leiharbeitsverhältnissen mit Niedriglöhnen. Gefördert wurde also nicht Qualifizierung, sondern Degradierung von Arbeit. Armut wächst nun ins Alter hinein: weil die Sozialleistungen niedrig sind, weil das Angesparte abgeschmolzen wird, weil die Löhne und Rentenbeiträge schwinden. Vonnöten wären: bedarfsgerechtere Absicherung bei Arbeitslosigkeit, Mindestlöhne, mehr Bildung und mehr individuelle Förderung. [...]

Heribert Prantl: Arme Bilanz, Süddeutsche Zeitung, 21.12.2009, S. 4, gekürzt

M3 Hartz IV war vernünftig

Vor Inkrafttreten der Änderungen erhielten Jobsuchende Arbeitslosengeld, dann Arbeitslosenhilfe und schließlich Sozialhilfe. Weil aber der Bund die Arbeitslosenhilfe und die Kommunen die Sozialhilfe bezahlen mussten, existierte ein Verschiebebahnhof, der, anders als Hartz IV, tatsächlich menschenunwürdig war: Die Kommunen stellten Sozialhilfeempfänger ein, entließen sie dann wieder und verschoben sie so zurück auf die Kostenstelle des Bundes. Die Chancen der Betroffenen, jemals wieder einen regulären Job zu bekommen, tendierten gen null. Durch die Zusammenlegung von Sozial- und Arbeitslosenhilfe, dem eigentlichen Kern von Hartz IV, wurde dieses traurige Spiel beendet. Seither hat jeder Bezieher der sogenannten Grundsicherung Anspruch auf Hilfe bei der Jobsuche, die ehemaligen Sozialhilfeempfänger erhalten zudem teilweise deutlich mehr Geld als früher. Den Staat kostet das Milliarden, doch anstatt die höheren Zuwendungen als sozialpolitischen Erfolg zu verkaufen, lassen es die Parteien zu, dass Hartz IV als kaltherziges Kahlschlagprogramm verunglimpft wird. [...]

Claus Hulverscheidt: Mangel an Anstand, Süddeutsche Zeitung, 01.02.2010, S. 4, gekürzt

M4 Worüber Konsens besteht

Der Kern von Hartz IV ist weithin unbestritten. Dazu gehört [...] die Abschaffung der Arbeitslosenhilfe, zu der selbst die PDS/Linkspartei nicht zurück will. Diese aus Steuermitteln finanzierte Leistung sorgte dafür, dass auch nach zehn Jahren Arbeitslosigkeit der ehemalige Verkaufschef mehr Unterstützung von der Gesellschaft erhielt als die ehemalige Verkäuferin – notfalls bis zur Rente. [...] Mit der Reform [hat] ein neues Denken Einzug gehalten: Statt wie früher einfach nur Geld auszuzahlen und viele Arbeitslose sich selbst zu überlassen, wird endlich eine intensivere Betreuung und Förderung angestrebt. [...]

Kolja Rudzio: Schröders Schicksal, Die Zeit, 08.09.2005, S. 29, gekürzt

M5 Eine Agenda 2020?

Die Agenda 2010 mag Deutschland vorangebracht haben, aber sie hat dieses Land auch gespalten. Nicht nur in Arm und Reich, in Leiharbeiter und Festangestellte [...]. Sie hat auch einen Keil zwischen Volk und Politik getrieben. Die Agenda hat die Leute verändert, aber den Politikstil verdorben.

Niemand würde heute noch behaupten, dass die Deutschen in der sozialen Hängematte lägen. Oder dass sie glaubten, der Staat werde schon helfen, sollten sie den Job verlieren. Doch so sehr die Agenda die Bürger aufgerüttelt hat, so sehr weckte sie eben auch die Beharrungskräfte der Politik. Wer reformiert, wird abgewählt; wer an das Land denkt, verliert: Diese Lehre zog die Politik aus der Agenda 2010 [...]. Das große Versäumnis der Agenda-Reformen war es, zu wenig darauf geachtet zu haben, wie das Land insgesamt besser werden kann – zum Beispiel, indem der Staat klug investiert; indem Frauen wirkliche Karrierechancen haben und nicht nur Billigjobs annehmen können; indem Einwanderer besser integriert und Familien mit Kindern besser gefördert werden. All das, was heute unter dem Stichwort „Agenda 2020" gefordert wird, hätte man schon in den letzten zehn Jahren angehen können. Aber dazu war die SPD zu schwach. Und die CDU hatte spätestens nach ihrem Beinahe-Desaster bei der Wahl 2005 jeden Reformmut verloren. Seitdem orientiert sich die Politik nur noch am Opportunen [was Vorteile bring], nicht am Notwendigen [...].

Marc Brost: Politik entfesseln, Die Zeit, 14.03.2013, S. 1

Arbeitsvorschläge

1. Skizzieren Sie die Kernpunkte der Agenda 2010 anhand der **Erklärungen**, des **VT**, **M3** und **M4**.

2. Arbeiten Sie Kritikpunkte an der Reform heraus (**VT**, **M2**) und stellen Sie diesen die positiven Einschätzungen gegenüber (**VT**, **M3**, **M4**). Welche Punkte überzeugen Sie, welche nicht? Diskutieren Sie die Gründe.

3. Erörtern Sie, welche politischen Reaktionen die Agenda-Politik auslöste und mit welchen politischen Folgen zukünftig gerechnet wird (**M1**, **VT**, **M5**).

4. Der Autor von **M5** beschreibt politische Folgen der Agenda-Politik und fordert gleichzeitig eine Agenda 2020. Nehmen Sie Stellung dazu, warum er die Chancen einer solchen Reformpolitik für gering hält. Suchen Sie Argumente für und gegen diese Position.

[I] 1 [II] 2, 4 [I]–[III] 3

Heute schon an morgen denken?

Wenn die gesetzliche Rente nicht mehr reicht

Armut
S. 88

Bevölkerungsentwicklung
S. 46 ff.

demografischer Wandel
S. 16 ff.

neue soziale Frage
S. 84

M1 Renten: große Unterschiede

Monatliche Altersrenten nach Rentenhöhe und Anzahl Betroffener				
Rentenhöhe	**Frauen**		**Männer**	
in Euro	D-West	D-Ost	D-West	D-Ost
unter 600	3 036 203	246 334	1 455 650	48 279
600–1049	1 528 098	841 632	1 350 259	619 348
1050–1499	400 898	147 076	2 200 327	513 332
1500–1949	50 959	7 956	960 934	114 485
1950 und höher	1 805	83	65 647	7 686
insgesamt	**5 017 963**	**1 327 081**	**6 032 827**	**1 303 130**
Altersrenten, ohne Renten wegen verminderter Erwerbsfähigkeit und Witwen- bzw. Witwerrenten; Stand 01.07.2012				

Bundesministerium für Arbeit und Soziales (Hg.): Rentenversicherungsbericht 2013, Übersicht 8

VT

Immer mehr Rentner und Rentnerinnen können mit ihrer gesetzlichen Rente nicht den gewohnten Lebensstandard aufrechterhalten. Das Netto-Rentenniveau vor Steuern lag nach 45 Versicherungsjahren 1980 bei 57,6 % des zuvor erzielten Nettoeinkommens vor Steuern. 2000 waren es 52,9 %, 2012 nur noch 49,6 %; für 2027 werden 45,4 % geschätzt. Da nicht alle die erforderliche Anzahl Beitragsjahre bis zur Rente erfüllen, liegt das tatsächlich erzielte Rentenniveau in der Regel noch niedriger.

Allerdings ist die gesetzliche Rente meist nicht die alleinige Einkommensquelle eines Rentnerhaushalts, das sich aus unterschiedlichen Elementen zusammensetzen kann: aus 1. der gesetzlichen Rente (bisweilen mehreren), 2. einer eventuell vorhandenen Betriebsrente, 3. monatlichen Auszahlungen privater Rentenversicherungen, 4. Einkommen aus Ersparnissen bzw. Vermögen, 5. Erwerbstätigkeit im Alter, 6. finanzielle Unterstützung durch Familienmitglieder oder Freunde.

Wenn sämtliche Einkommen und Vermögenswerte nicht ausreichen, wird 7. eine staatliche Grundsicherung bis zum Existenzminimum gezahlt (zusätzlich Kosten für Miete und Heizung). 2003 erhielten 258 000 Personen ab 65 Jahre staatliche Grundsicherung zusätzlich zur Alters- oder Erwerbsminderungsrente, 2011 waren es bereits 436 000. Deshalb erscheint es angeraten, sich frühzeitig um die Altersversorgung zu kümmern und zusätzlich privat vorzusorgen. Von Unternehmen wird erwartet, dass sie durch Betriebsrenten einen Beitrag zur Altersversorgung ihrer Mitarbeiter leisten. Im Gegensatz zur gesetzlichen Rentenversicherung geht es hier um freiwillige Vorsorgemaßnahmen, die zum Teil mit staatlichen finanziellen Zuschüssen bzw. durch steuerliche Entlastungen gefördert werden, so z. B. die sogenannte Riester-Rente. Im Gegensatz zum Umlageverfahren der gesetzlichen Rentenversicherung wird hier individuell Kapital angespart (Kapitaldeckungsverfahren), das später eine Rentenauszahlung ermöglicht.

Erklärungen

Grundsicherung im Alter und bei Erwerbsminderung: Diese Sozialhilfe ist eine bedürftigkeitsabhängige staatliche Leistung. Sie soll das Existenzminimum sicherstellen, wenn der Lebensunterhalt nicht aus eigenen Kräften oder Mitteln bestritten werden kann. Anspruch haben Personen, die die Altersgrenze erreicht haben oder, mindestens 18-jährig, dauerhaft voll erwerbsgemindert sind.

(Standard-)Rentenniveau: die angenommene Jahresrente eines „Standardrentners" (45 Jahre Zahlung der Beiträge eines Durchschnittsverdieners) als Prozentanteil im Vergleich zum durchschnittlichen Jahresarbeitsentgelt aller abhängig Erwerbstätigen.

Riester-Rente: eine kapitalgedeckte Altersvorsorge, bei der die Sparer durch Beitragszahlungen langfristig Altersvorsorgekapital ansparen. Der Staat gewährt Zulagen und evtl. zusätzlich Steuerermäßigung. Es wird nur garantiert, dass bei Auszahlungsbeginn (Renteneintritt) mindestens die Summe der Einzahlungen als Alterssicherung zur Verfügung steht.

M2 Schlechte Produkte?

Ein Interview mit Kornelia Hagen, wissenschaftliche Mitarbeiterin beim Deutschen Institut für Wirtschaftsforschung in Berlin.

Frage: Frau Hagen, die Riester-Rente wird zehn Jahre alt. Haben diejenigen, die seither einen Riester-Vertrag abgeschlossen haben, eine gute Entscheidung getroffen?

Hagen: Ich will die Frage am Beispiel einer 35-jährigen Frau erläutern, die im Jahr 2001 einen Vertrag abgeschlossen hat und bis zum 67sten Lebensjahr ihren Riester-Beitrag einzahlen möchte: Diese Frau wird mindesten 78 Jahre alt werden müssen, um aus ihrem Sparvertrag das wieder zurückzubekommen, was sie mal eingezahlt hat. Insofern kann man nicht sagen, dass es sich hier um eine gute Anlage handelt, wahrscheinlich aber ist sie sicherer als irgendwelche spekulativen Anlagen.

Frage: Wie sieht es bei Verträgen aus, die heute abgeschlossen werden?

Hagen: Den gleichen Hintergrund, wie bei dieser 35-jährigen Beispielperson vorausgesetzt, schließen die Leute, die sich heute für eine Riester-Rente entscheiden, einen deutlich schlechteren Vertrag ab. Es kommt immer darauf an, wie man das kalkuliert, aber die Frau muss unter Umständen um die 90 Jahre alt werden, um allein das herauszubekommen, was sie selbst eingezahlt und vom Staat als Zulage erhalten hat. [...]

Frage: Wie ist das zu erklären?

Hagen: [...] Zum einen sind die Garantiezinsen, seitdem die Riesterrente eingeführt wurde, von 3,25 Prozent auf 2,25 Prozent gesunken. Der viel bedeutendere Faktor innerhalb der Riester-Konstruktion ist jedoch, dass die Lebensversicherer ihre Produkte mit sehr hohen Lebenserwartungen kalkulieren. [...]

Erich Wittenberg: Schlechte Produkte zuungunsten der Versicherten, Deutsches Institut für Wirtschaftsforschung, DIW Wochenbericht 47/2011, S. 15, www.diw.de/documents/publikationen/73/diw_01.c.389130.de/11-47.pdf, Zugriff 27.02.2014, gekürzt

M3 Konzept der Riester-Rente

Ansparphase	Geldanlage	Auszahlungsphase
Eigenbeitrag des Versicherten Zulagen und steuerliche Vergünstigungen: - staatliche Prämie - evtl. Steuerermäßigung wegen Sonderausgaben bzw. bei Gehaltsumwandlung - evtl. Arbeitgeberzuschuss bei betrieblicher Altersvorsorge	- z. B. private Rentenversicherung, Banksparplan etc. - Bausparen - z. B. Pensionsfonds/-kasse des Arbeitgebers oder Direktversicherung über diesen bei betrieblicher Altersvorsorge	- monatliche Rentenzahlung ab 65. Lebensjahr - bis 30 % des Kapitals direkt auszahlbar - Nutzung des angesparten Kapitals auch für Wohneigentum möglich (schon vor 65. Lebensjahr)

nach: Deutsche Rentenversicherung, Privatvorsorge von A-Z, 5/2012; Gesamtverband der Deutschen Versicherungswirtschaft e. V. (Hg.), Die Riester-Rente, Karlsruhe, September 2012

M4 Genau hinschauen

Die Experten von Finanztest sind [den Vorwürfen] auf den Grund gegangen [...].

Vorwurf: Riester lohnt nicht, ein Sparstrumpf bringt mehr.

Stimmt so pauschal nicht. Wer einen guten Vertrag abschließt, erreicht durch die staatliche Förderung eine ganz ordentliche Rendite auf seine Riester-Beiträge. Sie ist jedenfalls höher als bei anderen vergleichbaren Produkten, beispielsweise einer privaten Rentenversicherung. Vor allem für Häuslebauer lohnt sich ein Riester-Vertrag in Form eines Darlehens oder Bausparvertrags. [...] Neben den Zulagen gibt es für viele auch noch Steuervorteile, die bei der Berechnung der Rendite mitgezählt werden müssen. [...] Davon profitieren allerdings vor allem Gutverdiener. Der Vergleich mit dem Sparstrumpf stimmt schon deshalb nicht, weil ein Sparstrumpf irgendwann leer ist. Eine Riester-Rente wird dagegen lebenslang gezahlt. Wichtig ist, den passenden Produkttyp zu wählen und einen günstigen und renditeträchtigen Vertrag abzuschließen. [...]

N. N.: Es geht auch besser, Finanztest 5/2012, S. 30 – 32, Stiftung Warentest, Berlin, www.test.de/Serie-Riester-Rente-Teil-5-Kritik-an-Riester-Was-an-der-Kritik-dran-ist-4363028-0/, Zugriff 26.02.2014

Linktipp
Zusatzmaterial
i3889z

Arbeitsvorschläge

1. Ermitteln Sie mithilfe der absoluten Anzahl der Betroffenen in **M1**, wie viel Prozent der jeweiligen Personengruppe einer bestimmten Rentenhöhe zugeordnet werden können. Welche Gründe fallen Ihnen für die Unterschiede ein? Methode S. 222.

2. Erklären Sie, warum die Höhe der gesetzlichen Rente alleine noch nichts über das Einkommen eines Rentnerhaushalts aussagt? Ziehen Sie hierzu auch den **VT** zu Rate.

3. Benennen Sie unterschiedliche Möglichkeiten, privat vorzusorgen.

4. Vergleichen Sie, welche Punkte in **M2** und **M4** genannt werden, um die Riester-Rente (**M3**) zu kritisieren oder zu verteidigen. Rufen Sie die Beiträge im Internet auf und bilden Sie Arbeitsgruppen, die erweiterte Pro- und Kontra-Listen erstellen. Entwickeln Sie gemeinsam einen Katalog, worauf zu achten ist, bevor eine private Altersversorgung abgeschlossen wird. Diskutieren Sie anschließend Ihre Ergebnisse.

[I] 3 [II] 1, 2 [III] 4

Arm trotz Arbeit

Existenzsicherung durch Mindestlöhne

Agenda 2010
S. 96

Armut
S. 88

Niedriglohn
S. 53

prekäre/atypische Beschäftigung
S. 52

Rationalisierung
S. 40

M1 Lohnschichtung der Beschäftigten und Armutsgefährdung nach Bruttostundenverdienst

Voll- und Teilzeitbeschäftigte 2011 (Angaben in %)

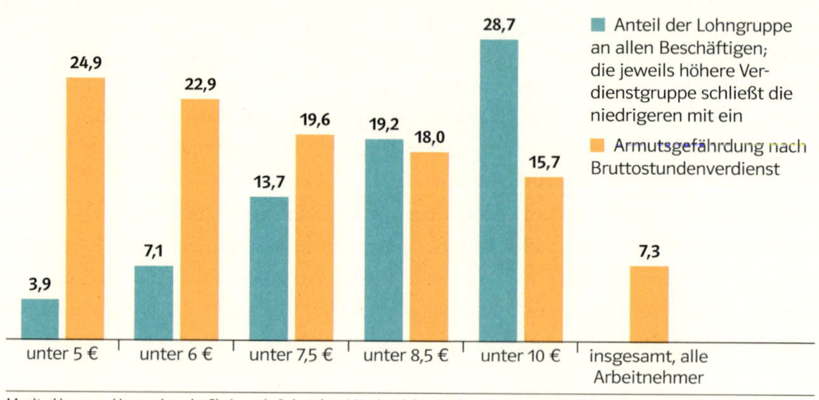

Moritz Heumer, Hagen Lesch, Christoph Schröder: Mindestlohn, Einkommensverteilung und Armutsrisiko, in: © 2013, IW Medien – iw-trends 1, 05/2013, S. 22

Erklärungen

Aufstocker: Erwerbstätige, die zu ihrem nicht ausreichenden Erwerbseinkommen ergänzend Arbeitslosengeld II erhalten.

Lohndumping: radikales Absenken von Löhnen, um sich Wettbewerbsvorteile zu verschaffen.

Mindestlohn: bezieht sich auf eine für einzelne Branchen oder branchenübergreifend festgelegte Lohnuntergrenze. Sie wird in Deutschland normalerweise zwischen Tarifparteien vereinbart, kann aber auch gesetzlich festgelegt werden. Die Mehrzahl der EU-Staaten hat Mindestlöhne eingeführt.

Niedriglohnschwelle: zwei Drittel des mittleren Stundenlohns; das waren 2010 für ganz Deutschland 9,15 Euro. Niedriglohnbezieher bekamen in D-West durchschnittlich 6,68 Euro, in D-Ost 6,52 Euro.

Tarifbindung: Tarifverträge gelten nur zwischen Tarifparteien, also zwischen zuständigen Gewerkschaften und Arbeitgeberverbänden. 2012 arbeiteten in D-West 60 % der Beschäftigten in tarifgebundenen Unternehmen, in D-Ost 48 %.

VT

Dass jemand von Vollzeitarbeit nicht auskömmlich leben kann, widerspricht unseren ethischen Maßstäben. Mit der Agenda 2010 war aber bewusst ein Niedriglohnsektor ermöglicht worden, der auch wenig qualifizierten Menschen mit geringen Arbeitsmarktchancen zu einem Einstieg in den Arbeitsmarkt verhelfen sollte. Mit der Ausbreitung des Niedriglohnsektors mit Arbeitseinkommen zum Teil unter dem Existenzminimum und dem Verdacht, dass manche Unternehmen die neue Flexibilität des Arbeitsmarkts ausnutzten, wurde der Ruf nach gesetzlichen Mindestlöhnen laut. Dem schlossen sich die Gewerkschaften zunächst nur zögerlich an; denn es war das Eingeständnis, dass sie in bestimmten Bereichen und Tarifbezirken – speziell im Dienstleistungsgewerbe – in den unteren Lohngruppen keine auskömmlichen tariflichen Löhne mehr aushandeln konnten bzw. dass zunehmend viele Unternehmen sich der Tarifbindung entzogen hatten.

Zwei arbeitsmarktpolitische Lager formierten sich. Die einen sind für einen Niedriglohnsektor und staatliches Aufstocken: Dort, wo die Löhne zu niedrig ausfallen, sollen sie durch Arbeitslosengeld II (Hartz IV) aufgestockt werden. Die anderen fordern flächendeckende, gesetzliche Mindestlöhne, u. a. um Lohndumping zu verhindern und den Arbeitenden das Gefühl gerechter Bezahlung zu geben. Die Gegenseite befürchtet Arbeitsplatzverluste durch Mindestlöhne.

In Deutschland gibt es bisher flächendeckende, gesetzlich verankerte Mindestlöhne nur für einige Branchen. Die im Jahr 2013 gebildete Große Koalition (CDU/CSU/SPD) hat vereinbart, einen über Branchengrenzen hinweg verbindlichen Mindestlohn in Höhe von 8,50 Euro einzuführen. Ausnahmen sollen für bestimmte Gruppen gelten (z. B. Langzeitarbeitslose, Auszubildende, Jugendliche, Praktikanten im Rahmen ihrer Ausbildung).

M2 Feldversuch Mindestlohn

Für seine Fans ist der Mindestlohn ein Wundermittel: Er soll Dumpinglöhne in Höhe von vier, fünf oder sechs Euro verhindern. Er soll die Armut im Land bekämpfen, die Kluft zwischen hohen und niedrigen Einkommen verkleinern und auch noch die Binnennachfrage ankurbeln. Für die Arbeitgeber und einen Großteil der Ökonomen ist eine bundesweite gesetzliche Lohnuntergrenze hingegen Teufelszeug – egal ob es die 8,50 Euro pro Stunde sind, die Gewerkschaften, SPD und Grüne fordern, oder gar zehn Euro, so wie von den Linken gewünscht. Die Gegner befürchten, dass ein allgemeiner Mindestlohn Hunderttausende Jobs vernichtet. [...]

Das Deutsche Institut für Wirtschaftsforschung (DIW) wiederum schlägt [...] einen Mittelweg ein. Es sieht in Mindestlöhnen kein Allheilmittel der Sozialpolitik, lehnt sie aber auch nicht kategorisch ab. „Die Einführung von Mindestlöhnen ist ein Feldexperiment, das mit Vorsicht angegangen werden sollte. Es wäre gefährlich, gleich mit einer hohen Dosis zu beginnen“, sagt Karl Brenke, Mitautor der Studie. Er rät dazu, eine allgemeine Lohnuntergrenze zunächst eindeutig tiefer als 8,50 Euro anzusetzen. [...]

Das DIW rechnet jetzt vor: Bei Einführung eines gesetzlichen Mindestlohns von 8,50 Euro könnten sich theoretisch 5,6 Millionen Arbeitnehmer über eine bessere Bezahlung freuen. [...] Davon profitieren würden vor allem Frauen, junge ungelernte Arbeiter, Berufswechsler in kleinen Betrieben und viele mit einem Minijob, vor allem in der konsumnahen Dienstleistungssparte.

Das gilt allerdings nur, wenn ihrem Arbeitgeber die 8,50 Euro nicht zu viel sind und er sie nicht deshalb entlässt. Ob das so kommt oder nicht, lassen die Forscher offen. [...]

Die Wissenschaftler warnen auch vor anderen falschen Hoffnungen: Demnach könnten die 8,50 Euro kaum dazu beitragen, das Armutsrisiko zu senken. Die Anzahl der Aufstocker – also jener etwa 1,3 Millionen Personen, die ihren geringen Verdienst mit Hartz IV aufbessern – würde sich nicht wesentlich ändern. „Die allermeisten Aufstocker arbeiten verkürzt, und ihr Lohneinkommen wird mit den Sozialleistungen verrechnet. Ein höherer Lohn wird an ihrer Lage nichts ändern“, sagt Kai-Uwe Müller, der andere Autor der Studie. [...]

Trotzdem sehen die Wissenschaftler die Pläne von CDU/CSU mit Skepsis. Die Union hatte sich für Lohnuntergrenzen ausgesprochen, die die Tarifpartner aushandeln und die dann das Bundesarbeitsministerium für allgemein verbindlich erklärt. Die DIW-Experten merken dazu kritisch an: Es bleibe die Frage unbeantwortet, wie mit den Branchen umzugehen sei, „in denen die Tarifbindung so schwach ist, dass Arbeitgeber und Gewerkschaften gar keinen Tarifvertrag abschließen können“.

Thomas Öchsner: Der Feldversuch, Süddeutsche Zeitung, 26.09.2013, S. 17

M3 Warnung vor Tricksern

Aus wissenschaftlicher Sicht sollte beim Einstieg das Niveau nicht zu hoch angesetzt werden [...]. Erweist sich ein allgemeiner Mindestlohn als unschädlich für die Beschäftigung, sollte sein Niveau zügig angehoben werden. Bei der Einführung ist darauf zu achten, dass die Regulierung nicht unterlaufen wird – etwa durch unbezahlte Mehrarbeit oder durch die vermehrte Beschäftigung in Form von Minijobs oder Werkverträgen.

Karl Brenke, Kai-Uwe Müller: Gesetzlicher Mindestlohn – Kein verteilungspolitisches Allheilmittel, in: DIW Wochenbericht 39/2013, S. 3

M4 Tarifgruppen unter 8,50 €

nach WSI-Tarifarchiv, Stand 12/2013

Arbeitsvorschläge

1. Analysieren Sie **M1**: Stellen Sie fest, wie viel Prozent der Beschäftigten relativ niedrige Stundenlöhne beziehen und überlegen Sie, warum nur ein Teil dieser Niedriglohnbezieher von Armut gefährdet ist; Methode S. 222.

2. Erläutern Sie, warum der Niedriglohnsektor beabsichtigt war, wieso er zum Problem wurde und welche Reaktionen folgten (**VT**); S. 96.

3. Vergleichen Sie die Branchenwerte in **M4**: Warum unterscheiden sich die Anteile der Tarifgruppen unter 8,50 Euro pro Stunde so deutlich? Nennen und erörtern Sie mögliche Gründe. Warum schließen Gewerkschaften wohl Tarifverträge auf so niedrigem Niveau ab?

4. Beschreiben und beurteilen Sie, warum die Wissenschaftler (**M2**, **M3**) die Einführung eines Mindestlohns als „Feldversuch“ verstehen.

[II] 1, 2, 3 [III] 4

Jung gegen Alt?

Der Generationenvertrag im Stresstest

Bevölkerungsentwicklung und Arbeitsmarkt
S. 44

Bevölkerungsentwicklung
S. 46 ff.

demografischer Wandel
S. 16 ff.

Generation
S. 44

Riester-Rente
S. 99

M1 Altenquotienten für 2008 und Schätzungen für 2060

bei unterschiedlichem Renteneintrittsalter und unterschiedlicher Bevölkerungsentwicklung				
Jahr		Altersquotient für das Renteneintrittsalter		
		60 Jahre	65 Jahre	67 Jahre
2008		46	34	29
2060	relativ junge Bevölkerung	82	60	53
2060	relativ alte Bevölkerung	105	77	68

Altenquotient ist die Anzahl der Personen im Rentenalter, die 100 Personen im Erwerbsalter gegenüberstehen. Annahmen für die zwei Berechnungsvarianten für 2060:

relativ junge Bevölkerung: Anstieg der Geburtenziffer auf 1,6 Kinder je Frau ab 2025, Annahme eines leichten Anstiegs der Lebenserwartung, Netto-Zuwanderung von 200 000 jährlich ab 2014

relativ alte Bevölkerung: langfristiger Rückgang der Geburtenziffer auf 1,2 Kinder je Frau bis 2060, starker Anstieg der Lebenserwartung, Netto-Zuwanderung von 100 000 ab 2014

Statistisches Bundesamt: Bevölkerung Deutschlands bis 2060. Ergebnisse der 12. koordinierten Bevölkerungsvorausberechnung, Wiesbaden 2009, S. 21

Erklärungen

Generationenvertrag: Es handelt sich hier nicht um einen Vertrag im wörtlichen Sinn, sondern um ein Umlageverfahren im Rentenversicherungssystem. Mit den Versicherungsbeiträgen der aktiv Erwerbstätigen (junge und mittlere Generation) werden die aktuellen Renten der älteren Generation bezahlt.

Rentenfakten: Das tatsächliche durchschnittliche Renteneintrittsalter lag für Männer und Frauen im Jahr 2012 bei etwa 64 Jahren. Männer beziehen heute durchschnittlich 16,7 Jahre lang Rente, Frauen 21,3 Jahre. Das Rentenniveau nach 45 Versicherungsjahren – bei einem durchschnittlichen jährlichen Bruttoverdienst – beträgt 45,5 Prozent des letzten Bruttogehalts.
In NRW erhielten Männer im Jahr 2012 durchschnittlich 1 120 Euro Rente, Frauen 734 Euro.

VT

Die gesetzliche Rentenversicherung in Deutschland basiert auf dem sogenannten Generationenvertrag und funktioniert nach dem Prinzip des Umlageverfahrens. Die Generation der gegenwärtig Erwerbstätigen zahlt mit ihren Versicherungsbeiträgen die Renten der nicht mehr Erwerbstätigen.
Die Beiträge werden umgelegt und zu Renten. Das ist so lange unproblematisch, wie es genügend Menschen im Erwerbstätigenalter mit (möglichst gut) bezahlter Arbeit im Verhältnis zur Anzahl der Rentnerinnen und Rentner gibt. Und an dieser Stelle kann es problematisch werden, weil die deutsche Gesellschaft zunehmend älter wird: Immer mehr Rentnerinnen und Rentner stehen immer weniger Beitragszahlern gegenüber. Das liegt vor allem an der demografischen Entwicklung: Einerseits werden zu wenige Kinder geboren – ungefähr 2 Kinder müssten es pro Frau sein, um eine ausgeglichene Altersstruktur zu erhalten, es sind aber durchschnittlich nur 1,4. Andererseits werden die Menschen immer älter, d. h. sie beziehen immer länger Rente.
Diese Ausgangskonstellation erzeugt zwangsläufig einen Interessenkonflikt zwischen den Generationen: Die jüngere und mittlere Generation strebt nach Entlastung, die ältere nach Aufrechterhaltung ihres Besitzstandes. Das ist ein objektiver Interessenkonflikt, der sich nur durch gegenseitiges Verständnis, Entgegenkommen und Kompromisse entschärfen lässt.
Wenn ein von allen als gerecht empfundener Ausgleich nicht gefunden wird, dann kann aus diesem Interessenkonflikt ein Kampf der Generationen gegeneinander entstehen, der nicht nur politisch ausgetragen wird, sondern auch Familienverhältnisse vergiften kann.

M2 Die alternde Gesellschaft – kein Problem?

Ein Interview mit Prof. Dr. Gerd Bosbach. Er lehrt Statistik, Mathematik und Empirik an der Fachhochschule Koblenz, Standort Remagen.

tagesschau.de: Die Deutschen sterben aus, es fehlt an Fachkräften und die Renten werden unbezahlbar – [...]. Was setzen Sie diesen düsteren Prognosen entgegen?

Gerd Bosbach: Ich schaue in die Vergangenheit, ins letzte Jahrhundert. Schon damals sind wir älter geworden. Der Jugendanteil ist gesunken und der der Rentner hat sich mehr als verdreifacht. Trotzdem sind wir nicht ausgestorben und der Sozialstaat wurde auch nicht abgebaut. Im Gegenteil: Der Sozialstaat wurde massiv ausgebaut, die Arbeitszeit verkürzt und der Wohlstand für alle erhöht. [...]

tagesschau.de: Wer hat Interesse daran, dass wir vor dem demografischen Wandel vor allem Angst haben?

Bosbach: Da gibt es diverse Gruppen [...]. Die Arbeitgeber haben zum Beispiel ein großes Interesse daran, die Lohnnebenkosten zu senken. Die Beiträge für die Rente sind der größte Posten der Lohnnebenkosten. [...]

Das Versicherungsgewerbe profitiert natürlich auch. Die gesetzliche Rentenversicherung mit ihren Staatszuschüssen macht ein Geschäft von über 250 Milliarden Euro aus, das lange am privaten Versicherungsmarkt vorbeilief. [...] Und für die Politiker ist der demografische Wandel die willkommene Universalentschuldigung für alles, was schiefläuft. [...]

tagesschau.de: Wie zuverlässig sind Aussagen über die Bevölkerungsentwicklung?

Bosbach: Prognosen über lange Zeiträume hinweg können nicht zuverlässig sein. [...] Wir brauchen kurzfristigere und flexible Prognosen, um planen zu können. Selbst Energiekonzerne planen nicht über 20 Jahre hinaus. [...] Das Statistische Bundesamt weiß auch von dieser Ungenauigkeit von Prognosen und rechnet mit zwölf Varianten. [...]

Ute Welty: „Da wird massiv Angst geschürt", tagesschau.de, 14.05.2013, Norddeutscher Rundfunk, www.tagesschau.de/inland/demografiegipfel102.html, Zugriff 27.02.2014

M3 Zukunftsmöglichkeiten

Faktoren und Maßnahmen mit Auswirkungen auf

Problembereich demografische Entwicklung und Generationenverhältnis	Problembereich finanzielle Situation der gesetzlichen Sozialversicherungen

↑ ↑

- höhere Geburtenrate
- mehr erwerbstätige Frauen
- Vereinbarkeit von Familie und Beruf
- bessere Ausbildung/höhere Qualifizierung
- höherwertige Arbeitsplätze mit höheren Gehältern
- Anheben der Beitragssätze in der gesetzlichen Rentenversicherung
- Absenken der Versicherungsleistungen (höheres R.-eintrittsalter; niedrigeres R.-niveau)
- gesetzliche Sozialversicherungen für alle Erwerbspersonen
- höhere Zuschüsse in die Rentenkasse aus Steuermitteln
- mehr Arbeitsplätze/weniger Arbeitslose
- erhöhte Einwanderung gut qualifizierter Arbeitskräfte

Zusammengestellt durch den Autor

M4 Bosbach: Was zu tun wäre

[...] Ich habe da auch zwei ganz direkte Lösungsvorschläge. Der erste ist, nicht ständig über zu wenige Kinder zu jammern, sondern die, die wir haben, wirklich vernünftig auszubilden. [...] Und der zweite Vorschlag wäre direkt an die Arbeitgeber: jungen Leuten nur Zeitverträge anzubieten, das heißt auf gut Deutsch, sie aufzufordern, keine feste Beziehung einzugehen und keine Kinder zu zeugen. [...]

Tim Deisinger: Interview mit dem Sozialwissenschaftler Gerd Bosbach, mdr.de, 14.05.2013, Mitteldeutscher Rundfunk, www.mdr.de/mdr-info/demografiegipfel104.html, Zugriff 27.02.2014

Arbeitsvorschläge

1. Analysieren Sie, was es für das Zahlenverhältnis zwischen Rentenbeziehern und Beitragszahlern bedeutet, wenn das Renteneintrittsalter verändert wird (**M1**); → Methode S. 222.

2. Beschreiben Sie,
   - welche Kritik in **M2** an den Vorhersagen und den Schlussfolgerungen aus diesen Prognosen geübt wird;
   - welche Vorschläge in **M4** gemacht werden.

3. Erklären Sie mit Ihren Worten, vor welchen Problemen die gesetzliche Rentenversicherung steht.

4. Beurteilen Sie, was geschehen müsste, damit die in **M3** genannten Veränderungen eintreten. Welche Auswirkungen hätten diese voraussichtlich auf die genannten Problembereiche (rote Felder)? Welche unerwünschten Folgen oder spezifischen Umsetzungsprobleme sind jeweils denkbar? Arbeiten Sie in Kleingruppen und notieren Sie die Ergebnisse in Texttabellen und diskutieren Sie Ihre Ergebnisse.

[I] 2 [II] 1, 3 [III] 4

Vertiefung

Freizügigkeit in der EU

Gefährdet Einwanderung den Sozialstaat?

EU-Binnenmarkt
S. 160

EU-Erweiterung
S. 154

Migration in die EU
S. 190 ff.

M1 Ausgewählte Freizügigkeit

Heiko Sakurai, 2013

Erklärungen

Das **Bundessozialgericht** mit Sitz in Kassel ist das oberste deutsche Gericht in sozialen Rechtsfragen.

Der **Gerichtshof der Europäischen Union (EuGH)** mit Sitz in Luxemburg soll gewährleisten, dass das EU-Recht in allen Mitgliedstaaten korrekt und gleich angewendet wird. Seine Entscheidungen müssen deutsche Gerichte umsetzen; S. 159, M 9.

Migration: bezeichnet Wanderungsbewegungen in und zwischen Staaten (Einwanderung, Auswanderung). Bei Wirtschaftsmigration oder auch Arbeitsmigration geht es um die Wanderung in wirtschaftlich starke Regionen (hierzu gehört auch die Armutswanderung). Die Gründe für politisch motivierte Migration sind Flucht vor Unterdrückung, Verfolgung, Krieg oder Vertreibung.

VT

Das Wort von der „Armutswanderung“ macht die Runde und schürt Furcht. Nicht nur Menschen aus Entwicklungsländern versuchen, als „Wirtschaftsflüchtlinge“ wohlhabende Länder zu erreichen und dort Aufnahme zu finden. Gleiches geschieht in Europa, wo es ebenfalls große Entwicklungsunterschiede zwischen den Ländern gibt. Und innerhalb der EU ist die Migration besonders einfach, denn es gilt die Arbeitnehmerfreizügigkeit – seit 2014 auch für Bulgarien und Rumänien.
Aus diesen Ländern sind viele gut ausgebildete Menschen als Fachkräfte gekommen oder als Studierende an deutsche Universitäten gegangen. Sie sind gut in die deutschen Ausbildungssysteme oder den Arbeitsmarkt integriert. Sie stärken die Wirtschaftskraft Deutschlands und damit auch dessen Sozialsysteme.
Als problematisch wird der Zuzug von Migranten gesehen, die gering oder nicht qualifiziert sind und kaum Chancen auf dem deutschen Arbeitsmarkt haben. Dies gilt vor allem für die Gruppe der zuwandernden Roma, die in ihren Heimatländern ausgegrenzt, diskriminiert, rassistisch verfolgt werden und unter ärmlichsten Verhältnissen leben. Ihre Integration scheitert jedoch oft an mangelnden Qualifikationen, Sprachhindernissen und prekären Lebensumständen.
Die „Armutszuwanderung“ konzentriert sich auf größere Städte. Sie müssen erhebliche finanzielle Kosten schultern – für Wohnungsbeschaffung, medizinische Versorgung, Kindergarten- und Schulplätze usw. –, obwohl manche dieser Städte bereits unter Schuldenbergen, hoher Arbeitslosigkeit und sozialen Brennpunkten ächzen. Nicht nur die Zugewanderten rufen um Hilfe, auch viele überforderte Kommunen – so z. B. Berlin, Dortmund oder Duisburg.

M2 Hartz IV für arbeitslose EU-Bürger?

Arbeitslose EU-Ausländer haben gute Chancen, vor den deutschen Sozialgerichten [...] Hartz IV zugesprochen zu bekommen. Denn die Richter in den unteren Instanzen können sich nun darauf berufen, dass auch das Bundessozialgericht europarechtliche Zweifel am Ausschluss der Zahlungen für Ausländer durch das deutsche Sozialgesetzbuch hat. Nach Ansicht der höchsten deutschen Sozialrichter reicht dies für eine positive Entscheidung über Hartz IV für die vielen anhängigen Eilverfahren schon aus. [...] Damit wäre allerdings das Ende einer Regelung im Sozialgesetzbuch II faktisch schon besiegelt, bevor der Europäische Gerichtshof (EuGH) seine Entscheidung in dieser Frage überhaupt verkündet hat. In Paragraph 7 hatte der Bundestag unmissverständlich klargestellt, dass Ausländer kein Hartz IV – also nicht das Arbeitslosengeld II – beanspruchen können, wenn sie sich nur zur Arbeitssuche in Deutschland aufhalten. [...]

Corinna Budras, Jan Hauser: Hartz IV für arbeitslose EU-Bürger, Frankfurter Allgemeine Zeitung, 19.02.2014, S. 9, gekürzt

M3 Arbeitsmarktindikatoren von Einwanderern im Vergleich

	Bulgarien	Rumänien	EU-8-Staaten[1]	Ausländer insgesamt	Deutschland insgesamt
Bevölkerungszahl					
30.06.2013	130 629	237 818	864 026	7 426 671	81 708 936
Bevölkerung im erwerbsfähigen Alter (15 – 65 Jahre)					
30.06.2013	114 046	211 427	773 302	6 080 763	63 364 364
Beschäftigungsquote der erwerbsfähigen Bevölkerung (15 – 65 Jahre) in %					
30.06.2013	34,6	60,2	56,2	47,1	64,1
Arbeitslosenquote[2] in %					
30.06.2013	13,6	6,3	8,6	14,7	7,7
Anteil Hartz IV-Empfänger an der Bevölkerungsgruppe in %					
30.06.2013	14,8	7,4	10,7	16,2	7,6
Kindergeldberechtigte in %					
30.06.2013	10,9	7,7	k. A.	16,0	10,8

1) EU-Beitrittsstaaten 2004: Estland, Lettland, Litauen, Polen, Slowenien, Slowakei, Tschechien, Ungarn;
2) Anteil der Arbeitslosen an den abhängig beschäftigten zivilen Erwerbspersonen

Institut für Arbeitsmarkt und Berufsforschung (Hg.): Aktuelle Berichte, Zuwanderung aus Bulgarien und Rumänien vor der Arbeitnehmerfreizügigkeit, Nürnberg 23.12.2013, S. 7, vereinfacht

M4 Standpunkt der EU-Kommission

Auszug aus einem Interview mit Viviane Reding, EU-Justizkommissarin:

[...] Die EU-Kommission hat niemals gefordert, dass alle EU-Ausländer Hartz-IV-Leistungen erhalten. Wir haben nur gesagt: Es muss im Einzelfall geprüft und im Einklang mit dem Grundsatz der Verhältnismäßigkeit entschieden werden. [...] Nie dürfen belastende nationale Maßnahmen auf eine bestimmte Gruppe zielen. [...] In ganz Europa sind zwei Millionen Arbeitsplätze nicht besetzt. Deshalb ist es zuerst einmal ein sehr großer wirtschaftlicher Vorteil, wenn die Menschen überhaupt zum Arbeiten in ein anderes Land kommen. [...] Freuen sich nicht viele Deutsche uneingeschränkt über spanische Krankenschwestern, fürchten sich aber vor rumänischen Erntehelfern? Man kann nicht den gemeinsamen Binnenmarkt mit allen Vorteilen für den Export nutzen und gleichzeitig die Freizügigkeit für Bürger einschränken. [...]

Thomas Gutschker: Es gibt ein reales Problem mit Roma, Frankfurter Allgemeine Sonntagszeitung, 09.02.2014, Nr. 6, S. 4

M5 Nur ein Großstadtproblem?

Es ist ein Jahr her, dass der Deutsche Städtetag Alarm schlug. Die steigende Zahl von Armutseinwanderern aus Rumänien und Bulgarien werde besonders betroffene Städte [...] vor immer größere Probleme stellen. Eindringlich warnte der Städtetag im Februar 2013 [...] vor [...] der Gefährdung des sozialen Friedens in den betroffenen Städten. [...] Vor wenigen Tagen hieß es [...] in einem gemeinsamen Appell von Arbeitgeberpräsident Ingo Kramer und dem Vorsitzenden des Deutschen Gewerkschaftsbunds (DGB), Michael Sommer, dass eine undifferenzierte politische Debatte über Armutseinwanderung dringend gebrauchte ausländische Fachkräfte abschrecken könnte.

Reiner Burger: Eine Matratze für 300 Euro pro Monat, FAZ.NET, 02.02.2014, www.faz.net/aktuell/politik/inland/armutseinwanderung-eine-matratze-fuer-300-euro-pro-monat-12781481.html, Zugriff 03.03.2014, gekürzt

Arbeitsvorschläge

1. Interpretieren Sie **M1**. Vergleichen Sie dazu auch den **VT**, **M2** und **M4**; Methode S. 214.

2. Fassen Sie zusammen, welche Vorteile und welche Probleme die Freizügigkeit in der EU mit sich bringt (**VT**, **M4** und **M5**).

3. Analysieren Sie in Arbeitsgruppen die Tabelle **M3**, notieren Sie auffallende Unterschiede und versuchen Sie, diese zu erklären. Tragen Sie in der Klasse Ihre Ergebnisse vor; Methode S. 222.

4. Führen Sie eine Debatte, Methode S. 215, ob Einwanderung den Sozialstaat festigt oder untergräbt. Nennen Sie die Bedingungen für Ihre Einschätzung und versuchen Sie zu klären, ob diese Bedingungen vorliegen.

[I] 2 [II] 3 [III] 4 [I]–[III] 1

5

Global vernetzt

Situation:

Digitales Fasten: „Ich bin dann mal off!"

Es ist inzwischen zu einem Trend geworden, einfach mal abzuschalten. Immer online und ständig erreichbar zu sein, ist nicht mehr ein unhinterfragter Lebensstil. Mehr und mehr Menschen wagen ein Selbstexperiment und schränken ihren Internetkonsum ein, leben eine Zeit lang ohne Computer, Handy und soziale Netzwerke. Diese Leute sind bei Weitem keine Gegner der digitalen Vernetzung. Im Gegenteil: Oft berichten sie anschließend in eigenen Blogs vom digitalen Fasten. Was bewegt diese Menschen zu einem solchen Verzicht?

Allein ohne Smartphone und Computer

Linktipps
Zusatzmaterial
z75tu9

Den Lernprozess organisieren:

Analyse der Situation

Warum verzichtet ein Mensch freiwillig auf seine digitale Vernetzung? Ist eine solche Entscheidung in unserer heutigen Welt überhaupt umsetzbar? Denken Sie nur an die Arbeit oder die Erledigung von Bankgeschäften. Welche Erfahrungen lassen sich in einer Zeit des digitalen Fastens machen? Was sagt das aus über die Chancen und Risiken einer global vernetzten Welt?

Erarbeiten, Informieren, Organisieren

Recherchieren Sie zu dem Trend des digitalen Fastens. Führen Sie nach der Arbeit mit dem vorliegenden Kapitel in Ihrer Lerngruppe eine Debatte zu den Chancen und Risiken einer global vernetzten Gesellschaft durch; S. 215 Methode: Eine Debatte führen.
Für die Bearbeitung der Situation hält das Kapitel unter anderem folgende Themen für Sie bereit:

- Bitte bedienen Sie sich. Der sorglose Umgang mit digitalen Daten
- Total vernetzt
- Onlineshopping und E-Commerce
- Kontrolle der Mächtigen
- Mein – dein – allgemein? Eigentumsrechte im Internet
- Blogger

Aktiv sein

Versuchen Sie es selbst und verzichten Sie eine oder mehrere Wochen auf Ihre digitale Vernetzung. Oder entwerfen Sie einen erdachten Blog zu den Erfahrungen des digitalen Fastens.

Kompetenzen im Blick:

In diesem Kapitel erhalten Sie die Gelegenheit, die persönlichen, gesellschaftlichen und wirtschaftlichen Konsequenzen der weltweiten digitalen Vernetzung zu untersuchen. Sie werden in die Lage versetzt, die Interessen und wechselseitigen Abhängigkeiten der Anbieter und Nutzer im Internet zu analysieren. So können Sie sich mit Blick auf Ihr eigenes Verhalten und die Gestaltungsaufgaben des Staates in diesem Lebensbereich ein eigenes Urteil bilden.

Total vernetzt

Das Internet und ich

M1 Geht es noch ohne?

Thomas Meitsch (Schwarwel), 2010

Erklärungen

Generation X: Hiermit ist die Generation gemeint, die noch ohne PC und Internet groß wurde. **Generation Y** ist die folgende Generation, die mit Internet und mobilen Kommunikationsgeräten aufwuchs. Heute wächst die **Generation Z** heran, deren Mitglieder bereits in der Grundschule ein Handy besitzen und spätestens ab der 5. Klasse einen eigenen Computer benutzen.

Social-Media-Postings (engl.): bezeichnet Einträge in z. B. Facebook oder Twitter. Social-Media ist dabei der Oberbegriff für alle Netzgemeinschaften und Plattformen, in denen Meinungen, Eindrücke, Erfahrungen usw. ausgetauscht werden.

Früher wurden im Internet auf wenigen Websites Inhalte von großen Medienunternehmen präsentiert und von den passiven Nutzern nur gelesen (**Web 1.0**). Das hat sich deutlich verändert: Heute erstellen, bearbeiten und verteilen viele aktive Nutzer selbst die Inhalte. Viele Inhalte im Internet werden von einer großen Zahl von Nutzern in ihren Netzgemeinschaften erzeugt (**Web 2.0**).

VT

Nahezu alle jungen Leute unter 30 Jahren nutzen das Internet. Per Smartphone oder Tablet-PC sind sie ständig online erreichbar. Das Nachrichtenschreiben und der Austausch von Neuigkeiten gehören zum Alltag. Auch der Kontakt zu ehemaligen Schulfreunden, die umziehen, bricht nicht so schnell ab. Die Generation, die mit PC und Smartphone groß wird, kann perfekt netzwerken.

Es gibt aber auch eine Schattenseite: Zurück bleiben diejenigen, die den Computer überwiegend zum Spielen benutzen, ständig Filme anschauen und ihre sozialen Kontakte vernachlässigen. Sie verlieren den Anschluss.

Aus dem medialen Miteinander entstehen aber auch noch andere Risiken. Unzählige persönliche Daten finden sich in den sozialen Netzwerken oder auf YouTube. Ganze Persönlichkeitsprofile lassen sich dort ablesen. Man kann z. B. erkennen, wer mit wem befreundet ist. Es stellt sich die Frage, ob mit diesen vielen persönlichen Informationen nicht auch Missbrauch betrieben werden kann.

Großes Aufsehen erregten im Jahr 2013 die Enthüllungen um die amerikanischen Geheimdienste, die versuchen, den gesamten weltweiten Datenverkehr mitzulesen und zu speichern. Eine E-Mail, die in Deutschland geschrieben und versendet wird, verlässt in der Regel das Land und wird über weit entfernte Router gelenkt. Dort werden dann die Datenleitungen angezapft.

Das Internet ist prinzipiell nicht privat. Auch Geschäftspartner oder Arbeitgeber können an persönliche Informationen gelangen. Drei Fragen stellen sich: Wie gebrauche ich die elektronischen Medien? Was teile ich dort mit und welchen Nutzen ziehe ich daraus?

M2 Herausforderung Internet

Auszug aus einem Internetratgeber für Eltern.

[...] Da gibt es den Firmenchef oder den Personalentscheider, bei dem sich ein junger Mann und eine junge Frau nach ihrem Schulabschluss um einen Ausbildungsplatz bewerben. Der Personalentscheider sucht nach Erhalt der Bewerbung nach den Namen der beiden bei Facebook und findet von dem jungen Mann Fotos, auf dem der Jugendliche bei der Abifeier angetrunken zu sein scheint, und von der jungen Dame die „Like“-Angabe bei einer politischen Gruppierung.

Der Personalentscheider sagt beiden ab, denn er will in der Firma niemanden, der Alkohol trinkt, und vertritt eine andere politische Meinung als die Bewerberin.

Dieser Fall der Effekte von Facebook-Profilen, die nicht nur für Freunde einsehbar sind, ist konstruiert, doch er ist möglich und sogar wahrscheinlich. Es gibt Personalentscheider, die so funktionieren.

Hart gesagt gibt es also nur zwei mögliche Ratschläge für Sie und Ihre Kinder in Bezug auf die Nutzung von Facebook oder dem Internet generell [...]. Der erste davon lautet: Veröffentlichen Sie keinerlei persönliche Meinungen, Fotos, Interessen oder Vorlieben im Internet. Egal, was Sie öffentlich im Netz tun [...] ist mehr oder weniger öffentlich: Irgendjemand könnte im Verlauf Ihres Lebens daran Anstoß nehmen und Ihre Karriere negativ beeinflussen, indem er Ihnen zum Beispiel einen Job nicht gibt.

Oder aber Sie befolgen den zweiten Ratschlag: Erziehen Sie Ihre Kinder zu starken und eigenständigen Persönlichkeiten, die den Job von einem solchen Personalentscheider erst gar nicht wollen, [...]

Die gesellschaftlichen Herausforderungen, vor die uns das Internet im Allgemeinen oder Facebook im Speziellen stellen, sind menschlicher Natur, und für welchen persönlichen Umgang mit den digitalen Medien wir uns entscheiden, hängt von unserer individuellen Sozialisierung, unserem beruflichen und privaten Umfeld und unserem Charakter ab.

Tanja u. Johnny Haeusler: Netzgemüse. Aufzucht und Pflege der Generation Internet, Goldmann, München 2012, S. 107/108, gekürzt

M4 Jobs durch gutes Netzwerken

Markus ist einer von denen, die sich noch nie beworben haben, obwohl er alle drei Jahre einen neuen Job macht. Ging es wieder mal zu Ende mit seiner Motivation, dem Unternehmen oder der Konjunktur, hängte er sich früher ans Telefon. Inzwischen postet er seine Suche einfach unter seinen 400 Freunden bei Facebook, spickt sein Xing- und Linkedin-Profil mit dem schönen Wort „Herausforderung“ und informiert fünf Schlüsselpersonen persönlich, wonach er sucht. Diese Schlüsselpersonen sind besonders gut vernetzte Ex-Kollegen, die wiederum eigene Netzwerke aktivieren. [...] Warum bewerben, wenn es auch ohne geht? Und zwar besser, gezielter, passgenauer? 25 Prozent aller Stellen werden aufgrund von Empfehlungen besetzt, meldete kürzlich das Institut für Arbeitsmarktforschung IAB. Und das Internet wird weiter dazu beitragen, die Bewerbungen alter Schule abzuschaffen. [...]

Du bist, wen du kennst – und heute sieht das auch jeder in offenen Followerlisten bei Twitter, bei Facebook und Xing. [...] Die Jüngeren, die von Kindheit an digitalisierten Vertreter der Generation Y, nehmen ihre Netzwerke mit. [...]

Svenja Hofert: Nie mehr Bewerbungen schreiben, Spiegel Online, 30.11.2012, www.spiegel.de/karriere/berufsleben/netzwerke-bewerbungen-haben-ausgedient-sagt-svenja-hofert-a-870100.html, Zugriff 10.01.2014, gekürzt

M3 Wege ins Internet

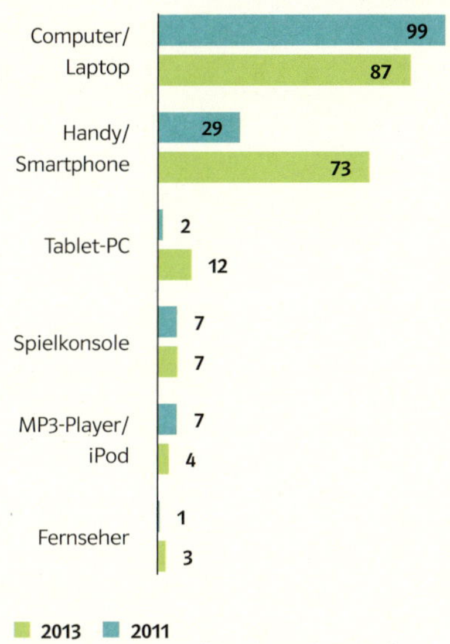

12- bis 19-Jährige Jugendliche, die mindestens alle 14 Tage das Internet nutzen, Angaben in Prozent, 2013 und 2011, Datenquellen: JIM 2013, JIM 2011

Medienpädagogischer Forschungsverbund Südwest: JIM-Studie 2013, Stuttgart 2013, S. 30, vereinfacht

Arbeitsvorschläge

1. Führen Sie eine Woche lang ein Tagebuch, in dem Sie Ihre Mediennutzung dokumentieren. Vermerken Sie dabei die Art des Mediums und das Ziel der Nutzung. Stellen Sie Ihre Ergebnisse grafisch dar und vergleichen Sie in Ihrer Lerngruppe.

2. Kann man heute noch offline sein? Diskutieren Sie diese Frage vor dem Hintergrund der Karikatur **M1**.

3. Mobile Endgeräte wie Smartphone und Tablet-PC revolutionieren den Kommunikationsmarkt. Analysieren Sie diese Entwicklung unter Einbeziehung von **M3** und Ihren eigenen Erfahrungen.

4. Erläutern Sie die Chancen und Risiken, die durch das Bereitstellen von persönlichen Daten im Netz entstehen können (**VT**, **M2**).

5. **M4** beschreibt eine besondere Art des öffentlichen Auftritts im Internet. Beurteilen Sie das Vorgehen.

[II] 1, 3, 4 [III] 2, 5

Onlineshopping und E-Commerce

Chancen und Risiken neuer Angebote

Zoll
S. 161

M1 Einkaufen heute

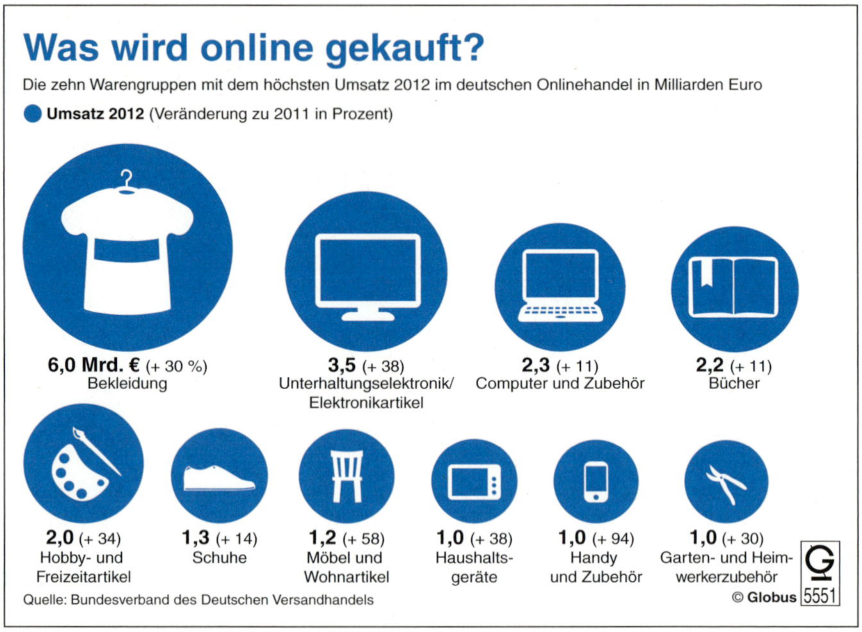

Erklärungen

Paypal: Bezahldienst, der durch seine Kooperation mit dem Onlineauktionshaus Ebay bekannt wurde. Die Geschäftsidee von Paypal beruht auf der Beschleunigung der Bezahlung und zusätzlicher Sicherheit bei den Handelstransaktionen. Dazu müssen beide Handelspartner bei Paypal registriert sein. Zur Registrierung übermittelt man Paypal seine Bankverbindung, welche durch die einmalige Abbuchung eines Cent-Betrages verifiziert wird. Der Zahlungsverkehr wird durch die Nutzung des Bezahldienstes so schnell wie eine E-Mail übertragen.

VT

Ein neues Paar Schuhe soll es sein. Das bedeutete früher, dass man in die Stadt geht, um die entsprechenden Geschäfte zu besuchen. Nicht selten dauerte das sehr lange und man fand trotzdem nichts.
Genau hier setzt die Idee des Internethandels ein: Warum muss immer der Kunde zum Produkt kommen und nicht das Produkt zum Kunden? Es gibt schließlich das Internet und damit die Möglichkeit für Unternehmen, einen viel größeren Kundenkreis zu erreichen. Das Angebot der großen Internethändler ist riesig. Diese Internethändler haben rund um die Uhr geöffnet und die Ware wird nach Hause geliefert. Die Kunden wählen also bequem zu Hause aus. Die neuen Schuhe sind schnell gefunden. Vorsichtshalber werden sie in verschiedenen Größen bestellt. Man kann schließlich alles zurückschicken, wenn etwas nicht passt oder doch nicht gefällt. Die Internetseite informiert gleichzeitig darüber, was sich andere Kunden ebenfalls angeschaut haben und einem auch gefallen könnte. So landet gleich noch ein T-Shirt im Warenkorb.
Bezahlt wird per Kreditkarte. Die Abbuchung kommt erst im nächsten Monat. So macht der Einkauf Spaß!
Ein solches Szenario steht für einen Trend, der auch Schattenseiten hat. Der Einkauf auf Pump, unbezahlte Rechnungen und verlockende Angebote sorgen dafür, dass der Schuldenberg der unter 20-Jährigen sich in den letzten Jahren vervierfacht hat. Zu leicht entsteht bei den Menschen der Eindruck, dass man sich durch Ratenzahlung oder Dispokredite alles leisten kann, auch wenn gerade kein Geld auf dem Konto ist. Und welche Zukunft hat der Fachhandel in den Städten?

M2 Bildschirm an, Gehirn aus

Schwarz und verlockend schimmerte der Sportwagen auf dem Bild im Internet. Ein Anbieter hatte den neuen Audi TT ins Netz gestellt, für 6000 Euro. Der Wagen müsse schnell verkauft werden, schrieb der Mann. Ihm stehe ein Scheidungsprozess bevor, er wolle verhindern, dass die künftige Exfrau das Auto bekomme. Wer als Erster den Betrag auf ein Konto in London überweise, erhalte den Zuschlag. Etliche Kunden schickten dem Unbekannten die Summe. „Bei manchen Käufern schaltet sich vor dem Bildschirm der gesunde Menschenverstand ab", sagt Jutta Gurkmann vom Bundesverband der Verbraucherzentralen, wo der Fall gemeldet wurde. Was die Vorsicht bei Online-Einkäufen angeht, gibt es in Deutschland noch Nachholbedarf.

Etwa 35 Millionen Menschen nutzen in Deutschland das Internet zum Einkauf. Ein Großteil davon besucht die Seiten bekannter Portale, wie Ebay oder Amazon. Aber auch immer mehr Einzelhändler eröffnen eine eigene Verkaufstheke im Netz. Laut einer Untersuchung des Statistischen Bundesamtes betreibt jedes vierte Geschäft in Deutschland einen Online-Shop. Auf das professionelle Layout einer Seite können sich Käufer nicht verlassen. Bei unbekannten Firmen- und Geschäftsnamen sollten Kunden die Allgemeinen Geschäftsbedingungen kontrollieren und prüfen, ob auf der Seite Informationen zum Eintrag ins Handelsregister einsehbar sind. Die Preise sollten deutlich ausgewiesen sein ohne Anmerkungen und Kleingedrucktes. Das Gleiche gilt für die Versandkosten. Bei Internet-Händlern im Ausland sollten Nutzer besonders genau darauf achten, welche Transportkosten, Zölle oder Überweisungsgebühren anfallen könnten.

Bewertungen von Kunden, die mit früheren Einkäufen angeblich zufrieden waren, bieten Orientierung, allein darauf verlassen sollte man sich aber nicht. [...] Da der Kunde das Produkt beim Einkauf im Netz nur am Bildschirm sieht und nicht testen kann, räumt ihm der Gesetzgeber in Paragraf 355 des Bürgerlichen Gesetzbuches ein Widerrufs- und Rückgaberecht von 14 Tagen ein, ohne dass der Kunde einen Grund angeben oder reklamieren muss. Die Frist läuft meist ab dem Tag, an dem der Kunde die Ware erhält. Ausgeschlossen sind wenige Waren wie frische Lebensmittel, Heizöl, Arzneimittel, entsiegelte Software oder Sonderanfertigungen. Liegt der Warenwert über 40 Euro, muss der Verkäufer die Rücksendekosten tragen. [...] Nach Angaben des Bundeskriminalamtes wurden bislang sechs Millionen Deutsche Opfer von Betrügereien beim Onlineshopping, bei Privatverkäufen und Auktionen. Für den Einkauf im Netz gelten die grundsätzlichen Sicherheitshinweise: Ein aktuelles Virenprogramm sollte installiert sein und ein verschlüsseltes Netz genutzt werden. Persönliche Daten sollten nur eingetippt werden, wenn die Übertragung per SSL-Protokoll geschützt ist. Die Informationen werden dann verschlüsselt übertragen, die Identität des Servers steht fest, und es wird überprüft, ob die Daten vollständig und unverändert ihren Empfänger erreichen. Zu erkennen sind solche Seite am Vorsatz https:// statt nur http:// oder an einem symbolischen Schloss in der Browserzeile. Bank-Pins und Tan-Nummern sollten nie auf der Seite eines Händlers eingegeben werden. Gütesiegel können ein Hinweis auf einen seriösen Anbieter sein. [...] Das Bundesjustizministerium empfiehlt fünf Siegel: Trusted Shops, TÜV-Süd, IPS-Datenschutz, das EHI-Institutssiegel und das Zertifikat des Bundesverbandes des Deutschen Versandhandels [siehe das EHI-Zeichen]. Die Sicherheit der Bezahlsysteme hängt von den einzelnen Anbietern ab. Grundsätzlich gilt: Passwörter nicht doppelt verwenden und nur so wenig Informationen wie nötig preisgeben.

Fabian Heckenberger: Bildschirm an, Gehirn aus, Süddeutsche.de, www.sueddeutsche.de/geld/einkaufen-im-internet-bildschirm-an-gehirn-aus-1.1034865, Zugriff 02.01.2014

Arbeitsvorschläge

1. Stellen Sie die Vorteile und die Nachteile des Onlinehandels in einer Tabelle gegenüber.

2. Berichten Sie in der Klasse über Ihre Erfahrungen mit Onlineangeboten von Unternehmen (**M1**).

3. Nennen Sie wichtige Aspekte des sicheren Onlinehandels (**M2**).

4. Arbeiten Sie in Kleingruppen und stellen Sie exemplarisch erfolgreiche Unternehmen vor, die ihr Geschäftsmodell auf dem Internet aufbauen. Präsentieren Sie anschließend Ihre Ergebnisse.

5. Wie würden Sie als Unternehmerin oder Unternehmer die Chancen des E-Commerce für Ihre Branche beurteilen? Diskutieren Sie über Ihre Vorstellungen.

[I] 1, 2, 3 [II] 4 [III] 5

Mein – dein – allgemein?
Eigentumsrechte im Internet

M1 Marktentwicklungen bei legalen Musik-Downloads

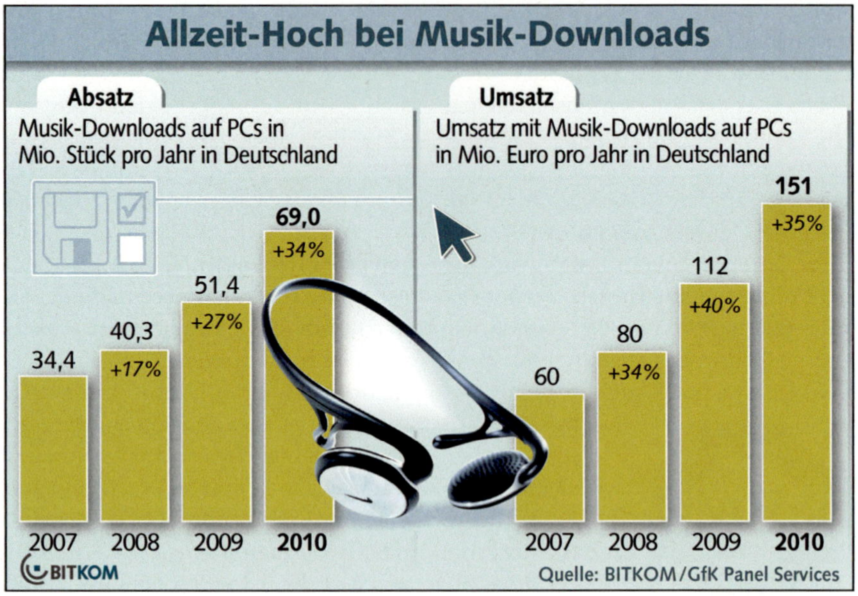

Erklärungen

Naturrecht: Damit sind rechtliche Grundsätze gemeint, die unabhängig von menschlicher Zustimmung oder von dem durch Menschen gesetztem (sogenannten positivem) Recht gelten.

John Rawls: US-amerikanischer Philosoph (1921 – 2002), der besonders wegen seiner „Theorie der Gerechtigkeit" bekannt wurde.

Urheberschutz: Er gilt in Deutschland immer, auch wenn z. B. auf einer CD oder DVD nichts dazu steht. Texte, Fotos, Zeichnungen, Karikaturen, Musikstücke, Filme usw. sind geschützt, wenn es persönliche geistige Schöpfungen sind. Das gilt auch für das Internet.

VT

Durch die neuen technischen Möglichkeiten des Internets können Musikstücke, Filme oder Software sehr leicht und vor allem sehr schnell heruntergeladen und kopiert werden. Vielfach werden diese Dateien in sogenannten Tauschbörsen angeboten. So wird es möglich – kostenfrei –, an nahezu alle digitalen Produkte heranzukommen. Wenn etwas kostenfrei angeboten wird, für das man sonst in einem Laden bezahlen müsste, sind aber Zweifel und Vorsicht angebracht. Der Urheber dieser Dateien hat in der Regel Zeit, Arbeitskraft, Kreativität und Geld in die Entwicklung seines Produkts investiert. Dafür erwartet er von einem Verwender eine angemessene Entlohnung. Das Urheberrecht soll helfen, diese Ansprüche geltend zu machen.
Das Urheberrecht gilt aber nur in einem Staat, nämlich bei uns in Deutschland. In anderen Ländern gelten andere Regeln. Das Internet kennt keine Grenzen, die Justiz aber schon. Wer unberechtigt fremdes Eigentum nutzt, macht sich bei uns in Deutschland strafbar.
Demgegenüber melden sich zunehmend Netzaktivisten kritisch zu Wort. Sie sind der Überzeugung, dass das geltende Urheberrecht mit Blick auf das Internet unbrauchbar ist. In ihren Augen besteht zwischen Kopieren und Stehlen ein Unterschied. Zudem machen sie darauf aufmerksam, dass viele Kopien privater Natur sind, also nicht kommerziell genutzt werden.
Wie ist also digitales Eigentum zu definieren? Wann ist das Herunterladen und Kopieren einer Datei legal, wann illegal? Vielleicht ist die Problematik des Bezahlens für digitale Produkte auch nicht nur eine Frage von Recht und Gesetz, sondern der persönlichen Moral und des Anstands.

M2 Drei Standpunkte zum digitalen Eigentum

1. Schülermeinung:
Manchmal will man eben ganz schnell diesen einen Song, dieses Album oder diesen Film haben. Ist ja auch einfach dranzukommen. Ich weiß, das ist nicht ganz o.k., aber so machen es doch alle. Ich lade inzwischen meine Musik legal herunter und bezahle dafür. Meine Ausgaben sind überschaubar. Einige meiner Freunde verbraten am Wochenende mehr Geld in Kneipen, als ich für meine Musik ausgebe.

Autorentext

2. Paul van Dyk, Berliner DJ:
Kultur hat ihren Wert. Wer Kultur macht, hat das Recht auf eine angemessene Vergütung. [...] Mit der rasanten Digitalisierung verändern sich Zugänge zu Kunst und Kultur. Darauf müssen wir reagieren. Aber für uns ist klar, dass es nur um das „Wie" gehen kann: Wie sollen Künstler entlohnt werden, wenn ihre Ideen schneller als je zuvor kopiert, geteilt und gemixt werden können? [...] Damit treten wir denen entgegen, die im Windschatten notwendiger Reformen gleich auch noch „Ob"-Fragen auf die Tagesordnung bringen [...]. Eine Gesellschaft, die so mit künstlerischen Werken umgeht, ist nichts wert.

Paul van Dyk, Frank-Walter Steinmeier: Bezahlen lohnt sich, Die Zeit, Nr. 37, 05.09.2012, Zeit-Online, www.zeit.de/2012/37/Urheberrecht-Gesellschaftsvertrag-Steinmeier-Paul-van-Dyk, Zugriff: 28.01.2014, gekürzt

3. Hans-Peter Kerl, Netzaktivist:
Kopieren ist kein Diebstahl. [...] Wir kopieren von klein auf. Alles, was wir erlernt haben, denken und fühlen, ist Kopie. [...] Niemandem wird da etwas weggenommen [...]. Kopieren schadet nicht den Urhebern und Erfindern. Im Gegenteil, es ist die Voraussetzung dafür, dass diese überhaupt erst mal bekannt werden können (keine Kopie = keine Öffentlichkeit) und dann in Folge (ebenfalls mit Kopien) Geld verdienen können. [...]

Peter Kerl: Zum Streit ums Urheberrecht „Kopieren ist kein Diebstahl", 24.05.2012, http://politropolis.wordpress.com/2012/05/24/streit-ums-urheberrecht, Zugriff: 28.01.2014, gekürzt

M3 Gibt es digitales Eigentum?

Mehr und mehr Künstler haben den Staat in den letzten Monaten dazu aufgefordert, das Urheberrecht auch im Internet schärfer durchzusetzen. Dabei beriefen sich viele von ihnen [...] auf ihr vermeintlich moralisches Anrecht auf die Früchte ihrer Arbeit. [...] Die Gegner des Urheberrechts erwidern daraufhin zumeist, dass es einen großen Unterschied zwischen wirklichem Diebstahl und dem bloßen Kopieren von Dateien gäbe. Wirklicher Diebstahl bestehe in der Entwendung eines physischen Gegenstandes [...]. Verletzungen des geistigen Eigentums seien damit nicht zu vergleichen: Kopiere ich eine Datei, so hat der Urheber noch immer das Original auf der Festplatte. Sogenannte Raubkopierer dürfe man deshalb auch nicht wie gemeine Diebe behandeln.

Beide Argumente klingen zunächst plausibel. Doch beide fußen letztlich auf derselben, falsch verstandenen Begründung des Privateigentums. Für Philosophen von John Locke bis Robert Nozick beruht das Privateigentum auf Naturrecht. Laut ihnen sind wir Eigner unserer selbst. Wenn wir unter Einsatz unserer körperlichen Arbeit Getreide herstellen, so verwandeln wir dieses ebenfalls in unser Eigentum. [...] Das Problem liegt darin, dass moderne Philosophen wie John Rawls diese gesamte Denktradition zu Recht verworfen haben. [...] Laut dieser Sichtweise ist das Privateigentum nicht eine natürliche, sondern eine zutiefst politische Institution. Eigentumsrechte werden durch die kollektive Staatsgewalt definiert und durchgesetzt. [...] Laut dieser modernen Begründung des Privateigentums liegen Künstler falsch, wenn sie von einem natürlichen Recht auf die Früchte ihrer Arbeit ausgehen. Ein Recht über ihre Erzeugnisse sollten wir ihnen dann – und nur dann – zugestehen, wenn es dem Gemeinwohl dient. [...] Zuerst müssen wir uns fragen, wie stark Verstöße gegen das Urheberrecht dem Gemeinwohl schaden. Erst dann können wir beantworten, ob wir solche Verstöße ähnlich hart bestrafen sollten wie den Diebstahl physischer Gegenstände. [...] Die Frage nach dem optimalen Urheberrecht im Internetzeitalter ist, wie weithin bekannt, ein delikater Balanceakt. [...] Wir alle wollen [...] ein modernes Urheberrecht, das dem Volk relativ günstigen Zugang zur Kultur verschafft – und gleichzeitig die Lebensgrundlage von Künstlern und Schriftstellern sichert.

Yascha Mounk: Urheberrecht: Wann ist geistiges Eigentum gerecht?, Zeit-Online, 13.07.2012, www.zeit.de/kultur/2012-07/urheberrecht-philosophie-debatte/komplettansicht, Zugriff: 27.01.2014, gekürzt

Arbeitsvorschläge

1. Fertigen Sie nach folgender Einteilung ein Kreisdiagramm zu den Dateien auf Ihrer Festplatte: Wie schätzen Sie die Anteile an legal erworbenen, illegalen Dateien und Dateien unklarer Herkunft ein?
2. Diskutieren Sie in Ihrer Lerngruppe, wie digitales Eigentum zu definieren ist und ob die Bezeichnung des Diebstahls bei digitalem Eigentum berechtigt ist (**M 2, M 3**).
3. Welche Wege, Dateien aus dem Internet legal zu erwerben, sind Ihnen bekannt? Wie schätzen Sie diese Vertriebswege aus Sicht der Konsumenten und Produzenten ein (**M 1**)?

[I] 1 [III] 2, 3

Bitte bedienen Sie sich

Der sorglose Umgang mit digitalen Daten

M1 Private Datenschau

Harm Bengen, 2010

VT

Skandale um das Abfischen privater Daten im Internet haben in der letzten Zeit deutlich zugenommen. Selbst vor den Computern, den Handys und Smartphones führender Politiker und Wirtschaftsunternehmen wird nicht haltgemacht. Die Öffentlichkeit musste erfahren, dass nicht nur kriminelle Hacker, sondern auch staatliche Stellen und Geheimdienste befreundeter Staaten illegalen Zugriff auf die digitalen Daten gesucht haben.
Doch es bedarf keiner großen kriminellen Energie, um an interessante private Daten zu kommen. Wir hinterlassen im Internet, z. B. bei Einkäufen oder in sozialen Netzwerken, diese Daten auf vielfältige Weise. Zum Teil geben wir diese Daten nicht nur freiwillig, sondern geradezu freizügig preis – wie auf einem Präsentierteller: Hier, bitte bedienen Sie sich!
„Kein Problem. Aus meinen Daten kann doch sowieso keiner etwas Spannendes herauslesen“, sagen die einen. Doch andere warnen. Informationstechniker wissen, wie viel Privates sich aus der Kombination weniger Daten ableiten lässt. Experten müssen nur die richtigen Verbindungen herstellen. Vorlieben, Konsumgewohnheiten oder die politische Einstellung lassen sich sehr genau erkennen.
Längst haben sich Unternehmen aufgemacht, diese Daten zu sammeln und auszuwerten. Sie behaupten, die Daten zum Nutzen der Konsumenten auszuwerten. Doch stimmt das? Knallharte wirtschaftliche Fakten bestimmen das Geschäft. Unternehmen, die ihre Entscheidungen auf Basis einer genauen Datenanalyse treffen, sind produktiver als ihre Wettbewerber. Sie verdienen mehr Geld mit uns Konsumenten.
Welcher Umgang mit unseren Daten ist also gut und sinnvoll? Wo sind deutliche Grenzen? Und vor allem, wie kann ich den Missbrauch meiner Daten verhindern?

Erklärungen

Cookies (englisch: Keks): eine Datei, die auf einem Computer gespeichert wird und Daten über besuchte Websites enthält. Ein Cookie teilt dem Rechner mit, dass er schon einmal auf einer Website war, was den Ladevorgang beschleunigt. Andererseits kann die Datei auch Nutzerdaten an den Websitebetreiber zurückübermitteln. Cookies sind nicht versteckt und können vom Nutzer aktiv gelöscht werden.

IP-Adresse: Computern mit Zugang zum Internet wird ähnlich einer Postanschrift eine IP-Adresse zugewiesen, damit dieser adressier- und erreichbar ist.

In den letzten Jahren ist durch die Verschmelzung vieler Internetkonzerne eine **Marktkonzentration** zu beobachten. So haben sich Google oder Facebook durch strategische Zukäufe (z. B. des Dienstleisters WhatsApp durch Facebook) zu regelrechten Marktgiganten entwickelt. Kritiker sehen diese Entwicklung mit Sorge. Sie fordern mit Blick auf die Strukturen des Internets den Ausbau kleinerer, dezentralerer Anbieter sowie eine generelle Verschlüsselung der versendeten Daten.

M2 Spione im Wohnzimmer

Facebook ist erst der Anfang. Das soziale Netzwerk arbeitet intensiv mit den Daten, die seine Nutzer hinterlassen. [...] „Die meisten Menschen denken, aus ihren Facebook-Einträgen lasse sich nichts Spannendes herauslesen. Das stimmt aber nicht", warnt Erik Brynjolfsson, Professor für Informationstechnik am Bostoner Forschungsinstitut MIT. Fachleute können mit diesen Informationen schon jetzt überraschend viel anfangen. Sie müssen nur die richtigen Verbindungen zwischen Freunden und anderen Quellen herstellen. „Eigenschaften wie die Intelligenz oder die politische Einstellung lassen sich mit einer bemerkenswerten Präzision erkennen. Wir stehen vor einer neuen Ära, in der die Privatsphäre komplett verschwindet", prophezeit Brynjolfsson. Der Wissenschaftler widerspricht den Beteuerungen der Unternehmen, die Daten ihrer Kunden seien doch anonym: „Werden zwei Quellen zusammengeführt, lassen sich anonymisierte Daten leicht Personen zuordnen."
Hermann Wimmer, Leiter des internationalen Geschäfts der US-Firma Teradata, gewinnt mit seiner Software bereits viele Erkenntnisse aus der Informationsflut: „Smartphones, Autos, unsere Kleidung – alles steckt inzwischen voller Chips, die Daten produzieren." [...] Ergibt sich aus Kreditkartenabrechnungen, dass „jemand plötzlich nicht mehr wie bisher volltankt, sondern nur noch Benzin für 30 Euro nachfüllt, könnte das bedeuten, dass er klamm ist", erläutert Wimmer. [...]

Holger Schmidt: Die Spione aus dem Wohnzimmer, Focus-online, 22.04.2013, www.focus.de/digital/computer/tid-30988/web-wirtschaft-die-spione-aus-dem-wohnzimmer_aid_966610.html, Zugriff: 01.02.2014, gekürzt

M3 Konsumentenwohl oder Albtraum für Datenschützer?

[...] Was sich für Datenschützer zu einem Albtraum entwickeln könnte, muss für Konsumenten jedoch nicht nur negative Auswirkungen haben. Im Gegenteil. Verkehrsprognosen könnten deutlich präziser werden. Moderne Navigationssysteme zeigen Staus fast schon in Echtzeit an – wenn sich beispielsweise die Smartphones der Autofahrer auf einer Schnellstraße plötzlich nicht mehr bewegen. Michael Chui, der [...] die Folgen dieser Informationstechniken erforscht, sagt: „Je mehr Leute Smartphones nutzen, desto größer wird dieser Effekt – das spart Zeit und verringert Kohlendioxid-Emissionen." Noch größere Chancen sieht Chui im Gesundheitswesen, wenn Menschen mithilfe mobiler Geräte besser überwacht werden können. „Die Datenanalyse hilft, frühzeitig auf sich andeutende Krankheiten hinzuweisen." Auch die Energiewirtschaft arbeitet intensiv an der digitalen Datensammlung. Vergangene Woche verbündete sich Siemens mit Teradata und E.ON mit Ericsson, um die Stromnetze mit Sensoren sowie intelligenten Zählern auszustatten. „Nur so lassen sich Produktion und Verbrauch von Strom ausbalancieren", betont Jan Mrosik, Chef der Siemens-Sparte Intelligente Netze. [...]

Holger Schmidt: Was sich für Datenschützer zu einem Albtraum entwickeln könnte, Focus Nr. 17, 2013, www.focus.de/digital/computer/tid-30988/web-wirtschaft-die-spione-aus-dem-wohnzimmer-was-sich-fuer-datenschuetzer-zu-einem-albtraum-entwickeln-koennte_aid_979374.html, Zugriff 01.02.2014

M4 Große Datensammler

Der Kurzmitteilungsdienst **WhatsApp**, ein Dienst für internetfähige Mobiltelefone, zählt weltweit mehr als 250 Millionen Nutzer. Den über das Internet verschickten Nachrichten kann man Bilder, Video- oder Audiodateien anhängen. Datenschützer bemängeln, dass bei der Nutzung das vollständige Adressbuch des Nutzers unverschlüsselt an den amerikanischen Server des App-Betreibers WhatsApp Inc. Weitergeleitet wird. [...] Es ist nicht möglich, diesen Zugriff einzuschränken. [...]
Mit **Skype** ist es möglich über eine einfache Internetverbindung zu telefonieren. Gespräche via Skype werden zwar verschlüsselt, Nutzer geben aber Daten gegenüber Skype-Besitzer Microsoft preis. [...] Hier eine kleine Auswahl: Name, Benutzername, Anschrift, Telefonnummer, Handynummer, E-Mail-Adresse, Alter, Geschlecht, Land des Wohnsitzes, bevorzugte Sprache, Informationen über den Computer, Liste der Kontakte und der zugehörigen Daten [...]. Es ist nicht möglich, der Nutzung der Daten zu widersprechen.
YouTube ist eine Google-Tochter. Auf der Plattform können Videos von den Nutzern selbst hochgeladen werden. YouTube ist für Google ein wichtiger Baustein zum Sammeln von webrelevanten Daten. Dies geschieht zum einen, indem Google versucht, YouTube-Konten mit anderen, vielleicht schon bestehenden Google-Konten zu verbinden. Zum anderen werden natürlich Cookies auf YouTube gesetzt, und auch ohne Google-Konten vergleicht Google die Daten der IP-Adresse mit den YouTube-Nutzungsdaten. [...]

Kai Wiedermann: So funktioniert digitale Aufklärung, Westdeutsche Allgemeine Zeitung, 21.01.2014, o. S.

Arbeitsvorschläge

1. Interpretieren Sie die Karikatur **M1**. Diskutieren Sie, warum private Daten nicht öffentlich zugänglich sein sollten; → Methode S. 214.

2. Stellen Sie anhand der Materialen **M2** bis **M4** tabellarisch die Chancen und Risiken des Sammelns und Auswertens unserer privaten Daten dar.

3. Diskutieren Sie, welchen Umgang Sie mit Ihren Daten pflegen können. Welche würden Sie bereitwillig teilen? Was würden Sie tun, um Missbrauch zu verhindern?

[I] 2 [III] 3 [I]–[III] 1

Blogger
Mehr Chancen für die Meinungsfreiheit?

Pressefreiheit in Deutschland
S. 119

Erklärungen

Artikel 19 der Allgemeinen Erklärung der Menschenrechte der Vereinten Nationen: Jeder hat das Recht auf Meinungsfreiheit und freie Meinungsäußerung; dieses Recht schließt die Freiheit ein, Meinungen ungehindert anzuhängen sowie über Medien jeder Art und ohne Rücksicht auf Grenzen Informationen und Gedankengut zu suchen, zu empfangen und zu verbreiten.

Blog: Wortmischung aus den Begriffen Web und Logbuch und meint ein auf einer Internetseite geführtes Tagebuch, welches meist der Öffentlichkeit zugänglich gemacht wird. Die Blogger schreiben hier ihre Aufzeichnungen nieder, protokollieren Sachverhalte oder berichten aus ihrer Umwelt. Es ist auch möglich, dass der Verfasser Kommentare oder auch eine Diskussion zu seinen Beiträgen zulässt.

Reporter ohne Grenzen: internationale Nichtregierungsorganisation, die sich für die Pressefreiheit engagiert. Sie setzt sich auch u. a. für aus politischen Gründen inhaftierte Journalisten ein. Am 3. Mai, dem internationalen Tag der Pressefreiheit, wird von ihr eine Liste der weltweiten Pressefreiheit herausgegeben.

Zensur: wenn staatliche Stellen Medien vor dem Erscheinen kontrollieren und Inhalte verbieten. Die Zensur kann Bücher, Artikel in Zeitungen, Beiträge im Internet, Fotos, TV- und Radiosendungen oder Theaterstücke betreffen. Das Ziel ist es, unerwünschte Meinungen zu unterdrücken.

M1 Wie frei ist das Internet?

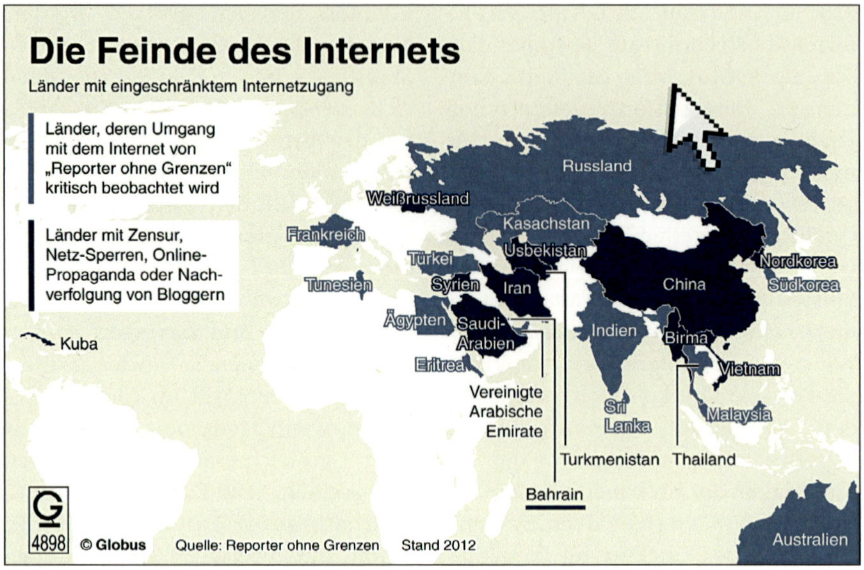

VT

Meinungsfreiheit und Pressefreiheit gehören zu den wichtigsten Grundrechten, die eine Demokratie ausmachen. So steht es auch in Artikel 19 der Allgemeinen Erklärung der Menschenrechte. Doch nicht überall auf der Welt wird das Recht auf Meinungs- und Pressefreiheit den Bürgerinnen und Bürgern zugestanden. Es gibt Länder, deren Regierungen viel daran setzen, eine freie Meinungsäußerung zu verhindern oder zumindest einzuschränken. Reporter dürfen nicht frei berichten und auch die Bevölkerung kann sich nicht frei informieren und wird stattdessen mit staatlicher Propaganda versorgt. Durch die Nachrichtensperren und die Ausweisung ausländischer Berichterstatter konnten bislang viele Diktaturen die Zustände im eigenen Land vor der Weltöffentlichkeit verbergen.
Durch die Entwicklung des Internets und die Fortschritte in der Mobilfunktechnologie entstanden neue Kanäle, die neben den klassischen Medien eine Berichterstattung ermöglichen, bei denen eine totale Zensur schwer möglich ist. Dennoch versuchen einige Regierungen, auch diese Kanäle einzuschränken.
Trotzdem gelangen viele Informationen an die Weltöffentlichkeit. Menschenrechtsaktivisten benutzen das Internet, um auf Missstände aufmerksam zu machen, auch wenn sie sich dadurch in Gefahr begeben. Die Informationen werden ungefiltert ins Netz gestellt und veröffentlicht. Nachrichtenagenturen nutzen diese Beiträge für ihre Berichterstattung. Allerdings taucht hier ein Problem auf: Nicht immer kann die Quelle und der Wahrheitsgehalt der Nachricht bestätigt werden. Darauf wird in der Berichterstattung stets hingewiesen.
Kann das Internet dennoch als frei, nicht zensiert und unreglementiert bezeichnet werden?

M2 Blogger leben gefährlich

Pressefreiheit ist in vielen Ländern ein bedrohtes Gut. Blogger und Netz-Aktivisten unterlaufen die Zensur – müssen deshalb täglich mit Repressalien und Gefängnis rechnen. [...] Jedes Jahr rücken am Tag der Pressefreiheit, dem 3. Mai, bedrückende Zahlen ins öffentliche Bewusstsein: Die Rangliste jener Staaten, in denen Journalisten unterdrückt, eingesperrt und drangsaliert werden, wirft einen deprimierenden Blick auf den Zustand der Pressefreiheit weltweit, die mancherorts sogar ganz existenziell bedroht ist, was auf traurige Weise die Zahl der getöteten Journalisten belegt. 2012 sind es bereits 19 Medienschaffende.

Zu den Ländern, in denen die Pressefreiheit eingeschränkt oder kaum existent ist, zählen auch Iran, China, Ägypten und Russland. Umso mehr kommt in diesen Ländern Bloggern und Internetjournalisten eine wichtige Rolle zu. [...]

Die Situation der Blogger ist in den jeweiligen Ländern sehr unterschiedlich: In Ägypten etwa können die Blogger nach der arabischen Revolution im letzten Jahr etwas freier arbeiten, das heißt aber nicht, dass sie nicht drangsaliert würden, erzählt Tarek Amr, der seit acht Jahren bloggt. „Die Leute werden bei uns derzeit mit jeder Menge Verschwörungstheorien gefüttert, der Militärrat treibt sein eigenes Spiel – umso wichtiger sind ungefilterte Informationen im Netz, das weiß auch die Zensur und hat auch bereits einige Blogger ins Gefängnis gesteckt“, sagt Amr.

Mittlerweile habe man aber zusätzliche Quellen [...]. „Blogger arbeiten heute sehr viel konkreter und agitieren oft gegen ein bestimmtes Gesetz oder Projekt des Militärrates“, erzählt Amr. „Sie dürfen nicht vergessen, wir sind gerade in der Phase, in der ein neues Grundgesetz erarbeitet werden soll – da kommt es verstärkt darauf an, diesen Prozess zu beobachten.“

Besorgniserregend ist die Situation der Blogger und Menschenrechtler nach wie vor in China. Derzeit herrsche eine große Nervosität und Angespanntheit wegen der Wahl der neuen Parteiführung im Herbst, sagt Issac Mao, einer der bekanntesten Blogger in China mit Wohnort in Shanghai.

In diesen Tagen ist der Fall des blinden Bürgerrechtlers Chen Guangcheng in den Schlagzeilen, er ist in die US-Botschaft in Peking geflüchtet. „Dieser Fall war schon lange in den Blogs zu lesen, er geht zurück bis ins Jahr 2003, aber in den offiziellen Medien in China würde man nie etwas darüber lesen“, meint Mao. Bedingt durch die repressive Zensur würden sich Blogger mit Synonymen behelfen.

In Asien sei derzeit aber nicht davon auszugehen, dass das Netz eine Rebellion befeuert, wie in Nordafrika, sagt Isaac Mao. Dazu sei die Unzufriedenheit noch nicht groß genug. [...]

In Russland ist die Situation noch einmal etwas anders. „Blogger sind bislang recht frei zu schreiben, was sie wollen“, meint Alexander Plushev, einer der wichtigsten dort. Ein Nachteil sei, dass nur wenige User die Websites besuchen. [...]

Einig waren sich die Blogger, dass eine Zusammenarbeit mit den etablierten westlichen Medien notwendig ist, um Presse- und Meinungsfreiheit in ihren Ländern zu fördern. Zum einen gehe es darum, einem möglichst breiten Kreis über die Situation in den Ländern aufzuklären. Zugleich schütze eine große Aufmerksamkeit die Schreiber vor Repressionen in ihrem Land.

Michael G. Meyer: Blogger leben gefährlich, Berliner Zeitung, 03.05.2012, www.berliner-zeitung.de/medien/tag-der-pressefreiheit-blogger-leben-gefaehrlich,10809188,15093308.html, Zugriff 17.08.2012

M3 Bilder von Demonstrationen

Ägypten: Eine Frau filmt während einer Demonstration.

Arbeitsvorschläge

1. Fassen Sie die Aussagen zur Bedeutung der neuen Medien für die Meinungsfreiheit aus **VT** und **M2** zusammen.

2. Analysieren Sie die Funktion der Blogger (**M2**).

3. Arbeiten Sie die Vor- und Nachteile von freien Medien (Tweets, Blogs) sowie professionellen Medien heraus und nehmen Sie Stellung zu den Ergebnissen.

[I] 1 [II] 2 [III] 3

Kontrolle der Mächtigen

Welche Rolle spielen die Medien?

Gewaltenteilung
S. 60

Partizipation
S. 74

vierte Gewalt
S. 122, M 4

Erklärungen

Massenmedien sind alle Medien, die ein großes Publikum erreichen. Dazu zählen Zeitschriften, Zeitungen, Bücher, Radio, Fernsehen und Angebote im Internet. Für die meisten Menschen sind Massenmedien die Hauptinformationsquelle. Sie sind deshalb die Grundlage der **Meinungsbildung** zu politischen und gesellschaftlichen Themen.

Unsere gegenwärtige Demokratie wird häufig **Mediendemokratie** genannt. Das hat zwei Gründe: Politiker werden nur bekannt, wenn sie – am besten täglich – in den Massenmedien vorkommen. Politische Informationen werden fast ausschließlich durch Massenmedien übermittelt.

Pressefreiheit: die Freiheit, Nachrichten, Informationen, Meinungen und alles Gedankengut in Medien zu verbreiten, das Jugendliche nicht gefährdet oder Menschen in ihrer Ehre verletzt. Ob eine Gefährdung oder eine Ehrverletzung vorliegt, müssen im Zweifelsfall Gerichte klären.

Das Bundesverfassungsgericht hat in einem Urteil definiert, was **Schmähkritik** bedeutet: Eine herabsetzende Äußerung nimmt erst dann den Charakter der Schmähung an, wenn in ihr nicht mehr die Auseinandersetzung in der Sache, sondern die Diffamierung der Person im Vordergrund steht.

M1 Grenzen der Pressefreiheit

Til Mette

VT

Die Aufgaben der Medien sind vielfältig und wichtig. Sie sollen informieren und unterhalten. Sie sollen über wichtige Ereignisse berichten, aber auch darstellen, was ein politisches Vorhaben für die Bürger bedeutet. Sie sollen verschiedene Meinungen über strittige Fragen weitergeben. Politiker und Parteien sollen in den Medien ihre Standpunkte erläutern können, damit sich die Bürger eine eigene Meinung bilden können.
Neben der Information ist die Kontrolle eine wichtige Aufgabe der Medien. Sie machen öffentlich, was die Regierung tut und die Opposition will. Indem sie über Missstände in der Politik berichten oder selbst Skandale aufdecken, üben sie Kontrolle über die Arbeit der drei anderen Gewalten aus. Deshalb werden die Medien häufig auch als vierte Gewalt bezeichnet.
Im Grundgesetz (Art. 5) sind ihnen für diese Aufgabe besondere Rechte, aber auch Pflichten gegeben worden.
Trotz dieser Rechte stehen die Medien oft unter Druck. Da Zeitungen und private Sender ihr Geld hauptsächlich mit Werbung verdienen, kann es schon passieren, dass ein Unternehmen seine Werbeaufträge zurückzieht, wenn ihm kritische Berichte nicht gefallen.
Aber auch die Macht der Medien kann zu einem Problem werden. Sie haben großen Einfluss auf die Öffentlichkeit, weil sie darüber bestimmen, was und wie etwas veröffentlicht wird. Es gibt zwar Kontrollmöglichkeiten, vor allem bei den öffentlich-rechtlichen Sendeanstalten, aber auch hier ist ein Missbrauch der Macht nicht immer ganz auszuschließen.
Zusätzlich spielen die neuen Medien eine wichtige Rolle. Auf Websites, in Blogs oder per Twitter werden Meinungen und Nachrichten verbreitet, die häufig die Berichterstattung in den traditionellen Medien beeinflussen.

M2 Keine Freiheit ist grenzenlos

Die Pressefreiheit ist ein großer Strom. [...] Nicht alles, was dort schwimmt, ist sauber, und nicht alles, was da treibt, ist kostbar. Die Pressefreiheit trägt wertvolle und wertlose Artikel, sie trägt anständige und anstößige Fotos, sie erträgt langweilige und provozierende Karikaturen. Pressefreiheit unterscheidet nicht nach Qualität, sie darf es nicht, weil sonst der, der über die Qualität urteilt, nach seinem Gusto den Schutz der Pressefreiheit gewähren und entziehen könnte. Pressefreiheit wäre kein Grundrecht, sondern Gnadenrecht, abhängig vom Geschmacksurteil. [...] Wer Pressefreiheit unter den Vorbehalt politischer oder künstlerischer Qualität stellen will, macht sie kaputt. Gleichwohl stimmt, dass keine Freiheit grenzenlos ist. Die juristischen Grenzen der Pressefreiheit setzt [...] das Strafrecht – und das setzt dort ein, wo die Schmähkritik beginnt. [...]

Heribert Prantl: Caroline, Muslime und die Grundrechte, Süddeutsche.de, 17.05.2010, www.sueddeutsche.de/politik/pressefreiheit-caroline-muslime-und-die-grundrechte-1.798686, Zugriff, 24.08.2012

M3 Meinungs-, Informations- und Pressefreiheit

Jeder hat das Recht, seine Meinung in Wort, Schrift und Bild frei zu äußern und zu verbreiten und sich aus allgemein zugänglichen Quellen ungehindert zu unterrichten. Die Pressefreiheit und die Freiheit der Berichterstattung durch Rundfunk und Film werden gewährleistet. Eine Zensur findet nicht statt.
Diese Rechte finden ihre Schranken in den Vorschriften der allgemeinen Gesetze, den gesetzlichen Bestimmungen zum Schutze der Jugend und in dem Recht der persönlichen Ehre. **Grundgesetz Artikel 5**

Meinungsfreiheit	– jeder darf seine Meinungen frei äußern – jeder darf seine Meinungen in Wort, Schrift und Bild frei verbreiten
Informationsfreiheit	– jeder darf sich aus rechtlich zugänglichen Quellen frei informieren – jeder darf andere ungehindert informieren
Pressefreiheit	– die Presse (Medien) darf ungehindert arbeiten – in allen Medien darf frei berichtet werden – es gilt ein freier Berufszugang ohne staatliche Kontrolle
Zensurverbot	– Medien werden nicht inhaltlich durch staatliche Behörden kontrolliert – der Staat darf eine bestimmte Berichterstattung nicht vorschreiben

M4 Medien als Wächter

Ein hessischer CDU-Parlamentarier lässt sich von Waffenfirmen viel Geld für Anzeigen in seinem Lokalblatt bezahlen. Im Bundestag entscheidet er über Rüstungsaufträge mit. In einem Zeitungsbericht wird die Handlungsweise öffentlich gemacht. Ein Beispiel:

Warum aber inserieren weltweit agierende Luftwaffenausstatter ausgerechnet „in einem so unbedeutenden Blättchen", wie die Bündnisgrünen im Hessischen Landtag nachfragten? [...] Die „Scheinanzeigen" hätten ansonsten „keinerlei werblichen Wert", sagte gestern der Generalsekretär der hessischen SPD, Norbert Schmitt. Es könne aber nicht angehen, dass sich die Rüstungsindustrie über die Vergabe von Anzeigenaufträgen im Wert von mehr als 30 000 Euro „einen Abgeordneten hält, der Grundsatzentscheidungen über Rüstungsaufträge trifft". Entweder verzichte Willsch künftig auf die Unterstützung durch diese Rüstungsfirmen, oder er müsse zumindest aus dem Haushaltsausschuss zurücktreten, so die Forderung von Schmitt.

Der 46 Jahre alte Willsch wies alle Vorwürfe zurück. Die Rüstungsindustrie schalte bei ihm im Blatt nur deshalb Anzeigen, weil er den Monatsanzeiger auch im Bundestag in die Fächer lege und die Kollegen dort ausgesprochen gerne in sein Blatt schauten. Das seien schließlich alles Entscheidungsträger. Im Übrigen habe er die Anzeigen selbst akquiriert, von „politischer Landschaftspflege" durch die Unternehmen könne also keine Rede sein. Er werde deshalb auch künftig weder auf die Anzeigen verzichten noch seinen Sitz im Haushaltsausschuss räumen.

Einen „eklatanten Mangel an Unrechtsbewusstsein" bescheinigte daraufhin der Fraktionsvorsitzende der Grünen im Hessischen Landtag, Tarek Al-Wazir, dem ehemaligen Oberleutnant beim Flugabwehrregiment 5 in Lorch am Rhein. Wenn Willsch nicht Mitglied im Haushaltsausschuss des Bundestages wäre, hätten die Rüstungsunternehmen niemals diese Anzeigen im Monatsanzeiger geschaltet, so Al-Wazir. [...] Die CDU dürfe die Affäre „nicht länger totschweigen". [...]

Klaus-Peter Klingelschmidt: Lobby schaltet, Politik waltet. in: Die Tageszeitung, 31.07.2007, www.taz.de/index.php?id=archivseite&dig=2007/07/31/a0094, Zugriff 06.11.2008

Arbeitsvorschläge

1. Die Medien haben wichtige Aufgaben. Nennen Sie diese (**VT**, **M 2**).

2. Erläutern Sie die Grenzen der Pressefreiheit. Beachten Sie dabei **M 1** und **M 2**.

3. Beschreiben Sie die „Affäre" (**M 4**) und nehmen Sie Stellung zu dem Verhalten des Abgeordneten.

4. Beurteilen Sie die Berichterstattung der Tageszeitung (**M 4**). Tipp: Welche Meinung hat der Autor des Artikels?

[I] 1, 3 [II] 2 [III] 4

Die Macht der Medien

Brauchen Politiker die Medien?

Lobbyisten
→ S. 76

Erklärungen

Emotionalisierung: In den Auseinandersetzungen der Parteien um die Stimmen der Wähler spielen Sympathie und Abneigung eine immer größere Rolle. So wird dann häufig mehr mit Gefühlen (Emotionen) geworben als mit Sachargumenten.

Kampagnenjournalismus: wenn Medien, wie zum Beispiel die Bild, für eine bestimmte Zeit Themen oder Personen groß unterstützen. Er steht im Widerspruch zu einer ausgewogenen Berichterstattung, weil er nur eine Position vertritt. Außerdem sollen Medien unabhängig berichten und die Wahrheit achten.

Public Relations (PR): bezeichnet die Kommunikationsbeziehungen zwischen Unternehmen oder Institutionen und der Öffentlichkeit. Aufgabe der PR ist es, Vertrauen und Verständnis für die Vorhaben des Unternehmens zu wecken. Zielgruppen der PR sind nicht nur Kunden, sondern größere Teile der Öffentlichkeit. Das Firmenimage soll gezielt positiv beeinflusst werden.

Image: Vorstellungsbild, das in der Öffentlichkeit über einen Menschen, ein Unternehmen oder einen Markenartikel besteht. Firmen streben ein gutes Produkt- oder Firmenimage an, weil sie ihre Produkte dann besser vermarkten können.

Spin Doctor: die Bezeichnung für einen PR-Experten, bei dem alle Fäden zusammenlaufen. Er soll ein Thema oder eine Person positiv für die Medien in Szene setzen. Bei politischen Parteien spielen Spin Doctors besonders während des Wahlkampfs eine große Rolle.

M1 Wer benötigt wen?

Burkhard Mohr

VT

Politik benutzt oft die gleichen Werbemethoden, wie sie in der Wirtschaft üblich sind. In unserer Demokratie werben die Parteien für ihre Lösung. Man spricht daher auch von einer Parteien-Demokratie. Dennoch spielen im Wahlkampf statt der Parteien und ihrer Programme immer mehr einzelne Politiker die entscheidende Rolle. Dabei geht es oft nicht so sehr um Sachfragen, sondern im Mittelpunkt steht die Person des Politikers und wie sie auf uns wirkt.
Das ist teilweise durchaus verständlich, denn die meisten größeren Probleme wie etwa Arbeitslosigkeit oder Energieversorgung sind sehr kompliziert. Es gibt so viele Informationen und Zusammenhänge, dass der „normale" Bürger sie nur mit Mühe überschauen kann. Wie bequem ist es da, sich an einem Politiker zu orientieren, der sympathisch wirkt, ein paar kernige Sätze parat hat und vielleicht sogar einfache Lösungen verspricht. Für die Spitzenpolitiker selbst ist es äußerst wichtig, dass sie bekannt werden und Einfluss gewinnen. Fernsehen ist in erster Linie ein Bildmedium. Diese Bilder wirken auf unsere Gefühle, während sich Argumente eher an den Verstand wenden. Im Fernsehen kann die falsche Krawatte oder eine ungeordnete Frisur mehr Wirkung erzielen als das beste Argument. Vor einem TV-Duell werden die Kontrahenten daher von PR-Profis trainiert, damit ihr gesamtes Auftreten möglichst positiv wirkt.
Die Medien haben aber ein ebenso großes Interesse an der Politik wie die Politik an den Medien. Sie berichten über das Leben der prominenten Politiker wie über Popstars oder Königshäuser. Sie decken aber auch Skandale und Fehlverhalten von Politikern auf und machen dies öffentlich. Was ist aber, wenn zunehmend PR-Leute Politik inszenieren und Journalisten sich von Lobbyisten oder PR-Experten einspannen lassen?

M2 Meister der Verdrehung

PR ist eine wachsende Milliardenindustrie, die vor allem unsere Wahrnehmung der Welt manipuliert. Die Profis der Branche helfen inzwischen sogar, Kriege zu inszenieren.

[...] Mindestens 40 Prozent der Informationen einer Tageszeitung, schätzen Medienwissenschaftler, stammen bereits von PR-Agenturen oder aus den Marketingzentralen von Unternehmen, Behörden und Verbänden. Oft kommen die Nachrichten als vermeintliche Studien daher und werden gar nicht mehr als PR wahrgenommen. „Statt Propaganda aufzudecken, sind Medien der Kanal für Propaganda geworden“, sagt John Stauber, Gründer des unabhängigen Nachrichtendienstes PR Watch und Autor mehrerer Bücher über den Einfluss von PR. In Deutschland stehen 30 000 Politik- und Wirtschaftsjournalisten bereits 15 000 bis 18 000 PR-Leuten gegenüber, schätzt der Leipziger Medienwissenschaftler Michael Haller. In den USA hat sich das Verhältnis längst zugunsten der PR-Branche gedreht.

PR habe die große Chance, in den kommenden Jahren „die führende Kommunikationsdisziplin“ zu werden, glaubt Edelman – „noch vor Werbung“, deren simple Verkaufsslogans sich viel schneller abnutzen als die strategische Konspiration der PR-Profis: Geschichten in Medien schleusen, Ereignisse inszenieren, Interviews platzieren, positive Berichterstattung erzeugen – „das kann Werbung nicht“, sagt Richard Edelman [Chef der gleichnamigen größten unabhängigen PR-Agentur der Welt] stolz.

[...] Man kann sicher sein, dass auch im aktuellen Nahost-Konflikt PR-Leute an allen Fronten arbeiten. Aber man wird es vielleicht nie erfahren – oder erst nach einigen Jahren wie im Fall des ersten Golf-Kriegs. Als amerikanische Panzer am 27. Februar 1991 auf Kuweit City zurollten, winkten ihnen Hunderte Kuweiter mit kleinen amerikanischen Fähnchen zu. Einige hatten sogar britische Flaggen dabei. Die Amerikaner wurden im damaligen ersten Golf-Krieg als Befreier gefeiert. Das sollten die Bilder zumindest nahelegen.

„Haben Sie sich jemals darüber gewundert, wie Menschen aus Kuweit City, nachdem sie sieben lange und schmerzhafte Monate in Geiselhaft gehalten wurden, in der Lage waren, an kleine amerikanische Flaggen zu kommen?“ John Rendon stellte diese Frage nach dem Krieg in einer Rede vor dem Nationalen Sicherheitsrat – und er fügte an: „Tja, Sie kennen die Antwort. Das war einer meiner Jobs.“

Der Mann ist Chef der Rendon Group, einer PR-Agentur in Washington, deren Spezialgebiet mediale Mobilmachung ist. Aus Pentagon-Dokumenten geht hervor, dass Rendon zwischen den Jahren 2000 und 2004 allein 35 Verträge mit dem Verteidigungsministerium schloss – für mindestens 50 Millionen Dollar. [...] Rendon gehört quasi zum Kriegsinventar der Amerikaner. [...] Für Leute wie ihn gilt die oberste Regel des Gewerbes besonders: Die beste PR ist jene, die nicht als solche erkannt wird, und sie ist ein Multimilliardengeschäft geworden.

Einer der größten PR-Konzerne ist WPP, zu dem unter anderem Burson-Marsteller und Hill & Knowlton gehören. Auch Omnicon (unter anderem Fleishman-Hillard, Ketchum) zählt zu den Giganten, die nicht nur den US-Markt dominieren, sondern sich auch längst in Brüssel und Berlin breitgemacht haben. Nach amerikanischer Sitte drängen sich hierzulande immer mehr Großkanzleien als Politikberater auf und nehmen im Sinne ihrer Klientel Einfluss auf Gesetze.

Noch reichen die Umsätze der PR-Industrie zwar nicht annähernd an die der Werbebranche (USA: 174 Milliarden Dollar pro Jahr) heran, doch PR wächst schneller. Die Grenzen zwischen den Branchen sind ohnehin fließend.

Wenn Werbung die Marke Nike bekannt macht, sorgt die PR-Begleitung für ein gutes Gefühl beim Verbraucher. Und erst PR sorgt dafür, dass Nike durch den Verkauf von Plastikarmbändchen, die gegen Rassismus helfen sollen, auf einmal als menschenfreundlich dasteht – während Arbeiter in asiatischen Nike-Zulieferfabriken noch 2003 Aufputschmittel schluckten, um länger arbeiten zu können.

PR-Profis sind Wahrnehmungsmanager. „Sie testen, wie elastisch Wahrheit sein kann“, sagt der Kommunikationswissenschaftler Klaus Merten, der jahrelang die Branche durchforschte.

[...] In Brüssel, dem europäischen Mekka des Lobbyismus, haben sich diese amerikanischen Riesen längst gut eingelebt. Mit 15 000 Interessenvertretern ist die Szene allerdings kaum halb so gut bestückt wie in Washington. [...]

Nils Klawitter: Meister der Verdrehung, Der Spiegel, Nr. 31, 2006, S. 72 ff., gekürzt

M3 Politikerin trifft Spitzensportler

Die Bundeskanzlerin Angela Merkel besucht die deutsche Fußballnationalmannschaft im Trainingslager.

M4 Sind die Medien noch die vierte Gewalt?

[...] Natürlich ist es zunächst nicht den oft als „vierte Gewalt" idealisierten Medien anzulasten, wenn sie als Vehikel von Lobbyisten, PR-Managern und Spin Doctors ausersehen und eingespannt werden. Dennoch scheint bei vielen im Journalismus Tätigen ein kritisches Bewusstsein für diese Problematik nicht vorhanden zu sein: Wenn ein wichtiges Element der parlamentarischen Demokratie – der Wahlkampf – von „konkurrierenden Teams professioneller PR-Experten" bestritten wird [...] macht das die Politik zu einem wenig gehaltvollen Spektakel, das von einer funktionierenden „vierten Gewalt" eigentlich entlarvt und bloßgestellt werden müsste. [...]

Der spanische Journalist und Medienwissenschaftler Ignacio Ramonet zog bereits 2005 im Hinblick auf die Wirkungen von Medien folgende Bilanz: „In vielen Ländern sind die Medien, die lange als charakteristische Elemente der Demokratie – quasi als Barometer der Demokratie – angesehen wurden, selber zum Hauptproblem für die Demokratie geworden. Insbesondere das mediale Verhalten gegenüber der Information ist zum Problem geworden, und viele BürgerInnen sind daran, dies zu begreifen. [...] Heute haben die großen Medien diese Funktion [der „vierten Gewalt"] immer weniger. Warum? Die Dynamik der Globalisierung hat zu einem Zusammenschluss zwischen den Interessen der Medien, der Konzerne und der Politik geführt. [...] Sie verfolgen nur ein Ziel: die Rentabilität. Dabei haben sie ihren zivilen Auftrag vergessen, sie haben vergessen, dass sie die vierte Macht sein sollten. Die Information ist nur noch eine Ware – eine Ware, die man immer häufiger gratis verkauft. [...] Die Information wird vereinfacht, damit möglichst viele Menschen sie verstehen. Zudem wird der Sensationsgehalt hervorgehoben."[...]

Kritiker wie Ramonet oder auch Gesine Schwan weisen auf folgende Trends hin, welche eine fortschreitende Entwertung verantwortungsvoller Berichterstattung andeuten, indem sie die öffentliche Aufklärungsfunktion der Medien als „vierte Gewalt" zu unterlaufen drohen [...]:

- die immer engere Verzahnung zwischen privaten Interessen und den Medien, welche durch eine fortschreitende Medienkonzentration begünstigt wird,
- die Durchkommerzialisierung und Ökonomisierung der Informationen sowie öffentlichen Aufklärung,
- die Reduktion der Komplexität und Vielschichtigkeit von Sachverhalten und gesellschaftlichen Problemlagen sowie
- der daraus folgende Negativismus und Effekthascherei statt Meinungsbildung. [...]

Dr. phil. Sabine Schiffer: Informationsmedien in der Postdemokratie. Aus Politik und Zeitgeschichte, 1–2/2011, Bundeszentrale für Politische Bildung (Hg.), S. 27f., gekürzt

M5 Medien und Meinungsbildung

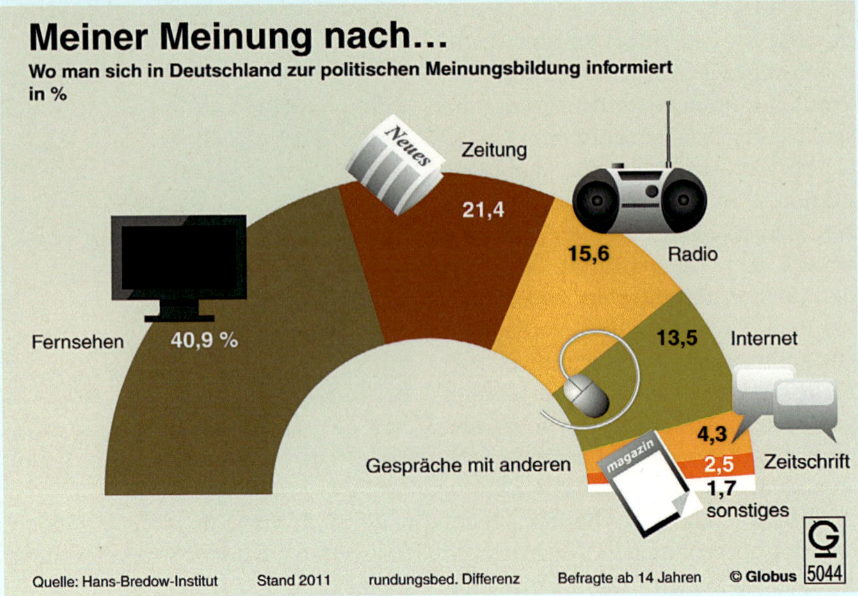

M6 Verkaufte Presse

Kostas Koufogiorgos, 2013

M7 Die Macht der Verlage

[...] Die Vielfalt trügt. Axel Springer hat Anfang 2011 fast ein Fünftel der Auflage von Tageszeitungen verkauft, die zehn größten Verlage kamen auf fast 60 Prozent. Seither dürfte sich deren Anteil noch gesteigert haben. Bei der Boulevardpresse, die wegen ihres Kampagnenjournalismus politisch besonders brisant ist, liefert Springer 80 Prozent der Gesamtauflage, vor allem wegen der Bild-Zeitung (2,9 Millionen Auflage, knapp zehn Millionen Leser). M. DuMont Schauberg deckt weitere 8,5 Prozent ab, den Rest teilen sich Ippen, die Abendzeitung und Gruner+Jahr. Trotzdem: Wenn man die Statistik des Zeitungsverlegerverbands BDZV betrachtet [vgl. M9], dann sieht es so aus, als sei der Zeitungsmarkt recht vielfältig strukturiert. 2011 hatte es 347 Verlage gegeben. [...] Doch diese Zahl ist trügerisch, denn viele Zeitungen übernehmen ihren „Mantel" (Politik-, Kultur- und Wirtschaftsseiten) von anderen Blättern. Die Zahl der **Vollredaktionen**, die alle wesentlichen Teile der Zeitung selbst erstellen (**„publizistische Einheiten"**), beträgt nur noch 130. Und auch das gilt nicht mehr durchgängig, seit Konzernverlage Zentralredaktionen oder Ressortgemeinschaften für mehrere Zeitungen eingeführt haben.

Je genauer man hinsieht, desto dünner wird die Suppe. Die 130 Zeitungen mit eigener Vollredaktion sind teilweise nur de jure unabhängig, nicht de facto. Als z.B. die Süddeutsche Zeitung und die Frankfurter Rundschau aufgekauft wurden, blieben sie zwar als eigenständige Verlage erhalten. In Wirklichkeit wurden sie aber Bestandteile von Konzernen [...] und in deren Geschäftspolitik eingebunden. Berücksichtigt man diese Strukturen, dann bleiben acht überregionale Zeitungskonzerne (Springer, Südwest-Gruppe, Madsack, WAZ-Gruppe, M. DuMont Schauberg, Ippen, Deutsche Druck- und Verlagsgesellschaft und seit 2011 die Mediengruppe Pressedruck). Sie verkaufen zusammen rund 57 Prozent der Gesamtauflage. Die restlichen 43 Prozent kommen von 59 regionalen und lokalen Verlagen, die häufig in ihrem Verbreitungsgebiet mächtig sind. [...]

Gert Hautsch: Mehr Medienmacht für Wenige, Menschen machen Medien, 1/2012, S. 14 f.

M8 TV-Sender in Deutschland

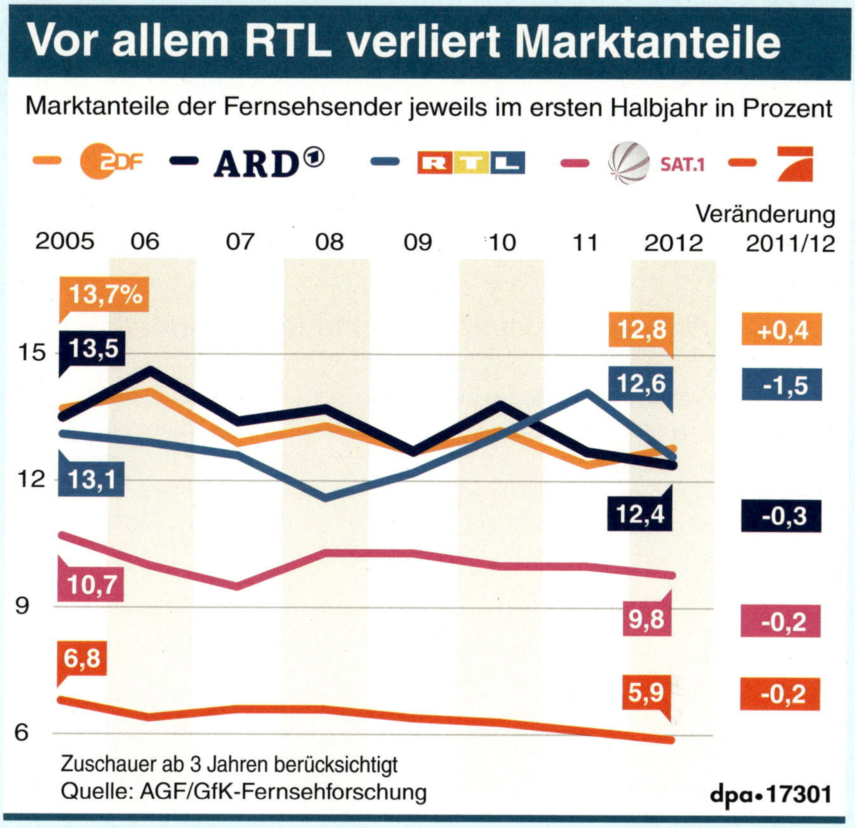

M9 Zeitungen in Deutschland

Zeitungen (Ztg.)	Anzahl	Auflage in Mio.
Abonnementsztg.	315	13,19
Überregion. Ztg.	10	1,54
Boulevardztg.	8	3,66
Tagesztg. gesamt	**333**	**18,39**
Wochenztg.	20	1,73
Sonntagsztg.	6	3,09
Publizistische Einheiten	**130**	

Bundesverband Deutscher Zeitungsverleger e. V. (Hg.): Die Deutschen Zeitungen in Zahlen und Daten, Berlin 2012, S. 3

Arbeitsvorschläge

1. Fassen Sie die zentralen Aussagen von **M2** zusammen. Analysieren Sie anhand des Textes, welches die Aufgaben und Funktionen von PR sind.

2. Erörtern Sie die Behauptung, dass das Foto **M3** inszeniert ist.

3. Erläutern Sie, welche Gefahren von PR ausgehen können. Nutzen Sie **M4**.

4. Arbeiten Sie in Gruppen mithilfe von **M5** bis **M9** heraus, ob es dominierende Medien in Deutschland gibt. Stellen Sie Ihre Ergebnisse vor und erörtern Sie diese.

5. Nehmen Sie begründet Stellung zum Verhältnis von Politik und Medien in Deutschland (**M1**).

[I] 1 [II] 3 [III] 5 [I]–[III] 2, 4

6

Nachhaltigkeit als Aufgabe

Situation:

Kann man global denken und lokal handeln?

Warum trinken Konsumenten im Ruhrgebiet Milch von Kühen aus Bayern? Schmecken Krabben aus der Nordsee besser, wenn sie in Marokko gepult worden sind? Wie und wo wird eigentlich der Kaffee angebaut, den wir täglich trinken? Kann es sein, dass ein Joghurtbecher und sein Inhalt eine fast 9 000 Kilometer lange Reise hinter sich haben, bevor der Becher bei uns auf den Tisch kommt? Warum kauft man auf dem Markt in Ghana lieber Hähnchenteile aus Europa als aus einheimischer Produktion?

4 l Milch
6 Fruchtjoghurts
500 g Quark
250 g Frischkäse
250 g Butter
1 Glas Honig
1 Glas Erdbeermarmelade
6 Eier
500 g Kaffee
500 g Gouda

100 g Salami
1250 g Brot
1 kg Äpfel
1 Kopf Salat
4 Paprika
1 Salatgurke
1 kg Tomaten
2 Flaschen Cola
2 Tüten Chips

Wocheneinkaufszettel einer vierköpfigen Familie

Linktipps
Info und Recherche
z26d52

Den Lernprozess organisieren:

Analyse der Situation

Der Einkaufszettel könnte in fast jedem Haushalt entstanden sein. Aber: Wie kommen diese Merkwürdigkeiten zustande, dass Milch häufig Hunderte von Kilometern reist, bevor wir sie trinken können? Was haben die friedlichen Kühe mit dem Klimawandel zu tun?
Ist eine andere Form des Produzierens und Konsumierens denkbar, ohne dass wir auf alles verzichten müssen, was uns lieb ist und was wir gerne tun?

Erarbeiten, Informieren, Organisieren

Welche politischen und ökonomischen Kenntnisse benötigen Sie, um die nötigen Hintergrundrecherchen durchführen zu können? Vielleicht kann Ihnen die Verbraucherberatung in Ihrer Stadt helfen. Diskutieren Sie auch in Ihrer Familie die Zusammenstellung der Einkaufsliste. Was fehlt Ihrer Meinung nach, was könnte evtl. gestrichen werden? Folgende Themen des Kapitels können Ihnen Informationen geben:

- Weltverbessern will gelernt sein
- Der globale Ressourcenverbrauch
- Verantwortung der Verbraucher
- Was macht unseren Kaffee so bitter?
- Unser Umgang mit der Einen Welt

Aktiv sein

Schreiben Sie einen Einkaufszettel für eine vierköpfige Familie. Es sollen Lebensmittel für eine Woche gekauft werden. Recherchieren Sie, woher die Produkte kommen, unter welchen Bedingungen sie produziert werden, ob sie billig (d.h. minderwertig) oder qualitativ hochwertig sind, wie viel vom Verkaufspreis bei den Produzenten ankommt. Sie können den Einkaufszettel übernehmen oder verändern. Stellen Sie dann Ihren Einkaufszettel und die Ergebnisse Ihrer Recherchen in der Klasse vor.

Kompetenzen im Blick:

Sie erfahren in diesem Kapitel, was lokales und regionales Handeln mit Globalisierung zu tun hat. Sie lernen unterschiedliche oder auch gegensätzliche Interessen von Produzenten und Konsumenten, aber auch von Regionen und Staaten kennen und analysieren Interessenlagen und mögliche Zielkonflikte. Sie entwickeln begründet eine eigene Position als Konsument und Staatsbürger.

Der globale Ressourcenverbrauch

Raubbau für unseren Wohlstand?

WWF
S. 206

Erklärungen

Apartheid: wörtliche Bedeutung „Getrenntheit"; gebildet aus den Sprachen Afrikaans und Niederländisch zur Bezeichnung eines Systems der Rassentrennung in Südafrika, das erst im Jahr 1994 überwunden wurde.

Biokapazität: Bezeichnung für die Höchstmenge an Umweltbelastung und Nutzung von Ressourcen, von der die Natur sich selbst wieder erholen kann.

gha: globaler Hektar; Einheit, die zur Messung des ökologischen Fußabdrucks genutzt wird

ökologischer Fußabdruck: Bei dieser Einheit wird der Verbrauch in Landfläche umgerechnet. Berechnet wird, wie viel Landfläche der Mensch für seine Grundversorgung und seinen Konsum benötigt. Zudem werden die Flächen hinzugezählt, die für die Beseitigung der Rückstände (z. B. Umwandlung des CO_2, Abbau des Mülls) erforderlich sind.

Ressourcen, erneuerbare: Stoffe (z. B. Holz, Getreide), die in Zeiträumen wachsen und nachwachsen, die für menschliche Planungen relevant sind.

Ressourcen, nicht erneuerbare: Stoffe (z. B. Kohle, Erze, Erdöl, Erdgas), deren Entstehung sich in geologischen Zeiträumen – nicht in menschlichen – vollzieht. Die Vorräte sind endlich.

M1 Der ökologische Fußabdruck

Kohlenstoff
Menge an Waldflächen, die zur Aufnahme des CO_2-Ausstoßes benötigt wird.

Weideland
Fläche, die zur Aufzucht von Vieh für die Produktion von Fleisch, Milchprodukten, Tierhäuten und Wolle genutzt wird.

Wald
Holzmenge, die in einem Land jährlich verbraucht wird.

Fischgründe
Menge der gefangenen Wasserlebewesen in Meeren und Süßwasser.

Ackerland
Fläche, die zur Erzeugung von Lebensmitteln und Pflanzenfasern genutzt wird.

bebautes Land
Fläche, die durch sämtliche menschliche Bauten belegt ist.

Nach WWF: Living Planet Report, a. a. O., S. 33

Der „ökologische Fußabdruck" ist ein Modell, um den Ressourcen- und Energieverbrauch der Menschen zu verdeutlichen (Erklärungen).

VT

Die meisten Menschen in den Industrienationen leben im Wohlstand. Sie können sich Güter leisten, die weit über die Grundbedürfnisse hinausgehen. Zudem sind die Wirtschaftssysteme der Industrienationen nach wie vor auf ein ständiges Wachstum ausgelegt. Dieser Lebensstil hat seinen Preis: Die Produktion unserer Konsumgüter verbraucht die nichterneuerbaren Rohstoffe unseres Planten und führt zu einem maßlosen Raubbau an den erneuerbaren Ressourcen der Natur. Das Modell des „ökologischen Fußabdrucks" verdeutlicht, umgerechnet in Fläche, wie viel Ressourcen ein einzelner Mensch oder eine Volkswirtschaft verbraucht. Das Ergebnis ist eindeutig und ernüchternd: Die Menschheit – und auch wir Deutsche – leben deutlich über die Verhältnisse unserer Erde.
Das weltweite Bevölkerungswachstum verschärft diese Problematik. Inzwischen leben etwa sieben Milliarden Menschen auf der Erde. Mit der Anzahl wächst auch der Bedarf an Ressourcen, die der Erde abgerungen werden müssen. Ein Wettlauf um die wichtigsten Rohstoffe, wie z. B. die sogenannten Seltenen Erden, hat schon begonnen. Nach dem Vorbild der Industrienationen streben viele Staaten nach einer industriellen Entwicklung und einem steigenden Wohlstand für ihre Bürgerinnen und Bürger. Doch die Übernahme unseres Lebensstils durch alle Menschen würde die Erde an den Rand ihrer Existenz bringen. Spätestens 2035 brauchten wir nach Berechnungen des WWF eine zweite Erde.
Doch kann man den Entwicklungs- und Schwellenländern das Streben nach wirtschaftlicher Entwicklung und wachsendem Wohlstand verdenken? Sollte nicht die Art und Weise des Wirtschaftens verändert werden – und zwar weltweit?

M2 Ökologische Überlastung

Im Verlauf der 1970er-Jahre überschritt die Menschheit als Ganzes den Punkt, an dem der jährliche ökologische Fußabdruck die Größe der jährlichen Biokapazität der Erde hatte. Somit begann die Menschheit, erneuerbare Ressourcen schneller zu verbrauchen, als die Umwelt sie regenerieren kann, und mehr CO_2 freizusetzen, als die Umwelt aufnehmen kann. Eine derartige Situation nennt man „ökologische Überlastung", und sie ist seither der Dauerzustand. Der aktuelle ökologische Fußabdruck zeigt, dass dieser Trend unvermindert anhält. [...] Im Jahr 2007 betrug der Fußabdruck der Menschheit 18 Milliarden gha oder 2,7 gha pro Kopf. Allerdings betrug die Biokapazität der Erde nur 11,9 Milliarden gha oder 1,8 gha pro Kopf. [...] Das entspricht einer ökologischen Überlastung von 50 Prozent. Es würde also 1,5 Jahre dauern, bis die Erde die vom Menschen im Jahr 2007 verbrauchten erneuerbaren Ressourcen regeneriert und das ausgestoßene CO_2 absorbiert hätte. Oder anders ausgedrückt: Der Mensch nutzte im Jahr 2007 1,5 Planeten. [...]

World Wide Fund For Nature: Living Planet Report 2010, Gland (Schweiz) 2010, S. 34, Übersetzung: Genial Translations, Berlin

M3 (K)ein Lebensstil für die gesamte Menschheit?

Der Lebensstil der zurzeit rund 1,7 Milliarden Menschen umfassenden Verbraucherklasse ist das Modell für den Rest der Menschheit. Die Sehnsucht danach ist treibende Kraft der derzeitigen Form der Globalisierung, aber eben dieser Lebensstil ist nicht globalisierbar. Die alte Verheißung „wie im Westen, so auf Erden", an die Völker in aller Welt glauben, wird sich unter den heutigen Bedingungen niemals erfüllen. Die ökologische Tragfähigkeit des Planeten wird schon längst überbeansprucht. Solange ein Viertel der Menschheit drei Viertel der verfügbaren Ressourcen verbraucht, zwingt dies den übrigen viereinhalb Milliarden Menschen eine Form von globaler Apartheid auf. Das erzeugt zwangsläufig nicht nur immer größere Wanderungsbewegungen (wie derzeit von West- und Nordafrika nach Spanien und Italien), sondern heizt zugleich den Wettkampf um den Zugang zu Öl, Süßwasser und fruchtbaren Böden ständig an. Diese Ressourcen sind endlich, die Ölförderung wird sogar binnen Kurzem nur noch abnehmen. Unvermeidlich müssen die Wohlstandsländer einen neuen, nachhaltigen Lebensstil entwickeln, wenn sie ihren Frieden erhalten wollen.

Harald Schumann, Christiane Grefe: Der globale Countdown, Köln 2009, S. 26

M4 Eine Erde reicht nicht aus

Alle zwei Jahre, zuletzt im Oktober 2010, veröffentlicht der WWF den Living Planet Report, welcher den Verbrauch der Erde nach Nationen aufzeigt. Das Ergebnis für Deutschland: Wenn alle Menschen so leben würden wie wir, bräuchten wir 2,8 Erden, denn der deutsche Fußabdruck ist 5,09 Hektar groß. Der gerechte ökologische Fußabdruck liegt jedoch bei 1,9 Hektar.

Jugend im Bund für Umwelt und Naturschutz Deutschland e. V.: Passt dein Fuß auf diese Erde?, www.footprint-deutschland.de/inhalt/start, Zugriff 23.01.2013

M5 Weiter wie bisher?

Horst Haitzinger, 1989

Arbeitsvorschläge

1. Erklären Sie die Bedeutung des ökologischen Fußabdrucks (**M 1**, **M 4**). Warum sind es vor allem die Industrienationen, die „über die Verhältnisse der Erde" leben?

2. Diskutieren Sie an einem selbst gewählten Beispiel (z. B. Autoverkehr, Ernährung), warum unser westlicher Lebensstil „nicht globalisierbar" ist (**M 3**).

3. Skizzieren Sie anhand der Karikatur **M 5** eine Prognose für die nächsten Jahrzehnte. Welche wirtschaftlichen, politischen und sozialen Konsequenzen lassen sich erkennen?

[II] 1 [III] 2, 3

Globale Energie- und Ressourcenknappheit
Konfliktpotenzial oder Chance zur Kooperation?

Schwellenländer
S. 188

UNO
S. 200 ff.

Warlords
S. 198

M1 Einsatz für die Sicherung unserer Rohstoffe

Thomas Plaßmann

Erklärungen

Anrainerstaaten: Das Wort anrainen bedeutet angrenzen. Hier sind Staaten gemeint, die z. B. gemeinsame Grenzen haben oder an einem Fluss liegen.

Agenda: das zu Tuende; Tagesordnung bei Sitzungen.

Heidelberger Institut für Internationale Konfliktforschung (HIIK): Das Institut veröffentlicht seit 1992 jährlich einen Bericht zur Entwicklung der Krisen, Konflikte und Kriege in der Welt (Konfliktbarometer).

Seltene Erden: Bezeichnung für eine Gruppe von nicht oft vorkommenden Metallen, die für die Herstellung von elektronischen Produkten (z. B. Smartphones) von großer Bedeutung sind.

VT

Der ungehinderte Zugang zu Rohstoffvorkommen war in der Geschichte nicht selten Motiv für zwischenstaatliche Kriege und andere gewaltsam ausgetragene Konflikte. Zu Beginn des 21. Jahrhunderts hat sich der Energie- und Rohstoffhunger der Staaten – vor allem durch die Entwicklung der sogenannten Schwellenländer – rapide gesteigert. Es ergibt sich notwendig eine Konkurrenz um die knappen Rohstoffvorkommen, z. B. die Energieträger oder sogenannte Seltene Erden, die für die Herstellung von Hightech-Produkten notwendig sind. Damit kommt es zu einem erhöhten Konfliktpotenzial zwischen den Staaten dieser Erde.
Doch die globale Energie- und Ressourcenknappheit stellt nicht nur die zwischenstaatlichen Beziehungen vor große Herausforderungen. Viele der gewaltsam ausgetragenen Konflikte um Rohstoffe finden vor allem zwischen rivalisierenden Rebellengruppen in zerfallenden Staaten statt. Hier streiten sich Warlords mit ihren Söldnertruppen um die wertvollen Rohstoffvorkommen und finanzieren zugleich ihre Kriege durch den Handel mit eben jenen Rohstoffen.
Durch das anhaltende Bevölkerungswachstum wird auch Wasser zu einem knappen Rohstoff. Das Wasser von 261 Flüssen der Erde wird von zwei oder mehreren Anrainerstaaten genutzt. Allein der Nil versorgt ca. 140 Millionen Menschen in zehn Staaten mit Wasser. Streitigkeiten um den lebensnotwendigen Rohstoff könnten in Zukunft eine besondere Brisanz erhalten.
Wird die Ressourcenknappheit zu dem zentralen zwischen- und innerstaatlichen Sicherheitsrisiko? Wie lassen sich gewaltsame Konflikte um Rohstoffe vermeiden? Dies sind entscheidende Fragen zu Beginn des 21. Jahrhunderts.

M2 Wettlauf um seltene Rohstoffe

„Bei der Versorgung mit wesentlichen Rohstoffen treten zunehmend Engpässe auf", warnt die EU-Kommission. „Das Thema wird hohe politische Priorität haben", kündigt die Bundesregierung an. In der europäischen Wirtschaft grassiert die Sorge um den Nachschub bei zentralen Grundstoffen für die Produktion – Unternehmen und Verbände schlagen Alarm. [...]

Mit Namen wie Antimon, Germanium oder Tantal werden die wenigsten Menschen etwas anfangen können. Die drei Mineralien gehören zu einer Gruppe von 14 Rohstoffen, die für die Europäische Union „von entscheidender Bedeutung sind", wie es in Brüssel heißt. Hightech-Produkte für die Industrie aber auch technisch hochwertige Erzeugnisse für den täglichen Gebrauch der Bürger können ohne sie nicht hergestellt werden. Dazu gehören etwa Mobiltelefone, Katalysatoren, Sonnenkollektoren, Lithium-Batterien, Glasfaserkabel, Flachbildschirme oder Transistoren. [...]

Die in Europa konstatierte Knappheit hat drei Ursachen: Erstens steigt die Nachfrage nach den Mineralien stark wegen des Wachstums von Schwellenländern wie China, Indien oder Brasilien. Ein zweiter Grund für die wachsende Begehrtheit ist die zunehmende Bedeutung neuer Technologien, die ohne die Stoffe mit den bizarren Namen nicht hergestellt werden können. Zentral für die Knappheit ist Experten der EU zufolge aber die Konzentration des Angebots auf – im Wesentlichen – vier Staaten.

Dass Materialien, die dringend gebraucht werden, auf wenige Anbieterländer beschränkt sind, ist nicht neu. In der Geschichte gelang es den Industrienationen immer wieder, sich dennoch Zugang zu verschaffen – nicht selten durch zweifelhafte Methoden wie die Finanzierung von politischen Umstürzen in Lieferstaaten und Kriege gegen selbstbewusste Nationen. [...] Bei den vier Ländern, auf die ein großer Teil der weltweiten Förderung der 14 begehrten Mineralien und Metalle entfällt, handelt es sich um Russland, China, die Demokratische Republik Kongo und Brasilien [...]. Entsprechend selbstbewusst vertreten sie ihre Interessen. China etwa will die sogenannten Seltenen Erden nicht mehr ohne Weiteres exportieren. [...] Die Regierung in Peking hat bereits strenge Förder- und Ausfuhrquoten beschlossen [...].

Nicht ausgeschlossen ist ein vollständiger Ausfuhrstopp, relativ konkret sind bereits Exportgebühren bis zu 25 Prozent. [...] Noch tiefer werden die Sorgenfalten [...], weil Prognosen für die nächsten 20 Jahre eine Verdreifachung der Nachfrage für bereits heute nur kostspielig zu beschaffende Rohstoffe ankündigen. Der Verbrauch des für die Produktion von Sonnenkollektoren unentbehrlichen Galliums etwa werde dann die heute geförderte Menge um das Vierfache übertreffen.

Werner Balsen: Wettlauf um Rohstoffe, www.fr.online.de/wirtschaft/aussenhandelspolitik-wettlauf-um-rohstoffe,1472780,4548070,html, Zugriff 08.01.2014, gekürzt

M3 Mangel an Energie

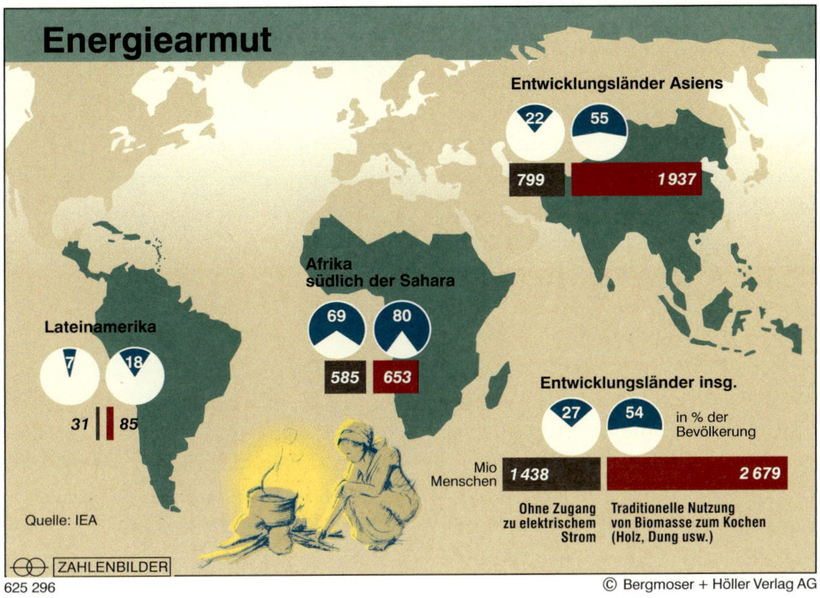

M4 Am Metall klebt Blut

Zinn wird in Digitalkameras, Laptops und Handys verarbeitet. Doch am Metall aus dem Ostkongo klebt Blut. Immer wieder besetzen Rebellengruppen die Erzminen. Mit dem Geld, das sie dort von Händlern und Bergleuten erpressen, kaufen die Rebellen ihre Waffen. Wer sich in der Vergangenheit in Deutschland ein Handy kaufte, finanzierte also unter Umständen diesen Krieg.

2011 setzte der US-Kongress ein Gesetz gegen Blutmineralien in Kraft. Firmen, die an der US-Börse gelistet sind, dürfen Rohstoffe wie Zinnerz oder Coltan, die aus dem Kongo und seinen Nachbarstaaten stammen, nur noch unter Auflagen verwenden: Die Firmen müssen beweisen, dass die Rohstoffe aus Minen kommen, die von keiner bewaffneten Gruppe kontrolliert werden. So soll garantiert werden, dass keine Warlords vom Erzverkauf profitieren. Das System wird nun in Nyabibwe in einem Pilotversuch ausprobiert.

Bilderblog: Fotograf Toby Binder Demokratische Republik Kongo 2013, Sueddeutsche.de, 28.10.2013; www.sueddeutsche.de/kultur/fotograf-toby-binder-im-spiegel-des-moments-1.1801903-7, Zugriff 17.02.2014

M5 Ressourcenkonflikte – die Entzündlichkeit der Welt

Die wahre Frage ist nicht mehr, ob es genügend Ressourcen geben wird oder nicht, sondern an wen und wofür sie verteilt werden, wenn sie knapp sind. Wem gehören die Ölvorräte, die Flüsse, die Wälder, die Atmosphäre? Wer hat welches Recht auf die lebensdienlichen Leistungen der Biosphäre? [...]

Dabei lauert in allen solchen Konflikten die Gefahr, dass überkommene Ungerechtigkeiten potenziert werden. [...] Es greifen sich die Mächtigen, was an Naturressourcen übrig sind, und die Machtlosen haben das Nachsehen. An der Zapfsäule wird für den Pendler das Benzin teurer, Wasserquellen versiegen in Trockengebieten, die Preise für Getreideimporte schnellen in die Höhe, Fischer kehren mit leeren Netzen zurück. Je mehr die Grenzen der Tragfähigkeit von Ökosystemen erreicht werden, umso eher sind die Schwächeren unter Druck: [...] Es wachsen vielerorts Konfliktpotenziale heran, welche die Welt entzündlicher machen.

Erdöl ist der Lebenssaft der Industriegesellschaft. Industrie und Arbeitsplätze basieren in weiten Teilen auf der Nutzung oder Verarbeitung von Rohöl; Verkehr und Mobilität sind auf raffinierte Ölprodukte angewiesen; und ebenso sind es Plastik, Medikamente, Dünger, Baustoffe, Farben, Textilien und vieles mehr. Öl prägt wie kein anderer Stoff die Lebensstile in aller Welt. Die Aneignung und Verteilung von Ressourcen wie Öl zwischen den Nationen ist deshalb ein Konfliktfeld ersten Ranges. [...] Die armen Länder geraten nicht nur unter Druck, weil sie bei der Konkurrenz um fossile Ressourcen nicht mehr mithalten können, sondern auch weil sie von den Schadenswirkungen der Verbrennung von Öl besonders in Mitleidenschaft gezogen werden. Es werden erstens die Länder des Südens und zweitens die Armen in diesen Ländern die destabilisierenden Folgen der Erderwärmung wesentlich schroffer zu spüren bekommen als Industrieländer und Stadtbevölkerungen. Denn wenn die Erdatmosphäre sich erwärmt, wird die Natur instabil. Unversehens ist kein Verlass mehr auf Regen, Grundwasserspiegel, Temperatur, Wind oder Jahreszeiten, alles Faktoren, welche seit urdenklichen Zeiten für die Gastlichkeit der Lebensräume von Menschen und anderen Lebewesen gesorgt haben. [...] Wasserhaushalt und Nahrungsproduktion werden gerade in trockenen und halbtrockenen Gebieten in Mitleidenschaft gezogen. Zudem ist zu erwarten, dass die Umwelt ungesunder wird; Ernten werden eher von Ungeziefer befallen, Menschen werden an Malaria und Denguefieber erkranken oder sich mit Infekten anstecken. [...] Ressourcenkonflikte sind Treibstoff für kleine und große Zusammenstöße; sie setzen Dörfer und ganze Länder in Flammen. [...] Wie stark bevölkerungsreiche Länder wie China und bald auch Indien nach Öl und Kupfer, nach Soja und Holz jenseits ihrer Grenzen drängen, davon berichten die aktuellen Wirtschaftsnachrichten. Kurz gesagt: Ressourcenhunger macht die Welt friedlos. Ohne einen schonenden Umgang mit Naturgütern wird sich keine globale Sicherheitsordnung errichten lassen. Wenn legitime Formen der Konfliktregelung fehlen, tragen Ressourcenkonflikte zur sozialen Destabilisierung bei. Künftig konvergiert die Sicherheits- und Friedens-Agenda mit der Umwelt-Agenda. Allerdings wäre es verfehlt, Ressourcenkonflikte nur als Sicherheitsfrage zu thematisieren. Letztendlich geht es um Recht oder Unrecht, Macht und Ohnmacht, also: um Gerechtigkeit im transnationalen Raum.

Wolfgang Sachs: Ressourcenkonflikte. Kleine Topgraphie der Entzündlichkeit der Welt, 12.07.2010, Bundeszentrale für politische Bildung, www.bpb.de/internationales/europa/europa-kontrovers/38151/standpunkt-wolfgang-sachs?p=all, Zugriff 08.01.2014

M6 Ein begehrtes Erz

Coltan ist eines der sogenannten Blutmineralien, das im Kongo abgebaut wird. Aus Coltan-Erz wird das Metall Tantal gewonnen, das für elektronische Bauteile etwa in Mobiltelefonen gebraucht wird.

M7 Kooperation oder Eskalation?

Die internationale Politik hat die Frage nach dem Konfliktpotenzial knapper Ressourcen aufgegriffen. [...] Berichte über Hungerunruhen und Aufstände und die rege Tätigkeit internationaler Organisationen wie der UN spiegeln die bisher in der Wissenschaft bekannten Zusammenhänge von Ressourcenknappheit und Konflikten jedoch nur verzerrt wider. Statistiken zeichnen nämlich ein anderes Bild: Laut aktuellem Konfliktbarometer des Heidelberger Instituts für Internationale Konfliktforschung (HIIK) spielten Ressourcen im Jahr 2008 in 71 von insgesamt 345 Konflikten eine Rolle. [...] Zwar waren sie damit der dritthäufigste Konfliktgegenstand. Als alleiniger Konfliktgegenstand traten sie nur in acht – durchweg gewaltfrei ausgetragenen – Auseinandersetzungen auf. [...]

Gewaltsame Auseinandersetzungen um knappe Ressourcen sind bislang ein eher seltenes Phänomen. Aus wirtschaftlicher Sicht ist dies wenig überraschend, denn knappe Güter lassen sich auch friedlich verteilen. Zwar entsteht Konkurrenz, wenn die Bedürfnisse zweier oder mehrerer Akteure angesichts von Knappheit nicht befriedigt werden. Doch in Wirtschaftsbeziehungen gehört die Konkurrenz zur Routine. Funktionieren die Märkte, werden Angebot und Nachfrage über den Preis reguliert. Eine weitere Verknappung führt dann zwar zu einer Preissteigerung, nicht jedoch zu Konflikten. Auf kooperativem Weg ist demnach die Verteilung knapper Ressourcen wesentlich kostengünstiger zu lösen als durch Gewalt. Eine rein physische Knappheit kann somit kaum der Grund sein, warum Ressourcenkonflikte in der internationalen Politik als neues Sicherheitsrisiko gelten. [...] Ein Konflikt kann entstehen, wenn die Verteilung über Märkte nicht mehr funktioniert – etwa wenn der Preis so stark ansteigt, dass wichtige Marktteilnehmer sich eine Ressource nicht mehr leisten können. [...] Ressourcenknappheit ist per se kein hohes Sicherheitsrisiko, denn sie führt keineswegs unweigerlich zu gewaltsamen Konflikten. [...] Die schlechte Nachricht ergibt sich aus der Beobachtung, dass Ressourcen von politischen Akteuren zunehmend zu einem Sicherheitsrisiko gemacht werden, indem sie diese Konkurrenzsituationen politisiert oder mit anderen Konfliktgegenständen verknüpfen. [...] Dabei bieten sich gerade bei der Regulierung von Ressourcenkonflikten enorme Handlungsmöglichkeiten, eignen sich diese doch wegen ihrer Teilbarkeit besser als viele andere Konfliktgegenstände zu einer friedlichen Regulierung. [...] Ob dies geschieht, liegt zweifellos in den Händen der Politik [...]. Gerade mit Ressourcen-Governance – also der Unterstützung von guter Regierungsführung auf nationaler Ebene oder der Etablierung von internationalen Regulierungsinstrumenten zum Management der Verteilung von Ressourcen bzw. der entsprechenden Einnahmen – können Regierungen einen wesentlichen Beitrag zur Verhinderung von gewaltsamen Auseinandersetzungen leisten. Kontinuierliche Kooperation und Kommunikation, vor allem in internationalen Institutionen [...] schafft Erwartungssicherheit und Transparenz, die Verhandlungslösungen knapper Ressourcen wesentlich erleichtern.

Solveig Richter, Jörn Richert: Kooperation oder Eskalation? Warum Rohstoffknappheit nicht zwangsläufig zu Konflikten führt, in: Internationale Politik November/Dezember 2009, S. 10-12.

M8 Prognose zur Wasserknappheit im Jahr 2025

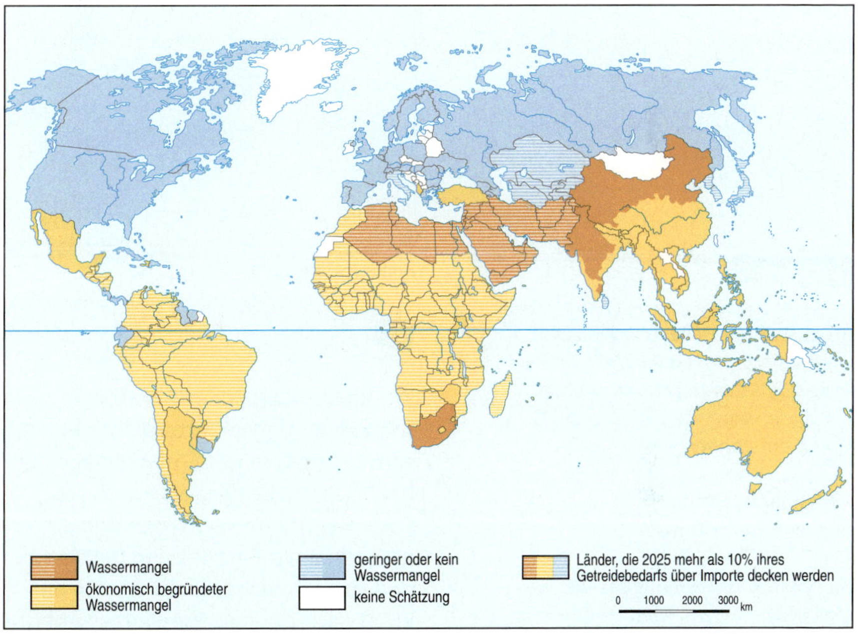

Daten nach eawag, Eidgenössische Anstalt für Wasserversorgung, Abwasserreinigung und Gewässerschutz, Dübendorf, Schweiz o. J.

Arbeitsvorschläge

1. Analysieren Sie zentrale Merkmale der Entwicklung des weltweiten Energie- und Rohstoffbedarfs. Erläutern Sie die ökonomischen und ggf. auch sicherheitspolitischen Folgen, die diese Entwicklung haben könnte (**M 2–M 4**).

2. Erläutern Sie, warum Rohstoffe sowohl Ziel als auch Mittel militärischer Konflikte sein können (**M 1**, **M 5**).

3. Der Rohstoffbedarf macht die Welt „entzündlich" (**M 5**). Diskutieren Sie, inwieweit die globale Ressourcenknappheit als internationales Sicherheitsrisiko eingeschätzt werden muss.

4. Erklären Sie mit eigenen Worten, warum die sogenannten Seltenen Erden auch als Blutmineralien bezeichnet werden (**M 4**, **M 6**).

5. Analysieren Sie unterschiedliche Handlungsmöglichkeiten, die Einzelstaaten, Unternehmen oder Institutionen wie die Europäische Union oder die Vereinten Nationen mit Blick auf einen friedlichen Umgang mit der globalen Ressourcenknappheit haben (**M 7**, **M 8**).

[II] 1, 2, 4, 5 [III] 3

Weltverbessern will gelernt sein

Klimawandel: Konfliktpotenzial und politische Herausforderung

M1 Wer bewegt sich als Erster in der Klimapolitik?

Heiko Sakurai, 2008

Erklärungen

Brennstoffe, fossile: Energieträger wie Kohle, Erdgas oder Erdöl, die in geologischer Vorzeit aus Abbauprodukten von toten Pflanzen und Tieren entstanden sind.

Emissionen: Ausstoß, z. B. von Abgasen, in die Umwelt

Kompensationszahlungen: Ausgleichszahlungen zwischen den Industriestaaten, die viele klimaschädigende Emissionen verursachen, und den ärmeren Ländern, die von den Folgen des Klimawandels stark betroffen sind.

multilateral: politischer Begriff für die Beteiligung mehrerer Staaten an einem Prozess (z. B. Verhandlungen über den CO_2-Ausstoß)

Subkontinent: Ein großer, zusammenhängender Teil eines Kontinents, der geografisch deutlich als geschlossene Einheit abgrenzbar ist, wie z. B. der indische Subkontinent.

VT

Wir kennen die Bilder von Überschwemmungen, Wetterextremen und vom Schmelzen der Gletscher aus den Nachrichten. Lange Zeit waren die Zusammenhänge zwischen den menschlichen Eingriffen in die Natur und den Klimaveränderungen in der Wissenschaft umstritten. Inzwischen ist ein von Menschen verursachter Klimawandel wissenschaftlicher Konsens. Die Menschheit ist zu Beginn des 21. Jahrhunderts in eine neue Klimaepoche eingetreten. Die internationalen Dimensionen und die Dringlichkeit des Problems verdrängen wir jedoch zu gern.
Dabei stellt die Klimaveränderung die wahrscheinlich größte und wichtigste politische Herausforderung des beginnenden 21. Jahrhunderts dar. Rohstoffknappheit kann zu innerstaatlichen oder zwischenstaatlichen Konflikten führen, das zeigt die historische Erfahrung. Doch auch die sich abzeichnenden Folgen des Klimawandels bringen ein hohes nationales und internationales Sicherheitsrisiko mit sich. Vom steigenden Meeresspiegel oder Wetterextremen sind nicht alle Regionen der Welt gleichermaßen betroffen. Dies könnte große Migrationsbewegungen auslösen und zu einem Kampf um den verkleinerten nutzbaren Lebensraum führen.
Weltweit müssen die Bürgerinnen und Bürger und ihre Regierungen ihren bisherigen Umgang mit fossilen Energieträgern und den Ökosystemen der Erde grundlegend überdenken. Angesichts der Dimensionen des Problems ist ein schnelles und sofortiges politisches Gegensteuern notwendig. Doch ist ein global abgestimmtes, politisches Handeln angesichts der nationalen Eigeninteressen realistisch? Weltverbessern will gelernt sein.

M2 Die Menschheit tritt in eine neue Klimaepoche ein

2007 war das Jahr der Gewissheit. 29 000 Datenserien aus 75 großen Einzelstudien hatte der Klimarat der Vereinten Nationen (Intergovernmental Panel on Climate Chance, IPCC) analysiert [...]. In früheren Jahren hatte der IPCC noch durchaus zögerlich [...] vor den Konsequenzen des Treibhauseffekts gewarnt. Doch 2007 ließ er keinen Zweifel mehr: „Die Erwärmung des Klimasystems ist eindeutig", so die Diagnose, und ebenso eindeutig korrigierte der Klimarat alle früheren Prognosen noch einmal deutlich nach oben. [...]

Elf der zwölf Jahre von 1997 bis 2007 waren die wärmsten seit Beginn der Temperaturmessungen. Und als Verursacher kommt nur einer infrage: der Mensch, der mehr und mehr Land nutzt, Kohle, Öl und Erdgas verheizt, zur Stromerzeugung und für den Antrieb von Autos und Flugzeugen nutzt und damit die Emissionen ständig erhöht. Wie ein Symbol ging das Bild der legendären Nordwestpassage in der Arktis um die Welt, deren Undurchdringbarkeit in Filmen und Romanen beschrieben ist. Zum ersten Mal, seit es Aufzeichnungen gibt, war die einst vom „Schrecken des Eises und der Finsternis" gezeichnete Rinne im Spätsommer 2007 komplett von den mächtigen Schollen befreit, sodass Tanker sie passieren konnten. Die Menschheit trete, so der IPCC, in „eine neue Klimaepoche" ein.

Harald Schumann, Christiane Grefe: Der globale Countdown, Köln 2009, S. 208 f.

M3 Die weltweit möglichen Folgen globaler Erwärmung

M4 Kernaussagen zum Klimawandel

1. Durch die Nutzung fossiler Brennstoffe, das Abholzen von Wäldern und weitere Aktivitäten setzt der Mensch große Mengen Treibhausgase frei. Die Konzentration von Kohlendioxid in der Luft ist von 280 ppm (0,028 Prozent, ppm heißt „parts per million") in vorindustrieller Zeit auf heute mehr als 380 ppm angestiegen, den höchsten Wert seit mindestens 800 000 Jahren. [...]

2. Wirtschaftet die Menschheit weiter wie bisher, könnte sich das Erdklima bis zum Jahr 2100 um fünf Grad Celsius erwärmen. [...]

3. Durch die Erwärmung dehnt sich das Meerwasser aus und es strömt zusätzliches Schmelzwasser von Gletschern und Eisschilden in die Ozeane. Der Meeresspiegel ist im letzten Jahrhundert um 15 bis 20 Zentimeter angestiegen, in diesem Jahrhundert werden weitere 50 bis 150 Zentimeter erwartet. Die weitere Erwärmung könnte die Eisschilde auf Grönland und der Antarktis destabilisieren. [...]

4. Der anthropogene [von Menschen verursachte] Treibhauseffekt könnte das Klimasystem der Erde über kritische Grenzen hinaus belasten, sodass wichtige Prozesse im Gesamtgefüge „kippen" und von da an grundsätzlich anders ablaufen. Das würde das Klima ganzer Subkontinente und Meeresbecken verändern und könnte etwa das arktische Meereis und die Himalajagletscher abschmelzen lassen [...]

5. Gelingt es, die globale Erderwärmung auf zwei Grad Celsius zu begrenzen, ließen sich nach heutigem Stand der Forschung die gefährlichsten Folgen des Klimawandels abwenden. [...] Um das Zwei-Grad-Ziel erreichen zu können, muss der Treibhausausstoß weltweit bis zur Mitte des 21. Jahrhunderts auf etwa die Hälfte des Niveaus von 1990 gesenkt werden.

6. Die notwendigen Maßnahmen zum Erreichen des Zwei-Grad-Ziels würden die globalen Wirtschaftsleistungen bis 2100 um insgesamt etwa ein Prozent verringern. Voraussetzung ist, dass technologische und institutionelle Innovationspotenziale voll ausgeschöpft werden. [...]

Patrick Eickemeier, Sieben Kernaussagen zum Klimawandel, Potsdam-Institut für Klimawandelforschung; www.pik-potsdam.de/infothek/sieben-kernaussagen-zum-klimawandel, Zugriff 08.07.2009, gekürzt

M5 Der Klimawandel als Bedrohungsmultiplikator

[...] Richtig betrachtet ist der Klimawandel ein Bedrohungsmultiplikator, der bestehende Tendenzen, Spannungen und Instabilität noch verschlimmert. Die zentrale Herausforderung besteht darin, dass er Staaten und Regionen, die bereits schwach und konfliktanfällig sind, zu überfordern droht. Es ist wichtig zu erkennen, dass die Risiken nicht nur humanitärer Art sind; es geht auch um politische Risiken und Sicherheitsrisiken, die europäische Interessen unmittelbar berühren. [...] Der Klimawandel wird die Niederschlagsmuster ändern und die Verfügbarkeit von Süßwasser weiter verringern, in einigen Regionen sogar um 20 bis 30 %. [...] Insbesondere Wasserknappheit birgt ein Unruhepotenzial und kann selbst in robusten Wirtschaftssystemen zu signifikanten wirtschaftlichen Einbußen führen. In Gebieten mit starkem Bevölkerungsdruck werden die Folgen sogar noch gravierender sein. [...]

Die Vereinten Nationen sprechen für das Jahr 2020 von Millionen von „Umwelt-Migranten“ und machen für dieses Phänomen den Klimawandel als eine der Haupttriebkräfte aus. [...] Der Klimawandel kann die Instabilität schwacher oder zerfallender Staaten beträchtlich verschärfen, indem er die Kapazität von Regierungen, die bereits nur eingeschränkt in der Lage sind, den Herausforderungen wirksam zu begegnen, übermäßig strapaziert. Die Unfähigkeit einer Regierung, den Bedürfnissen ihrer gesamten Bevölkerung nachzukommen oder bei klimabedingten Notlagen Schutz zu bieten, könnte Frustrationen auslösen, zu Spannungen zwischen verschiedenen ethnischen und religiösen Gruppen innerhalb eines Landes sowie zu politischer Radikalisierung führen. [...]

Hoher Vertreter des Europäischen Rats und der Europäischen Kommission, Klimawandel und internationale Sicherheit, Brüssel 2008, S. 113

M6 Internationale Brennpunkte durch den Klimawandel

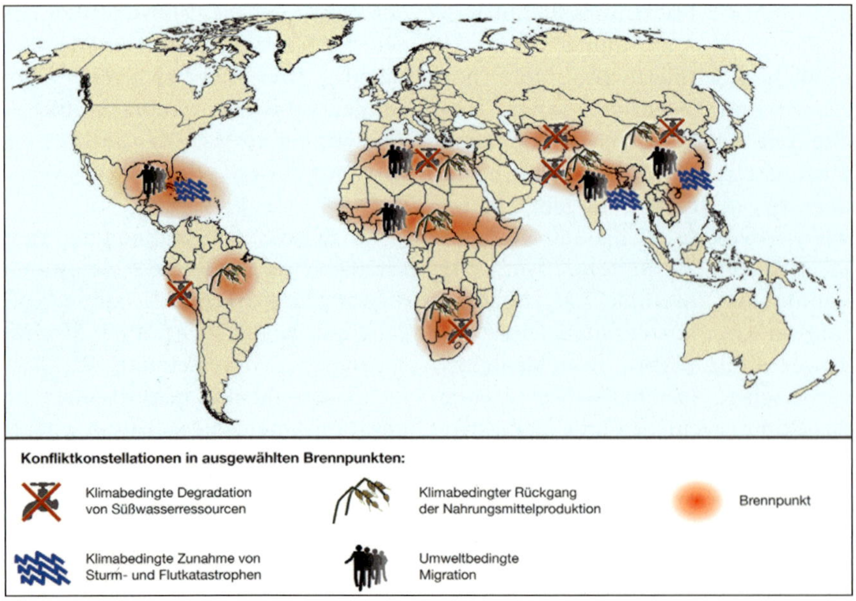

M7 Klimawandel – Sicherheitsrisiko oder Herausforderung

Die zentrale Botschaft der Risikoanalyse des *Wissenschaftlichen Beirats der Bundesregierung – Globale Umweltveränderung* lautet, dass der Klimawandel ohne entschiedenes Gegensteuern bereits in den kommenden Jahrzehnten die Anpassungsfähigkeit vieler Gesellschaften überfordern wird. Daraus können Gewalt und Destabilisierung erwachsen, die die nationale und internationale Sicherheit in einem bisher unbekannten Maß bedrohen.

Der Klimawandel könnte die Staatengemeinschaft aber auch zusammenführen, wenn sie ihn als Menschheitsbedrohung versteht und in den kommenden Jahren durch eine energische und weltweit abgestimmte Klimapolitik die Weichen für die Vermeidung eines gefährlichen anthropogenen Klimawandels stellt. Gelingt dies nicht, wird der Klimawandel zunehmend Spaltungs- und Konfliktlinien in der internationalen Politik hervorrufen, weil er vielfältige Verteilungskonflikte in und zwischen Ländern auslöst: um Wasser, um Land, um die Bewältigung von Flüchtlingsbewegungen oder um Kompensationszahlungen zwischen den wesentlichen Verursachern des Klimawandels und den Ländern, die vor allem von dessen destruktiven Wirkungen betroffen sein werden. Um diese Entwicklungen zu vermeiden, muss in den kommenden 10 – 15 Jahren vor allem eine ambitionierte globale Klimapolitik betrieben werden. Ein wirkungsvolles internationales Klimaschutzregime muss erreichen, dass bis Mitte des 21. Jahrhunderts der weltweite Ausstoß von Treibhausgasen halbiert wird. Diese große Herausforderung für die internationale Politik entsteht parallel zu einer weitreichenden weltpolitischen Verschiebung, die insbesondere durch den Aufstieg neuer Mächte wie China und Indien bei gleichzeitigem relativen Machtverlust der Vereinigten Staaten von Amerika geprägt sein wird. [...]

Um gegenzusteuern, muss die Europäische Union eine Vorreiterrolle in der globalen Klimapolitik einnehmen und sowohl die USA als auch die neuen Mächte Asiens von der Bedeutung einer gemeinsamen Kraftanstrengung zur Vermeidung eines gefährlichen Klimawandels überzeugen. [...].

Wissenschaftlicher Beirat der Bundesregierung – Globale Umweltveränderungen: Welt im Wandel. Sicherheitsrisiko Klimawandel. Zusammenfassung für Entscheidungsträger, Berlin, Heidelberg 2007, S. 1 f., gekürzt

M8 „Sofort“ und „schnell“ lauten die Maßgaben der Klimapolitik

Die Wahrscheinlichkeit, dass die Folgen des Klimawandels nicht mehr beherrscht werden können, wächst mit jedem Zehntelgrad Temperaturerhöhung. Deshalb gilt jene Formulierung ausnahmsweise tatsächlich, die auf vielen anderen Politikfeldern nur als Ausrede dient: „Es gibt keine Alternative.“ Die Emissionen müssen so schnell wie möglich und so weit wie möglich sinken. Die Schlüsselworte lauten „schnell“ und „sofort“. Das gilt allen voran für die großen Industrieländer. Denn sie sind seit über einem Jahrhundert die größten Verursacher: Allein die USA stoßen heute pro Jahr fast ein Viertel der globalen CO_2-Emissionen aus, Indien nur vier Prozent – trotz der vierfachen Einwohnerzahl. [...] und auch ein Europäer lebt mit dem zehnfachen Output eines Inders ungleich klimaschädlicher. Und während amerikanische Kinder mit dem Auto zur Schule fahren [...] während es zugleich in Europa Mode ist, unter gasbetriebenen Heizpilzen auch bei Minusgraden im Winter nachts auf den Terrassen der Restaurants zu rauchen und zu speisen [...] haben weltweit noch immer zwei Milliarden Menschen keinen Zugang zu elektrischer Energie und sind fürs Kochen auf Holz angewiesen. Ausgerechnet diese Abgehängten aber sind von den Folgen der Erderwärmung am heftigsten betroffen; gerade sie müssen die Konsequenzen ertragen, die sich aus der Energieverschwendung der Reichen, einschließlich derer in ihren eigenen Ländern, ergeben. Ihnen muss mit dem Schutz ihrer Lebensräume, Energie- und Anbaualternativen und Versicherungen geholfen werden – und ihren Ländern dabei, sich von vornherein emissionsarm wirtschaftlich zu entwickeln. [...] Diese Transformation zu einer emissionsarmen Gesellschaft hat bereits begonnen – zumindest in den Köpfen vieler Bürger, Unternehmer und Politiker. [...] Nie zuvor wurden, global vernetzt, auf so vielen politischen Ebenen und in so unterschiedlichen gesellschaftlichen Gruppen neue Initiativen in die Wege geleitet, um seine zerstörerische Fortentwicklung aufzuhalten. [...] Hunderte von Firmen, Großstädten und Kommunen haben sich zum drastischen Herunterfahren ihrer Emissionen verpflichtet. [...] Geld ist ein starkes Motiv, und mit dem Klimawandel lässt sich bereits eine Menge verdienen. [...] Vor allem der Kraft von Wind und Sonne bringt die Finanzwelt offenbar größeres Vertrauen entgegen als viele Energiepolitiker. Kein Wunder angesichts einer Wachstumsrate von jährlich bis zu 30 Prozent [...]. Aus dieser Entwicklung, dem Richtungswechsel des Kapitals, lasse sich Hoffnung schöpfen, sagt der Philosoph Peter Sloterdijk. „Wenn das Geld klug wird, dann werden neue Energiequellen strömen.“

Harald Schumann, Christiane Grefe: Der globale Countdown, Köln 2009, S. 225–232, gekürzt

M9 Klimakonferenzen: die Politik unter Handlungsdruck

Til Mette

Arbeitsvorschläge

1. Welches Problem spricht die Karikatur **M1** an? Führen Sie ein Streitgespräch, indem Sie jeweils die Rolle einer der vier übergewichtigen Personen übernehmen; Methode S. 214.

2. Stellen Sie in tabellarischer Form die zu erwartenden Folgen des Klimawandels (**M3** und **M4**) und dadurch entstehende Sicherheitsrisiken (**M5** bis **M7**) dar.

3. Erläutern Sie, inwieweit die Folgen des Klimawandels in außereuropäischen Regionen auch Folgen für und in Europa haben könnten.

4. Nehmen Sie begründet Stellung zu der Frage, ob die Folgen des Klimawandels eher eine Bedrohung der internationalen Sicherheit oder eine zu bewältigende Herausforderung der internationalen Politik darstellen (**M7**).

5. Diskutieren Sie die folgende These in Ihrer Lerngruppe: Die reichen Industrienationen haben eine moralische Verpflichtung, sich um die Folgen des Klimawandels in den armen Ländern zu kümmern, da sie die meisten klimaschädlichen Emissionen verursachen (**M8**, **M9**).

[I] 2 [II] 3 [III] 4, 5 [I]–[III] 1

Unser Umgang mit der Einen Welt

Nachhaltigkeit oder nach uns die Sintflut?

M1 Umtausch ausgeschlossen

Horst Haitzinger, 1988

Erklärungen

Brundtland-Bericht: Die ehemalige norwegische Ministerpräsidentin Gro Harlem Brundtland hatte den Vorsitz in der Weltkommission für Umwelt und Entwicklung, die 1987 einen Bericht mit dem Titel „Unsere gemeinsame Zukunft" veröffentlichte. Der sogenannte Brundtland-Bericht ist für seine Definition einer nachhaltigen Entwicklung bekannt geworden.

VT

Der Begriff „Nachhaltigkeit" begegnet uns in den unterschiedlichsten Zusammenhängen: in der Politik, in der Wirtschaft und in der Schule. Der Begriff wird geradezu inflationär gebraucht. Redet man von „nachhaltigem Wirtschaften" oder „nachhaltigem Denken", so ist Zustimmung sicher. Doch wie genau ist Nachhaltigkeit als Prinzip des politischen und wirtschaftlichen Handelns zu verstehen?
Der Begriff Nachhaltigkeit geht auf den Bericht einer Kommission für Umwelt und Entwicklung aus dem Jahr 1987 zurück. Weltweite Verbreitung fand er durch eine UN-Konferenz in Brasilien. 1992 fand dort in Rio de Janeiro eine Konferenz der Vereinten Nationen über Umwelt und Entwicklung statt. Diese Konferenz stellt den Ausgangspunkt der globalen Umweltbestrebungen bis in die Gegenwart dar.
Nachhaltigkeit ist ein normativer Begriff, d.h. er beschreibt, wie etwas sein soll. Die Vorstellung einer nachhaltigen Politik nimmt dabei nicht nur die Bedürfnisse der jetzt Lebenden, sondern auch die zukünftiger Generationen in den Blick. Doch wie bei allen normativen Begriffen bedarf es einer gesellschaftlichen Debatte, was genau für uns und nachfolgende Generationen als gut und erstrebenswert anzusehen ist. So ist jeder, der den Begriff Nachhaltigkeit ins Gespräch bringt, gefordert zu erklären, was er konkret für nachhaltig hält.
Ist Nachhaltigkeit nur etwas für Sonntagsreden und folgenlose politische Absichtserklärungen oder lässt sich der Begriff in konkrete Politik umsetzen? Die Unschärfe des Begriffs erscheint zunächst als Schwäche. Zu einer Stärke kann diese Unschärfe aber werden, indem er die Gesellschaft zu einer andauernden Debatte über das nötigt, was wir für uns und andere als gut verwirklichen wollen.

M2 Was bedeutet Nachhaltigkeit?

Der Begriff der Nachhaltigkeit wurde im 18. Jahrhundert in der Forstwirtschaft geprägt. Hans-Karl von Carlowitz, sächsischer Berghauptmann, verfasste ein Buch über die Ökonomie der Waldkultur, die „Silvicultura oeconomica", das 1713 erschien. Er formulierte darin als Erster das Prinzip der Nachhaltigkeit: „Schlage nur so viel Holz ein, wie der Wald verkraften kann! So viel Holz, wie nachwachsen kann!"

Heute ist Nachhaltigkeit ein Gesamtkonzept. Ökonomische, ökologische und soziale Entwicklungen dürfen voneinander nicht getrennt oder gegeneinander ausgespielt werden: kein dauerhafter wirtschaftlicher und gesellschaftlicher Fortschritt ohne intakte Umwelt – keine intakte Umwelt ohne wirtschaftliche und gesellschaftliche Prosperität. Der Kerngedanke des Leitbildes nachhaltiger Entwicklung lautet: Auf lange Sicht darf die Weltgemeinschaft nicht auf Kosten zukünftiger Generationen leben, dürfen einzelne Gesellschaften nicht zu Lasten der Menschen in anderen Regionen der Erde konsumieren. Nachhaltigkeit ist eine Querschnittsaufgabe, weil sie alle Bereiche unseres Lebens berührt. [...]

Farid Gardizi: Eine kurze Geschichte der Nachhaltigkeit, März 2009, Deutsche UNESCO-Kommission e. V., www.unesco.de/3419.html, Zugriff 17.02.2014

M3 Prinzipien nachhaltigen Denkens und Handelns

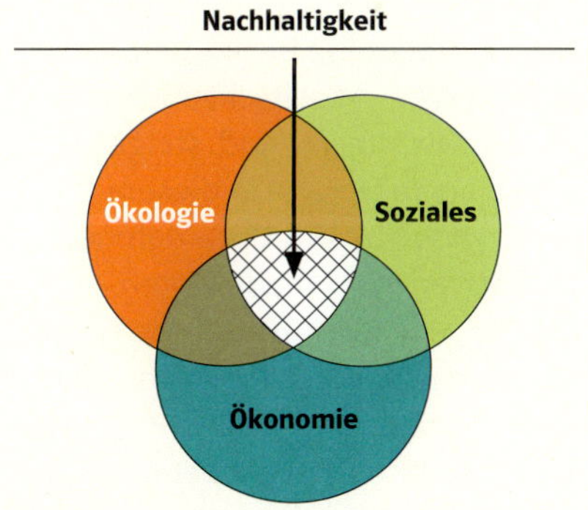

eigene Darstellung

M4 Nachhaltigkeit: konsensfähiges Leitbild – strittige Umsetzung

„Man könnte bilanzieren: Seit Rio (1992) ist nichts so nachhaltig wie das Reden und Schreiben über nachhaltige Entwicklung [...] und gleichzeitig nichts so aussichtslos wie der Versuch, den Begriff konsensfähig und allgemeinverbindlich zu definieren." [...] Mit diesen bitteren Worten beginnt eine kritische Analyse in der Zeitschrift „Politische Ökologie" über die bisherige Nachhaltigkeitsdebatte in Deutschland. [...]

Weltweit herrscht Übereinstimmung darüber, dass Nachhaltigkeit ein normatives Leitbild zur Verwirklichung einer gerechten Verteilung von Lebenschancen [...] darstellt [...]. Dabei geht es sowohl um die Frage von Chancen und Ressourcen im Vergleich der Völker und Individuen innerhalb der heute lebenden Bevölkerung (intragenerationale Gerechtigkeit) wie auch der Langfristverantwortung gegenüber kommenden Generationen. Wie die Forderung der intra- und intergenerationalen Gerechtigkeit aber konkret umgesetzt werden sollen, darüber besteht keineswegs Einigkeit. Denn das, was eine gerechte Verteilung von Lebenschancen bedeutet und wie man das Erbe festlegen soll, das man den künftigen Generationen hinterlassen soll und muss, hängt maßgeblich von der individuellen und kollektiven Bewertung der zu verteilenden Güter ab. [...] Das Postulat der Nachhaltigkeit [...] beschreibt also keinen wissenschaftlich beobachtbaren Sachverhalt [...]. Es geht um die Frage, wie Menschen leben sollen und was heute und morgen ein „gutes" Leben ist.

Ortwin Renn, Jürgen Deuschle, u. a.: Leitbild Nachhaltigkeit. Eine normativ-funktionale Konzeption und ihre Umsetzung, Wiesbaden 2007, S. 9-11, gekürzt

M5 Nachhaltigkeit braucht Regeln

[...] Auf dem Weg zur Nachhaltigkeit brauchen wir Regeln für den Umgang mit Natur, Landschaft und Ressourcen. Dazu gehören:

- die *Abbauregel*: Es darf nur die Menge an regenerativen Ressourcen abgebaut werden, die wieder nachwächst;
- die *Substitutionsregel*: Die Nutzung von nichtregenerativen Quellen muss in gleichem Umfang durch nachwachsende Rohstoffe ersetzt werden;
- die *Assimilationsregel*: Es darf nur die Menge von Schadstoffen an Natur, Landschaft und Öko-Systeme abgegeben werden, die diese auch verarbeiten können;
- die *Erhaltungsregel*: Die Qualität der Öko-Systeme muss gewahrt und erhalten bleiben. [...]

Horst W. Opaschowski: Wohlstand neu denken, München 2009, S. 196

Arbeitsvorschläge

1. Interpretieren Sie die Karikatur **M 1**. Welche Appelle an die heute politisch und wirtschaftlich Verantwortlichen leiten Sie daraus ab; Methode S. 214.

2. Erläutern Sie mit eigenen Worten das Prinzip der Nachhaltigkeit (**M 2** bis **M 4**). Stellen Sie unter Rückgriff Ihrer Erkenntnisse aus der Arbeit mit diesem Kapitel geeignete Beispiele für die Umsetzung dieses Prinzips dar.

3. Diskutieren Sie in Ihrer Lerngruppe, warum sich das Leitprinzip der Nachhaltig so schwer im politischen Handeln konkretisieren lässt.

4. Wer nachhaltig leben möchte, muss in der Regel das Verhalten oder die Konsumgewohnheiten ändern. Verdeutlichen Sie an konkreten Beispielen, ob und zu welchen Veränderungen Sie persönlich bereit wären.

[II] 2, 4 [III] 3 [I]–[III] 1

Zwischen Ökonomie und Ökologie

Nachhaltigkeit als Unternehmensziel?

Globalisierung
S. 178 ff.

M1 Unternehmen unter Globalisierungsdruck

Gerhard Mester

Erklärungen

Dilemma: Zwangslage, in der man sich zwischen zwei gleichwertigen Handlungsmöglichkeiten entscheiden muss.

VT

Wirtschaften – also das Produzieren und Konsumieren von Gütern – ist nicht möglich, ohne Ressourcen zu benutzen und die Umwelt zu belasten. Das Thema Nachhaltigkeit im Umgang mit Ressourcen und Umwelt wird daher Industrie, Handel und Dienstleistung in den nächsten Jahren beschäftigen und verändern. So vertritt beispielsweise Michael Otto, Aufsichtsratsvorsitzender der Hamburger Versandhausgruppe Otto, die Auffassung: „Wirtschaftliches Handeln, das ist meine tiefste Überzeugung, darf sich künftig nicht mehr nur am ökonomischen Nutzen orientieren. Es muss auch ökologischen Schaden abwenden und sozialen Gewinn abstreben." (Frankfurter Allgemeine Zeitung, 28.06.2011)
Eine nachhaltige, ökologische Herstellung der Produkte und faire Arbeitsbedingungen – dafür interessieren sich auch die Verbraucher mehr und mehr. Die Zahl der Beispiele, in denen Verbraucher Produkte boykottieren, die nachweislich umweltschädlich oder sozial unverträglich sind, steigt stetig. Ein schlechtes Image in diesem Bereich können sich Unternehmen schlichtweg nicht mehr leisten.
Doch nicht nur der öffentliche Druck und bessere Markchancen bewegen Unternehmen zu einer Nachhaltigkeit in ihrer Unternehmenspolitik. Investitionen in den Umweltschutz, in energie- und rohstoffsparende Produktionsverfahren rechnen sich in der Regel auch wirtschaftlich. Inzwischen ist vielen, die in der Wirtschaft Verantwortung tragen, klar, dass Ökonomie und Ökologie nicht grundsätzlich in einem Widerspruch zueinander stehen. Vielmehr gibt es zahlreiche Möglichkeiten, Nachhaltigkeit, d.h. unter anderem Umweltschutz und soziale Produktionsbedingungen, mit wirtschaftlich profitablem Handeln zu vereinbaren.

M2 Der Zielkonflikt zwischen Ökonomie und Ökologie

Die Menschen haben eine Vielzahl von Bedürfnissen. Ein Teil dieser Bedürfnisse richtet sich auf Güter, die in der „Wirtschaft“ hergestellt werden. Wir brauchen die Wirtschaft, um leben und überleben zu können.

Ein anderer Teil der menschlichen Bedürfnisse richtet sich auf die Umwelt. Die Umwelt ist als natürliche Lebensgrundlage für die menschliche Existenz ebenfalls unverzichtbar und darüber hinaus wesentliche Quelle unseres Wohlbefindens.

Das Dilemma besteht darin, dass die Wirtschaft die Umwelt als Produktionsfaktor benötigt. Durch die Herstellung der Güter wird die Umwelt abgebaut (z. B. Rohstoffe), bebaut (Straßen, Häuser, usw.) und geschädigt (Boden, Wasser, Luft). Die Güter werden von den Menschen genutzt. Auch die Güternutzung ist oft nicht umweltneutral (Autofahren, usw.).

Hans-Jürgen Albers, Gabriele Albers-Wodsak: Volkswirtschaftslehre, Haan-Gruiten, Verlag Europa-Lehrmittel, 8/2008, S. 446

M3 Nachhaltigkeit und Unternehmen

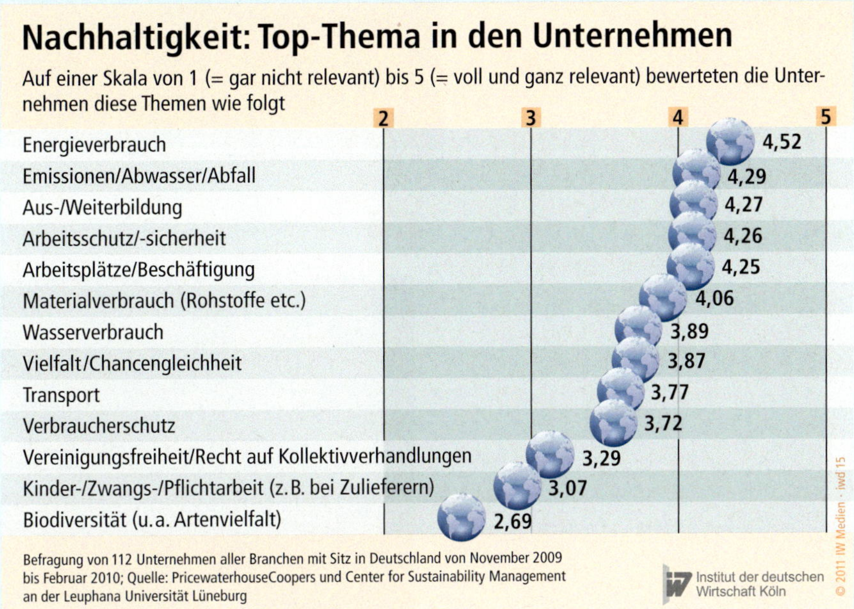

M4 Nachhaltigkeit: Mehrwert für Unternehmen?

Alles soll nachhaltig sein. Allerdings fällt auf, dass ein einheitliches Verständnis für die Bedeutung von Nachhaltigkeit fehlt. [...] Deshalb ist es unmöglich, diesen Wandel ohne ein grundlegendes Verständnis des Nachhaltigkeitskonzeptes erfolgreich zu managen. [...] Nachhaltigkeit ist in dieser Hinsicht wie Autofahren. Niemand muss die Funktionsweise eines Ottomotors kennen, um sicher am Straßenverkehr teilzunehmen. Aber erwarten, dass alle Beteiligten die Vorfahrtsregeln nicht nur theoretisch beherrschen, das sollte man können. Für das Thema Nachhaltigkeit bedeutet das, dass nur der Wirtschaftslenker sich auf die Gegebenheiten einer auf Umweltschutz, Sozialverträglichkeit und Ressourcenschonung ausgerichteten Wirtschaftsordnung einstellen kann, der auch ihre Grundregeln versteht. [...]

Nicht jeder ist ein Fan von Veränderungen. Laut Untersuchungen sind gerade mal fünf Prozent der potenziell Betroffenen proaktive Unterstützer des Wandels. Die große Mehrheit, jeweils 40 Prozent, sehen die Veränderungen eher skeptisch oder versuchen zu bremsen [...]. Allerdings zeigt allein schon die Vielzahl an Branchen, die von diesen Veränderungsprozessen ergriffen werden, dass es bereits zu spät ist, den Wandel einfach nur auszusitzen. Im Gegenzug erwarten Konzerne, die proaktiv mit der Thematik umgehen, auch eine Reihe von Vorteilen, die sie im Wettbewerb nutzen können. Beispiele dafür wären substanzielle Produkt- und Serviceneuerungen, strategische Allianzen, krisensichere Qualitätsführerschaft, langfristige Kunden- und Mitarbeiterbindung, Ressourcen- und Effizienzgewinne bei gleichzeitigen Kosteneinsparungen. Die ersten Erfahrungen sozial verantwortlicher Unternehmen zeigen genau das: Nachhaltigkeit ist eine Innovationsspritze. [...]

Auch ist Nachhaltigkeit für Unternehmen durchaus eine Differenzierungsmöglichkeit im Wettbewerb. Zum Beispiel kam es zwischen den Sportartikelherstellern Puma, Nike und Adidas zu einem Wettrennen, welcher der drei Konzerne zuerst den Einsatz von gesundheitsschädlichen Chemikalien aus der Produktion verbannen könne. Keiner wollte Gefahr laufen, auf einem imageschädlichen wie ökonomisch desaströsen Gift-Ranking gelistet zu sein. [...]

Iris Pufè: Nachhaltigkeit. Leere Worthülse oder Mehrwert für Unternehmen?, Wirtschaftswoche, http://green.wiwo.de/nachhaltigkeit-leere-worthulse-oder-mehrwert-fur-unternehmen, Zugriff 21.01.2014, gekürzt

Arbeitsvorschläge

1. Interpretieren Sie die Karikatur **M1**. Wo könnten mit Blick auf den Umweltschutz Zielkonflikte von Unternehmen im globalisierten Wettbewerb liegen?

2. Beschreiben Sie die Vorteile eines nachhaltigen Wirtschaftens für Unternehmen.

3. Diskutieren Sie die Einflussmöglichkeiten der Verbraucher auf nachhaltiges Wirtschaften in den Betrieben.

[I] 2 [III] 3 [I]–[III] 1

Hightech für die Umwelt
Welchen Beitrag können neue Technologien leisten?

M1 So winzig ist ein Nanoteilchen

Ein Vergleich: 100 Nanometer (ein Nanoteilchen) haben ein Größenverhältnis zu einem Fußball wie dieser zur Erde.

Erklärungen

Nano: (griechisch) die Vorsilbe „Nano" bedeutet Zwerg. Ein Nanometer ist aber viel winziger als ein Zwerg: Es ist der millionste Teil eines Millimeters, also ein milliardstel Teil. Die Nanoteilchen ermöglichen z. B. die Entwicklung von Computern, die bei gleicher Leistung sehr viel kleiner sind als bislang. Die Dinge, die mit **Nanotechnologie** hergestellt werden, können so winzig sein, dass sie auch in der Medizin eingesetzt werden können.

Umwelttechnologien sind notwendig für:
- Luftreinhaltung
- Abwasserklärung
- Abfallentsorgung und Recycling
- Energieeinsparung
- Nutzung regenerativer Energien und Rohstoffe

VT

Umweltbelastungen, begrenzte Ressourcen und ein wachsender Energieverbrauch lassen die Nachfrage nach neuen Umwelttechnologien weltweit steigen. Die deutschen Entwickler und Hersteller von Umwelttechnologien sind führend und exportieren diese in alle Welt.
Mithilfe dieser Technologien soll der Wirtschaftsstandort Deutschland ein weiteres Standbein bekommen. Entsprechend wird die Forschung in allen Bereichen der Umwelttechnologie gefördert und vorangetrieben. Selbst bei den bereits seit einigen Jahren eingesetzten Techniken wie Windkraft- oder Solaranlagen wird ständig weitergeforscht und verbessert.
Vor allem die Zusammenarbeit verschiedener Wissenschaftsbereiche führt zu Erfolgen. In der chemischen Industrie, die in NRW sehr stark ist und ein Viertel dieses Industriezweigs in Deutschland ausmacht, wird wie in Physik und Biologie Grundlagenforschung betrieben. Die Ingenieurswissenschaften suchen nach immer neuen Anwendungsmöglichkeiten. In der Bionik wird bei der Natur abgeschaut: Von Tieren wird zum Beispiel gelernt, wie sie sich effizient bewegen und dabei Energie sparen.
Nachwachsende Rohstoffe werden bei der Energieerzeugung eingesetzt, aber zunehmend auch in anderen Bereichen wie dem Hausbau.
Ein weiteres Beispiel für Innovationen ist die Nanotechnologie. Sie gilt als zukunftsweisend, weil sie in zahlreichen Bereichen eingesetzt werden kann. Diese Technologie wird von Wissenschaftlern aufmerksam beobachtet, weil die Auswirkungen der winzigen Partikel auf die menschliche Gesundheit noch nicht hinreichend erforscht sind. Doch die Hoffnung in die Nanotechnologie überwiegt, entsprechend intensiv geht die Forschung voran.

M2 Umwelttechnologie in NRW

Im Wachstumsmarkt Umwelttechnologien nimmt Nordrhein-Westfalen eine im Bundesvergleich starke Position ein. Mit ca. 45 Milliarden Euro Umsatz im Bereich Umwelttechnologien ist NRW das erfolgreichste Bundesland in dieser Branche.

Die Entwicklung und Verwendung neuer Umwelttechnologien hat dabei nicht nur positive Effekte auf die Umwelt, sondern ist auch ein Wachstumstreiber und Beschäftigungsmotor für NRW. Bereits heute bietet die Branche mit 250 000 Beschäftigten mehr Menschen einen Arbeitsplatz als die in NRW traditionell starke Chemie- und Kunststoffbranche. [...]

Folgende sieben Technologiebereiche wurden [...] ausgewählt:

- Wasser- und Abwassertechnologien
- zukunftsorientierte Entsorgungstechniken
- Luftreinhaltetechnologien
- Bodensanierungstechniken
- Mess- und Regeltechniken [...]
- umweltfreundliche Produkte

Hinzu kommen Querschnittsthemen wie Nano- und Biotechnologien, die Einsparung von Rohstoffen ermöglichen und schadstoffhaltige Prozesse ersetzen können. [...]

NRW Clustersekretariat: Umwelttechnologien, www.exzellenz.nrw.de/umwelttechnologien/noth/clusterinfo/landescluster/umwelttechnologien/, Zugriff 29.03.2011

M3 Nanotechnologie für die Umwelt

Im Hinblick auf die Chancen der Nanotechnologien für den Umweltschutz lassen sich zwei wesentliche Felder unterscheiden:

- Nanotechnologien, die direkt dem Umweltschutz im klassischen Sinne dienen, wie etwa bei der Wasseraufbereitung. [...] Hier geht es z. B. um optimierte Filtertechnik.
- Nanotechnologien für einen integrierten Umweltschutz, z. B. im Herstellungsprozess durch einen geringeren Material- und Energieverbrauch oder durch minimierte Schadstoffeinträge in die Umwelt.

[...] Die Entwicklung neuer Verfahren und Materialien wirft gleichzeitig Fragen nach der Sicherheit für Mensch und Umwelt auf. [...] Mögliche Effekte sind für einen verantwortungsvollen Umgang mit Nanomaterialien frühzeitig zu erforschen und zu benennen.

Ministerium für Umwelt und Naturschutz, Landwirtschaft und Verbraucherschutz des Landes Nordrhein-Westfalen (Hg.): Nanotechnologien in Nordrhein-Westfalen, Düsseldorf 2009, S. 8, 11, 35, www.umwelt.nrw.de/umwelt/pdf/nano.pdf, Zugriff 15.07.2014

M4 Wirtschaftsfaktor Umweltschutz

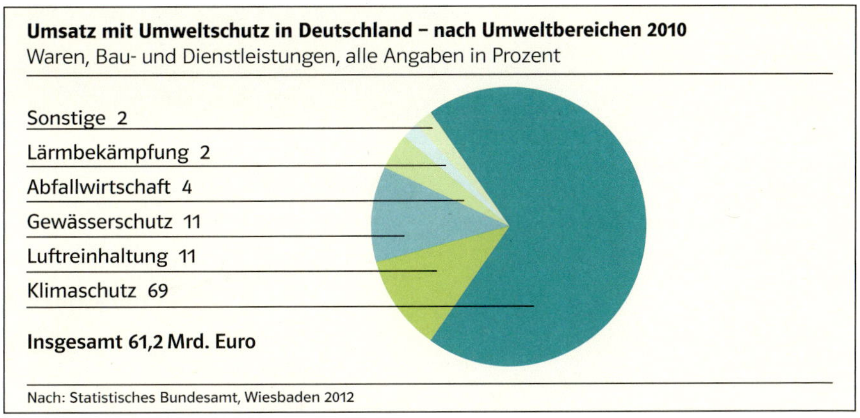

M5 Große Chancen

Kostenlos liefert die Natur unendlich viel Energie, gespeichert in Sonnenlicht, Windbewegung, Wasserkraft, Erdwärme und in nachwachsender Biomasse – eine Herausforderung an Physik und Technik, diese Energie möglichst effizient umzuwandeln und nutzbar zu machen.

Seit 1990 sind die Beiträge der erneuerbaren Energien zur Strom- und Wärmeerzeugung sowie zum Kraftstoffverbrauch enorm gestiegen. Daraufhin wuchs auch der Anteil erneuerbarer Energien an der Primärenergiebereitstellung deutlich an – von einem Prozent im Jahr 1990 auf rund 12 Prozent im Jahr 2012. Der Anteil erneuerbarer Energien am gesamten Endenergieverbrauch belief sich nach Angaben des Bundesumweltministeriums mit 314 Terawattstunden sogar auf 13 Prozent. Hauptquellen waren Windenergie, Wasserkraft, Sonnenlicht (Photovoltaik, Solarthermie), biogene Brenn- und Kraftstoffe und, wenn auch bisher noch im geringen Umfang, die Geothermie.

Erneuerbare Energien sind damit innerhalb von 20 Jahren zu einem wichtigen Faktor für die Versorgungssicherheit der Bundesrepublik geworden und tragen außerdem erheblich zur Vermeidung von Kohlendioxid-Emissionen bei.

Lisa Leander: Erneuerbare Energien, 15.09.2013, Deutsche Physikalische Gesellschaft e. V.: www.weltderphysik.de/gebiet/technik/energie/energiequellen/erneuerbare-energien, Zugriff 20.01.2014

Arbeitsvorschläge

1. Erstellen Sie eine Übersicht über die für den Umweltschutz wichtigen Technologiebereiche (**M 2**). Ordnen Sie weitere technische Verfahren zu.
2. Erläutern Sie die Bedeutung der Umwelttechnologien für die Wirtschaft Nordrhein-Westfalens (**M 3**–**M 5**).
3. Diskutieren Sie, welche Beschäftigungseffekte Investitionen in der Umwelttechnologie haben könnten.

[I] 1 [II] 2 [III] 3

Verantwortung der Verbraucher
Welche Rolle spielt der nachhaltige Konsum?

fairer Handel
S. 148

M1 Biokraftstoff

Thomas Plaßmann, 2011

Erklärungen

Biokraftstoff: Tankstellen in Deutschland müssen Benzinsorten wie E10 mit bis zu 10 Prozent Bioethanol anbieten. Die Bundesregierung sagt, dass im Vergleich mit herkömmlichen Kraftstoffen der verwendete Biokraftstoff weniger Treibhausgase verursacht. Außerdem soll Biokraftstoff dazu beitragen, dass die weltweiten Erdölvorkommen geschont werden. Die Biokraftstoffquote schreibt vor, dass der Anteil der Biokraftstoffe am gesamten Kraftstoffverbrauch rund 6 Prozent betragen muss. Kritiker wenden ein, dass das Ethanol aus Getreidestärke produziert wird. Wenn mehr Biokraftstoff verkauft wird, muss mehr Getreide angebaut werden. Dort verdrängt dieser Anbau die Lebensmittelproduktion; M 1, M 2.

Landgrabbing (engl.): Landnahme, Aneignung von Land unter Ausnutzung einer politischen oder wirtschaftlichen Überlegenheit, z. B. von Großkonzernen oder Staaten.

VT

Der ökologische Fußabdruck, S. 126, zeigt, dass die Menschen in den Industrieländern weit über die Verhältnisse der Erde leben. Sie tun dies vor allem auf Kosten der Menschen in den armen Staaten Afrikas und Asiens.
Das betrifft nicht nur die Unternehmen in ihrer Produktionsweise. Oft ist es sogar so, dass Unternehmen sehr sparsam mit Rohstoffen und Energie umgehen, weil sie dadurch ihre Kosten senken können.
Also leben auch die Konsumenten bei uns über die Verhältnisse der Erde. Das beginnt beim häufigen Fleischkonsum, der dafür sorgt, dass immer mehr Rinder gezüchtet werden. Die Rinder stoßen während der Verdauung klimaschädliches Methangas aus. Schweine werden mit hochwertigem Futter gemästet. Umweltschützer fordern deshalb die Konsumenten in den Industrieländern auf, weniger Fleisch und Milchprodukte zu essen.

Auch die Verwendung des sogenannten Biokraftstoffs ist keinesfalls so nachhaltig, wie es scheint. Zu seiner Herstellung werden Pflanzen verwendet, die eigentlich Nahrungsmittel sind. Dies verteuert die Lebensmittel für die Menschen in den ärmeren Regionen der Erde unnötig. Hungersnöte sind die Folge.
Welche Macht aber hat der Einzelne als Verbraucher? Die Meinungen hierüber sind geteilt: Ob die Verbraucher wirklich etwas bewegen können, sei zweifelhaft. Vielfach könne der Konsument eines Produkts gar nicht erkennen, wo und unter welchen Bedingungen die Herstellung erfolgt ist.
Andere sind optimistischer. Selbst der kleinste Schritt in Richtung eines nachhaltigen Konsums sei wertvoll, ob beim Kauf eines Autos, eines Kühlschranks, eines Kleidungsstücks oder von Obst. Und auch der Umgang mit Abfällen könne nachhaltiger werden.

M2 Biosprit erzeugt Hunger

Immer mehr Nahrungsmittel landen im Tank statt auf dem Teller. Im letzten Jahr wurden 40 Prozent der US-Maisernte für Ethanol eingesetzt. [...] Biosprit erzeugt also Hunger. Diese Auswirkungen könnten ohne Weiteres reduziert werden, indem die staatliche Förderung in der EU und den USA abgeschafft wird. Das wäre gut für die Hungernden, gut für die Steuerzahler und gut für die Umwelt. Biosprit ist nämlich nicht „bio“ wie der Name vermuten lässt: Der Anbau, die Ernte, die Verarbeitung und der Transport zum Endkunden verschlingt sehr viel Energie. [...] Außerdem ist der Anbau von Getreide für Biosprit häufig der Grund für „Landgrabbing“. Die Beimischungsquoten in den USA und in der EU locken Investoren an, die in den letzten Jahren verstärkt großflächig Land kaufen oder pachten, um dort Biosprit für die Industriestaaten anzubauen. Immer weniger Fläche steht dadurch für die Produktion von Nahrungsmitteln zur Verfügung. [...]

Oxfam Deutschland e. V.: Biosprit/Agrarkraftstoff, www.oxfam.de/informieren/biosprit-agrarkraftstoff, Zugriff 17.02.2014

M3 Was wollen wir essen?

Demonstration von Veganern gegen den Konsum tierischer Produkte in Berlin. Veganer verzichten auf den Konsum jeder Art tierischer Produkte.

M4 Nachhaltig konsumieren

Nachhaltiger Konsum ist eine Alternative zu Konsumstilen, die keine Rücksicht auf Ressourcenverbrauch oder gesellschaftliche Auswirkungen von Produkten nehmen. Wer gezwungenermaßen oder freiwillig wenig konsumiert, hat oft eine gute Umweltbilanz. [...]

Nachhaltige Produkte sind zwar häufig teurer als ihre weniger nachhaltigen Wettbewerber am Markt, trotzdem kann man mit nachhaltigem Konsum unterm Strich Geld sparen. Ein Widerspruch? Um einen Überblick über die Kosten eines nachhaltigen Konsumstils zu gewinnen, kann es hilfreich sein, sich erst einmal mit den Ausgaben für die einzelnen Produktgruppen auseinanderzusetzen. Einen ersten Eindruck können durchschnittliche Zahlen liefern. Eine persönliche Bilanz können Sie ziehen, wenn Sie Ihre Ausgaben über einen gewissen Zeitraum aufschreiben. Es trifft zu, dass Produkte, die ökologisch verträglicher und unter gerechteren Bedingungen hergestellt wurden, in der Regel mehr kosten als ein Produkt, das möglichst billig hergestellt wurde. Dagegen hat das faire und ökologisch verantwortungsvolle Produkt einen Mehrwert für alle. Wer sich mehr Mühe gibt, muss dafür einen angemessenen Preis erzielen können. Sonst kommt die nachhaltige Wirtschaft nicht in Gang.

Die Kosten, die während des Gebrauchs von Produkten, z. B. Waschmaschinen, entstehen, haben wir oft gar nicht im Blick. Dabei machen sich die höheren Anschaffungskosten beim Kauf eines sparsamen Gerätes schon nach einiger Zeit bezahlt. Nachhaltig konsumieren bedeutet, bewusster und weniger zu kaufen. Und wenn die Nutzungszeit eines Produktes schließlich zu Ende geht, darüber nachzudenken, ob es jemand anders gut gebrauchen könnte. Das stärkt letztlich auch den gesellschaftlichen Zusammenhalt

Rat für nachhaltige Entwicklung (Hg.): Der nachhaltige Warenkorb, Berlin 2013, S. 8/ 9, www.nachhaltigkeitsrat.de/uploads/media/Broschuere_Nachhaltiger_Warenkorb.pdf, Zugriff 17.02.2014, gekürzt

Arbeitsvorschläge

1. Arbeiten Sie anhand der Materialen **M 1** und **M 4** die Zielkonflikte bei der Produktion und Verwendung von sogenanntem Biosprit heraus.

2. Zeigen Sie an Beispielen, wie sich Konsumenten in Deutschland verhalten sollten, um das Ziel nachhaltigen Konsums zu unterstützen (**M 2**, **M 3**).

3. Ermitteln Sie in Ihren Lebensbereichen (Wohnen, Mobilität, Lebensmittel, Elektrogeräte, Kleidung, usw.) Möglichkeiten nachhaltigen Konsums.

4. Recherchieren Sie Hintergrundinformationen zu von Ihnen konsumierten Produkten. Wie beurteilen Sie im Hinblick auf nachhaltigen Konsum die Informationen über die Produkte?

[II] 1, 2, [III] 3, 4

Vertiefung

Ernte gut – alles gut?

Ein Simulationsspiel zum globalen Kaffeehandel

M1 Ereigniskarten für Kaffeebauern (Beispiele)

Ein ganz normales Erntejahr für Sie.

Eine Reparatur am Dach Ihres Hauses ist jetzt notwendig. Sie müssen 10 Bohnen im laufenden Erntejahr direkt beim Spielleiter abgeben.

Ein ganz normales Erntejahr für Sie.

Ein schweres Unwetter zerstört einen Teil Ihrer Kaffeepflanzen. Vernichten Sie bitte 5 Ihrer produzierten Kaffeebohnen.

Ein ganz normales Erntejahr für Sie.

Eines Ihrer Kinder ist schwer erkrankt und benötigt teure Medikamente (Wert 2 Kaffeebohnen). Vernichten Sie 2 Bohnen im laufenden Erntejahr.

Unvorhersehbare Ereignisse beeinflussen das Erntejahr.

VT

Die Deutschen lieben „ihren“ Kaffee. Der Kaffeekonsum in Deutschland liegt deutlich über dem weltweiten Durchschnitt: Pro Jahr und Kopf verbrauchen wir etwa 7 Kilogramm. Kaffee ist das beliebteste Getränk in Deutschland – sogar noch vor Bier. Kaffeetrinken hat für viele auch eine soziale Komponente: in der Arbeitspause, bei Feiern oder nach einem guten Essen bietet sich beim gemeinsamen Kaffee so mancher Gesprächsanlass. Die Beliebtheit des Kaffees spiegeln auch die globalen Handelsmärkte wieder: Kaffee ist nach Rohöl wertmäßig der wichtigste gehandelte Rohstoff. Einige große Unternehmen erzielten mit Kaffee erhebliche Gewinne. Über 100 Millionen Menschen sind weltweit im Anbau, in der Verarbeitung und im Handel mit Kaffee beschäftigt. Zahlreiche Bäuerinnen und Bauern bietet der Anbau von Kaffeebohnen eine Verdienstmöglichkeit – zugleich sind sie vom Absatz der Kaffeebohnen wirtschaftlich abhängig. Als Kaffeekonsumenten in Europa wissen wir vielleicht, wie viel ein Pfund Kaffee im Supermarkt oder eine Tasse Cappuccino in einem Café kostet. Doch was wissen wir von der Situation in den Anbauländern, von den Produktionsbedingungen, den Marktstrukturen und Handelsketten, der Preisbildung oder der Gewinnverteilung?

Das **Simulationsspiel** „Ernte gut – alles gut?“ will die Konsumentenperspektive aufbrechen, indem es die Spielerinnen und Spieler in die Situation vietnamesischer Kleinbauern versetzt. Es wird ein Sprung vom letzten Glied der Kette (Konsument) zum ersten Glied der Kette (Produzent) vollzogen. So werden die Produktionsstrukturen und Marktmechanismen beim Rohkaffee beim Spielen erfahrbar.

Erklärungen

Spekulation: Geschäft, das auf Gewinne aus der zukünftigen Entwicklung der Preise beruht. An Börsen wird Kaffee gehandelt. Genauer gesagt wird mit Warenterminkontrakten spekuliert. Es gibt diese Kontrakte für zahlreiche Produkte, z. B. auch für Lebensmittel wie Weizen oder Sojabohnen. Dieser Markt ist oft von der realen Angebots- und Nachfragesituation abgekoppelt, weil er Teil des globalen Kapitalmarktes geworden ist. Anleger können auf steigende oder fallende Rohstoffpreise wetten. Banken haben spekulative Rohstoffpapiere entwickelt. Sie gelten für Investoren als sichere Anlage, weil das Angebot begrenzt ist und die Nachfrage angesichts einer wachsenden Weltbevölkerung zunimmt. Kritiker lehnen die ungeregelte Spekulation mit Genuss- und Lebensmitteln ab.

M2 Die Spielidee

Deutschland ist der größte Kaffeeabnehmer Vietnams. Nahezu jede dritte in Deutschland getrunkene Tasse Kaffee hat ihren Ursprung in Vietnam. Im Wissen um die Strukturen des internationalen Kaffeehandels könnte dieser Kaffee einen bitteren Beigeschmack bekommen. Durch die Auswertung der Spielerfahrungen sowie der Materialen der folgenden Seiten können die Strukturen des Kaffeemarktes aus unterschiedlichen Perspektiven kritisch beleuchtet werden. So bietet sich die Gelegenheit, zu einer eigenen Einschätzung zu gelangen, die unterschiedliche Wirtschaftsinteressen sowie mögliche Handlungsoptionen kritisch abwägt.

Denn am Kaffee lassen sich grundlegende Strukturen des globalen Handels mit agrarischen Rohstoffen, etwa die Bedeutung der internationalen Rohstoffbörsen, gut verdeutlichen. Mit der Wahl des Beispiellandes Vietnam werden zudem interessante politische Themenfelder angesprochen, wie die Nord-Süd-Problematik, die Rolle von Entwicklungsländern als Rohstofflieferanten, die Folgen intensiver Rodungen von Regenwaldflächen oder die Auswirkungen einer kolonialen Vergangenheit bis in die Gegenwart.

Das Spiel legt dabei Wert auf einen möglichst hohen Realitätsbezug. Zum anderen orientieren sich die im Spiel für die vier Erntejahre zugrunde gelegten Rahmendaten an den durchschnittlichen Börsenpreisen des Rohkaffees und den Wirtschaftsdaten des Landes Vietnam in den Handelsjahren zwischen 1998 und 2011.

M3 Gut zu wissen: Rohkaffee

Kaffee wird in der Äquatorregion der Erde in mehr als 70 Staaten angebaut. Ernte und Verarbeitung: Kaffee wird als Kirschfrucht geerntet. Der Kern wird herausgeschält, gewaschen, getrocknet und sortiert. Während diese ersten Arbeitsschritte im Anbauland stattfinden, erfolgen die weiteren Veredelungsstufen, wie das Rösten, meist in den Industrienationen. Eine gleichmäßige Bohnengröße ist ein Qualitätskriterium des Rohkaffes.

Handel: Im internationalen Handel spielen unter den zahllosen Kaffeesorten die Arabica- und Robusta-Sorten eine zentrale Rolle. Gehandelt wird der Rohkaffee über die zwei großen Rohstoffbörsen in New York und London. Hier werden die Richtpreise für die weltweiten An- und Verkäufe festgelegt. An diesen Börsen wird der Kaffee „in Papierform", also als Warentermingeschäft, gehandelt. Damit ist nicht gesagt, dass diese Geschäfte auch wirklich vollzogen werden.

M4 Kaffeeanbau in Vietnam

Vietnam ist etwa so groß wie Deutschland. Erst um 1980 entdeckten die Vietnamesen das wirtschaftliche Potenzial der dort schon bekannten Kaffeepflanze. In kürzester Zeit stieg Vietnam zum zweitgrößten Kaffeeproduzenten der Welt auf.

Förderung des Kaffeeanbaus: Der Aufstieg Vietnams wurde maßgeblich durch die Weltbank unterstützt. Vietnam sollte durch die Kaffeeexporte seine Schulden bei den Industrienationen bezahlen. Die Förderung des Kaffeeanbaus war mit zahlreichen Folgeproblemen verbunden, etwa Rodungen großer Regenwaldflächen oder erzwungener Umsiedlungen. Zwar führte der Kaffeeanbau zunächst zu einem Anstieg des Wohlstands, doch durch massive Einbrüche der Kaffeepreise zu Beginn des 21. Jahrhunderts verarmten zahlreiche Kaffeebauern. Nur ein Drittel der Kaffeebauern hat gegenwärtig Zugang zu Elektrizität oder fließendem Wasser.

Kaffeeanbau heute: Vietnam produziert fast ausschließlich Kaffee der Sorte Robusta. Er stammt zu 96 Prozent aus kleinbäuerlichen Betrieben. Sowohl der Anbau als auch die Ernte und Weiterverarbeitung werden meist von Hand ausgeführt. Der vietnamesische Rohkaffee ist in der Regel von durchschnittlicher Qualität und erzielt daher eher niedrige Preise.

Autorentexte: M2, M3, M4

M5 Große Kaffeeanbauländer

Linktipp
Zusatzmaterial
k2m5zi

Arbeitsvorschläge

Vorbereitung des Spiels: Laden Sie sich die Spielvorlagen aus dem Internet herunter. k2m5zi

1. Wie sah Ihre Situation als Kleinbäuerin/Kleinbauer oder als Zwischenhändler/in aus? Vor welche Herausforderungen waren Sie gestellt?

2. Wie beurteilen Sie Ihre Position in den Preisverhandlungen? Welche Chancen der Einkommenssteigerung hatten Sie? Welche Spielstrategien haben Sie ausprobiert? Mit welchem Erfolg? Was hat Sie daran gehindert, noch erfolgreicher in Ihren Geschäften zu sein?

3. Sehen Sie noch weitere – im Spiel noch nicht genutzte – Handlungsalternativen? Welche Bedingungen müssten für diese Strategien gegeben sein?

[I]–[III] 1–3

Was macht unseren Kaffee so bitter?

Konventionelle Kaffeeproduktion und Kaffeehandel

fairer Handel
S. 148

M1 Kalkulationen: Verkaufspreis für 500 Gramm Kaffee

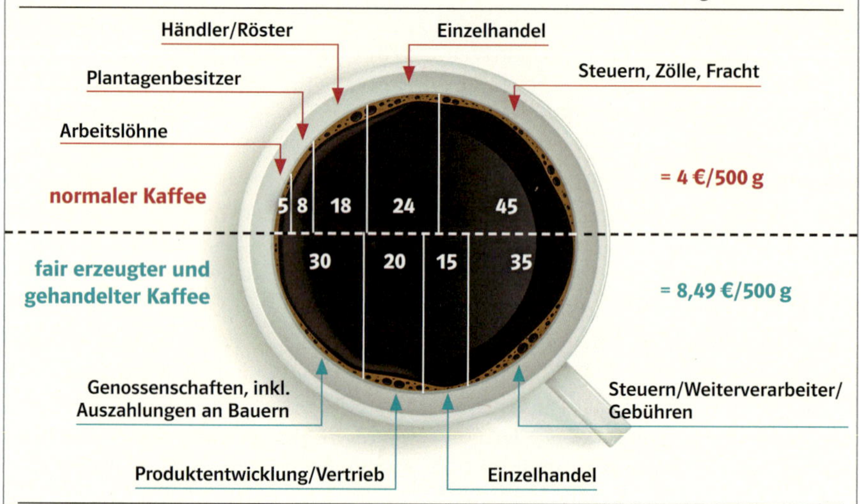

eigene Darstellung, Daten 2011, nach: Deutscher Kaffeeverband, GEPA, vereinfacht

Erklärungen

Hedgefonds: (englisch to hedge, absichern) besondere Form eines Investmentfonds, der sich durch eine spekulative Anlage auszeichnet. Hedgefonds bieten eine hohe Renditeaussicht, allerdings auch ein hohes Verlustrisiko. Sie arbeiten zumeist mit Fremdkapital.

VT

Ein Tag ohne Arbeit in der Kaffeeplantage ist für viele Landarbeiter in Entwicklungs- und Schwellenländern ein großes Problem: Geschätzt 30 Millionen Menschen sind täglich mit dem Kaffeeanbau beschäftigt. Der Lebensunterhalt von über 100 Millionen Beschäftigten hängt am Kaffee. Gute Preise für den Kaffee und angemessene Gewinne sind für sie überlebenswichtig.
Bis zu Beginn der 1990er-Jahre wurde der Kaffeehandel von der International Coffee Organization (ICO) gesteuert. In der ICO sind fast alle kaffeeproduzierenden Länder organisiert. Die ICO legte für ihre Mitgliedsländer Produktionsquoten fest und konnte so durch einen Ausgleich von Angebot und Nachfrage den Kaffeepreis weltweit stabil halten.
Seit den 1990er-Jahren hat die ICO diesen Einfluss verloren. Die Weltmarktpreise für Rohkaffee werden seither an den Rohstoffbörsen in New York und London ermittelt. Aber an diesen Börsenplätzen wird viel mehr Kaffee über Warentermingeschäfte gehandelt, als tatsächlich produziert wird. Der Kaffeehandel ist zu einem Spekulationsgeschäft geworden. Dies führt dazu, dass die Kaffeepreise für die Kleinbauern vor Ort zu einem Pokerspiel werden, an dem sie nicht beteiligt sind. Die modernen Kommunikationstechnologien bewirken zudem, dass weltweite Preisentwicklungen sich sofort auf lokale Preise auswirken. Ein Preisverfall hat verheerende Folgen für die kleinbäuerlichen Produzenten, deren Lebensunterhalt vom Kaffee abhängt.
Am Kaffee verdienen viele Menschen und Unternehmen. Wer profitiert von dem Geschäft mit dem Kaffee?

M2 Kaffee ist ihr Schicksal

Der Computer ist das Gehirn der Terminbörse Liffe, und an jedem Börsentag in jedem Börsenjahr errechnet er eine Zahl, die sich von London aus um die ganze Welt verbreitet. [...] Sie dringt in den Regenwald Indonesiens und auf die Plantagen Vietnams, wo in hölzernen Hütten kleine Fernseher stehen [...] – diese Zahl, an der das Schicksal ganzer Volkswirtschaften hängt und die doch nichts weiter beziffert als den aktuellen Weltmarktpreis einer Tonne blassgrüner Bohnen. [...] Die Bohnen werden an der Börse gehandelt, und ihr Preis steigt und fällt, fällt und steigt. [...] Der Absturz des Rohkaffeepreises kann Millionen Menschen die Existenz kosten. Anderen kann er viel Geld einbringen [...]. Kommt nur darauf an, ob diese Menschen den Kaffee anbauen, ihn ernten und die Säcke mit Kaffeekirschen schleppen. Oder ob sie den Rohkaffee kaufen, ihn rösten, in Tüten packen [...]. Kommt vor allem darauf an, ob diese Menschen im Süden oder im Norden der Erde leben. [...] Die Ursache der niedrigen Kaffeepreise ist, dass es zu viele Menschen gibt, denen nichts anderes bleibt, nicht nur in Kolumbien, sondern zum Beispiel auch in Vietnam. Sie alle träumen vom „Dollarbaum". So nannten die Bauern in den Bergen Vietnams den Kaffeestrauch, jedenfalls bevor der Preis zu fallen begann. [...] Heute stehen die Dollarbäume überall in Daklak, der Kaffeeprovinz an der Grenze zu Kambodscha. [...] Angelockt von günstigen Krediten und billigem Land, getrieben von staatlichen Umsiedlungsprogrammen, zog im vergangenen Jahrzehnt mehr als eine halbe Million Menschen [...] in die Berge. [...] Das jährliche Durchschnittseinkommen eines Haushalts stieg in Daklak von 200 auf 390 Euro. Ein Kilo Rohkaffee war so viel wert wie vier oder fünf Kilo Reis, der auf einmal nur noch Beilage war, zum Fisch, zum Fleisch. [...] Heute bringt das Kilo Rohkaffee nur noch ein Kilo Reis. [...] Die Vietnamesen haben zu viele Dollarbäume gepflanzt. Gleichzeitig fingen die Brasilianer an, den Kaffee in riesigen Plantagen im Flachland anzubauen [...]. Der Preis fiel, und der Hunger kehrte zurück nach Daklak. [...]

Damit der Hunger wieder verschwindet, müsste der Preis steigen. [...] Derzeit treiben die Spekulanten an den Börsen ihn hoch [...]. Nächstes Jahr, sagen Experten voraus, wird er wieder fallen – weil es trotzdem zu viele rohe Bohnen gibt. Der Kaffeemarkt ist wie ein Bungee-Seil. An seinem Ende hängen die Bauern.

[...] Um den Markt ins Gleichgewicht zu bringen, muss weniger Kaffee angebaut werden. Vietnam hat das begriffen – um fast ein Drittel will die Regierung die Anbaufläche in den nächsten Jahren reduzieren. Aber was dann? Was sollen all die armen Familien [...] anpflanzen, wenn es nicht mehr Kaffee sein darf? Baumwolle, wie es in Vietnam schon versucht wird? Erdnüsse, Zuckerrohr, Mais? [...] Praktisch sind die Bauern im Süden dazu verdammt, Kaffee anzubauen oder ihre Felder zu verlassen. Weil die Bauern im Norden und ein ungerechter Weltmarkt sie dazu zwingen [...]. Dass nämlich die Bauern im Süden nicht Baumwolle, Erdnüsse oder Zuckerrohr anbauen können, weil all das auch im Norden wächst. Weil die amerikanischen und europäischen Bauern hochmoderne Maschinen haben [...] und der Staat sie auch noch mit viel Geld unterstützt. [...] Damit konnten sie ihre Baumwolle zu Dumpingpreisen in die halbe Welt verkaufen, auch nach Vietnam oder Nicaragua. Deshalb haben die Bauern im Kaffeegürtel keine Alternativen. [...]

Peter Korneffel, Christian Tenbrock, Wolfgang Uchatius: Kaffee ist ihr Schicksal, Die Zeit, 23.04.1998 www.zeit.de/2002/49/Kaffeekrise, Zugriff 14.01.2014, gekürzt

M3 Das Geschäft mit dem Kaffee – 2 Sichtweisen

Der Lebensmittelkonzern Nestlé äußert sich zu seinem Kaffeeverkauf:

„Dank günstiger Preise für das Rohprodukt verbessern sich die Handelsspannen und steigen die Gewinne."

Jahresbericht von Nestlé, zitiert in: Bitterer Kaffee, wie die Armen für die Niedrigstpreise des Kaffees bezahlen, Oxfam, Mai 2001

Kaffeebauern aus der Provinz Dak Lak in Vietnam:

„Jeder Gegenstand von Wert, der sich im Hause befindet, steht zum Verkauf, um die Schuldeneintreiber zufriedenzustellen. [. . .] Wir leben mit dem Kaffee und sterben wegen des Kaffees."

Gerald Greenfield: Die Kaffeekrise, die Schuld Vietnams? Ulm 2002, www.ulm-jinotega.de/berichte/02_kaffee.pdf, Zugriff 17.02.2014

Arbeitsvorschläge

1. Problematisieren Sie in Auseinandersetzung mit den Materialien **M1** und **M3** die Strukturen des globalen Kaffeehandels. Beschreiben Sie in diesem Zusammenhang Ihre Rolle als Kaffeekonsument.

2. Erörtern Sie anhand des Materials **M2** die Situation der kaffeeproduzierenden Kleinbauern in Vietnam. Welche Handlungsoptionen zur Verbesserung ihrer Lage gibt es auf regionaler und internationaler Ebene? Wie beurteilen Sie die Durchsetzbarkeit dieser Handlungsalternativen?

3. Diskutieren Sie die Funktion der Kaffeebörsen in London und New York. Wie beurteilen Sie diese Art des Rohstoffhandels?

[III] 1, 3 [I]–[III] 2

Welchen Kaffee soll ich kaufen?

Fairer Kaffeehandel als Alternative

M1 Der Preis des Rohkaffees

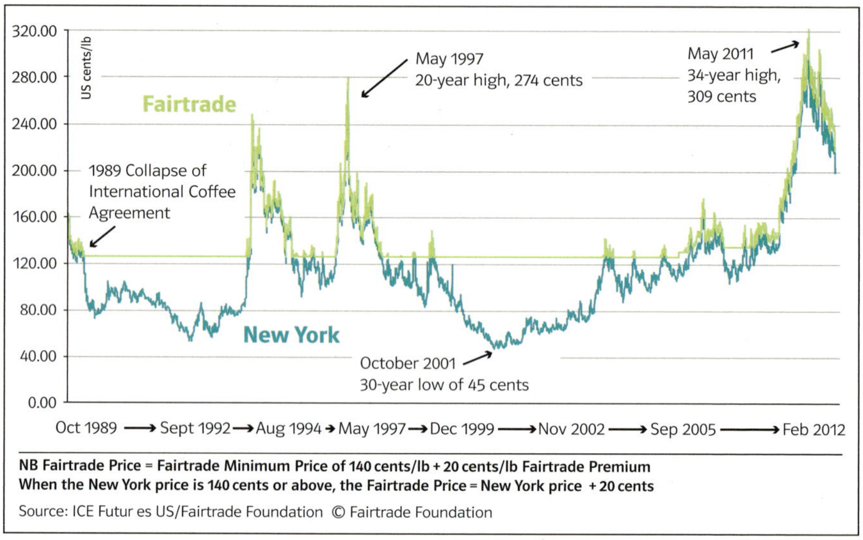

Fairtrade Foundation: Preise für die Kaffeesorte Arabica – konventionell und fair gehandelt – an der Börse in New York in US-Cents

Erklärungen

fairer Kaffee: Kaffee ist das umsatzstärkste Produkt bei Fairtrade und der GEPA. Im Jahr 2011 erreichte Fairtrade-Kaffee in Deutschland einen Marktanteil von knapp zwei Prozent.

Oligopol: Bezeichnung für eine Marktstruktur, bei der einige wenige Unternehmen einer Branche eine marktführende Position einnehmen, wodurch sich Wettbewerbsprozesse verzerren.

VT

Ob in den Industrienationen oder den Entwicklungs- und Schwellenländern: Die Menschen sollten mit ihrer Arbeit so viel verdienen, dass sie davon leben können. Doch gerade das Beispiel des internationalen Kaffeehandels zeigt, dass die Kaffeebauern trotz harter körperlicher Arbeit ihre Familien kaum ernähren können. Dies liegt im Wesentlichen an den Strukturen des globalen Rohstoffhandels: Zum einen sind Rohstoffe, wie auch der Kaffee, zum Objekt von Börsenspekulanten geworden. Internationale Investoren kaufen große Mengen der Kaffeeernten auf, sichern sich Optionen auf zukünftige Ernten oder handeln nicht mit realen Kaffeebohnen, sondern mit Kaffee-Wertpapieren. Sie erzielen durch die Preisschwankungen an den Börsen zusätzliche Gewinne. Die Preisentwicklung für die Bauern ist dadurch völlig unkalkulierbar.
Zum anderen gibt es im Kaffeehandel oligopole Strukturen, d. h. wenige große Unternehmen bestimmen den Markt und bringen die kleinbäuerlichen Betriebe in eine existenzielle Abhängigkeit.
Neben dem konventionellen Kaffeehandel hat sich in Deutschland inzwischen ein zweites Handelssystem etabliert: der faire Handel mit Kaffee. In den letzten Jahren hat der Marktanteil des fair gehandelten Kaffees stetig zugenommen. Im fairen Handelssystem werden bestimmte Strukturen des konventionellen Kaffeehandels bewusst umgangen. Für die Konsumenten fairgehandelter Produkte bedeutet dies, dass sie in der Regel mehr bezahlen müssen. Ein Pfund Kaffee kann durchaus das Doppelte kosten – bei einer Tasse Kaffee macht der Unterschied aber nur ein paar Cent aus. Was passiert mit diesem Geld? Welche Unterschiede zeichnen den fair gehandelten Kaffee aus?

M2 Welchen Kaffee soll ich kaufen?

Kaffee wird fast nur in Entwicklungsländern angebaut. [...] Da der Wettbewerb überwiegend über den Preis erfolgt, werden bei der Produktion oftmals soziale, ökologische und qualitative Mindestanforderungen außer Acht gelassen. Hier kommt fair gehandelter Kaffee ins Spiel. Fair gehandelter Kaffee kostet mehr, weil die Kaffeebauern besser bezahlt werden – zumindest ein bisschen. Transfair (mit dem Siegel Fairtrade) und die Gepa, die Gesellschaft zur Förderung der Partnerschaft mit der Dritten Welt, bezahlen Kaffeebauern nämlich einen garantierten Mindestpreis, egal wie tief der Kaffeepreis auf dem Weltmarkt ist [M 1]. Außerdem unterstützen sie umweltverträgliche Produktion, bessere Arbeitsbedingungen und soziale Strukturen.

Siegel für fair gehandelte Produkte

Obwohl die Nachfrage nach zertifiziertem Kaffee steigt, ist der Marktanteil noch winzig. [...] Kritiker werfen den Fair-Trade-Organisationen zudem vor, der garantierte Mindestpreis unterstütze die Kaffeebauern darin, immer mehr Kaffee anzubauen, obwohl ohnehin schon zu viel davon auf dem Markt sei – was die Preise weiter verfallen lasse. Ein weiteres Problem liegt darin, dass nur ein kleiner Teil der Kaffeebauern überhaupt die hohen Standards der fairen Händler erfüllen kann. [...]

Theresa Bäuerlein: Welchen Kaffee soll ich kaufen?, www.zeit.de/lebensart/essen-trinken/2010-12/gewissensbisse-kaffee Zugriff 14.01.2014, gekürzt

M3 Strukturen des konventionellen und fairen Kaffeehandels

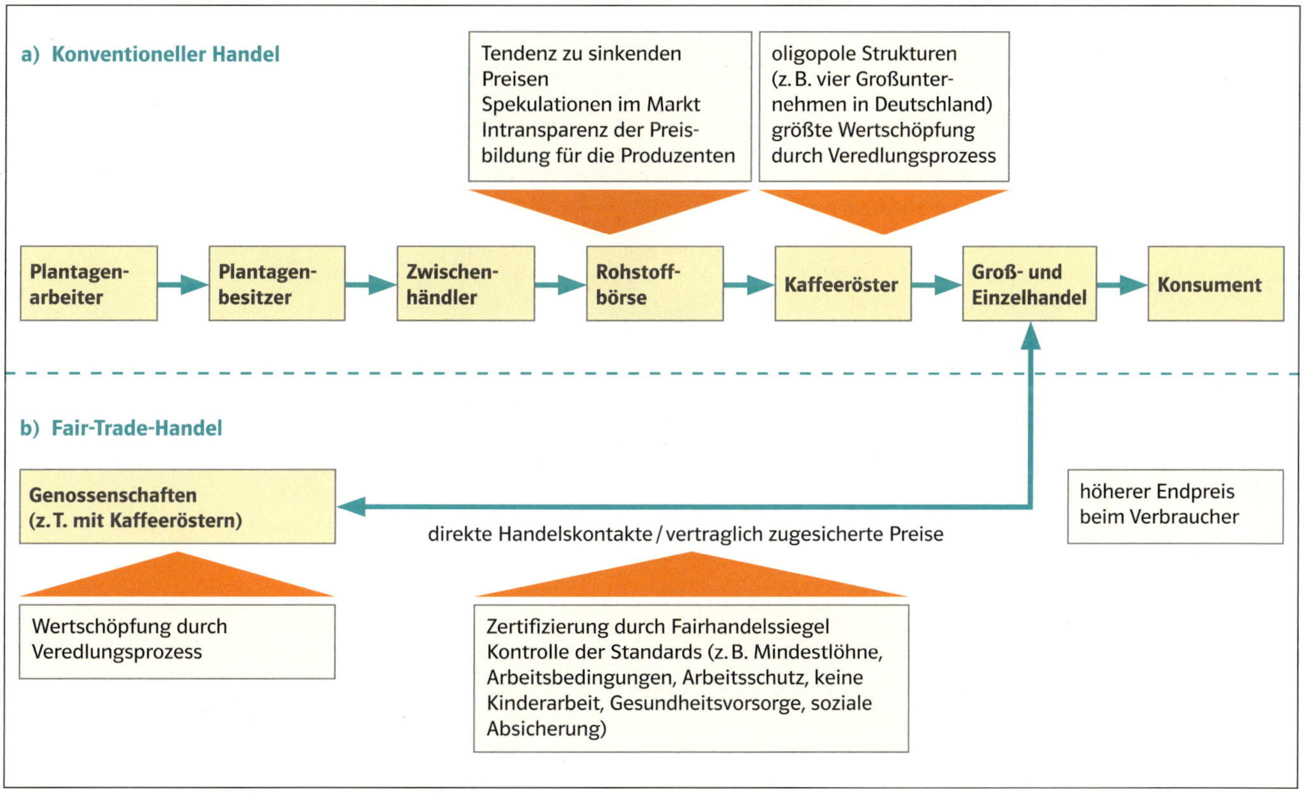

Arbeitsvorschläge

1. Beschreiben Sie anhand der Materialen **M 1** und **M 2** mit eigenen Worten die Ziele und Strukturen des fairen Handels mit Kaffee.

2. Beschreiben Sie die Abbildung **M 3**. Erläutern Sie, inwieweit die kleinbäuerlichen Kaffeeproduzenten vom fairen Kaffeehandel profitieren.

3. Diskutieren Sie in Ihrer Lerngruppe, inwieweit der faire Handel mit Kaffee eine Lösung der Strukturprobleme des internationalen Kaffeehandels darstellt. Welchen Reformbedarf und welche Reformmöglichkeiten sehen Sie für den konventionellen Kaffeehandel?

[I] 1 [II] 2 [III] 3

7 Europas Weg in die Zukunft

Situation:

Europaassistent – eine Zusatzqualifikation während der Ausbildung

„Auf der Walz" beschreibt eine jahrhundertelange Tradition im Handwerk. Junge Gesellen gingen nach ihrer Ausbildung auf Wanderschaft, um in entfernten Regionen in ihrem Beruf Erfahrungen zu sammeln. Diese Zusatzqualifikation galt früher als Voraussetzung, um Meister zu werden. Diese Form von Mobilität in Europa ist in den letzten Jahrzehnten fast in Vergessenheit geraten. Nur ein geringer Prozentsatz der deutschen Auszubildenden nimmt heute an verschiedenen Austauschprogrammen teil.

Vorteile und Nutzen der „neuen Wanderzeit"

Die Zusatzqualifikation zum „Europaassistenten" soll die alte Tradition wiederbeleben, indem während der Ausbildung zusätzlich ein Praktikum im europäischen Ausland zu absolvieren ist. Neben der Vertiefung von Fähigkeiten geht es dabei auch darum, sich in einer anderen Kultur zurechtzufinden und seine Fremdsprachenkenntnisse zu verbessern. Gerade im Hotel- und Gaststättengewerbe sowie in der Industrie gehören Fremdsprachen mittlerweile zum Arbeitsalltag. Aber auch die Betriebe profitieren von dieser Maßnahme. Ausgebildete Europaassistenten verfügen über Kenntnisse, wie mit anderen Unternehmen im europäischen Ausland Kooperationen geschlossen werden können oder wie dort Aufträge einzuholen sind. Zudem ist die Wertschätzung für die deutsche Ausbildung im Ausland groß, sodass mit der Beendigung der Abschlussprüfung auch oftmals eine Tätigkeit im Ausland leichter aufgenommen werden kann.

In verschiedenen Handwerksberufen, nicht nur bei Zimmerleuten, gibt es heute noch die Tradition der Walz.

Vorgaben zur Ausbildung zum Europaassistenten

Teilnehmen können alle Auszubildenden, die die Fachoberschulreife erworben haben oder eine entsprechende Empfehlung der Berufsschule vorlegen können. Die Ausbildung muss nicht in einem handwerklichen Betrieb erfolgen, auch Lernende in nicht handwerklichen Berufen können diese Zusatzqualifikation erwerben. Zusätzlich zum üblichen Berufsschulunterricht erhalten sie weitere Einblicke in das europäische Waren- und Wirtschaftsrecht sowie in den Umgang mit fremden Kulturen und verbessern die Fremdsprachenkenntnisse. Die praktische Erprobung dieser Erkenntnisse erfolgt in einem dreiwöchigen Auslandspraktikum.

Linktipps
Info und Recherche
7bw7t2

Den Lernprozess organisieren:

Analyse der Situation

Was bedeutet eine Zusatzqualifikation im Rahmen der Ausbildung für Sie persönlich? Welche weiteren Perspektiven ergeben sich auf dem europäischen Arbeitsmarkt für Sie? Aus welchen Motiven heraus käme eine Teilnahme an dieser Zusatzqualifikation für Sie infrage? Vor welchen Herausforderungen sehen Sie sich mit Blick auf eine Teilnahme an dieser Zusatzqualifikation gestellt?

Erarbeiten, Informieren, Organisieren

Auch wenn Sie sich momentan in einem vollzeitschulischen Bildungsgang befinden und vielleicht erst im Anschluss daran eine Ausbildung absolvieren wollen, wäre es jetzt schon ratsam, sich mit der Europäischen Union und der europäischen Idee auseinanderzusetzen.
Was sollten Sie wissen, um sachgerecht an dieser Zusatzqualifikation teilnehmen zu können? Welche Aspekte gibt es angesichts der Zusatzqualifikation „Europaassistent" zu berücksichtigen?
Organisieren Sie sich in Arbeitsgruppen und klären Sie, wer bis wann welche Arbeitsschritte erledigt.
Diese Informationen hält dieses Kapitel unter anderem bereit.

- Europas Weg zur Einheit
- Die Institutionen der EU
- Die Türkei und die EU
- Der Auftrag Europas
- Der gemeinsame Binnenmarkt

Aktiv sein

Fertigen Sie in Gruppenarbeit Portfolios an, die Sie (später) für die Ausbildung zum Europaassistenten nutzen können. Werten Sie die Ergebnisse Ihrer Arbeit in der Lerngruppe aus; S. 225 Methode: Portfolio.

Kompetenzen im Blick:

In diesem Kapitel beschäftigen Sie sich mit den Themen Europäische Union und Währungsunion. Sie erfahren, wie in Europa aus Feinden Freunde wurden. Sie lernen die Institutionen der EU kennen und entwickeln eigene Standpunkte zur Partizipation auf europäischer Ebene. Sie ergründen, welchen Einfluss die zukünftige Entwicklung der EU auf Ihre berufliche Zukunft haben kann.

Der Auftrag Europas

Warum brauchen wir ein vereintes Europa?

Bachelor/Master
S. 38

M1 Nationale Eigenheiten

Gerhard Mester, 1994

Erklärungen

Victor Hugo (1802–1885, französischer Schriftsteller) hat viele sozialkritische Romane und Dramen geschrieben, in denen er die Todesstrafe und das Regime kritisiert. Zu seinen berühmtesten Werken gehören: „Der Glöckner von Notre Dame" und „Die Elenden" (im Original: „Les Miserábles").

Als **Eiserner Vorhang** wurde die Grenze zwischen Ost und West während des Kalten Krieges, einer Zeit der nicht militärischen Auseinandersetzung zwischen den USA und der Sowjetunion bezeichnet. Sie war durch Stacheldraht, Wachtürme und Minen streng gesichert.

VT

Der französische Schriftsteller Victor Hugo träumte noch von den „Vereinigten Staaten von Europa". Das vereinigte und friedliche Europa, wie wir es heute kennen, ist nämlich keine Selbstverständlichkeit. Phasen des friedlichen Zusammenlebens wurden jahrhundertelang in Europa immer wieder durch Kriege unterbrochen.
Erst nach dem Zweiten Weltkrieg waren die Europäer fest entschlossen, den gegenseitigen Hass und die Rivalität beizulegen. Ihr Ziel war dauerhafter Frieden. Den wichtigsten Schritt in diese Richtung taten die ursprünglich verfeindeten Nationen Frankreich, Deutschland, Großbritannien und Italien. Die Regierungen konnten die Menschen davon überzeugen, dass es einen Neuanfang für Europa geben müsse. Zu diesem Zweck sollten in Europa neue Strukturen geschaffen werden, die auf gemeinsamen Interessen, Rechtsstaatlichkeit und Gleichberechtigung beruhen.
Allerdings konnten diese Ziele zunächst nur in Westeuropa verwirklicht werden, da Europa in zwei verfeindete Blöcke gespalten war. Der Ost-West-Konflikt verhinderte bis 1989 eine Kooperation zwischen den Staaten diesseits und jenseits des Eisernen Vorhangs.
Die europäische Einigung entwickelte schnell eine große Eigendynamik. Insbesondere die wirtschaftliche Zusammenarbeit schritt zügig voran. Zu den ursprünglichen Zielen kamen neue Aufgaben und Herausforderungen hinzu, zum Beispiel der Schutz der Bürger der Gemeinschaft vor internationaler Kriminalität und gemeinsame Bestrebungen zum Umweltschutz, denn Klimaveränderungen kennen keine Grenzen.
Somit ist das Motto „Gemeinsam sind wir stark" eine zentrale Leitidee der heutigen EU. Sie ist weltweit Vorbild für das friedliche Zusammenleben von Millionen Menschen aus vielen Nationen und Kulturen. Nicht alles klappt reibungslos, aber das meiste gelingt. Was wäre die Alternative dazu?

M2 Was bringt mir Europa?

Stefanie Glöß, 17 Jahre

Ich finde Europa eigentlich perfekt für junge Leute: Die Grenzen sind offen, man kann überall studieren und überall hinreisen. Ich lerne gerne neue Leute kennen, und das wird für mich dadurch leichter. Mich stört, dass die europäischen Gesetze über den nationalen Gesetzen stehen. Wenn zum Beispiel Deutschland höhere Standards für Bio-Produkte hat, dann kann trotzdem noch Ware, die qualitativ weniger hochwertig ist, hier verkauft werden, weil sie halt den EU-Richtlinien entspricht. Ob Europa meine Interessen vertritt? Die Parlamentarier kennen sie doch gar nicht. Dafür bräuchte es einen stärkeren Austausch zwischen Jugendlichen und dem Parlament und eine direktere Kooperation von lokaler und europäischer Ebene. [...]

Meryem Can, 19 Jahre

Die EU versucht den Frieden zu sichern, und es gibt in den europäischen Ländern weniger Chaos als in anderen Regionen der Welt. Das finde ich gut. Meine Eltern kommen aus der Türkei und wir fahren jeden Sommer dahin in den Urlaub. Da wir alle einen deutschen Pass haben, können wir problemlos durch alle Länder durchfahren [...]. Was mich an der EU nervt, sind die ewig langen Entscheidungsprozesse. Ich wünsche mir, dass die EU auf vielen Gebieten stärker einen gemeinsamen Lösungsweg sucht, zum Beispiel in der Finanzkrise oder für Afghanistan. Da ich selbst in einem Projekt arbeite, das von der EU mitgefördert wird, habe ich schon den Eindruck, dass die EU etwas tut, um Deutschland weiterzubringen. Noch besser fände ich es, wenn solche Treffen wie der Jugendintegrationsgipfel öfter stattfinden würden. Nicht alle Eltern können sich ein Auslandsjahr für ihren Sohn oder ihre Tochter leisten, und so können sich Jugendliche verschiedener Länder austauschen. Mir hat es jedenfalls viel Spaß gemacht [...].

Georg Lilie, 17 Jahre

Ich denke, die EU ist nicht geschaffen worden, um den Menschen einen schöneren Lebensraum zu schenken. Die Grenzen sind doch nur deshalb offen, weil ökonomische Interessen dahinterstehen. Die Flexibilität auf dem Arbeitsmarkt soll die Voraussetzung schaffen für möglichst billige Arbeitskräfte. Auch die Angleichung der Studiengänge und -abschlüsse – sprich Bachelor- und Master-Studiengänge – ist doch nur dazu da, die Jugend so schnell wie möglich auf den Arbeitsmarkt vorzubereiten und wettbewerbsfähig zu bleiben. Ich bin absolut dagegen, wenn aufgrund wirtschaftlicher Interessen andere Interessen hinten runterfallen; wenn zum Beispiel weniger Literatur vermittelt wird, weil wir ja jetzt in der Abiturstufe – wegen zwölf Jahren Abitur – weniger Zeit für den Lernstoff haben. Ich finde es auch krass, was ich von Freunden gehört habe, wie schnell man heutzutage an der Uni exmatrikuliert werden kann. Europa kann mich nicht begeistern, wenn es nur darum geht, weltweit der dynamischste Wirtschaftsraum zu werden.

Katrin Arnholz: Wunschzettel, Eine Umfrage zu Europa, fluter, 25.05.2009, Bundeszentrale für politische Bildung (Hg.), www.fluter.de/de/79/thema/7641/, Zugriff 07.04.2012

M3 Was bedeutet die Europäische Union?

Frage: Was bedeutet die EU für Sie persönlich?
Alle Angaben in Prozent, Mehrfachnennungen möglich

Die Europäische Kommission führt regelmäßig Umfragen unter den Bürgern der EU über ihre Meinung zur Europäischen Gemeinschaft. Für diese Umfrage wurden im Mai 2011 in den 27 EU-Staaten 26713 Interviews geführt, davon 1535 in Deutschland.

© Europäische Union, 1995–2012, Standard-Eurobarometer 75, Frühjahr 2011, S. 36
http://ec.europa.eu/public_opinion/archives/eb/eb75/eb75_publ_de.pdf, Zugriff 18.07.2012

Arbeitsvorschläge

1. Geben Sie die Gründe wieder, die im **VT** genannt werden, die zur Gründung der Europäischen Union geführt haben.

2. Die Karikatur **M1** spielt auf nationale Egoismen an. Interpretieren Sie die Aussage; Methode S. 214.

3. Arbeiten Sie in Kleingruppen heraus, welche Bedeutung die EU für Sie hat. Tragen Sie die Ergebnisse zusammen und vergleichen Sie Ihre Vorstellungen mit denen in **M2/M3**.

4. Bereiten Sie in Kleingruppen eine Umfrage zum Thema „Was erwarten wir von der EU?" vor. Führen Sie die Umfrage durch und werten Sie diese aus. Stellen Sie die Ergebnisse grafisch dar und veröffentlichen Sie diese in der Schule; Methode S. 223.

[I] 1 [II] 3 [I]–[II] 2,4

Europas Weg zur Einheit

Wie aus Feinden Freunde wurden

M1 Der Weg zum Europa der 28

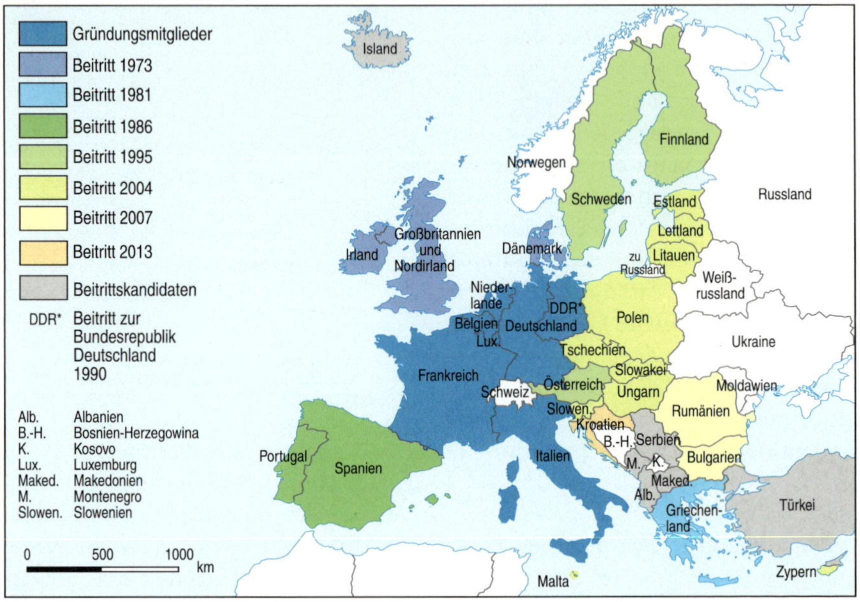

VT

Im Mai 1945 kehrte endlich wieder Frieden in Europa ein. Nicht nur in Deutschland waren die Schäden nach dem Zweiten Weltkrieg enorm. Die Wirtschaft lag am Boden, die Zahl der Arbeitslosen war hoch. Viele Menschen verarmten. Und der Frieden war noch brüchig, weil der Ost-West-Konflikt an Schärfe zunahm. Die beginnende Teilung Deutschlands und die Ausdehnung des Machtbereichs der kommunistischen Sowjetunion auf zahlreiche Staaten Mittel- und Osteuropas machte den Menschen Angst. Sie sehnten sich nach Frieden.
Die Situation zwang westliche Politiker zum Handeln: Schon 1948 beschlossen Frankreich, Großbritannien, Belgien, Niederlande und Luxemburg eine militärische, kulturelle und wirtschaftliche Zusammenarbeit. Deutschland spielte in diesen Plänen zunächst noch keine Rolle. Der westliche Teil Deutschlands, die 1949 gegründete Bundesrepublik, wurde bald in die internationalen Verträge und den Handel eingebunden – der östliche Teil (DDR) gehörte nicht dazu.
Als Erstes wurde 1951 der Vertrag für eine „Europäische Gemeinschaft für Kohle und Stahl" unterzeichnet. Der zollfreie Zugang zu Kohle und Stahl war für alle Partnerländer sehr wichtig, um die Wirtschaft wieder aufzubauen. Dieser Vertrag gilt heute als die Geburtsstunde der Europäischen Union.
Bald wuchs der Wunsch nach mehr Zusammenarbeit, um die Probleme bewältigen zu können. Dieser Prozess ist nicht abgeschlossen. Mittlerweile besteht die Gemeinschaft aus 28 Mitgliedstaaten. Die Regelungen der Gemeinschaft durchdringen heute fast alle Bereiche des täglichen Lebens jedes EU-Bürgers. Doch wo sind die Grenzen? Was soll die EU alles regeln und welche Staaten sollen noch mitwirken in unserer großen Staatengemeinschaft?

Erklärungen

Damit ein Vertrag zwischen Staaten wirksam werden kann, muss er vom Parlament mit Mehrheit bestätigt und anschließend vom Staatsoberhaupt unterschrieben werden. Erst dann ist der Vertrag gültig. Diesen Vorgang nennt man **Ratifizierung**. In mehreren Mitgliedsländern der EU ist für die Ratifizierung, beispielsweise der Europäischen Verträge, eine Volksabstimmung notwendig.

Die **Europäische Akte** trat 1987 in Kraft. Sie veränderte und ergänzte die Römischen Verträge. Zu den wichtigsten Punkten gehörten die Vollendung des Europäischen Binnenmarktes (→ S. 160 f.), Einführung der Mehrheitsbestimmung im Ministerrat und Aufwertung des Parlaments. Die Zuständigkeit der EU wurde auf die Bereiche Umweltschutz und Forschung ausgeweitet.

Europäische Kommission (Exekutive) vertritt die Interessen der EU insgesamt – auch gegenüber den Einzelinteressen der Mitgliedstaaten (→ S. 156 ff.).

Europäisches Parlament (Legislative) wird direkt von den Bürgerinnen und Bürgern aller Mitgliedstaaten gewählt (→ S. 156 f.).

M2 Französich-deutsche Aussöhnung als Motor des vereinten Europas

Unterzeichnung des deutsch-französischen Freundschaftsvertrags im Jahr 1963 durch den französischen Staatspräsidenten Charles de Gaulle (rechts) und den Bundeskanzler der Bundesrepublik Deutschland Konrad Adenauer.

Ein Händedruck als Zeichen der Freundschaft über den Kriegsgräbern von Verdun, 1984: Der französische Präsident François Mitterand (links) und der Bundeskanzler der Bundesrepublik Deutschland Helmut Kohl.

M3 Beitritt zur EU

Artikel 2: Die Werte, auf die sich die Union gründet, sind die Achtung der Menschenwürde, Freiheit, Demokratie, Gleichheit, Rechtsstaatlichkeit und die Wahrung der Menschenrechte einschließlich der Rechte der Personen, die Minderheiten angehören. Diese Werte sind allen Mitgliedstaaten in einer Gesellschaft gemeinsam, die sich durch Pluralismus, Nichtdiskriminierung, Toleranz, Gerechtigkeit, Solidarität und die Gleichheit von Frauen und Männern auszeichnet.
Artikel 49: Jeder europäische Staat, der die in Artikel 2 genannten Werte achtet und sich für ihre Förderung einsetzt, kann beantragen, Mitglied der Union zu werden. [...]

Amtsblatt der Europäischen Union, C115/13, 09.05.2008: Konsolidierte Fassung des Vertrags über die Europäische Union, www.europarl.de/ressource/static/files/vertrag_lissabon/EU-Vertrag.pdf, Zugriff 18.07.2012

M4 Der Erweiterungsprozess

Die Kandidatenländer müssen beweisen, dass sie in der Lage sein werden, ihre Rolle als Mitgliedstaaten voll auszufüllen. Dies setzt einerseits die breite Unterstützung der Bevölkerung und andererseits die politische, rechtliche und technische Einhaltung der hohen Standards und Normen der EU voraus.
Durch umfassende Genehmigungsverfahren gewährleistet die EU, dass neue Mitglieder nur aufgenommen werden, wenn sie alle Bedingungen erfüllt haben und wenn die EU-Organe sowie die Regierungen der EU-Mitgliedstaaten und des betreffenden Landes ausdrücklich zustimmen. Im Laufe der Entwicklung der EU wurden die Beitrittsbedingungen mit zunehmender Präzision ausformuliert, um den beitrittswilligen Ländern wertvolle Orientierungshilfen zu bieten und zu gewährleisten, dass die EU ihre eigene Integration kontinuierlich fortsetzen kann.
Beitrittswillige Länder können eine Phase des Prozesses nur dann abschließen und in die nächste eintreten, wenn sie die entsprechenden Bedingungen erfüllt haben. So wirken die Aussichten auf einen Beitritt als starker Anreiz für Reformen. Durch ihre Erweiterungspolitik gewährleistet die EU einen sorgfältig gesteuerten Erweiterungsprozess, sodass jeder Beitritt sowohl der EU als auch den beitretenden Ländern gleichermaßen Nutzen bringt.

© Europäische Union, 1995–2012, http://ec.europa.eu/enlargement/the-policy/process-of-enlargement/index_de.htm. Zugriff 18.07.2012

Arbeitsvorschläge

1. Erstellen Sie einen Zeitstrahl, der die einzelnen Stationen des europäischen Einigungsprozesses veranschaulicht (**M1**, **VT**).

2. Geben Sie die Bedingungen wieder, unter denen ein Staat die Aufnahme in die EU beantragen kann (**M3**).

3. Arbeiten Sie in Kleingruppen und wählen Sie jeweils ein europäisches Land aus, das nicht zur EU gehört. Überprüfen Sie durch eine Recherche, ob in dem Land Ihrer Wahl die Menschenrechte beachtet werden. Tragen Sie dann Ihre Ergebnisse in einem Kurzreferat vor.

4. Erörtern Sie im Plenum die Frage nach den zukünftigen Grenzen der EU (**M4**).

[I] 1, 2 [II] 3 [I]–[III] 4

Die Institutionen der EU

Wie funktioniert die große Gemeinschaft?

GASP
Gemeinsame Außen- und Sicherheitspolitik der EU
→ S. 168

Subsidiarität
→ S. 90

M1 Institutionen der Europäischen Union

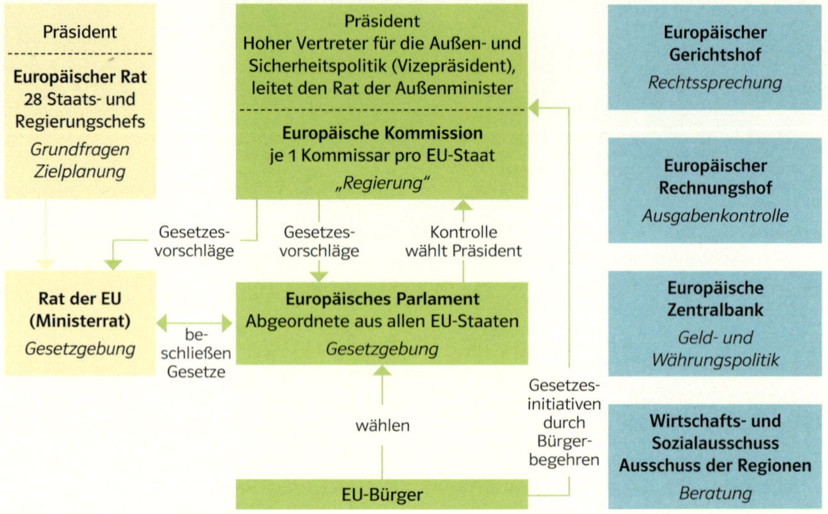

Nach: Lissabonner Vertrag, konsolidierte Fassung vom 30.04.2008

Erklärungen

Bei manchen Abstimmungen muss eine sogenannte **qualifizierte Mehrheit** erreicht werden. Das bedeutet, für den Erfolg einer Abstimmung muss entweder mehr als die Hälfte der Stimmen erreicht werden, manchmal auch eine Zweidrittelmehrheit oder eine Dreiviertelmehrheit aller Stimmen.

Die EU beschließt Richtlinien und Verordnungen. **Richtlinien** sind an die Mitgliedstaaten gerichtet und verpflichten diese, bestimmte Ziele zu verwirklichen. In Deutschland muss dazu z. B. noch ein eigenes Gesetz beschlossen werden.
Eine **Verordnung** ist dagegen direkt gültig für alle EU-Staaten und erfordert kein nationales Gesetz.

Der **Rat** bzw. Ministerrat ist das wichtigste Beschlussfassungsorgan und die letzte gesetzgeberische Instanz der Europäischen Union. Nicht zu verwechseln ist der Rat mit dem Europäischen Rat (→ M 1), zu dem die Staats- und Regierungschefs der Mitgliedstaaten der Europäischen Union und der Präsident der Europäischen Kommission zusammentreten, oder mit dem Europarat, einer internationalen Organisation.

VT

Wer hat was in der EU zu sagen? Diese Frage ist nicht ganz einfach zu beantworten. Die EU ist kein Bundesstaat wie Deutschland. Ihre Mitglieder sind unabhängige und souveräne Staaten. Deshalb bildet sie ein neuartiges Staatengebilde. Das politische System ist somit einzigartig auf der Welt. Es hat sich in den letzten 50 Jahren fortwährend weiterentwickelt.
Wie erlangt die EU nun politische Stärke und wer trifft Entscheidungen? Dazu haben die einzelnen EU-Staaten ihre Hoheitsrechte gebündelt. Für diese Zusammenarbeit war es notwendig, dass die Mitglieder einen Teil ihrer Befugnisse an die Organe und Institutionen der EU abgeben. Auf diese Weise können gemeinsame Entscheidungen auf europäischer Ebene getroffen werden. Alle diese Entscheidungen wirken sich anschließend auf das Leben der EU-Bürger aus.
Für eine demokratische Ordnung bei der Entscheidungsfindung sorgen drei unabhängige Organe. Die Vertretung aller EU-Bürger ist das Europäische Parlament. Die Vertreter der nationalen Regierungen treffen sich (auf ministerieller Ebene) im Rat der EU. Die Europäische Kommission schließlich setzt sich für die Gemeinschaftsinteressen ein. Diese drei Organe werden durch den Europäischen Gerichtshof und den Rechnungshof kontrolliert.
Die Exekutive ist die Kommission. Die legislativen Aufgaben üben das EU-Parlament und der Rat der EU gemeinsam aus.
Es ist klar, dass Kompromisse zwischen den Interessen einzelner Staaten, dem Europäischen Parlament und der EU-Kommission gefunden werden müssen. Soll aber ein einzelner Staat alle Entscheidungen blockieren dürfen oder sollen Mehrheitsentscheidungen gelten? Wie können die Bedürfnisse jedes einzelnen Mitgliedes berücksichtigt werden?

M2 Aufgaben und Ziele des Parlaments

[...] Seit der ersten Direktwahl im Jahr 1979 hat das Europäische Parlament seine Kompetenzen Zug um Zug ausgebaut. Heute beschließt das Parlament zusammen mit dem Ministerrat (Rat der EU, → M4) Gesetze, die in allen Mitgliedstaaten der EU gültig sind und die unser tägliches Leben betreffen.

Das Europäische Parlament setzt sich für das „Europa der Bürger" ein, für die Wahrung der Menschenrechte und der Grundrechte. Es engagiert sich für den sozialen Ausgleich in Europa, für den Abbau der Arbeitslosigkeit, für das wirtschaftliche Wachstum in der ganzen Gemeinschaft. Auf der internationalen Ebene hat sich das Parlament von Beginn an für den Schutz und die Förderung der Menschenrechte stark gemacht. Das Parlament setzt sich ein für eine gerechte Gestaltung der Globalisierung und für eine starke, friedenspolitische Rolle der Europäischen Union. Dabei ist ihm der Schutz der Umwelt und der Verbraucher stets wichtig. [...]

Europäische Gemeinschaften, 1995 – 2005; Das Europäische Parlament: Die Stimme der Bürgerinnen und Bürger in Europa, www.europarl.de/view/de/parlament.html, Zugriff 18.07.2012

Die 766 Abgeordneten des Europäischen Parlaments aus 28 Nationen vertreten rund 500 Millionen Bürgerinnen und Bürger.

M3 Unterschiedliche Entscheidungsverfahren des Europäischen Parlaments

Mitentscheidung	Zustimmung	Anhörung
Gesetzesvorschläge der Kommission können nur vom Ministerrat und dem Europäischen Parlament gemeinsam angenommen werden. Das Verfahren erlaubt auch Änderungsvorschläge im Vermittlungsausschuss.	Entscheidungen kommen zustande, wenn das Parlament einer Vorlage der Kommission zustimmt. Es kann eine Vorlage jedoch nicht abändern, sondern nur als Ganzes annehmen oder ablehnen.	Das Parlament wird bei diesen Entscheidungen nur angehört und kann dabei Vorschläge einbringen. Sie müssen jedoch nicht übernommen werden.
Beispiele – Freizügigkeit der Arbeitnehmer – Ordnung des Binnenmarkts – Entscheidungen über die „vier Freiheiten" – Haushaltsrecht	**Beispiele** – Aufnahme neuer Mitglieder – internationale Abkommen – Wahl des Kommissionspräsidenten und der Kommissionsmitglieder	**Beispiele** – Einzelregelungen zum Agrarmarkt – Festlegung von Steuern der EU – Regelungen zum Wettbewerb im Binnenmarkt – Gemeinsame Außen- und Sicherheitspolitik

Herbert Uhl (Hg.): Leitfragen Politik, Stuttgart 2010, S. 256

M4 Der Rat der EU

Der Rat erlässt – meistens gemeinsam mit dem Europäischen Parlament – Gesetzgebungsakte, die von unmittelbarer Bedeutung für das Leben der EU-Bürger sind und beträchtliche internationale Auswirkungen haben.

Der Rat ist das Organ der Union, in dem die Vertreter der Regierungen der Mitgliedstaaten zusammentreten, d.h. die für einen bestimmten Fachbereich zuständigen Minister aus den einzelnen Mitgliedstaaten. Die Zusammensetzung des Rates und die Häufigkeit der Ratstagungen sind je nach Themenbereich unterschiedlich. Zum Beispiel tagen die Außenminister ungefähr einmal pro Monat im Rahmen des Rates „Auswärtige Angelegenheiten". [...] Der Rat tagt in zehn verschiedenen Zusammensetzungen, mit denen sämtliche Politikbereiche der Union abgedeckt werden. [...]. Die Aufgaben des Rates:

- er nimmt Gesetzgebungsakte (Verordnungen, Richtlinien usw.) an, und zwar meistens im Rahmen der „Mitentscheidung" mit dem Europäischen Parlament;
- er trägt zur Koordinierung der Politiken der Mitgliedstaaten bei, beispielsweise auf dem Gebiet der Wirtschaft;
- er entwickelt die gemeinsame Außen- und Sicherheitspolitik auf der Grundlage der vom Europäischen Rat festgelegten strategischen Leitlinien;
- er schließt im Namen der Union internationale Übereinkommen;
- er stellt zusammen mit dem Europäischen Parlament den Haushaltsplan der Union fest.

Der Rat ist gemeinsam mit dem Europäischen Parlament der Gesetzgeber der Union. In den meisten Fällen kann der Rat Rechtsvorschriften nur auf der Grundlage von Vorschlägen erlassen, die ihm von der Europäischen Kommission vorgelegt werden. Er kann die Kommission auffordern, ihm geeignete Vorschläge vorzulegen. Seit dem Inkrafttreten des Vertrags von Lissabon können auch die Bürger die Kommission auffordern, einen Vorschlag zu unterbreiten; dafür müssen eine Million Bürger eine entsprechende Initiative unterzeichnen. [...]

© Europäische Union, 2004 2011, www.consilium.europa.eu/council?lang=de, Zugriff 18.07.2012

M5 Subsidiarität in der Europäischen Union

Was regelt die EU, was regeln die Mitgliedstaaten?

zuständig ist nur die EU	geteilte Zuständigkeit	Mitgliedstaaten – EU unterstützt nur
- Erhalt der biologischen Meeresschätze - Handelspolitik - Währungspolitik (wenn Euro Landeswährung ist) - Wettbewerbsregeln - Zollunion	- Binnenmarkt - Energie - Landwirtschaft und Fischerei - Raum der Freiheit, der Sicherheit und des Rechts - Sozialpolitik - Umwelt - Verbraucherschutz - Verkehr - transeuropäische Netze - wirtschaftlicher, sozialer und territorialer Zusammenhalt	- Bildung, Jugend und Sport - Gesundheit - Industrie - Katastrophenschutz - Kultur - Tourismus - Verwaltungszusammenarbeit

Autorentext nach Vertrag von Lissabon, Teil II: Vertrag über die Arbeitsweise der Europäischen Union, konsolidierte Fassung, Art. 3, 4, 6

M6 So entscheidet der Rat der EU

Beschlüsse im Rat werden per Abstimmung gefasst. Je größer die Einwohnerzahl eines Landes ist, desto mehr Stimmen hat es, jedoch wird die Zahl der Stimmen zugunsten der bevölkerungsschwächeren Länder angepasst:

Stimmen	Staat
je 29	Deutschland, Frankreich, Großbritannien, Italien
je 27	Polen, Spanien
14	Rumänien
13	Niederlande
je 12	Belgien, Griechenland, Portugal, Tschechien, Ungarn
je 10	Österreich, Schweden, Bulgarien
je 7	Dänemark, Finnland, Irland, Kroatien, Litauen, Slowakei
je 4	Estland, Lettland, Luxemburg, Slowenien, Zypern
3	Malta
345	Insgesamt

In einigen besonders sensiblen Bereichen wie der Gemeinsamen Außen- und Sicherheitspolitik sowie der Steuer-, Asyl- und Einwanderungspolitik müssen die Beschlüsse des Rates einstimmig gefasst werden. Mit anderen Worten: Jeder Mitgliedstaat kann in diesen Bereichen ein Veto einlegen. In den meisten Fragen beschließt der Rat jedoch mit qualifizierter Mehrheit. Eine qualifizierte Mehrheit gilt als erreicht,

- wenn die Mehrheit der Mitgliedstaaten (in einigen Fällen eine Zweidrittelmehrheit) zustimmt
  und
- wenn mindestens 255 befürwortende Stimmen abgegeben werden.

© Europäische Union, 2004 – 2011, www.consilium.europa.eu/council?lang=de, Zugriff 18.07.2012

M7 Die Aufgaben der Europäischen Kommission

Die Europäische Kommission ist eines der bedeutendsten Organe der Europäischen Union. Sie vertritt und wahrt die Interessen der gesamten EU, sie erarbeitet Vorschläge für neue europäische Rechtsvorschriften und sie führt das Tagesgeschäft der EU, indem sie deren politische Maßnahmen umsetzt und Mittel verwaltet.

Die 28 Kommissare aus den einzelnen EU-Mitgliedstaaten übernehmen die politische Leitung der Kommission für einen Zeitraum von fünf Jahren. Der Präsident der Kommission überträgt jedem Kommissar die Verantwortung für einen bestimmten Politikbereich. [...] Der Präsident wird vom Europäischen Rat ernannt. In Abstimmung mit dem amtierenden Präsidenten ernennt der Rat auch die anderen Kommissare. Die Ernennung der Kommissare und des Präsidenten bedarf der Zustimmung des Europäischen Parlaments. Die amtierenden Kommissionsmitglieder sind dem Parlament gegenüber rechenschaftspflichtig, und nur das Parlament ist befugt, die Kommissionsmitglieder zu entlassen. [...]

Die Kommission vertritt und wahrt die Interessen der ganzen EU. Sie überwacht die Strategien der EU-Politikbereiche und setzt diese um.

1. Vorschläge für neue Rechtsvorschriften

Die Kommission hat das „Initiativrecht". Das heißt, dass die Kommission neue Rechtsvorschriften vorschlagen kann, die die Interessen der EU und ihrer Bürger schützen sollen. Diese Vorschläge betreffen ausschließlich Angelegenheiten, die auf nationaler, regionaler oder lokaler Ebene nicht wirksam geregelt werden können (Subsidiaritätsprinzip).

[...] Wenn mindestens 14 der 28 Kommissare dem Entwurf zustimmen, wird er dem Rat und dem Parlament vorgelegt. Diese erörtern und ändern gegebenenfalls den Entwurf und entscheiden anschließend, ob er als Rechtsvorschrift verabschiedet wird.

2. Verwaltung des Haushaltsplans der EU und Zuweisung von Finanzhilfen

Zusammen mit dem Rat und dem Parlament legt die Kommission im „Finanzrahmen“ der EU allgemeine langfristige Ausgabeprioritäten für die EU fest. Außerdem erarbeitet sie den jährlichen Haushaltsplan, der vom Parlament und vom Rat angenommen werden muss, und überwacht, wofür z. B. Agenturen, nationale oder regionale Behörden die EU-Mittel ausgeben. [...]

3. Durchsetzung des europäischen Rechts

Als „Hüterin der Verträge“ überwacht die Kommission, ob die einzelnen EU-Mitgliedstaaten das EU-Recht ordnungsgemäß anwenden. Wenn die Kommission feststellt, dass die Regierung eines EU-Mitgliedstaates die EU-Rechtsvorschriften nicht anwendet, fordert sie den Staat in einem amtlichen Schreiben auf, diesem Missstand abzuhelfen. Als letztes Mittel übergibt die Kommission die Angelegenheit dem Gerichtshof. [...]

4. Vertretung der EU auf internationaler Ebene

Die Europäische Kommission vertritt die EU-Mitgliedstaaten in internationalen Foren wie der Welthandelsorganisation. Außerdem handelt die Kommission im Namen der EU internationale Verträge aus. [...]

© Europäische Union, 1995 – 2012, http://europa.eu/about-eu/institutions-bodies/european-commission/index_de.htm, Zugriff 07.04.2014

M8 Komplizierte Zusammenhänge

Heiko Sakurai, 2001

M9 Gerichtshof der EU

Die Aufgabe des Gerichtshofs der Europäischen Union besteht seit seiner Errichtung im Jahr 1952 darin, „die Wahrung des Rechts bei der Auslegung und Anwendung“ der Verträge zu sichern. Zu dieser Aufgabe gehört, dass der Gerichtshof der Europäischen Union –
- die Rechtmäßigkeit der Handlungen der Organe der Europäischen Union überprüft,
- darüber wacht, dass die Mitgliedstaaten den Verpflichtungen nachkommen, die sich aus den Verträgen ergeben,
- auf Ersuchen nationaler Gerichte das Unionsrecht auslegt.

Er ist das Rechtsprechungsorgan der Europäischen Union und wacht im Zusammenwirken mit den Gerichten der Mitgliedstaaten über die einheitliche Anwendung und Auslegung des Unionsrechts.

http://curia.europa.eu/jcms/jcms/Jo2_6999/, Zugriff 19.07.2012

Linktipp
Info und Recherche
bn2ys9

Arbeitsvorschläge

1. Erläutern Sie, worin die Besonderheiten der EU als einer „supranationalen Organisation“ bestehen (**VT**, **M1**).

2. Recherchieren Sie die aktuelle Zusammensetzung des Europäischen Parlaments und stellen Sie Ihre Ergebnisse in einer Grafik dar.

3. Beurteilen Sie die Aufgaben des Europäischen Parlaments (**M3**). Nennen Sie Gründe, die für oder gegen mehr Mitentscheidung sprechen.

4. Die Zuständigkeit der EU ist begrenzt (**M5**). Diskutieren Sie im Plenum die Frage, ob zukünftig auch weitere Politikbereiche von der EU supranational geregelt werden sollten.

5. Die Mehrheitsfindung im Rat der EU ist kompliziert geregelt (**M6**, **M8**). Erörtern Sie, ob die Stimmenanzahl pro Land gerecht ist. Ermitteln Sie dazu die Einwohnerzahl der EU-Länder.

6. Die EU-Kommission (**M7**) wird oft als „Motor der EU“ bezeichnet. Nehmen Sie dazu Stellung und zählen Sie Gründe auf, die dafür und dagegen sprechen.

[II] 1, 2, 5 [III] 3, 4, 6

Der gemeinsame Binnenmarkt

Was ist alles grenzenlos in der EU?

Freihandel
S. 182 ff.

Onlineshopping
S. 110

M1 Die vier Freiheiten in der EU

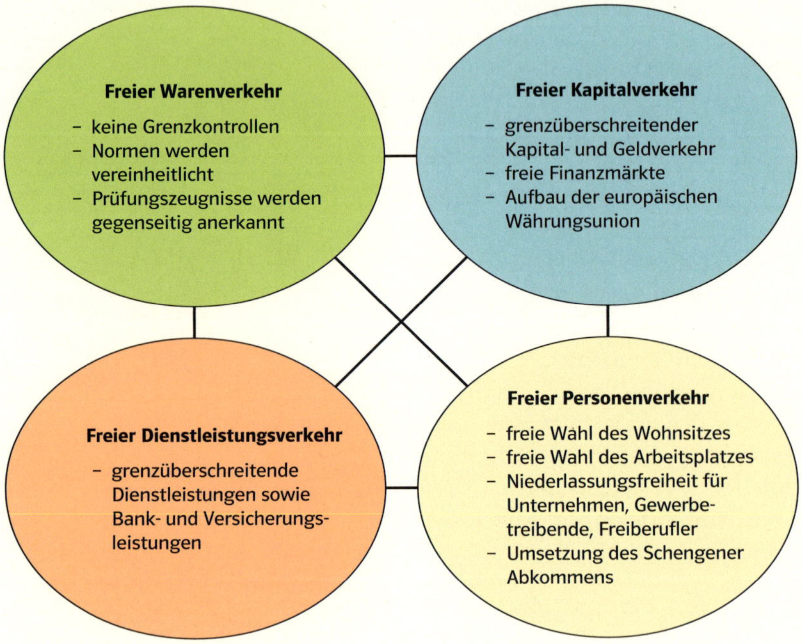

Zusammengestellt durch den Autor

Erklärungen

Im Jahr 1985 entschlossen sich Belgien, Deutschland, Frankreich, Luxemburg und die Niederlande, die Kontrollen an ihren gemeinsamen Grenzen schrittweise abzuschaffen und eine gemeinsame Sicherheits- und Asylpolitik zu verwirklichen. Das Abkommen wurde nach der luxemburgischen Stadt benannt, in der es beschlossen wurde; deshalb heißt es **Schengener Abkommen.** Im Laufe der Zeit sind fast alle europäischen Staaten dem Abkommen beigetreten. Geregelt ist neben dem Verzicht auf Grenzkontrollen auch, wie eine Verbrecherfahndung international ablaufen soll; S. 191, M3.

VT

Die wirtschaftliche Zusammenarbeit und die Förderung des Handels sind starke Triebfedern innerhalb der EU. Die wirtschaftliche Zusammenarbeit begann 1951 mit der „Europäischen Gemeinschaft für Kohle und Stahl". 1958 folgte die „Europäische Wirtschaftsgemeinschaft". Damit war der Grundstein für die Beseitigung der Zollschranken innerhalb der Gemeinschaft gelegt. Die Länder einigten sich auch auf einen gemeinsamen Zolltarif für Waren, die aus Nicht-EU-Ländern eingeführt wurden.
Doch waren damit noch nicht alle Hindernisse beseitigt, die den gemeinsamen Handel bremsten. Es existierten weiterhin unterschiedliche technische Normen oder Vorschriften, die den Warenaustausch behinderten. Heute regeln vier Freiheiten die Spielregeln auf dem gemeinsamen europäischen Binnenmarkt: freier Personenverkehr, freier Dienstleistungsverkehr, freier Warenverkehr und freier Kapitalverkehr. Diese Bestimmungen sollen mehr Wohlstand für Europa bringen. Kosten für Grenzkontrollen werden gespart. Die Unternehmen produzieren ihre Waren für einen größeren Markt und senken somit die Kosten. Das dadurch gestiegene Angebot soll den Verbrauchern eine größere Auswahl an Waren und durch den Wettbewerb günstigere Preise bringen. Deutschland profitiert am stärksten vom riesigen EU-Binnenmarkt. Der größte Teil der Waren, den Deutschland exportiert, geht in andere EU-Länder. Die meisten Deutschen machen innerhalb der EU Urlaub. Sind die anderen EU-Staaten eigentlich noch Ausland?

M2 Auf zu neuen Ufern?

Sie möchten persönlich und beruflich weiterkommen? Sie sind auf Jobsuche und haben schon mal mit dem Gedanken gespielt, im Ausland zu arbeiten? Vielleicht kennen Sie bereits ein Angebot, aber es fehlen noch Informationen, um den Schritt zu wagen? Mit der ZAV-Auslandsvermittlung! Bei uns erhalten Sie ausführliche Informationen, eine kompetente Beratung und passgenaue Jobvermittlung.
Wir vermitteln von Deutschland ins Ausland und aus dem Ausland nach Deutschland – Fachkräfte aus vielen Berufsgruppen und bestimmte akademische Berufe. Darüber hinaus bieten wir maßgeschneiderte Programme an, beispielsweise Betriebspraktika in Europa (Leonardo da Vinci) oder Mobilitätsberatung für Arbeitsuchende mit Migrationshintergrund.

Bundesagentur für Arbeit, www.arbeitsagentur.de/zentraler-Content/Veroeffentlichungen/Vermittlung/ZAV-Auslandsvermittlung-AN.pdf, Zugriff 08.09.2009

M3 Onlineshopping in den USA

Innerhalb der EU einzukaufen ist kinderleicht, egal in welchem Land. Wie kompliziert es wird, wenn man z. B. Kleidung per Internet in den USA bestellt, zeigt das Beispiel.

Tim (18) und seine Freundin Marie (17) finden den Style aus den USA gut. Da sie die hohen Preise für diese Kleidungsstücke in deutschen Geschäften nicht zahlen möchten, bestellt Tim in den USA bei einem Internetshop ein paar T-Shirts, Jacken und eine Kappe zu scheinbar sehr günstigen Konditionen.

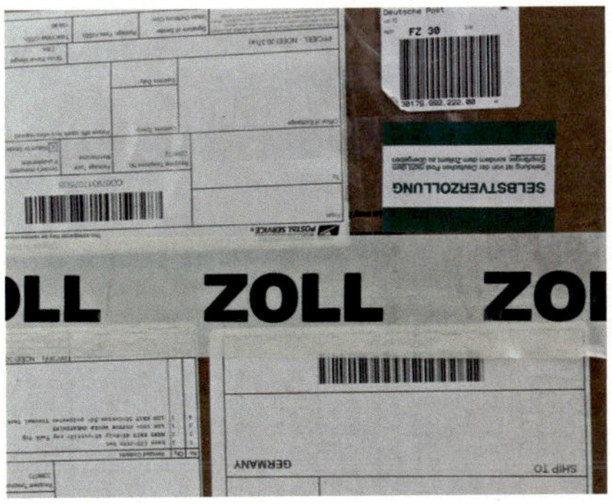

Waren aus den USA

Nach einiger Zeit kommt von der Post ein Brief mit folgendem Inhalt: „Wir konnten eine an Sie gerichtete Postsendung nicht beim deutschen Zoll zur Verzollung anmelden. Die hierfür nötige Rechnung bzw. der Zahlungsbeleg befand sich leider nicht außen an der Sendung. Ihre Sendung wurde daher bei dem Zollamt hinterlegt."
Am nächsten Tag fährt Tim zum Zollamt. In seiner Gegenwart wird das Päckchen geöffnet, um zu prüfen, ob vielleicht innen die Rechnung liegt. Leider befindet sich dort nur ein Lieferschein. Die Zollbeamtin erklärt, dass eine Rechnung notwendig sei, um die Sendung verzollen zu können. Tim solle doch den Internetshop bitten, eine Rechnung zu senden. Tim schreibt daraufhin der US-Firma, dass er für das „customer office" in Deutschland eine Rechnung benötige. Schon am nächsten Tag kommt per E-Mail die Rechnung. Damit fährt er erneut zum Zollamt. Die Zöllnerin vergleicht den Inhalt des Päckchens mit der Rechnung und führt die „Einzelzollanmeldung" durch: Der Warenwert der fünf Kleidungsstücke beträgt 139,99 US Dollar. Die Zöllnerin ermittelt daraus einen Zollwert von 106,92 Euro. Tim erhält einen „Einfuhrabgabenbescheid" und geht zur Zoll-Kasse, um dort 20,31 Euro „Einfuhrumsatzsteuer" zu bezahlen. Dann wird ihm endlich das Päckchen aus den USA ausgehändigt.

Autorentext

M4 Die Werbeagentur Wehmeyer + Heinrich

„Wehmeyer + Heinrich" ist eine Werbeagentur mit Sitz in Hamburg. Seit 1997 hat sich die Agentur zum Spezialdienstleister im Bereich der Tourismusindustrie entwickelt. Ihre Kundenliste reicht von Reiseveranstaltern über Transportunternehmen bis zu Hotels. Und gerade unter den Transportunternehmen, wie z. B. Fährreedereien, haben viele Kunden ihren Hauptsitz oder ihre Niederlassungen oft im Ausland. Sobald es sich hier aber um Länder der EU handelt, bedeutet das für die Agentur mittlerweile keinen zusätzlichen Aufwand mehr. Angebote und Rechnungen werden genauso erstellt wie im innerdeutschen Geschäft [...]. Die Agentur entwickelt zum Beispiel eine grafische und textliche Gestaltung für die Werbung einer finnischen Hotelkette an Bord von Fähren einer griechischen Reederei, die zwischen Rostock und Helsinki verkehren.

Stefan Bohne: Die Europäische Union 1, Bundeszentrale für politische Bildung (Hg.): Bonn 2007, S. 60

Linktipp
Info und Recherche
t4m6ue

Arbeitsvorschläge

1. Ordnen Sie die Beispiele **M2** bis **M4** den vier Freiheiten des Binnenmarktes (**M1**) zu.

2. Recherchieren Sie in Kleingruppen unter Benutzung des Linktipps, bis zu welchem Betrag eine Warensendung aus Nicht-EU-Staaten frei von Zoll und Einfuhrumsatzsteuer ist (**M3**).

3. Analysieren Sie, welche Nachteile die Freiheiten des Binnenmarktes haben können.

4. Beurteilen Sie, ob Freihandel ohne Zollgrenzen die wirtschaftliche Entwicklung fördert.

5a Recherchieren Sie in Kleingruppen im Internet nach Ausbildungs- und Studienmöglichkeiten in einem EU-Land Ihrer Wahl. Stellen Sie Ihre Ergebnisse (z. B. als Plakat) in der Klasse vor.
5b Erörtern Sie im Plenum Vor- und Nachteile einer Ausbildung bzw. eines Studiums in einem Land der EU.

[I] 1 [II] 2, 3, 5a [III] 4 [I]–[III] 5b

Vertiefung

Eine Währung für viele Staaten

Der Stabilitäts- und Wachstumspakt

M1 EU-Staaten mit und ohne Euro

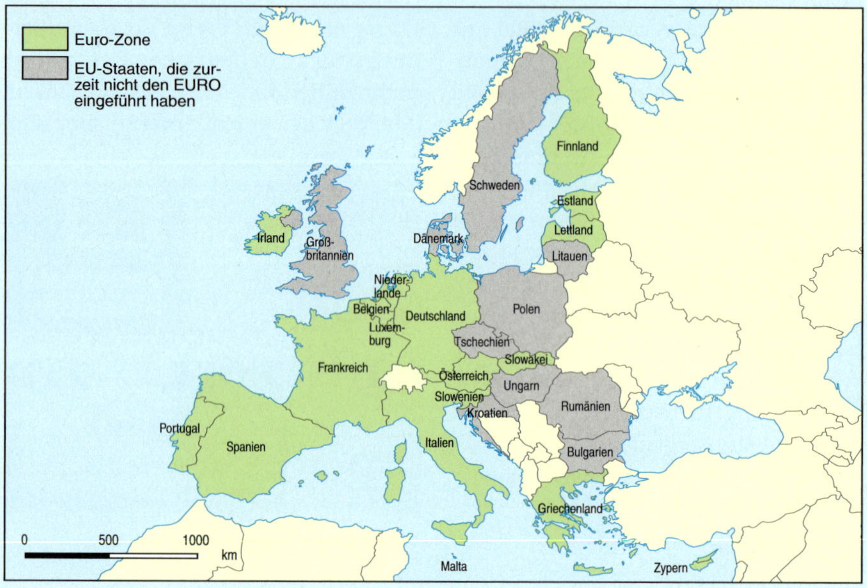

Stand: 01.01.2014

Erklärungen

Die **Euroeinführung** ist noch nicht beendet. Die meisten osteuropäischen EU-Staaten, die den Euro noch nicht haben, möchten ihn später einführen, wenn sie die strengen Kriterien erfüllen. Diese Länder leiden meist an einer zu hohen Inflation (Geldentwertung) oder die Staaten haben zu viele Schulden.

Der **Europäische Stabilitätsmechanismus (ESM)** ist eine internationale Finanzeinrichtung mit Sitz in Luxemburg. Hoch verschuldete Länder des Euro-Raums, die am normalen Bankenmarkt keine preiswerten Kredite erhalten, sollen vom ESM mit Krediten unterstützt werden.

Der öffentliche Haushalt umfasst nun die Einnahmen und Ausgaben eines Staates. Sind die Ausgaben höher als die Einnahmen, spricht man von einem **Haushaltsdefizit**.

Reservewährung: eine Währung, die von Zentralbanken genutzt wird, um Rücklagen zu bilden. Die wichtigste Reservewährung ist der US-Dollar mit einem Anteil von 60 Prozent, gefolgt vom Euro mit 24 Prozent weltweit.

Der **Stabilitäts- und Wachstumspakt** der EU will den Euro schützen. Er schreibt vor, dass die Staaten nicht zu viel Geld ausgeben und Schulden machen sollen. So darf die Neuverschuldung der öffentlichen Haushalte maximal 3 Prozent des Bruttoinlandsprodukts (BIP) betragen. Der Gesamtschuldenstand eines Euro-Staates darf nicht größer als 60 Prozent des BIP sein. Wenn ein Euro-Staat sich nicht an diese Grenzen hält, drohen ihm Strafen von der EU.

VT

In Wien, Berlin oder Paris bezahlen wir mit Euro. Ursprünglich gab es innerhalb der EU so viele Währungen, wie es auch verschiedene Staaten gab. Da die Währungen der Staaten unterschiedlich viel wert waren, kam es zu schwankenden Wechselkursen. Der Handel wurde erschwert, weil die Preise durch diese Schwankungen nicht stabil blieben. Als Zwischenschritt wurde ein Europäisches Währungssystem mit festen Wechselkursen eingeführt. Aus dem Währungssystem wurde 1991 – als Teil des Maastrichter Vertrags – die Wirtschafts- und Währungsunion.
Das Ziel war nun, eine einheitliche neue Währung einzuführen: den Euro. Im elektronischen Zahlungsverkehr zwischen Verwaltungen und Banken gab es die neue Währung ab 1999. Das richtige Geld kam erst drei Jahre später in Umlauf: Ab 1. Januar 2002 wurden Euromünzen und -geldscheine ausgegeben. Jeder Bürger tauschte damals in Deutschland seine D-Mark in Euro um. Doch nicht alle EU-Mitgliedstaaten wollten ihre eigene Währung aufgeben und den Euro einführen. In nur 18 EU-Staaten gibt es heute den Euro. In London kann man seine Cola nicht mit Euro bezahlen, weil z. B. die Briten sich gegen die Einführung ausgesprochen haben. Andere Länder hätten gern den Euro, aber ihre Wirtschaft ist noch nicht stabil genug. Sie dürfen den Euro noch nicht einführen, wie z. B. Rumänien. Damit der Euro im internationalen Vergleich mit dem US-Dollar seinen stabilen Wert behält, haben sich alle Euroländer verpflichtet, nicht zu viele Schulden aufzunehmen. Eurostaaten, die zu hohe Schulden machen, drohen Strafen der EU-Kommission. Sind die Staaten mit dem Eurogeld nicht noch enger zusammengerückt als die EU-Staaten ohne gemeinsame Währung?

M2 Der Euro in der Welt

[...] Die Einführung des Euro im Jahr 1999 markiert einen wichtigen Schritt in der europäischen Integration und zählt zu den größten Erfolgen der EU: Nahezu 330 Millionen EU-Bürger verwenden nun den Euro als Währung und profitieren von den damit verbundenen Vorteilen, die durch die Übernahme des Euro durch weitere EU-Länder noch weiter verstärkt werden.

Nach der Einführung des Euro am 1. Januar 1999 wurde er in elf Mitgliedstaaten zur neuen offiziellen Währung, wobei die alten Währungen, wie beispielsweise die Deutsche Mark und der Französische Franc, in zwei Stufen ausgetauscht wurden. Zunächst wurde der Euro als virtuelle Währung für bargeldlose Zahlungen und Buchhaltungszwecke eingeführt, während die alten Währungen weiterhin für Barzahlungen verwendet und als Untereinheiten des Euro betrachtet wurden. Am 1. Januar 2002 wurde der Euro dann schließlich in physischer Form als Banknoten und Münzen eingeführt. [...]

Nach der Einführung des Euro wurde die Verantwortung für die Geldpolitik der unabhängigen Europäischen Zentralbank (EZB), die für diesen Zweck gebildet wurde, und den nationalen Zentralbanken der Mitgliedstaaten, die den Euro übernommen hatten, übertragen. Zusammen bilden sie das Euro-System.

Die Steuerpolitik (Steuern und Ausgaben) verbleibt in den Händen der einzelnen nationalen Regierungen, die sich jedoch dazu verpflichtet haben, die gemeinsam vereinbarten Regeln über die öffentlichen Finanzen – bekannt als Stabilitäts- und Wachstumspaket – einzuhalten. Sie behalten auch die volle Verantwortung für ihre eigenen Strukturpolitiken (Arbeits-, Renten- und Kapitalmärkte), haben jedoch vereinbart, diese zu koordinieren, um die gemeinsamen Ziele – Stabilität, Wachstum und Beschäftigung – zu erreichen.

© Europäische Union, 1995–2012, http://ec.europa.eu/economy_finance/euro/index_de.htm, Zugriff 19.07.2012

M3 Euro-Euphorie

Am 17. Dezember 2001 in einer Erfurter Bank: Bereits kurz nach Mitternacht drängen sich die Menschen, um die ersten Euro-Münzmischungen zu erwerben. Rund 2400 „Starter Kits" mit Münzen im Wert von 10,23 Euro (20 DM) wurden innerhalb einer Stunde getauscht.

M4 Keine Euphorie zum Jahrestag

Für einen Neujahrsmorgen war ungewöhnlich viel los in Frankfurts Innenstadt. Anstatt den ersten Tag des Jahres beschaulich zu begehen, mussten am 1. Januar 2002 viele Mitarbeiter der „Frankfurter Sparkasse 1822" schon früh arbeiten. [...]

Die Menschen, die die Sparkassen-Filiale dann stürmten, waren aber nicht in Sorge um ihre Ersparnisse, sondern wollten den Euro als Bargeld-Zahlungsmittel begrüßen. [...] Immerhin wurden allein am ersten Tag des Jahres fast sieben Millionen Euro an den Automaten der Frankfurter Sparkasse ausgezahlt.

In großen Teilen der Bevölkerung herrschte damals eine Euro-Euphorie. Doch die ist in den vergangenen zehn Jahren verschwunden. An ihrer Stelle stehen der gefühlte „Teuro" und die Angst vor dem Auseinanderbrechen der Einheitswährung. Die Schuldenkrise vieler Staaten hat dem Euro mittlerweile ein Imageproblem beschert.

Wirtschaftlich gesehen ist der Euro dennoch eine Erfolgsgeschichte. Das betonen das Bundesfinanzministerium, die Europäische Zentralbank (EZB) und die Deutsche Bundesbank immer wieder. [...] Ulrich Kater, Chefvolkswirt der Deka-Bank in Frankfurt am Main, sieht im Euro eine internationale Reservewährung, die dem Dollar auf den internationalen Kapitalmärkten Marktanteile abgenommen hat. Aber: „Beim Euro muss die politische Integration der darunterliegenden Volkswirtschaften noch gesteigert werden, dann kann auch Europa von der Reservewährungsfunktion voll profitieren", sagt Kater.

Als Gewinner des Euro sehen sich die deutschen Unternehmen. Laut Bundesverband der Deutschen Industrie (BDI) spart die hiesige Wirtschaft zwischen zwölf und 24 Milliarden Euro jährlich, da sich die währungsbedingten Transaktions- und Kurssicherungskosten merklich verringert haben. [...]

Die Unternehmensberatung McKinsey weist in einer noch nicht veröffentlichten Studie darauf hin, dass Deutschland rund ein Drittel seines Wirtschaftswachstums seit 1999 dem Euro verdankt – schon damals wurde der Euro als Buchgeld eingeführt. [...].

Statistisch gesehen jedenfalls gingen rund 40 Prozent der deutschen Exporte 2010 in die Eurozone, rund 60 Prozent in die EU-Länder insgesamt. Das Volumen der Exporte stieg in den vergangenen zehn Jahren von rund 600 Milliarden Euro auf 960 Milliarden Euro. [...]

Alex Jakubowski: Keine Euphorie zum Jahrestag, tagesschau.de, www.tagesschau.de/wirtschaft/eurobilanz100.html, Zugriff 18.07.2012

M5 Griechische Tragödie

Griechenland droht eine Staatspleite, andere EU-Länder sind heillos überschuldet, der Euro ist dadurch unter enormen Druck geraten. Griechenland lebt seit Jahren über seine Verhältnisse. Die Griechen haben immer wieder gegen den Euro-Stabilitätspakt verstoßen. Mit geschönten Zahlen schafften sie 2001 die Aufnahme in die Währungsunion. 2011 lag die Gesamtschuldenlast Athens bei rund 350 Milliarden Euro und damit bei 160 Prozent des Bruttoinlandsprodukts.

Aus eigener Kraft kommt das Land nicht aus der Krise. Internationaler Währungsfond (IWF), Europäische Zentralbank (EZB) und Euroländer halfen 2010 mit Krediten in Höhe von 110 Milliarden Euro, da die Zinssätze für griechische Staatsanleihen inzwischen unbezahlbar sind. Doch schon 2012 benötigt Hellas weitere Kredite, um seine Gläubiger zu bedienen. Mit einem zweiten Rettungspaket in Höhe von 109 Milliarden Euro und einer freiwilligen Beteiligung von Privatgläubigern von 37 Milliarden Euro soll die Schuldenkrise eingedämmt werden. Mit einem beispiellosen zusätzlichen Hilfspaket für verschuldete Länder in Höhe von bis zu 720 Milliarden Euro wollen EU und IWF Spekulationen gegen die Gemeinschaftswährung Euro verhindern. [...]

Aber Griechenland ist mit seinem Schuldenmachen nicht allein. Die Finanz- und Wirtschaftskrise hatte die Verschuldung in den meisten Staaten der Europäischen Union in die Höhe getrieben. Die Bankenstützungen, die Konjunkturförderung, die Kosten der steigenden Arbeitslosigkeit und sinkende Steuereinnahmen führten dazu, dass viele Mitgliedsländer einzelne Maastricht-Kriterien nicht einhalten konnten. [...]

© 2012 Landeszentrale für politische Bildung Baden-Württemberg, www.lpb-bw.de/finanzkrise_griechenland.html, Zugriff 19.07.2012

M6 Polen will den Euro

Gäbe es keine Krise, dann wäre Polen längst dabei. Denn die Regierung von Donald Tusk ist sich durchaus dessen bewusst, dass es für die Wirtschaft des Landes langfristig von Vorteil ist, der Eurozone anzugehören. Die wichtigsten Gründe: kein Währungs- und Wechselkursrisiko mehr, einfachere Investitionsplanungen sowie Kosteneinsparungen, die vor allem in der Erleichterung der Zahlungsvorgänge gesehen werden.

Gleichzeitig macht Premier Tusk aber auch deutlich, dass der Zusammenbruch der Eurozone auch für Polen katastrophale Folgen hätte. „Unsere Anbindung an die Eurozone, unsere Zusammenarbeit mit den Wirtschaften der betroffenen Länder ist so selbstverständlich, dass wir eine noch schlimmere Krise als heute kaum überleben würden", warnt er. „Deshalb haben wir uns auch bei der Hilfe der Eurozone engagiert und darauf geachtet, dass die disziplinierenden Verpflichtungen für die Eurozone wirklich gelten" [...], betont Tusk.

Polen möchte auch aus psychologischen Gründen zum „Inner-Circle", dem inneren Kreis der EU gehören. Denn sollte es langfristig zu einer Teilung der Europäischen Union kommen in Staaten der Eurozone und jene, die leider draußen bleiben müssen, dann will Premier Tusk sein Land auf alle Fälle im Kreis der tonangebenden Mitglieder wissen. [...]

Henryk Jarczyk: Ohne Krise wäre Polen längst dabei, tagesschau.de, www.tagesschau.de/wirtschaft/polen424.html, Zugriff 19.07.2012

M7 Schulden der Euro-Staaten I

Defizit/Überschuss der öffentlichen Haushalte in Prozent des Bruttoinlandsprodukts, **Grenzwert:** –3 Prozent nach Stabilitäts-und Wachstumspakt der EU

	2007	2009	2011
Belgien	–0,1	–5,6	–3,7
Deutschland	0,2	–3,2	–1,0
Estland	2,4	–2,0	1,0
Finnland	5,3	–2,5	–0,5
Frankreich	–2,7	–7,5	–5,2
Griechenland	–6,5	–15,6	–9,1
Irland	0,1	–14,0	–13,1
Italien	–1,6	–5,4	–3,9
Luxemburg	3,7	–0,8	–0,6
Malta	–2,4	–3,8	–2,7
Niederlande	0,2	–5,6	–4,7
Österreich	–0,9	–4,1	–2,6
Portugal	–3,1	–10,2	–4,2
Slowakei	–1,8	–8,0	–4,8
Slowenien	0,0	–6,1	–6,4
Spanien	1,9	–11,2	–8,5
Zypern	3,5	–6,1	–6,3
Euroraum	–0,7	–6,4	–4,1

Quelle: Eurostat, © Europäische Union, 1995–2012, http://epp.eurostat.ec.europa.eu/tgm/table.do?tab=table&init=1&language=de&pcode=tsieb080&plugin=1, Zugriff 19.07.2012

M8 Schulden der Euro-Staaten II

Öffentlicher Bruttoschuldenstand/Prozentanteil des Bruttoinlandsprodukts **Grenzwert:** 60 Prozent nach Stabilitäts- und Wachstumspakt der EU

	2007	2009	2011
Belgien	84,1	95,8	98
Deutschland	65,2	74,4	81,2
Estland	3,7	7,2	6,0
Finnland	35,2	43,5	48,6
Frankreich	64,2	79,2	85,8
Griechenland	107,4	129,4	165,3
Irland	24,8	65,1	108,2
Italien	103,1	116,0	120,1
Luxemburg	6,7	14,8	18,2
Malta	62,3	68,1	72,0
Niederlande	45,3	60,8	65,2
Österreich	60,2	69,5	72,2
Portugal	68,3	83,1	107,8
Slowakei	29,6	35,6	43,3
Slowenien	23,1	35,3	47,6
Spanien	36,3	53,9	68,5
Zypern	58,8	58,5	71,6
Euroraum	66,3	79,9	87,2

Quelle: Eurostat, © Europäische Union, 1995–2012, http://epp.eurostat.ec.europa.eu/tgm/table.do?tab=table&init=1&language=de&pcode=tsieb090&plugin=1, Zugriff 19.07.2012

M9 Fiskalpakt unterzeichnet

25 der 27 EU-Staaten haben sich in einem internationalen Abkommen zu mehr Haushaltsdisziplin verpflichtet. Die Länder unterzeichneten beim EU-Gipfel in Brüssel den sogenannten Fiskalpakt. Er sieht unter anderem eine Schuldenbremse nach deutschem Vorbild vor, die vom Europäischen Gerichtshof kontrolliert wird. Nur Euroländer, die den Pakt unterschrieben haben, sollen künftig Hilfen aus dem ständigen Krisenfonds ESM erhalten können. Nur Großbritannien und Tschechien machen nicht mit. Irland lässt das Volk darüber abstimmen. Der Vertrag muss in allen Staaten noch ratifiziert werden. Das Abkommen soll spätestens Anfang 2013 in Kraft treten. Die Verpflichtung zu einem strikten Sparkurs soll die Schuldenkrise eindämmen und verhindern, dass Staaten jemals wieder gigantische Schuldenberge anhäufen wie aktuell Griechenland. [...]

Laut Vertragstext streben die Unterzeichner nahezu ausgeglichene Haushalte an. Die Staaten führen nationale Schuldenbremsen ein. Verschuldet sich ein Staat zu sehr, wird automatisch ein Defizitverfahren ausgelöst. Das oberste EU-Gericht überprüft, ob die Staaten die Schuldenbremse auch in nationales Recht umsetzen. Klagen kann nur ein anderes Unterzeichnerland.

EU-Länder unterzeichnen Fiskalpakt: tagesschau.de, http://tagesschau.de/wirtschaft/eugipfel386.html, Zugriff 08.08.2012

M10 Die Krise ist nicht vergleichbar

Jacques Delors war von 1981 bis 1984 in Frankreich Wirtschafts- und Finanzminister, von 1985 bis 1994 EG-Kommissionspräsident.

FAZ: Was lief falsch bei der Aufnahme Griechenlands in die Währungsunion, Monsieur Delors?

Delors: Es war doch von Anfang an klar, dass eine gemeinsame Währungspolitik als zweiten Pfeiler eine gemeinsame europäische Wirtschaftspolitik braucht. Das hatte auch der Bericht des „Weisenrates" verlangt, dem ich 1989 vorstand. Hätte es schon damals eine koordinierte Wirtschaftspolitik gegeben, hätten die Griechen vor ihrem Beitritt größere Anstrengungen unternehmen müssen, um ihre Wirtschaft in Ordnung zu bringen. Damals waren aber unsere deutschen Freunde dagegen. Es stimmt, die Deutschen sind die größten Beitragszahler der Europäischen Union. Sie lassen es nicht an Solidarität fehlen. Aber sie haben sich lange geweigert, ihre Wirtschaftspolitik mit der der anderen Mitgliedstaaten zu koordinieren.

FAZ: Fehlte es an der Kontrolle?

Delors: Die Forderung der Kommission nach besseren Kontrollmechanismen wurde damals abgelehnt. Es war immerhin richtig, eine No-Bail-Out-Klausel in die Verträge zu schreiben, also festzulegen, dass nicht ein oder mehrere Mitglieder für die Schulden der anderen aufkommen. Der Rat der europäischen Staats- und Regierungschefs hat jedoch vieles übersehen: Man denke nur an die Statistik-Lügen Griechenlands, die exzessive Verschuldung der privaten Haushalte in Spanien oder die gefährlichen Spekulationen der irischen Banken. Deshalb gibt es eine geradezu moralische Verantwortung der Politik dafür, dass der Euro ein dauerhafter Erfolg bleibt. Wir stehen am Abgrund – gerade deshalb müssen wir Griechenland retten. [...]

FAZ: Ist die heutige Krise mit denjenigen, die wir früher erlebt haben, zu vergleichen?

Delors: Nein, diese Krise ist nicht vergleichbar, denn je weiter Europa fortschreitet, um so mehr steht auf dem Spiel, umso größer sind die Risiken. [...] Heute drohen zwei Risiken: Verschuldung und Rezession. Wie kann man beides vermeiden? Für die Europäer muss das mehr Haushaltsdisziplin auf der nationalen Ebene bedeuten und mehr Konjunkturprogramme auf der Ebene der EU. [...]

Eckart Lohse, Michaela Wiegel. „Wir stehen am Abgrund", Faz.Net, 26.09.2011, www.faz.net/aktuell/wirtschaft/europas-schuldenkrise/im-gespraech-jacques-delors-wir-stehen-am-abgrund-11369116.html, Zugriff 25.07.2012, gekürzt

Linktipp
Zusatzmaterial
y892jm

Arbeitsvorschläge

1. Stellen Sie die Geschichte des Euros an einem Zeitstrahl dar.

2. Geben Sie die Gründe wieder, die zur Einführung des Euros führten (**VT**, **M 2**, **M 4**).

3. Recherchieren Sie, welche Gründe Großbritannien und Dänemark wohl hatten, den Euro nicht einzuführen. Erläutern Sie die ablehnende Haltung.

4. Analysieren Sie die Bedeutung des Stabilitäts- und Wachstumspakts (Erklärungen) am Beispiel Griechenlands (**M 5**).

5. Deutschland baut (seit 2010) die Neuverschuldung (erstes Kriterium des Vertrages) ab und erfüllt damit den Stabilitäts- und Wachstumspakt. Vergleichen Sie das erste Kriterium des Vertrages mit den Gesamtschulden (zweites Kriterium). Überprüfen Sie ebenfalls die anderen Euroländer (**M 7**, **M 8**).

6. Stellen Sie die europäische Währungspolitik dar. Gehen Sie dabei auf die Gründe für ihre Einführung, den Prozess ihrer Entwicklung und die künftigen Schritte ein (**M 6**, **M 9**).

7. Jacques Delors fordert mehr Haushaltsdisziplin und weitere Konjunkturprogramme (**M 10**). Beides könnte durch eine EU-Wirtschaftsregierung geregelt werden. Nehmen Sie Stellung zu diesem Vorschlag.

[I] 1, 2, 6 [II] 3, 4, 5 [III] 7

Der Haushalt der EU

Was macht die EU mit den Milliarden?

M1 Einnahmen und Ausgaben

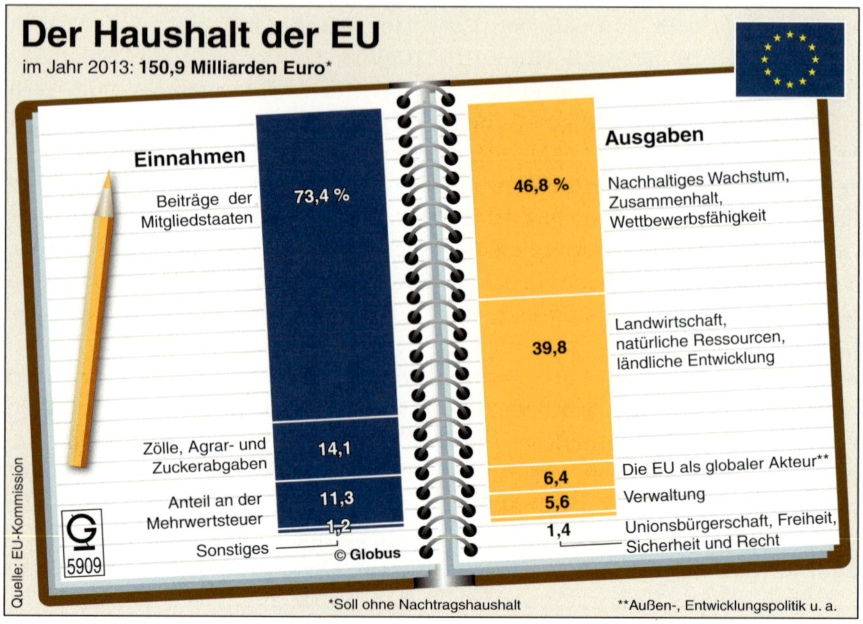

Erklärungen

Deutschland war im Jahr 2012 der größte **Nettozahler** in der EU. 12 Milliarden Euro zahlte Deutschland – nach Abzug der Gegenleistungen aus den EU-Kassen – in den Haushalt ein. Diese scheinbar große Summe entspricht aber nur 0,45 Prozent des deutschen BIP. Pro Kopf zahlte jeder Deutsche rechnerisch rund 150 Euro im Jahr 2012 an die EU.

Als **wettbewerbsfähig** wird ein Unternehmen bezeichnet, das seine Waren oder Dienstleistungen trotz Konkurrenz gewinnbringend vermarkten kann.

VT

Die EU hat vielfältige Aufgaben übernommen, für die sie Geld benötigt. Allerdings hat sie anders als die Einzelstaaten keine Finanzhoheit. Das bedeutet, sie besitzt nicht das Recht, Steuern zu erheben. Drei Viertel der EU-Einnahmen sind Beiträge der Mitgliedstaaten. Jeder EU-Staat zahlt etwa ein Prozent seines Bruttonationaleinkommens an die EU. Daneben erhält die EU die Einnahmen aus Einfuhrzöllen und bekommt einen kleinen Anteil der Mehrwertsteuer. Beide Positionen zusammen machen etwa ein Viertel der EU-Einnahmen aus.
Mit den gesamten Einnahmen finanziert die EU eine breite Palette von Maßnahmen (→ M1) – unter anderem auch die wirtschaftliche Entwicklung und humanitäre Hilfe für Länder außerhalb der EU, die von Krisensituationen (z. B. Naturkatastrophen) betroffen sind.
Jedes Jahr verhandelt das Europäische Parlament mit dem Ministerrat über die Ausgabenpläne, die von der Kommission vorgeschlagen werden. Allerdings sind den Ausgaben auch Grenzen gesetzt. So darf die EU nicht mehr Geld ausgeben, als sie einnimmt, und muss sich an einen Finanzrahmen halten, der für mehrere Jahre vereinbart wird, → M3.
Für das Jahr 2013 wurden Ausgaben in Höhe von 150,9 Milliarden Euro für 500 Millionen EU-Bürger vorgesehen. Der Haushalt Deutschlands beläuft sich im selben Jahr auf 302 Milliarden Euro für 80,5 Millionen Bundesbürger. Dennoch meinen viele Menschen, dass Deutschland Unsummen an die EU abführt.

M2 Wofür die EU Geld gibt

Zur Bewältigung großer gesellschaftlicher Herausforderungen wie Klimawandel und Alterung der Gesellschaft werden 8,6 Mrd. EUR für europäische Teams mit Vertretern aus Forschung und Wirtschaft bereitgestellt.

Im Rahmen der Transeuropäischen Verkehrs- und Energienetze werden 1,5 Mrd. EUR bereitgestellt, um den Personen-, Güter- und Dienstleistungsverkehr sowie den Transport von Energie sicherer, effizienter und umfeldfreundlicher zu gestalten. [...]

Für Maßnahmen zur Modernisierung [...] der Wirtschaftsstruktur in den am wenigsten entwickelten Regionen und Gebieten Europas werden 31,4 Mrd. EUR bereitgestellt. Bis 2013 sollen 25 000 km Straßen und 7 700 km Schienenwege neu gebaut bzw. instand gesetzt sowie über 500 000 neue Arbeitsplätze geschaffen werden.

Eine Million Menschen soll Zugang zu sauberem Trinkwasser erhalten. Darüber hinaus soll die Informations- und Kommunikationstechnik-Infrastruktur ausgebaut werden. Aus dem Europäischen Sozialfonds werden 10,9 Mio. EUR zur Abfederung der Folgen des Strukturwandels für Arbeitnehmer in Europa sowie für Umschulungs- und Wiedereingliederungsmaßnahmen bereitgestellt.

42,9 Mrd. EUR sind veranschlagt, um die schwierige finanzielle Situation von 7 Millionen Landwirten zu stabilisieren, die hohe Umweltstandards erfüllen und so zum Erhalt der guten Boden-, Wasser- und Luftqualität in Europa beitragen.

Weitere 14,4 Mrd. EUR sind für die Förderung der wirtschaftlichen Veränderung ländlicher Gebiete vorgesehen, in denen 50 % der EU-Bevölkerung leben. [...]

Die effiziente Steuerung der Migrationsströme ist für alle EU-Mitgliedstaaten eine Herausforderung. Die EU stellt deshalb 612 Mio. EUR für verstärkte Maßnahmen zur Bekämpfung der illegalen Einwanderung und zur Entwicklung von Programmen für die Integration qualifizierter Zuwanderer bereit. [...]

Im Rahmen des Instruments für die Entwicklungszusammenarbeit werden 2,6 Mrd. EUR zur Sicherung der Grundbedürfnisse der Bevölkerung in 47 Entwicklungsländern in Lateinamerika, Asien und Zentralasien, der Golfregion und Südafrika bereitgestellt. Für den Krisenfall sind 825 Mio. EUR als humanitäre Hilfe für die Opfer von durch Menschen verursachten Notsituationen oder Naturkatastrophen vorgesehen.

Die an die EU angrenzenden Länder in Osteuropa, im Südkaukasus und im südlichen Mittelmeerraum erhalten 1,8 Mrd. EUR über das Europäische Nachbarschafts- und Partnerschaftsinstrument, das der Förderung von verantwortungsvoller Regierungsführung sowie einer wirtschaftlichen und sozial ausgewogenen Entwicklung dient. [...]

M3 Wie verändern sich die Ausgaben der EU?

Vergleich der EU-Finanzrahmen
Angaben in Millionen Euro, nach Rubriken in Preisen 2011

	2007–2013	2014–2020
1. Wettbewerbsfähigkeit für Wachstum und Beschäftigung	446 788	450 763
davon: Forschung und Technologie	91 541	125 614
davon: Strukturpolitik	355 248	325 149
2. Nachhaltiges Wachstum/Natürliche Ressourcen (Agrar)	420 682	373 179
3. Sicherheit und Unionsbürgerschaft	12 396	15 686
4. Europa in der Welt (Außenpolitik)	56 815	58 704
5. Verwaltung	55 929	61 629
6. Ausgleichsbeträge (Beitrittsländer)	992	27
Summe Mittel für Verpflichtungen	**993 602**	**959 988**

Daten: Bundesministerium der Finanzen, Stand Januar 2014, vereinfacht

Arbeitsvorschläge

1. In **M1** werden die Einnahmen der EU vorgestellt. Nennen Sie die Einnahmequellen.

2. Erläutern und beurteilen Sie die Ausgaben der EU (**M1** bis **M3**).

3. Diskutieren Sie im Plenum, welche Ausgaben Sie für besonders wichtig halten und nehmen Sie Stellung dazu, wo Sie im Haushaltsplan Veränderungen vornehmen würden.

4a Bis heute gehen die Meinungen über die Vorteile der EU für das eigene Land auseinander. Zahlt Deutschland wirklich mehr, als es von der EU bekommt? Formulieren Sie dazu Ihre eigene Meinung und gehen Sie dabei auf die Stichworte Solidargemeinschaft und Friedenssicherung ein.

4b Führen Sie eine Debatte zu dem Thema durch; Methode → S. 215.

[I] 1 [II] 2, 3, 4a [I]–[III] 4b

Die EU auf internationaler Bühne

Die Gemeinsame Außen- und Sicherheitspolitik

M1 Zivile und militärische Einsätze der EU

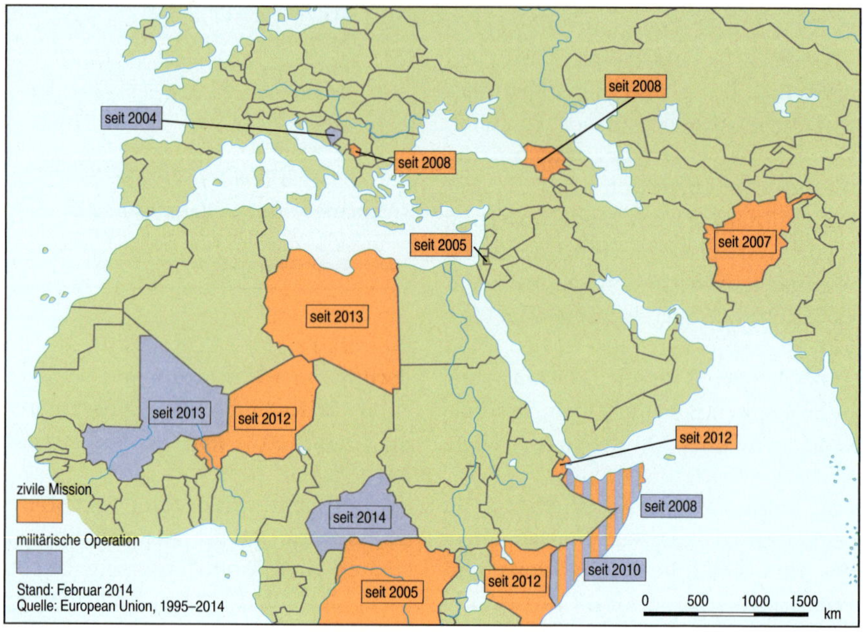

Erklärungen

Im **Vertrag über die Europäische Union** sind die Zuständigkeiten für die **Gemeinsame Außen- und Sicherheitspolitik (GASP)** geregelt. Die Zuständigkeit der EU erstreckt sich demnach auf alle Bereiche der Außenpolitik sowie auf sämtliche Fragen im Zusammenhang mit der Sicherheit der EU einschließlich der schrittweisen Festlegung einer gemeinsamen Verteidigungspolitik, die zu einer gemeinsamen Verteidigung führen kann (Art. 24).
Der Europäische Rat bestimmt die Ziele und die allgemeinen Leitlinien der Gemeinsamen Außen- und Sicherheitspolitik – und zwar auch bei Fragen mit verteidigungspolitischen Bezügen. Er erlässt die erforderlichen Beschlüsse (Art. 26.1).
Der Ministerrat gestaltet die Gemeinsame Außen- und Sicherheitspolitik. Er fasst die für die Festlegung und Durchführung dieser Politik erforderlichen Beschlüsse auf der Grundlage der vom Europäischen Rat festgelegten allgemeinen Leitlinien und strategischen Vorgaben (Art. 26.2).
Der Hohe Vertreter führt gemeinsam mit den EU-Mitgliedstaaten die Gemeinsame Außen- und Sicherheitspolitik durch (Art. 26.3).

VT

Je enger die EU-Staaten zusammenarbeiteten, desto mehr rückten außenpolitische Fragen ins Zentrum. Mit dem Ende des Ost-West-Konfliktes 1989 kam neue Bewegung in die Diskussion, welche Bedeutung die EU als internationale Akteurin zukünftig einnehmen will. Von außen wird die EU zu Stellungnahmen gedrängt. Die Vereinten Nationen oder die USA suchen möglichst kompetente Ansprechpartner, die für die Mehrzahl der EU-Staaten sprechen können.
Der Vertrag von Maastricht legte 1993 den Grundstein für die Gemeinsame Außen- und Sicherheitspolitik. Die Mitgliedstaaten verpflichteten sich darin, ihre Außenpolitik zu koordinieren. Dennoch wollte kein Staat auf seine außenpolitische Eigenständigkeit verzichten. Das hat zur Folge, dass die EU international nur handlungsfähig ist, wenn alle Mitglieder einem Vorgehen zustimmen.
Im nächsten Schritt einigte man sich auf eine gemeinsame Verteidigungspolitik (Art. 17 EU-Vertrag). Zurzeit zählen hierzu humanitäre Projekte sowie friedenserhaltende und -schaffende Maßnahmen.
Doch der Weg zu einer einheitlichen Außenpolitik der EU ist noch weit. In vielen Fällen sind sich die Länder uneinig. Deutlich wurde dies in der Vergangenheit bei der Frage, ob in Krisensituationen Militär in Nordafrika zum Schutz der Zivilbevölkerung eingesetzt werden soll. Auch in der Haltung gegenüber Russland gibt es keine einheitliche Meinung. Aber auch in der Einwanderungs- und Asylpolitik fehlt eine gemeinsame Haltung. Ein Konfliktthema ist zum Beispiel der Umgang mit Flüchtlingen.
Welche Schritte muss die EU noch gehen, damit wirklich eine Gemeinsame Außen- und Sicherheitspolitik erreicht wird?

M2 Gremien und Abläufe in der EU-Außenpolitik

Herbert Uhl (Hg.): Leitfragen Politik, Stuttgart 2010, S. 270, aktualisiert

M3 Ein internationaler Akteur?

Die EU will ein internationaler Akteur sein, der seinen Beitrag zu einer friedlichen, stabilen und solidarischen Welt leistet. Das Problem dabei: Die EU kann nur so gut agieren, wie es ihre Mitgliedstaaten zulassen. In der Außenpolitik merkt man das besonders.

Die EU beansprucht für sich eine führende Rolle. [...] Außerdem will sie eine Macht sein, die jeder Form von Gewalt, Terror und Fanatismus entschlossen den Kampf ansagt, eine Macht, die die Globalisierung solidarisch gestalten will, sodass auch die armen Länder ihre Vorteile daraus ziehen können.

Das sind sehr hochgesteckte Ziele, die mit einer Gemeinsamen Außen- und Sicherheitspolitik erreicht werden sollen.

Die GASP hat mit mehreren Problemen zu kämpfen. Außenpolitik gilt als ursprüngliche und zentrale Domäne eines jeden Nationalstaats. Sie ist oft das Aushängeschild und dient der Profilierung in der Welt. Deswegen ist die angestrebte Vergemeinschaftung der Außenpolitik durch die EU ein außerordentlich ehrgeiziges und sehr schwierig zu erreichendes Ziel.

Die meisten Mitgliedstaaten sind überaus skeptisch, wenn es darum geht, außenpolitische Befugnisse an die EU zu übertragen oder sich gar Mehrheitsentscheidungen zu beugen.

Wenn man sich doch auf eine gemeinsame Position einigt, ist das unter dem Strich oft der kleinste gemeinsame Nenner. Das ist zwar ein Wesensmerkmal der EU, im Bereich der GASP ist es aber besonders stark ausgeprägt.

Die GASP ist wie eine Kann-Bestimmung zu sehen. Die Regierungschefs können eine gemeinsame Außenpolitik betreiben, wenn sie wollen, sie müssen es aber nicht. [...]

Bernd Oswald: Störanfällige Außenpolitik, sueddeutsche.de, 17.06.2003, www.sueddeutsche.de/politik/die-eu-als-internationaler-akteur-stoeranfaellige-aussenpolitik-1.641964, Zugriff 18.06.2012

Linktipp
Zusatzmaterial
94hz9m

Arbeitsvorschläge

1. Benennen Sie die Länder, in denen Auslandseinsätze der EU stattfinden (**M1**).

2. Wählen Sie einen Einsatz aus **M1** aus und erstellen Sie dazu eine Wandzeitung.

3. Erklären Sie die Aufgaben der Gemeinsamen Außen- und Sicherheitspolitik (GASP) (**Erklärungen**, **VT**, **M2**).

4. Arbeiten Sie heraus, warum sich die EU in der Praxis der GASP so schwertut, mit einer Stimme zu sprechen (**M3**).

5. Beurteilen Sie die These „Der Hohe Vertreter für die Außen- und Sicherheitspolitik ist ein großer Schritt nach vorn".

[I] 1, 2 [II] 3, 4 [III] 5

Die Türkei und die EU
Beitritt ja oder nein?

Beitritt zur EU
S. 155

M1 Wann ist die Zeit reif?

Klaus Stuttmann, 2005

Erklärungen

Assoziierungsabkommen: Gemeint ist hier ein Vertrag zwischen der Türkei und der Europäischen Wirtschaftsgemeinschaft (Vorläufer der EU). Ziel des Vertrags war es, die gemeinsamen Handels- und Wirtschaftsbeziehungen zu verstärken.

Die **Türkei** ist der Nachfolgestaat des Osmanischen Reiches. Am Ende des Ersten Weltkrieges sollte das Osmanische Reich unter den Siegern zerschlagen werden. Der Widerstand gegen diese Pläne wurde von Mustafa Atatürk organisiert. Schließlich kam es 1923 zur Gründung des Staates Türkei mit seinen heutigen Grenzen. Atatürk wurde der erste Präsident. Er führte viele gesellschaftliche Reformen nach dem Vorbild europäischer Staaten durch und modernisierte das Land.
Die Türkei ist eine parlamentarische Demokratie mit Gewaltenteilung. Es gilt die strenge Trennung von Staat und Religion. Die Glaubensfreiheit beschränkt sich dabei nur auf das Individuum. Dagegen können Religionsgemeinschaften laut der Verfassung keine Rechte geltend machen. 99 Prozent der Bevölkerung sind Muslime.
Den größten Teil der Bevölkerung bilden die Türken (ca. 80 Prozent). Daneben leben in dem Land auch andere Volksgruppen, von denen die Kurden (ca. 15 Prozent) die größte Minderheit darstellen.
Mitgliedschaften:
1945 Vereinte Nationen
1949 Europarat
1952 NATO

VT

„Die Türkei gehört zu Europa. [...] Die Türkei soll vollberechtigtes Mitglied der Gemeinschaft sein", sagte der EG-Präsident Walter Hallstein im Jahr 1963. Bereits 1959 hatte die Türkei einen Antrag auf die Aufnahme in die Europäische Gemeinschaft gestellt. Es vergingen 40 Jahre, bis der Türkei der Status eines Beitrittskandidaten zugesprochen wurde.
Im Jahr 2004 wurde dann offiziell beschlossen, mit der Türkei Beitrittsverhandlungen zu führen. Am Ende der Verhandlungen kann nach den gültigen EU-Regeln nur ein Ja oder Nein stehen.
Es gibt Stimmen, die sich gegen eine Mitgliedschaft aussprechen. Als Gründe für ihre Bedenken nennen sie unterschiedliche kulturelle Prägungen der Menschen in der Türkei. Dagegen verweisen die Befürworter auf den schnellen Modernisierungsprozess und die enorme ökonomische Entwicklung des Landes. Das sei auch die Voraussetzung, um auf dem europäischen Markt dem Wettbewerbsdruck standzuhalten.
Es gibt allerdings viele Bereiche, in denen die Türkei noch Fortschritte machen muss. Deshalb ist anzunehmen, dass der Aufnahmeprozess noch zehn bis 15 Jahre dauert.
Sollte die Türkei eine Mitgliedschaft erreichen, so wäre es das erste islamisch geprägte Land in der Europäischen Union. Müssten dann die Ziele und Werte der EU neu überdacht werden? Rumänien und Bulgarien zählen zu den jüngsten Mitgliedern der EU. Welche Unterschiede gegenüber der Türkei machten den Beitritt möglich? Kann mit dem Beitritt der Türkei eine Brücke zur islamischen Welt geschlagen werden?

M2 Die Türkei: neue Zentralmacht Europas?

[...] Da ist zum Ersten der institutionelle Aspekt, der gleichwohl über Macht- und Einflussverteilung in der künftigen EU entscheidet. Bei Beitritt in nicht weniger als zehn Jahren wird die Türkei mutmaßlich der bevölkerungsreichste EU-Mitgliedstaat sein. Nach den neuen Regeln des Verfassungsvertrags, der bis dahin wohl in seinen wichtigsten Aspekten umgesetzt sein wird, kommen Mehrheitsentscheide dann zustande, wenn 55 % der EU-Staaten, die 65 % der EU-Bevölkerung repräsentieren, zustimmen. Der Türkei käme somit die gewichtigste Rolle im EU-Entscheidungsprozess zu. [...] Türkei-Skeptiker werfen hier die Frage auf, ob die tradierten Politikziele der EU auch mit der neuen „Zentralmacht Europas“, nämlich der Türkei, weiter verfolgt werden können. [...]

Gisela Müller-Brandeck-Bocquet: Überlastet ein Türkei-Beitritt die EU?, 17.07.2006, www.bpb.de/internationales/europa/tuerkei-und-eu/52268/ueberlastet-ein-tuerkei-beitritt-die-eu, Zugriff 25.07.2012

M3 Große Kluft?

Als das Assoziierungsabkommen zwischen der Europäischen Wirtschaftsgemeinschaft (EWG) und der Türkei am 12.09.1963 abgeschlossen wurde, erhob kein Mitglied der EWG Einwände unter Bezug auf die Römischen Verträge von 1957, in denen ausdrücklich bestimmt worden war, dass nur europäische Länder Mitglied werden könnten. Die lapidare Feststellung des damaligen Präsidenten der EWG-Kommission, Walter Hallstein (CDU), lautete: „Die Türkei ist ein Teil Europas.“ Diese Einschätzung teilen im Jahre 2006 viele Menschen in Deutschland nicht mehr. Die Türkei wird als etwas „anderes“ angesehen. Viele „Normalbürger“ und auch maßgebliche Intellektuelle sehen die Türkei von Europa durch geografische, kulturelle, historische und politische Grenzen getrennt [...]. Die Frage jedoch stellt sich: Können wir diesen Grenzziehungen vertrauen? Wurzeln diese Grenzbestimmungen auf objektivierbaren Tatsachen oder sind sie lediglich Konstruktionen zur Absicherung der eigenen Gefühlswelt? Die Argumente in der Debatte über die historischen, politischen und kulturellen Grenzen von Europa zur Türkei haben sich in den letzten Jahren im wissenschaftlichen und publizistischen Bereich nicht wesentlich geändert. Pro- und Kontra-Argumentationen stehen sich nach wie vor monolithisch gegenüber. [...]

Udo Steinbach: Probleme der geografischen, kulturellen und politischen Grenzziehung, 17.07.2006, www.bpb.de/internationales/europa/ tuerkei-und-eu/52248/probleme-der-grenzziehung, Zugriff 25.07.2012

Abgeordnete des Europäischen Parlaments demonstrieren für Aufnahmeverhandlungen mit der Türkei.

M4 Die Türkei im Staaten-Vergleich

Kriterien – für das Jahr 2011	Türkei	Deutschland	Polen	Bulgarien
Bevölkerung	73,7 Mio.	81,7 Mio.	38,2 Mio.	7,5 Mio.
Arbeitslosenquote (ILO)	8,5 %	5,8 %	9,9 %	11,4 %
BIP in Milliarden Euro	585	2 570	370	38
BIP-Wachstum	4,6 %	2,0 %	4,2 %	0,9 %
Inflationsrate	6,1%	2,4 %	3,8 %	3,4 %
Qualität der Demokratie*	4,9	8,8	7,3	–

* Daten nach Bertelsmann Stiftung. Die Stiftung untersucht, wie nachhaltig Länder regiert werden. Aus den Ergebnissen für Wahlprozess, Öffentlichkeit, Bürgerrechten und Rechtsstaat ergibt sich der Wert für die Qualität der Demokratie. Am besten platziert sind Schweden, Norwegen und Finnland mit 9,4 Punkten, am schlechtesten schnitt die Türkei ab. Bulgarien gehört nicht zu den untersuchten Ländern.

Zusammenstellung des Autors nach Bertelsmann Stiftung, Eurostat, Weltbank

Linktipp
Zusatzmaterial
29w6e9

Arbeitsvorschläge

1. Gliedern Sie die Argumente (**VT**, **M 2**, **M 3**), die für und gegen den Beitritt der Türkei zur EU sprechen und stellen Sie das Ergebnis in einer Tabelle dar.

2. Interpretieren Sie die Karikatur **M 1**. Berücksichtigen Sie bei Ihren Überlegungen den Prozess der Beitrittsverhandlungen der EU mit der Türkei.

3a Erörtern Sie in Kleingruppen ein Szenario für den Fall, dass die Türkei in die EU aufgenommen wird. Benutzen Sie für Ihre Überlegungen **M 4**. Dieses Szenario kann entweder den schlechtesten oder den günstigsten Fall darstellen; Methode S. 221.

3b Stellen Sie Ihre Gruppenergebnisse vor und diskutieren Sie diese.

[I] 1 [I]–[III] 2, 3

Vertiefung

Zukunftsperspektiven

Wohin steuert die EU?

M1 Das erwarten die EU-Bürger

Frage: Die europäische Integration hat sich in den letzten Jahren auf verschiedene Bereiche konzentriert. Welche Belange sollten Ihrer Meinung nach durch die europäischen Institutionen in den nächsten Jahren verstärkt beachtet werden, um die EU in Zukunft zu stärken?
Angaben in Prozent, Mehrfachnennungen möglich, Umfrage Mai 2011

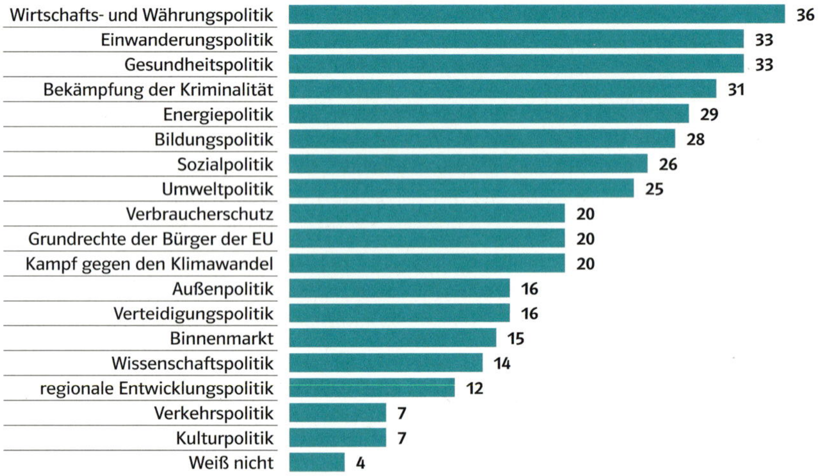

© Europäische Union, 1995–2012, Standard-Eurobarometer 75: Die Öffentliche Meinung in der Europäischen Union, S. 64, http://ec.europa.eu/public_opinion/archives/eb/eb75/eb75_publ_de.pdf, Zugriff 27.07.2012

VT

Die Europäische Union hat bereits ihren 50. Geburtstag gefeiert. Die Gemeinschaft blickt auf ein halbes Jahrhundert der Integration zurück, die von Höhen und Tiefen begleitet war. Probleme im Einigungsprozess konnten immer gemeistert werden. Die Gemeinschaft hat sich durch die Herausforderungen weiterentwickelt. War es der Fall der Mauer oder das Ende des Ost-West-Konflikts – durch Reformen hat sich die EU der veränderten Lage angepasst. Die Zahl der Mitgliedstaaten wuchs von 12 (1986) auf heute 28. Die gemeinsame Währung Euro wurde in 18 Ländern eingeführt. Viele der Gründungsziele konnten seither verwirklicht werden oder stehen kurz vor ihrer Verwirklichung. Jetzt, zu Beginn des 21. Jahrhunderts, scheint die Europäische Union in einer schwierigen und krisenhaften Lage zu stecken. Den Mitgliedstaaten ist bewusst, dass sie die neuen Probleme nur noch als Gemeinschaft lösen können. Allerdings gibt es noch viele Spannungsfelder, die überwunden werden müssen. Der Integrationsprozess muss vertieft werden und weitere Staaten werden der EU beitreten. Entscheidungsverfahren müssen supranational getroffen werden. Gleichzeitig agieren die Regierungen intergouvernemental. Die EU möchte effizienter handeln, gleichzeitig sollen alle Staaten in den Organen repräsentiert sein. Der Demokratisierungsprozess soll vorangetrieben werden und gleichzeitig die Macht und der Einfluss der einzelnen Mitgliedstaaten erhalten bleiben. Bislang gelang es der EU trotz der Spannungsfelder, durch Reformen eine Lösung für die Probleme zu finden. Gelingt es der EU, auch die nächste Krise zu überwinden?

Erklärungen

Inkrementalismus wird auch als Politik der kleinen Schritte bezeichnet, die Reformen mit den zur Verfügung stehenden Mitteln und politischer Durchsetzbarkeit betreibt. Die Veränderungen sollen dabei kontrollierbar bleiben und ggf. auch zurückgenommen werden können.

Intergouvernemental bezeichnet die Zusammenarbeit zwischen Regierungen innerhalb einer Organisation, wie z. B. der EU oder der UNO.

Rechtspopulismus ist eine politische Strömung. Ihre Vertreter kombinieren nationalistische Positionen mit dem Bekenntnis zur Demokratie und dem „gesunden Menschenverstand“. Um ihren Einfluss zu erweitern, benutzen sie Themen, die bei den Bürgern Unzufriedenheit, Ängste oder Vorurteile auslösen, wie z. B. Zuwanderung von Ausländern, Kriminalität oder die EU-Politik. Rechtspopulisten bieten einfache Lösungen an für komplexe Probleme. Zusammenhänge werden bewusst verschwiegen oder falsch dargestellt.

M2 Zukunftsperspektiven

[...] Die Zukunft der EU ist nicht voraussehbar. In der Vergangenheit hat die Union die an sie gestellten Herausforderungen stets gemeistert. Die EU war lange Jahre Friedens-, Wachstums- und Wohlstandgarant – dies kann sie nur bleiben, wenn die Mitgliedstaaten sich als eine Interessengemeinschaft verstehen, die politische Ziele gemeinsam verfolgt, füreinander einsteht und die gleiche Richtung der Entwicklung anstrebt (zum Beispiel Schuldenbegrenzung und -abbau). Nur in der Summe ihrer Mitgliedstaaten kann die EU das politische und wirtschaftliche Gewicht entfalten, um im Konzert der Welt mitzuspielen. Der Mehrwert der EU-Mitgliedschaft liegt auch darin, dass die Staaten gemeinsam wesentlich mehr Gewicht in die Waagschale werfen können als jede Nation für sich. Dazu ist es vonnöten, dass neben der Wirtschafts- und Währungsunion die Politische Union vorangetrieben wird. [...]
Der Kitt, welcher bis 1989 das europäische Gefüge zusammenhielt, ist brüchig geworden: Es gilt mehr denn je, in der Gegenwart die Zukunft zu begreifen. Hier bietet die EU große Chancen, denn sie erprobt seit nunmehr 55 Jahren das friedliche Miteinander und hat dafür Mechanismen und Regeln ausgebildet. Diese Erfahrungen können sich bei der Bewältigung der Anforderungen einer globalisierten Welt positiv auswirken. Der Vertrag von Lissabon enthält eine ganze Reihe von Möglichkeiten für die EU, sich weiterzuentwickeln. Dabei muss in Zukunft ein besonderes Augenmerk auf die Stärkung der Identifikation der Bürgerinnen und Bürger mit der europäischen Einigung gerichtet werden.

Melanie Piepenschneider: Die Europäische Union im 21. Jahrhundert, 16.04.2012, Bundeszentrale für Politische Bildung (Hg.), Informationen zur politischen Bildung, Heft 279, S. 5, gekürzt

M3 Europa der Eliten oder der Bürger?

Da die Europäische Union bisher wesentlich von den politischen Eliten getragen und monopolisiert worden ist, ist eine gefährliche Asymmetrie entstanden – eine Asymmetrie zwischen der demokratischen Teilnahme der Völker an dem, was ihre Regierungen auf der aus ihrer Sicht weit entfernten Brüsseler Bühne für sie selbst herausholen, und der Indifferenz, ja Teilnahmslosigkeit der Unionsbürger im Hinblick auf die Entscheidungen ihres Parlaments in Straßburg.
Diese Beobachtung berechtigt jedoch nicht zu einer Substantialisierung der „Völker“. Nur noch der Rechtspopulismus entwirft die Karikatur nationaler Großsubjekte, die sich gegeneinander abkapseln und eine grenzüberschreitende demokratische Willensbildung blockieren. Nach fünfzig Jahren Arbeitsimmigration lassen sich auch die europäischen Staatsvölker angesichts ihrer wachsenden ethnischen, sprachlichen und religiösen Vielfältigkeit nicht mehr als kulturell homogene Einheiten imaginieren. Zusätzlich haben Internet und Massentourismus die nationalen Grenzen porös gemacht. In Territorialstaaten musste der fließende Horizont einer über große Räume und komplexe Verhältnisse hinweg geteilten Lebenswelt immer schon durch Massenmedien hergestellt und über einen zivilgesellschaftlichen Kommunikationszusammenhang mit einem abstrakten Kreislauf von Ideen ausgefüllt werden. Das kann sich europaweit nur im Rahmen einer vage geteilten politischen Kultur einspielen. Aber je mehr den nationalen Bevölkerungen zu Bewusstsein kommt und von den Medien zu Bewusstsein gebracht wird, wie tief die Entscheidungen der Europäischen Union in ihren Alltag eingreifen, desto stärker wird ihr Interesse zunehmen, auch als Unionsbürger von ihren demokratischen Rechten Gebrauch zu machen.

Jürgen Habermas: Zur Verfassung Europas, Berlin 2011, S. 78 f.

M4 Jugendarbeitslosigkeit

In Griechenland und Spanien liegt die Jugendarbeitslosigkeit weit über 50 %, in zehn weiteren EU-Staaten über 25 % (Stand 2013). Wie reagiert die EU?

M5 Außenpolitik

In Nordafrika befreien sich die Völker von ihren Diktaturen. Wie verhält sich die EU gegenüber den jungen arabischen Demokratien?

M6 Druck zur Veränderung

Unter dem Druck der Finanzmärkte hat sich die Erkenntnis durchgesetzt, dass bei der Einführung des Euros eine wesentliche ökonomische Voraussetzung des Verfassungsprojektes vernachlässigt worden ist. Die Europäische Union kann sich gegenüber der Finanzspekulation nur behaupten, so die einhellige Analyse, wenn sie die politischen Steuerungskompetenzen erhält, die erforderlich sind, um wenigstens in Kerneuropa, also zwischen den Mitgliedern der Europäischen Währungsgemeinschaft, mittelfristig für eine Konvergenz der wirtschaftlichen und sozialen Entwicklungen in den Mitgliedsländern zu sorgen. Eigentlich ist allen Beteiligten klar, dass dieser Grad der „verstärkten Zusammenarbeit" im Rahmen der bestehenden Verträge nicht möglich ist. Die Konsequenz einer gemeinsamen „Wirtschaftsregierung", zu der sich nun auch die deutsche Bundesregierung bequemt, würde bedeuten, dass sich die zentrale Förderung der Wettbewerbsfähigkeit aller Mitgliedstaaten weit über die Finanz- und Wirtschaftspolitiken hinaus auf die nationalen Haushalte insgesamt erstrecken und damit tief in die Herzkammer der nationalen Parlamente eindringen würde. Daher ist die überfällige Reform, sofern das geltende Recht nicht flagrant gebrochen werden soll, nur auf dem Weg einer Übertragung weiterer Kompetenzen von den Mitgliedstaaten auf die Union möglich.

Diese Einsicht hat inzwischen die politischen Leitmedien erreicht: „Die Krise hat die Schwächen des Lissabon Vertrages offengelegt: Mit ihm ist die EU nicht für die Herausforderungen gerüstet, deren sie sich als Wirtschafts- und Währungsunion gegenüber sieht." Die Hürden für eine Vertragsänderung sind hoch. Und der Entschluss, sie zu nehmen, würde von den politischen Eliten eine einschneidende Verhaltensänderung verlangen: Wenn sie ihre Bevölkerungen für ein solidarisches Europa gewinnen wollten, müssten sie sich von der gewohnten Kombination aus Öffentlichkeitsarbeit und expertengesteuertem Inkrementalismus verabschieden und auf einen riskanten, vor allem inspirierten Kampf in der breiten Öffentlichkeit umstellen. Und paradoxerweise müssten sie im europäischen Gemeinwohlinteresse etwas wollen, das dem eigenen Machterhaltungsinteresse entgegenläuft. Denn langfristig würden die nationalen Handlungsspielräume enger werden und die Auftritte nationaler Potentaten [= Machthaber] an Bedeutung verlieren.

Jürgen Habermas: Zur Verfassung Europas, Berlin 2011, S. 79 ff.

M7 Zuwanderung

Kontrolle der griechisch-türkischen Grenze. Einwanderung ist für die wirtschaftliche und demografische Zukunft der EU unverzichtbar. Es gibt heute aber kaum legale Möglichkeiten der Einwanderung.

M8 Wirtschaftliches Gefälle

Demonstration gegen Sparmaßnahmen der Regierung in Griechenland. Die Volkswirtschaften innerhalb der EU unterscheiden sich in ihrer Leistungsfähigkeit. Es gibt ein deutliches Wohlstandsgefälle.

M9 Grundmodelle der europäischen Integration

In der Diskussion um die künftige Entwicklung Europas stehen sich häufig klar definierte Positionen gegenüber, die vier Grundrichtungen zugeordnet werden können:

Europäischer Bundesstaat

Föderales Konzept mit handlungsfähigen und demokratisch legitimierten Institutionen. Grundlage ist eine geschriebene Verfassung mit einer Zusammenstellung der gemeinsamen Grundwerte. Unterstützt wurde und wird dieses Konzept vor allem von Politikerinnen und Politikern aus Deutschland, Belgien, den Niederlanden und aus Luxemburg. Seit dem Beitritt 1995 tritt auch Österreich für dieses Konzept ein. Hauptkritikpunkt an dem Modell ist der Machtverlust der Mitgliedstaaten, der zur Folge hätte, dass diese nicht mehr über wichtige politische Fragen entscheiden könnten.

Staatenbund

Dieses Konzept wurde und wird vor allem von Vertretern Großbritanniens, Skandinaviens und aus Mittel- und Osteuropa unterstützt. Es ist gekennzeichnet durch eine beherrschende Stellung der Regierungen der Mitgliedstaaten. Im Vordergrund steht das Bemühen dieser Regierungen, gemeinsame Probleme zwar gemeinsam zu lösen, aber das Letztentscheidungsrecht nicht aus der Hand zu geben. Die Zusammenarbeit ist durch schwerfällige Verfahren gekennzeichnet, da es keine Mehrheitsentscheidungen gibt. Parlamente spielen in diesem Modell nur eine untergeordnete Rolle.

Europa der Regionen

Zentral ist hierbei das Vorhandensein von starken Regionen, die als dritte Ebene an der Entscheidungsfindung mitwirken. Als Vorteil dieses Modells wird die Bürgernähe genannt. Unterstützt wird das Modell von Regionalvertretungen sowie zurückhaltender von Politikerinnen und Politikern aus Staaten mit föderalen Strukturen (Belgien, Deutschland, Österreich). Von den Gegnerinnen und Gegnern wird auf die Gefahr der Zersplitterung und der Lähmung des Entscheidungsprozesses durch allzu viele Beteiligte hingewiesen.

Differenzierte Integration

Dieses Modell ist gekennzeichnet durch mehrere, sich teilweise oder vollständig überlagernde Zusammenschlüsse unterschiedlich ausgeprägter Integrationsdichte, die sich um einen föderalen Kern gruppieren. Dieses Modell wird häufig als ein möglicher Ausweg genannt, wenn einzelne zögernde Staaten nicht zu weiteren Integrationsschritten bereit sind. Kritisiert werden allerdings die sehr komplizierten Strukturen durch das Nebeneinander verschiedener Gruppierungen, die jeweils über unterschiedliche Institutionen und Verfahren verfügen.

Gegenbild Festung Europa

Dieses Gegenbild zu den eher positiv besetzten, vorstehend beschriebenen Leitbildern zielt auf die verschärften Kontrollen an den Außengrenzen der EU, Diskussionen über die Wiedereinführung von Grenzkontrollen innerhalb der EU [...] sowie auf die restriktive Einwanderungs- und Asylpolitik der EU-Staaten ab.

In der politischen Praxis kommen diese Modelle in einer reinen Ausprägung nicht vor. Dennoch ist die Kenntnis dieser Modelle wichtig für eine Bestimmung der erreichten Integrationsdichte und der europäischen Zielperspektiven.

Otto Schmuck: Vier Grundmodelle der europäischen Integration – und ein Gegenbild, Informationen zur politischen Bildung, Heft 279, Bundeszentrale für politische Bildung (Hg.), 16.04.2012, www.bpb.de/izpb/130479/motive-und-leitbilder-der-europaeischen-einigung?p=0, Zugriff 28.07.2012

M10 Klimaschutz

Die Umweltschutzorganisation Greenpeace fordert von deutschen Autoherstellern Anstrengungen für den Klimaschutz.

Linktipp
Zusatzmaterial
w2g3jy

Arbeitsvorschläge

1. Fassen Sie die Wünsche der Bürger aus **M1** zusammen. Analysieren Sie die Abweichungen oder Übereinstimmungen zu den in **M4**, **M5**, **M7**, **M8** und **M10** dargestellten Problemfeldern.

2. Geben Sie die Position von Habermas zum Europa der Bürger aus **M3** wieder.

3. Erörtern Sie die Forderung „Europa braucht mehr Demokratie".

4. Sollen von den Mitgliedstaaten weitere Kompetenzen an die EU übertragen werden (**M6**)? Führen Sie dazu eine Debatte durch; Methode S. 215.

5. Überprüfen Sie das Gegenbild „Festung Europa" (**M9**) in Bezug auf die europäische Einigung.

6. Beurteilen Sie Vor- und Nachteile der vier EU-Modelle (**M9**).

[I] 2 [II] 1 [III] 5, 6 [I]–[III] 3, 4

8 Herausforderungen in der globalisierten Welt

Situation:

Der lebensgefährliche Weg in die „Festung Europa“

Jahr für Jahr machen sich Hunderttausende Menschen auf den Weg in Richtung Europäische Union. Ein Großteil von ihnen stammt aus den unterschiedlichsten Regionen Afrikas. Ihre Reise ist beschwerlich und raubt den Menschen manchmal das Letzte und Nötigste. Ihre Reise ist in den Augen der Durchgangsländer und der Europäischen Union vielfach illegal. Ihre Reise ist vor allem lebensgefährlich.

Der Weg nach Norden Richtung Europa ist viele Tausend Kilometer lang.

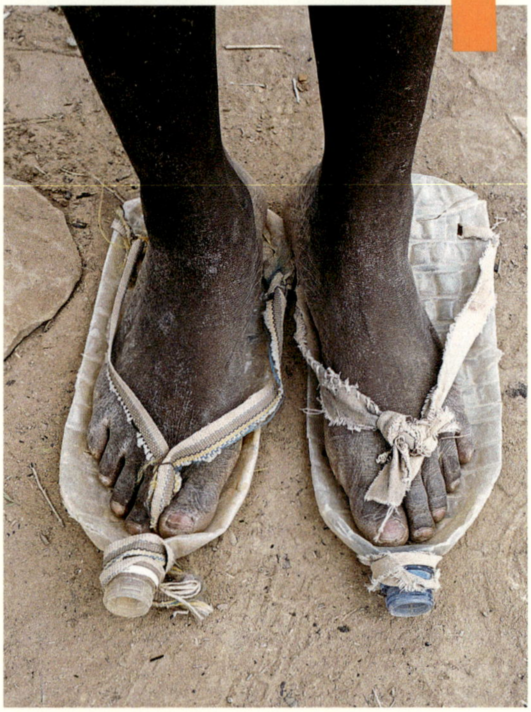
So weit die Füße tragen.

In der Karte ist eine gängige Route aus Zentralafrika nach Europa rot eingetragen. Die spanische Exklave Melilla, die italienische Insel Lampedusa und Malta sind oft die ersten Ziele innerhalb der EU.

Linktipps
Info und Recherche
pd42vb

Den Lernprozess organisieren:

Analyse der Situation

Warum lässt ein Mensch alle seine Bindungen hinter sich und macht sich auf den weiten und gefährlichen Weg nach Europa? Warum riskiert er dabei seine Gesundheit und sein Leben? Welche Hoffnungen und Erwartungen treiben ihn in Richtung Europa? Wie reagiert die EU auf die Flüchtlinge?

Erarbeiten, Informieren, Organisieren

Recherchieren Sie die Fluchtmotive und Fluchtbedingungen. Gehen Sie der Frage nach, wie die Europäische Union diesen Flüchtlingen begegnet. Führen Sie in Ihrer Lerngruppe abschließend eine Debatte zur Fragestellung „Wie soll Europa mit den Flüchtlingen umgehen?“; S. 215 Methode: Eine Debatte führen. Für die Bearbeitung hält das Kapitel unter anderem folgende Themen für Sie bereit:

- Folgen des freien Welthandels
- Stille Verlierer
- Kriege im 21. Jahrhundert
- Wie die UNO den Frieden sichert
- Chancen und Risiken ärmerer Länder
- Nicht nur Staaten können helfen
- Fluchtpunkt Europa

Aktiv sein

Entwerfen Sie ein erdachtes Reisetagebuch eines afrikanischen Flüchtlings, in dem Sie seine Motive, Hoffnungen, Ängste und Fluchtbedingungen möglichst realitätsnah und anschaulich schildern.

Kompetenzen im Blick:

In diesem Kapitel erhalten Sie die Gelegenheit, die wirtschaftlichen Abhängigkeiten und politischen Konfliktpotenziale in einer zunehmend globalisierten Welt zu untersuchen. Sie werden in die Lage versetzt, die Interessen verschiedener Akteure sowie die Handlungsmöglichkeiten internationaler Institutionen in diesen Konfliktlagen auszuwerten. So können Sie sich mit Blick auf die politischen und wirtschaftlichen Folgen der Globalisierung ein eigenes Urteil bilden.

Folgen des freien Welthandels

Wie wirkt sich die internationale Vernetzung aus?

Entwicklungsländer
S. 186

Schwellenländer
S. 188

M1 Ein Spiel um Standorte und Arbeitsplätze

Nicht nur in Deutschland hat General Motors (GM) Standorte und droht mit deren Schließung.
Klaus Stuttmann, 2009

Erklärungen

Als **Global Player** werden große Konzerne (wie Volkswagen oder Siemens) mit mehreren Hunderttausend Beschäftigten und Milliardenumsätzen bezeichnet. Die Konzerne sind international in vielen Staaten aktiv. Sie verfügen über eine enorme Wirtschaftskraft und haben Einfluss auf politische Entscheidungen, weil sie viele Arbeitsplätze anbieten sowie ein großer Steuerzahler sind. Politiker und Gewerkschafter setzen sich häufig für die Interessen von Global Playern ein.

Die **International Labor Organization (ILO)** ist eine Sonderorganisation der Vereinten Nationen mit Hauptsitz in Genf. Sie ist zuständig für die Formulierung und Durchsetzung internationaler Arbeits- und Sozialstandards. Die weltweit geltenden Mindeststandards sollen menschenwürdige Arbeit für alle Menschen auf der Welt sicherstellen.

Als **Tigerstaaten** werden Südkorea, Taiwan, Singapur und Hongkong bezeichnet, weil sie sich schnell und kraftvoll (wie ein Tiger) von Entwicklungsländern zu Industriestaaten entwickelt haben.

Wertschöpfung in einem Unternehmen ist der Verkaufswert der Güter abzüglich aller Kosten.

VT

Der wirtschaftliche Wandel wird in Deutschland zunehmend auch von der Globalisierung bestimmt. Die wirtschaftliche Vernetzung ist allerdings nicht neu. Bereits die antiken Römer wurden mit Seide aus China beliefert und auch der Gewürzhandel blühte früh auf.
Das Tempo der weltweiten Vernetzung aber hat sich in den letzten Jahrzehnten rasant verändert. Seit der Erfindung der Computer, der Satellitenkommunikation und des Internets können Informationen schnell verarbeitet und weitergeleitet werden. Auch die Transportmöglichkeiten per Container haben den Warenverkehr anwachsen lassen und beschleunigt. Hinzu kommt der Abbau von Handelsbeschränkungen. Der globale Waren- und Geldverkehr wurde durch weltweite Abkommen erleichtert.
Es lässt sich nicht leugnen, dass in Deutschland Arbeitsplätze verloren gegangen sind, weil in anderen Ländern bestimmte Waren billiger produziert werden. Da Rohstoffe wie seltene Metalle und Energieträger wie Erdöl knapp werden, wird der Wettbewerb darum schärfer. Deutschland ist ein rohstoffarmes Land und von Rohstoffimporten abhängig. Große Staaten wie China, Indien und Brasilien beginnen, die Märkte zu erobern. Und nicht zuletzt sind es die engen, weltweiten Verflechtungen, die unsere Wirtschaft in Mitleidenschaft ziehen. Wirtschaftskrisen sind nie auf nur ein Land beschränkt.
Ebenso wenig lässt sich aber leugnen, dass Deutschland vom freien Welthandel erheblich profitiert. Deutsche Unternehmen wie Adidas, Siemens oder Volkswagen arbeiten weltweit. Sie gehören zu den Global Playern. Deutschland ist eine der größten Exportnationen und hat deshalb durch den freien Handel und die enger werdenden Verknüpfungen große Vorteile.

M2 Aus für Standort Bochum

Nordrhein-Westfalens Arbeitsminister Guntram Schneider fürchtet nach dem angekündigten Aus für Bochum negative Auswirkungen für das ganze Land. Das geplante Ende der Autoproduktion sei ein „herber Schlag für den Industriestandort Nordrhein-Westfalen" und bedeute ein „Stück weit Entindustrialisierung", sagte der SPD-Politiker. An der Kommunikation des Opel-Konzerns übte der Minister deutliche Kritik. „Für die Beschäftigten wäre es besser gewesen, wenn ihnen von vornherein klarer Wein eingeschenkt worden wäre", sagte er. In den vergangenen Monaten hätten sie stattdessen eine „Hängepartie" durchlebt.

FDP-Fraktionschef Rainer Brüderle hat General Motors (GM) schwere Vorwürfe gemacht. Der Mutterkonzern habe bei Opel jahrelang Entscheidungen verschleppt. Zudem habe GM Opel in Deutschland diskriminiert, indem das Unternehmen weder in China noch in Lateinamerika frei habe handeln dürfen. „Bisher hat General Motors ein Beispiel dafür geliefert, wie internationale Konzerne mit Mitarbeitern in Deutschland nicht umgehen sollten."

Auch Autoexperte Ferdinand Dudenhöffer hat GM schwere strategische Fehler vorgeworfen. Statt Bochum Ende 2016 zu schließen, hätte GM das englische Opel-Werk in Ellesmere Port kurzfristig dichtmachen sollen. In England wäre eine kurzfristige Schließung rechtlich möglich gewesen, sagte Dudenhöffer. Für die deutschen Werke gilt eine Beschäftigungsgarantie bis Ende 2014. Mit Ellesmere Port hätte GM wie Konkurrent Ford schon 2013/2014 spürbar Überkapazitäten abbauen können, so Dudenhöffer.

Ellesmere Port hatte Mitte 2012 den Zuschlag für die Astra-Produktion und damit eine dauerhafte Sicherung bekommen, nachdem die Mitarbeiter dort einer Lohnsenkung zugestimmt hatten. „Damit hat GM fünf Euro gewonnen, aber 500 Euro verloren", sagte Dudenhöffer. Zweiter Fehler von GM sei es gewesen, die bevorstehende Schließung von Bochum so lange zu verheimlichen. „Das war schon über ein halbes Jahr bekannt, Opel hat sich nur nicht getraut, es zu sagen", kritisierte Dudenhöffer. Durch die ständigen Diskussionen seien Kunden und Mitarbeiter verunsichert und die Marke beschädigt worden.

Die Pläne, Bochum als Teilewerk für den Opel-Konzern mit deutlich reduzierter Belegschaft weiterzuführen, hält Dudenhöffer für unrealistisch. „Ich glaube nicht an die Zukunft als Komponentenwerk." [...]

dpa/AFP/dapd/Reuters/bero: Schwere Vorwürfe gegen General Motors, Süddeutsche.de, 10.12.2012, www.sueddeutsche.de/wirtschaft/aus-fuer-standort-bochum-bundesregierung-schliesst-staatshilfen-fuer-opel-aus-1.1546228-2, Zugriff 31.01.2014

M3 Globalisierung beim Teileeinkauf

Slowakei
Sitzbezüge

Slowenien
Sitzbezüge

Großbritannien
Kühler, Radios

Tunesien
Antennenfuß

Deutschland
Felgen, Reifen, Tank, Lenkung, Bodenbeläge, Scheinwerfer, Mittelkonsole

Tschechische Republik
Felgen, Radios, Hutablagen, Bremskraftverstärker, Armlehne, Kofferraumverkleidung

Italien
Felgen, Lenkräder, Kühlergrill, Scheinwerfer, Turbolader

Schweden
Abschottung Hohlraum

Portugal
Lenkräder, Radios

Spanien
Lenkräder, Sonnenblenden, Innenspiegel, Türgriffe, Kühlergrill

Norwegen
Felgen

Kanada
Riemenspanner

Dänemark
Tank

Belgien
Stoßdämpfer

Österreich
Felgen

USA
Reifen

Frankreich
Felgen, Reifen, Instrumententafel, Turbolader

Polen
Gurte, Gurtschlösser, Dieselmotoren, Kopfairbag

Südafrika
Leitungsstränge Scheinwerfer

Ungarn
Gurte, Gurtschlösser

Japan
Klimakompressor, Reifen

Finnland
Mobiltelefon

Irland
verchromte Fensterrahmen

M4 Gewinner der Globalisierung

Die Globalisierung wird manchmal als Bedrohung für die europäische Industrie angesehen. Denn von Autos bis hin zu Windkraftanlagen ist die Produktion vieler ehemaliger Aushängeschilder der europäischen Wirtschaft zumindest teilweise in Drittländer verlagert worden.

Tatsächlich aber überwiegen die Vorteile der Globalisierung, wie es der Wettbewerbsfähigkeitsbericht verdeutlicht. Die EU-Wirtschaft konnte in vielerlei Hinsicht Vorteile aus der Globalisierung ziehen. [...]

Neue Märkte außerhalb der EU fördern Exporte und reduzieren Produktionskosten. [...]

Die EU [hat] eine doppelte globale Führungsposition sowohl bei Exporten und ausländischen Direktinvestitionen [...] und dies trotz international gestiegener Konkurrenz. Das heißt, dass ausländische Staaten und Firmen mehr Geld in der EU investieren als irgendwo anders in der Welt. [...] Solche Investitionen sorgen für neue Jobs und erhöhen die Produktivität. Die EU kann dadurch mehr Waren effizienter herstellen. Das wiederum macht Europa zu einem noch attraktiveren Investitionsziel. Dass dabei die EU derzeit ein wenig an Attraktivität für Investoren verliert, liegt vor allem an der derzeitigen Wirtschaftssituation. [...]

Wenn europäische Unternehmen Produktionsprozesse in andere Teile der Welt verlagern, können sie dadurch beispielsweise Autoteile in Asien produzieren lassen. Das Auto selbst aber wird weiter in Europa zu geringeren Kosten als zuvor produziert – und ebenso bleibt der Großteil der Wertschöpfung in Europa.

[...] Die Effektivität der Wertschöpfungskette dient mittlerweile nicht umsonst als wichtiger Maßstab für Wettbewerbsfähigkeit. Demgegenüber ist eine numerische Auflistung von Endprodukten, die exportiert werden, heute weniger aussagekräftig. Schauen wir jedoch auf die Wertschöpfungskette [...], dann haben Güter, die aus der EU exportiert werden, einen Anteil von 87 Prozent europäischer Produktion/Wertschöpfung. [...]

Um europäischen Firmen zu helfen, am besten die Früchte der Globalisierung zu ernten, [gibt es] eine Reihe von Vorschlägen.

Vorrangig müssen Barrieren – sowohl zwischen EU-Staaten als auch zwischen ihnen und dem Rest der Welt – fallen. [...] Deswegen sollte die EU eine Politik verfolgen, die den freien Handel unterstützt. Zugleich sollten Verfahrens- und Marktinnovationen gezielter in Forschung und Entwicklung integriert werden. Solche Maßnahmen würden es regionalen Firmen leichter machen, Teil weltweiter Wertschöpfungsketten zu werden, indem sie im Ausland kostengünstiger produzieren lassen. [...]

Ziel muss es sein, den EU-Anteil an Exporten von Endprodukten zu erhöhen. Das Hauptaugenmerk liegt dabei auf dem Handel mit den Industriemächten China, Brasilien und Indien. [...]

Eines steht fest: Die EU befindet sich in einer guten Ausgangslage, um die Globalisierung für ihr Vorankommen zu nutzen. Europas industrielle Infrastruktur, seine gut ausgebildeten Arbeitskräfte sowie seine Erfolgsgeschichten in puncto Innovation machen die Union einzigartig. [...]

© Europäische Union, 2008-2012, EU-Industrie Gewinner und kein Verlierer der Globalisierung, in: Magazin Unternehmen + Industrie, 13.11.2012, http://ec.europa.eu/enterprise/magazine/articles/competitiveness-energy-environment/article_11048_de.htm, Zugriff 30.12.2012

M5 Ungleiche Chancen

Klaus Stuttmann, 2005

M6 Steigende Ungleichheiten

Volkswirtschaftlich betrachtet haben vor allem die Industrieländer sowie einige (ehemalige) Schwellenländer wie die asiatischen Tigerstaaten und China bisher von der Globalisierung profitieren können. Demgegenüber haben sich in vielen Entwicklungsländern die Hoffnungen, die mit der ökonomischen Globalisierung verbunden werden, nicht erfüllt.

In 55 Entwicklungsländern ist die Wirtschaft nach Angaben der ILO seit Anfang der 90er-Jahre nur langsam gewachsen und 23 dieser Länder verzeichneten für diesen Zeitraum sogar einen Rückgang ihrer Wirtschaftsleistung.

Die Industrieländer waren dank ihrer starken wirtschaftlichen Basis, ihres Reichtums an Kapital und Fachkenntnissen und ihrer technologischen Führungsposition in einer guten Ausgangssituation – sie haben vom internationalen Güteraustausch und von der Erschließung neuer Märkte profitiert. [...]

Auch der ganz überwiegende Teil der multinationalen Unternehmen stammt aus den Industrieländern. Die andere Ländergruppe, die in der Gesamtbetrachtung beträchtliche Gewinne erzielte, umfasste eine kleine Gruppe von Entwicklungsländern, die mit großem Erfolg ihre Ausfuhren steigern und bedeutende Mengen an ausländischen Direktinvestitionen anziehen konnten. In Ostasien sind durch das Wachstum in einem einzigen Jahrzehnt mehr als 200 Millionen Menschen der Armut entkommen. An der Spitze dieser Gruppe standen die ursprünglichen Schwellenländer Ostasiens (die sogenannten „Tigerstaaten“), die sich inzwischen in Bezug auf Einkommen und Wirtschaftsstrukturen den Industrieländern angenähert haben. China und einige andere Länder in Asien, die EU-Beitrittsländer und lateinamerikanische Länder wie Mexiko und Chile scheinen dies auch erreichen zu können. In den meisten Fällen bestanden in den erfolgreichen Schwellenländern relativ günstige Ausgangsbedingungen in Gestalt einer früheren Industrialisierung, des Niveaus der Bildungssysteme, einer Verkehrs- und Kommunikationsinfrastruktur und der Qualität wirtschaftlicher und sozialer Institutionen. Nicht alle diese Länder haben dabei dieselben Entwicklungsstrategien verfolgt. So haben insbesondere China, Indien und Vietnam, sämtlich Länder mit großen Binnenmärkten, ihre Märkte nur schrittweise geöffnet, während beispielsweise die Republik Korea auf massive staatliche Subventionen setzte, um ihre Industrieentwicklung in Schwung zu bringen. [...]

„Oft ist es ein Teufelskreis von Armut und Analphabetentum, Bürgerkonflikten, geografischen Nachteilen, unzulänglichen Regierungen und Verwaltungsstrukturen, und inflexiblen, weitgehend von einem einzigen Rohstoff abhängigen Volkswirtschaften. Viele von ihnen leiden darüber hinaus unter der Last hoher Außenschulden und dem Rückgang der Rohstoffpreise. Zudem kommen die Erlöse aus dem Handel mit Rohstoffen meist vorrangig einer kleinen Elite zugute. Vergrößert werden diese Probleme durch die anhaltenden protektionistischen Maßnahmen der Industrieländer für ihre Landwirtschaft. Sie hemmen den Marktzugang, während subventionierte Einfuhren gleichzeitig die lokalen landwirtschaftlichen Erzeuger gefährden. [...]“ (ILO 2004, Globalisierung fair gestalten).

Team Global: Steigende Ungleichheiten zwischen den Ländern, 29.08.2008, Bundeszentrale für politische Bildung, www.bpb.de/veranstaltungen/netzwerke/teamglobal/67432/zwischen-den-laendern, Zugriff 30.12.2012

M7 Dem Markt einen Rahmen geben

[...] Es hat mit Globalisierung zu tun, wenn die Firma, in der man arbeitet, plötzlich mit Betrieben aus Gegenden der Welt konkurriert, von denen man bisher kaum gehört hatte.

Es hat mit Globalisierung zu tun, wenn sich junge Leute [...] aus dem Internetcafé in Quito bei ihren Eltern in Oberursel melden und mal eben per E-Mail die ersten digitalen Fotos schicken. [...]

Es hat mit Globalisierung zu tun, wenn in dem Auto, das wir kaufen, die Teile aus vielen Ländern kommen, wenn also das „Made in Germany“ manchmal nur noch für die Idee, für die Endmontage oder für den Namen steht. [...]

Nein, die Globalisierung ist kein Naturereignis. Sie ist von Menschen gewollt und gemacht. Darum können Menschen sie auch verändern, gestalten und in gute Bahnen lenken. [...]

Die Globalisierung gestalten kann nur, wer klare Wertvorstellungen jenseits des Wirtschaftlichen hat. Wir müssen uns darüber klar werden, wie wir Freiheit und Gerechtigkeit für alle Menschen in Zeiten der Globalisierung sichern und fördern können. [...]

Wirtschaftliche Freiheit baut wie alle Freiheit auf Voraussetzungen auf und lebt von Bindungen. Sie ist schnell am Ende, wo keine Ordnung besteht und wo diese Ordnung nicht durchgesetzt werden kann. Dem Markt einen Rahmen zu geben und den Wettbewerb fair zu organisieren, das zählt zu den großen Kulturleistungen der Menschheit. [...]

Bundespräsident Johannes Rau: Chance, nicht Schicksal – die Globalisierung politisch gestalten, Berliner Rede, 13.05.2002, Auszug

Arbeitsvorschläge

1. Recherchieren Sie zur Geschichte des Opel-Werks in Bochum ab dem Jahr 2012 und schreiben Sie den Artikel **M2** weiter.

2. Arbeiten Sie in Gruppen zu folgenden Themen und präsentieren Sie anschließend die Ergebnisse:

a Risiken und Chancen des freien Welthandels für den Wirtschaftsstandort Deutschland.

b Die Bedeutung der Global Player.

c Folgen des freien Welthandels im internationalen Vergleich (Gewinner und Verlierer).

d Umgang mit Ungleichheiten, die durch die Globalisierung entstehen.

Beziehen Sie die Aussage des ehemaligen Bundespräsidenten Rau (**M7**) mit ein und nehmen Sie dazu Stellung.

[I] 1 [I]–[III] 2

Regeln für den freien Handel
Wer profitiert von der WTO oder vom TTIP?

Lobbyisten
S. 76

NGO
S. 206

Erklärungen

Liberalisierung: Abbau von Regelungen, freier Wettbewerb.

Nicht tarifäre Handelshemmnisse sind Normen oder Vorschriften, die die Einfuhr von Waren beschränken. (Zölle sind tarifäre Handelshemmnisse.) Beispiele dafür sind z. B. Industrienormen, Umwelt- und Sozialstandards. Ausländische Unternehmen haben so schwerer Zugang zu unserem Markt. Auf der anderen Seite können diese Vorschriften die Verbraucher vor schlechten oder minderwertigen Waren schützen.

Subventionen sind zweckgebundene (Geld-)Leistungen ohne marktübliche Gegenleistung.

Bei der transatlantischen Handels- und Investitionspartnerschaft (englisch abgekürzt: **TTIP**) geht es um Verhandlungen zwischen der EU und den USA. Sie sprechen über die Schaffung der größten Freihandelszone der Welt mit 800 Millionen Menschen.

Das Ziel der **World Trade Organization** (WTO) ist es, Regeln für den freien Handel festzulegen. In der Frage, wie das Ziel erreicht werden soll, gehen die Meinungen zwischen Industrieländern und Entwicklungsländern auseinander. Umstritten ist besonders die Frage des Marktzugangs für Agrarprodukte aus den Entwicklungsländern. Dabei wird die Frage der EU-Agrarsubventionen heftig diskutiert.

M1 Die starken Akteure des Welthandels

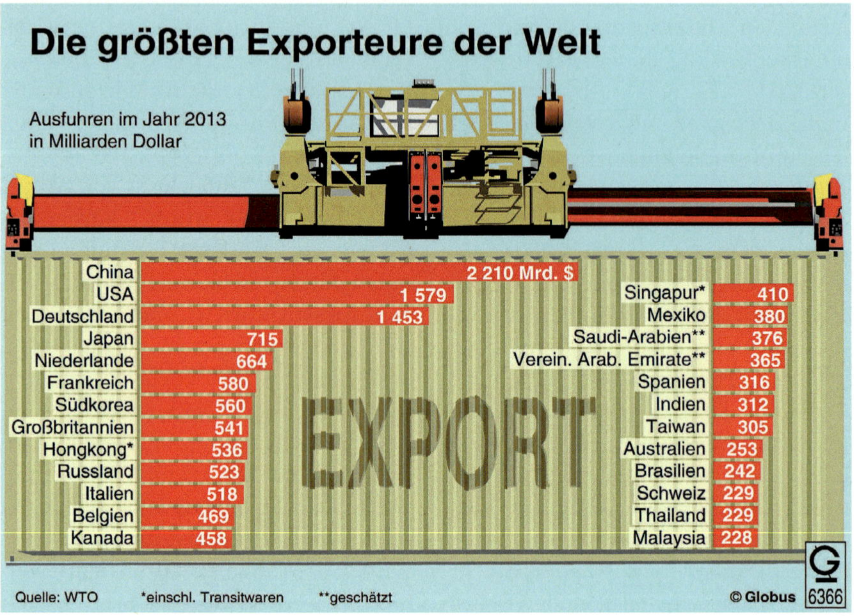

VT

Erst als die Spaltung der Welt in Ost und West überwunden war, wurde 1995 die Welthandelsorganisation (WTO) gegründet. Sie setzte die Arbeit fort, die mit dem Abkommen zum weltweiten Abbau von Handelsschranken (GATT) im Jahr 1948 begonnen wurde. Mithilfe des Abkommens sanken in den Jahren nach dem Zweiten Weltkrieg die Einfuhrzölle, der internationale Handel kam in Schwung.
Das oberste Ziel der WTO ist heute die Sicherung des freien Welthandels. Es soll dafür gesorgt werden, dass alle Käufer und Verkäufer freien Zugang zum Weltmarkt haben. Die Regeln der WTO betreffen 97 Prozent des weltweiten Handelsvolumens.
Die Organisation zählt 160 Mitglieder. Die Vertreter der Mitgliedstaaten tagen regelmäßig, fällen Beschlüsse, überprüfen die Handelspolitik und sorgen für Schlichtung von Handelsstreitigkeiten. Jedes Mitgliedsland verfügt bei allen Sitzungen über eine Stimme, unabhängig von der Wirtschaftskraft. Nur die Stimmen der EU-Staaten werden gebündelt. Aus dieser Perspektive betrachtet scheint die WTO demokratisch, da bei allen Abkommen ein Konsens beschlossen wird, dem alle zustimmen müssen. Können jedoch bei den Verhandlungen alle Staaten ihre Ziele mit entsprechendem Nachdruck durchsetzen? Welchen Einfluss haben die USA oder die EU? Solche Fragen werden häufig gestellt, da die Öffentlichkeit bei den WTO-Schiedsverfahren nicht gehört wird. Dabei können die Beschlüsse nationale Regeln und Bestimmungen außer Kraft setzen, um den Freihandel durchzusetzen. Bleiben in diesen Fällen auch Umwelt- und Sozialstandards oder Menschenrechte auf der Strecke? Deshalb kritisieren viele Bürger das geplante Freihandelsabkommen zwischen der EU und den USA.

M2 WTO rügt China

Die Volksrepublik bricht die internationalen Handelsregeln. So lautet der scharfe Vorwurf der Welthandelsorganisation. [...] In dem Streit zwischen der Welthandelsorganisation WTO und China geht es um den Import von Büchern, Filmen und Musik aus dem Westen. Die Volksrepublik breche internationale Handelsregeln, urteilte ein Vermittlungsgremium der WTO [...]. Zugleich verstoße China gegen die WTO-Aufnahmebedingungen aus dem Jahr 2001, als es zusagte, seine Vertriebssysteme in der Branche innerhalb von drei Jahren zu öffnen. Es ist bereits das dritte Mal, dass die Organisation China maßregelt.

Die WTO verlangt auch, dass China amerikanischen Unternehmen einen Zusammenschluss mit chinesischen Firmen erlaubt, um Musik über das Internet zu vertreiben. Der Konflikt geht auf das Jahr 2007 zurück und umfasst auch Zeitungen sowie CDs, DVDs und Videospiele.

Die USA hatten den Fall vor die WTO gebracht und argumentiert, dass die Handelsbarrieren Piraterie und Raubkopien begünstigten. [...]

Die USA bezeichneten die WTO-Entscheidung als Sieg. Sie sei ein wichtiger Schritt für die Öffnung des chinesischen Marktes für US-Produkte, sagte der US-Handelsbeauftragte Ron Kirk.

[...]

Kirsten Haake: WTO rügt China im Streit um Musik und Filme, Zeit Online 13.08.2009, www.zeit.de/online/2009/34/WTO-china-ruege, Zugriff 26.09.2009

M3 Im Zentrum der Kritik

[...] Zu den kritischen Punkten der WTO-Verhandlungen gehörten die Bestrebungen, die Märkte für Agrar- und Industriegüter zu öffnen. [...] Auf einer Konferenz dieser Organisation am Donnerstag hätten vor allem Vertreter aus Entwicklungsländern ihre Sorgen geäußert: „Für die meisten Entwicklungsländer wäre eine drastische Senkung ihrer Industriezölle eine Katastrophe", so Goh Chien Yen vom Third World Network aus Malaysia. „Statt ökonomischer Entwicklung wären viele Länder von Deindustrialisierung bedroht."

Goh verwies dabei auf Beispiele: „Als die Zölle der Elfenbeinküste 1986 um 40 Prozent gesenkt wurden, brachen die Chemie-, Textil-, Schuh- und Automobilsektoren praktisch zusammen." Was die Industrieländer nun von den Entwicklungsländern forderten, sei, so Goh, in der Geschichte ohne Beispiel: Viele Entwicklungsländer wie Brasilien, Indien, Indonesien, Pakistan, Paraguay sollen ihre Zölle um bis zu 70 Prozent senken. [...]

Auch die Umwelt leide unter niedrigeren Zöllen, der Druck auf die natürlichen Ressourcen wachse. „Es ist absurd, dass in der WTO Wälder wie Autos behandelt werden", kritisiert Hapsoro von Greenpeace South-East-Asia die Verhandlungen [...]. Niedrigere Zölle führten zu niedrigeren Preisen. Und niedrigere Preise erhöhten die Nachfrage, die oft durch Raubbau gedeckt werde. „Die Pläne der WTO zur Liberalisierung des Handels mit Forstprodukten müssen aufgegeben werden", fordert Hapsoro. „Die Auswirkungen auf Mensch und Umwelt wären unverantwortlich."

ngo: Kritik an „illegitimen" WTO-Verhandlungen beim G8-Gipfel, ngo-online e.V.,14.07.2006, www.ngo-online.de/ganze_nachricht.php?Nr=14017, Zugriff 26.09.2009

M4 Protest gegen die WTO in Indonesien

Aktivisten demonstrieren während einer WTO-Tagung.

M5 Klub der Einflussreichen

Die WTO ist durch den Prozess der Handelsliberalisierung zum Hauptpunkt der Globalisierungsdebatte geworden. Kritiker befürchten, dass nur wenige Staaten von den Vorteilen der Liberalisierung und dem dadurch angestoßenen hohen wirtschaftlichen Wachstum profitieren.

Der WTO wird vorgeworfen, sie praktiziere eine interessengeleitete Politik. Die Gegner verweisen hier besonders auf die Agrarmärkte der Industrieländer. Einflussreiche Lobbygruppen arbeiten daran, die heimischen Märkte abzuschotten. Sie sorgen dafür, dass Agrarprodukte subventioniert werden, und halten so die Preise künstlich niedrig. Darüber hinaus werden Gesetze erlassen, die die einheimischen Erzeugnisse denen der Importe aus Drittländern vorziehen. So eine Politik wurde auch von der EU betrieben und führte schließlich zur Überproduktion. Die Agrarprodukte (z.B. Butter, Milch, Zucker) mussten zu hohen Erzeugerpreisen aufgekauft, gelagert und auf dem Weltmarkt mit Verlusten verkauft werden. Damit blieben die Agrarmärkte der Industrieländer für Produkte aus Drittländern verschlossen.

Autorentext

M6 Was ist TTIP?

Bei der transatlantischen Handels- und Investitionspartnerschaft (TTIP) handelt es sich um ein Handelsabkommen, das zurzeit zwischen der Europäischen Union und den Vereinigten Staaten ausgehandelt wird. Ziel ist die Beseitigung von Handelshemmnissen in einem breiten Spektrum von Branchen und damit die Erleichterung des Kaufs und Verkaufs von Waren und Dienstleistungen zwischen der EU und den Vereinigten Staaten.

Die EU und die USA erstreben nicht nur einen branchenweiten Zollabbau, sondern auch die Reduzierung von Hürden, die über Zollgrenzen hinausgehen, wie zum Beispiel unterschiedliche technische Regelwerke, Normen und Zulassungsverfahren. Diese Hürden kosten Unternehmen, die ihre Produkte auf beiden Märkten vertreiben möchten, in vielen Fällen unnötig Zeit und Geld.

Wenn ein Auto beispielsweise in der EU bereits den Sicherheitsnormen entspricht und zugelassen ist, muss es in den USA einem weiteren Zulassungsverfahren unterzogen werden, obwohl die Sicherheitsstandards in beiden Ländern sehr ähnlich sind. Die TTIP Verhandlungen haben außerdem zum Ziel, beide Märkte für Dienstleistungen, Investitionen und öffentliche Vergabeverfahren zu öffnen. Zudem könnten sie auch die weltweit geltenden Handelsregeln gestalten.

M7 Wie kann Europa von der TTIP profitieren?

Die EU und die USA unterhalten bereits die weltweit größte bilateral Handelsbeziehung – täglich werden zwischen der EU und den USA Güter und Dienstleistungen im Wert von € 2 Milliarden gehandelt. Mit jedem beseitigten Handelshemmnis könnten erhebliche wirtschaftliche Gewinne entstehen.

Einem unabhängigen Bericht zufolge könnte ein ambitioniertes Abkommen Unternehmen Ersparnisse in Millionenhöhe bescheren und Hunderttausende neue Arbeitsplätze kreieren. Nach vollständiger Umsetzung dieses Abkommens wird ein jährliches Wirtschaftswachstum von 0,5 % BIP (oder € 120 Milliarden auf Jahresbasis) und damit ein jährliches Zusatzeinkommen von € 545 für den durchschnittlichen EU-Haushalt erwartet.

M8 Wie viel Freihandel ist gut?

[...] die alte Faustregel „Mehr Handel ist immer besser als weniger" stimmt einfach nicht mehr. Sicher, in der Vergangenheit hat der Freihandel viele neue Jobs geschaffen. Doch da wurden vor allem Zölle gesenkt und Subventionen abgeschafft. Wer den grenzüberschreitenden Handel heute noch massiv steigern will, muss sich Neues einfallen lassen, zum Beispiel TTIP. Dieses Abkommen soll die EU und die USA zu einem Wirtschaftsraum verschmelzen, in dem Standards und Schutzregeln angeglichen werden. Das kann durchaus sinnvoll sein. Nur darf so etwas eben nicht geheim verhandelt werden, schließlich betreffen solche Veränderungen jeden Bürger.

Petra Pinzler: Aus Angst vor den Bürgern, Zeit-Online, 01.02.2014, www.zeit.de/2014/05/freihandelsabkommen-europaeische-union-usa, Zugriff 28.03.2014

M9 Reger Handel

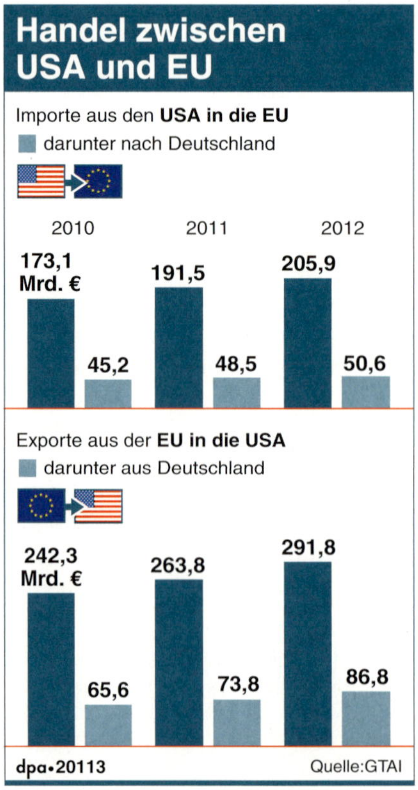

M10 Ministerium sieht Gefahren

Europa und die USA feilschen weiter über das Abkommen, das die weltgrößte Freihandelszone mit 800 Millionen Bürgern schaffen soll. Gerade betonten die Chefunterhändler beider Seiten, sie wollten das ganze unbedingt vorantreiben. Nun aber wird klar, dass es beim größten EU-Mitglied Deutschland mehr Skepsis gibt als bekannt – das geht aus einem internen Vermerk der Bundesregierung hervor [...].

In dem Papier listen Mitarbeiter von Umweltministerin Barbara Hendricks (SPD) auf, was sie bedenklich finden. So „bestehen grundsätzlich Gefahren aus umweltpolitischer Sicht, zum Beispiel die Verwässerung von in der Regel höheren EU-Standards im Umwelt- und Verbraucherschutz". Das betreffe unter anderem die Zulassung diverser Chemikalien, Pflanzenschutzmittel und Nahrungszusätze.

Außerdem denken die Autoren an den Verkauf von Genpflanzen ohne Kennzeichnung, der „in den USA uneingeschränkt möglich ist, in der EU jedoch nicht". [...] Sehr kritisch sieht das Umweltministerium auch den umstrittenen Schutz von Investoren, denen ein Klagerecht vor speziellen Schiedsgerichten eingeräumt werden soll. NGOs befürchten, Konzerne könnten Milliarden erklagen und Umwelt- oder Gesundheitsstandards kippen. [...]

Alexander Hagelüken: Internes Papier zeigt Berlins Skepsis zum Freihandelsabkommen, Sueddeutsche.de, 27.02.2014, www.sueddeutsche.de/wirtschaft/bedenken-gegen-ttip-internes-papier-zeigt-berlins-skepsis-zum-freihandelsabkommen-1.1899697, Zugriff 28.03.2014, gekürzt

M11 Ein Freihandelsbluff?

[...] Eine „Transatlantische Handels- und Investitionspartnerschaft" [...] soll das Wunder vollbringen, eine Art Superfreihandelszone vom Pazifik ostwärts bis zum Schwarzen Meer. Wenn diese erst mal vereinbart sei, so kündete EU-Handelskommissar Karel Gucht, „könnten wir unsere Wirtschaft um 119 Milliarden Euro pro Jahr ankurbeln". Das entspreche „einem jährlichen Zusatzeinkommen von 500 Euro pro Familie", sei also „eine Art Konjunkturpaket, ohne dass dafür Steuergelder aufgebracht werden müssen".

[...] Der transatlantische Handel ist ja nicht gerade unterentwickelt. Schließlich gibt es kaum noch Zölle. Jeden Tag werden Waren und Dienstleistungen im Wert von 1,8 Milliarden Dollar über den Großen Teich hinweg geliefert, das sind 30 Prozent des gesamten Welthandels.

Es könnte jedoch noch viel mehr sein, behauptet die transatlantische Allianz der Wirtschaftslobbyisten [...]. Denn noch immer werden Europa und die USA ärgerlicherweise getrennt regiert. Darum gibt es eine Fülle unterschiedlicher Vorschriften. [...]

All diese „nicht tarifären Handelsbarrieren" wollen die EU-Kommission und die US-Regierung nun wegverhandeln. Fragt sich nur, wie das Jobs schaffen soll. EU-Kommissar Gucht verweist dazu auf eine eigens erstellte Studie internationaler Ökonomen. Doch deren Lektüre gerät zur Enthüllung. Denn selbst im besten Fall erwarten die Autoren nach Abschluss des geplanten Megavertrags eine Steigerung der EU-Wirtschaftsleistung um gerade mal 0,5 Prozent. Das sind jene 119 Milliarden Euro, die der Kommissar verspricht. Dumm nur, das dieser Vorgang mindestens zehn Jahre dauern soll. Das wären also lediglich 0,05 Prozent pro Jahr, ein lächerlicher Wert, den die Statistiker nicht mal sicher messen können.

So steht die Propaganda für das Projekt im umgekehrten Verhältnis zum möglichen Ertrag. Da liegt der Verdacht nahe, dass ganz andere Interessen im Spiel sind. Große Gewinne verheißt etwa die Privatisierung bisher staatlicher Dienstleistungen. Das wollen zwar die Bürger meistens nicht. Aber wenn es erst mal völkerrechtlich bindend vereinbart wäre, käme es auf den Bürgerwillen nicht mehr so an.

Dem gleichen Zweck dient auch die vorgesehene Einrichtung eines „Streitschlichtungsverfahrens" für internationale Unternehmen. Diese müssten sich dann nicht mehr regulären öffentlichen Gerichten stellen. [...] Das „Zusatzeinkommen von 500 Euro" für Europas Familien ist also eine reine PR-Blase. Tatsächlich droht eine weitere Entmachtung unserer demokratisch gewählten Parlamente zugunsten transnationaler Konzerne und der Heerschar ihrer Anwälte. Das gilt es zu verhindern. Parlamentarier aller Länder, bleibt wachsam!

Harald Schumann: Der transatlantische Freihandelsbluff, Der Tagesspiegel, 06.11.2013, www.tagesspiegel.de/meinung/handelszone-zwischen-usa-und-eu-der-transatlantische-freihandelsbluff/9037908.html, Zugriff 28.03.2014

M12 Wer profitiert?

Thomas Meitsch (Schwarwel), 2014

Arbeitsvorschläge

1. Ordnen Sie die Länder aus **M1** zuerst nach Kontinenten. Ermitteln Sie im zweiten Schritt den Betrag, den die EU-Staaten an den Ausfuhren haben.

2. Fassen Sie zusammen, welche Gründe zur Entstehung der WTO führten und welche Aufgaben sie hat (**VT, M2**).

3. Erläutern Sie die Kritik an der WTO (**M3–M5**).

4. Beschreiben Sie, was TTIP bedeutet und nach Aussage der EU bewirken soll (**M6, M7, M9**).

5a Arbeiten Sie in Kleingruppen heraus, welche Auswirkungen das Abkommen TTIP haben kann (**M6–M12**). Stellen Sie Vor- und Nachteile in einer Tabelle gegenüber.

5b Diskutieren Sie anschließend Ihre Ergebnisse im Plenum.

[I] 1, 2, 4 [II] 3, 5a [III] 5b

Stille Verlierer
Wer leidet unter der globalen Wirtschaft?

M1 Markt in Afrika

Schwellenländer → S. 188

Ein Markt in der Stadt Mopti in Mali

Erklärungen

Länder mit einer niedrigen wirtschaftlichen, sozialen und politischen Entwicklung werden als **Entwicklungsländer** bezeichnet. Solche Länder sind meist arm. In den letzten Jahren konnten viele Länder Südamerikas und Asiens den Rückstand zu den Industrienationen verkürzen.

Industrienationen oder Industriestaaten sind technisch hoch entwickelte Staaten, die eine bedeutende eigene industrielle Produktion besitzen.

Kolonie ist ein Gebiet, meist in Übersee, welches von einem Staat abhängig ist und keine eigene wirtschaftliche und politische Macht besitzt. Die Epoche, in der die Eroberung und Unterwerfung der Kolonien stattfand, wird als **Kolonialismus** bezeichnet. Sie endete erst Mitte der 1970er-Jahre. Die ersten europäischen Kolonialmächte waren Portugal, Spanien, Großbritannien und die Niederlande. Später folgten Belgien, Deutschland, Italien und Russland.

VT

Viele Jahrhunderte profitierten die Länder Europas von der Ausbeutung ihrer Kolonien. Die Kolonialherren zerschlugen Wirtschaftszweige in den Kolonien, um Konkurrenz für die heimische Industrie auszuschalten. Sie verhinderten die Entwicklung einer eigenständigen Wirtschaft, indem sie die Ressourcen ausbeuteten, die Bevölkerung unterdrückten und das Land militärisch besetzt hielten. Die Kolonialmächte zogen sich erst im 20. Jahrhundert aus ihren Kolonien zurück.

Die innergesellschaftlichen Verhältnisse verhinderten rasche Fortschritte in den jungen Nationen. Willkürliche Grenzverläufe, innere Machtkämpfe und Bürgerkriege, niedriger technologischer Standard, fehlende medizinische Versorgung sowie organisierte Kriminalität sind nur einige Gründe für die schleppende Entwicklung.

An erster Stelle stehen aber bis heute wirtschaftliche Gründe. Die meisten Länder Afrikas und Südamerikas müssen sich hoch verschulden, um die im Land fehlenden Produkte auf dem Weltmarkt zu beschaffen. Geldmangel verhindert die Entwicklung einer starken Wirtschaft.

Entwicklungsländer exportieren zumeist Rohstoffe, die schlecht bezahlt werden. Grundsätzlich erzielen Rohstoffe wesentlich niedrigere Preise auf dem Weltmarkt als Fertigprodukte. Oft können arme Länder ihre Erzeugnisse auch nicht auf den Märkten der Industrieländer anbieten. Entweder verhindern Zollblockaden die Einfuhr oder Agrarprodukte der EU – wie z. B. Zucker – werden durch Subventionen künstlich verbilligt.

Diese Faktoren machen die Entwicklungsländer zu Verlierern des Weltmarkts. Ist die internationale Staatengemeinschaft in der Lage, diese Unterschiede auszugleichen? Sollten nicht die ehemaligen Kolonialmächte zu mehr Verantwortung gegenüber ihren alten Kolonien bereit sein? Welche Folgen hätte die dauerhafte Spaltung der Welt in Arm und Reich?

M2 Herni und die Welt

Als am 15. September 2008 in New York die Investmentbank Lehman Brothers kollabierte, war das auch eine Entscheidung über die Zukunft von Herni. Die 23-jährige Indonesierin war 2006 aus ihrem Heimatdorf nach Gandasari ausgewandert, einem Industriestädtchen am Rand von Jakarta, wo Tausende von Arbeitern in Schlafsälen leben und für Firmen aus Japan, Korea, Europa und den USA arbeiten. Herni baute dort bis zum Jahresende 2008 Barbiepuppen für die Spielzeugfirma Mattel zusammen. Sie verdiente nicht schlecht und konnte sogar ein wenig Geld in ihr Heimatdorf schicken.

Heute ist Herni arbeitslos. Es ist Weltwirtschaftskrise. Barbiepuppen und andere Industrieprodukte, wie man sie am Rande von Jakarta fertigt, werden weniger nachgefragt. Die junge Frau geht jetzt wohl zurück ins Dorf, wo ihre Mutter einen kleinen Verkaufsstand für Nahrungsmittel betreibt. „Vielleicht kann ich ihr da helfen", hat sie Entwicklungsforschern erzählt, die sie im Februar und dann erneut im April im Auftrag der britischen Regierung befragten.

Wie rasend schnell das gegangen ist! Da bricht in einer Handvoll Wolkenkratzer in Manhattan eine Panik aus – und dreieinhalb Monate später zerplatzt am anderen Ende der Welt der Traum einer jungen Frau, durch Arbeit ihrer Familie zu helfen, den Schulbesuch ihrer Geschwister zu finanzieren und ein wenig Wohlstand zu erreichen.

Dass die ärmsten Menschen früher oder später in großer Zahl betroffen sein würden – davor hatten Entwicklungshilfegruppen schon länger gewarnt. Inzwischen aber zeichnet sich ein klares Bild davon ab, wie schlimm diese Folgen ausfallen und wie rasend schnell sie gekommen sind: Die Krise hat die [...] Milliarde ärmster Menschen erreicht, die in rund 60 besonders armen Staaten leben.

Vielerorts in diesen Ländern ist die Armut so schnell gestiegen, haben sich Ernährungs- und Gesundheitslage so schnell verschlechtert, dass nach Schätzungen der Weltbank 400 000 Kinder zusätzlich ihren fünften Geburtstag nicht mehr erleben könnten. Die Entwicklungshilfeorganisation Oxfam warnt schlicht vor einer „neuen Hungerkrise". [...]

Thomas Fischermann: Turboverarmung, Zeit Online, 29.05.2009, www.zeit.de/2009/23/Entwicklungslaender-Krise, Zugriff 13.10.2009

M3 Verteilungsprobleme

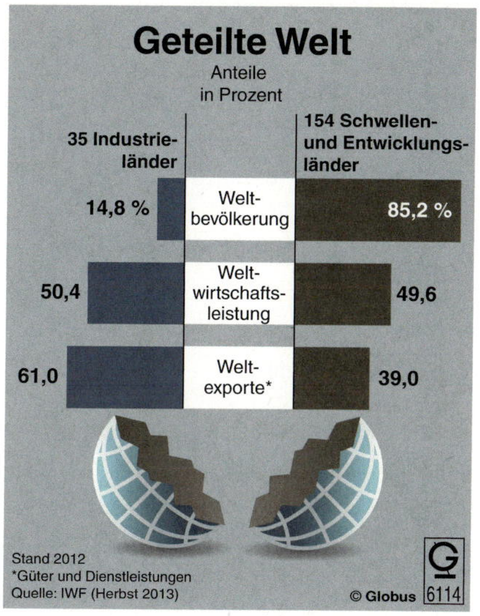

M4 Nord-Süd-Konflikt

Die meisten reichen Industriestaaten liegen auf der nördlichen Halbkugel, die ärmeren Entwicklungsländer Afrikas, Asiens und Lateinamerikas befinden sich überwiegend im südlichen Teil unserer Erde. Mit „Nord-Süd-Konflikt" sind die Probleme gemeint, die sich aus den Unterschieden zwischen den reichen und den armen Staaten ergeben. Man spricht dabei häufig von „Nord-Süd-Gefälle". Dieses Gefälle ist vor allem mit dem Ende des Kolonialismus entstanden: Nach dem Zweiten Weltkrieg haben sich die einstigen Kolonialmächte aus den von ihnen verwalteten und teilweise ausgebeuteten Ländern zurückgezogen. Zurück blieb meist große Armut, denn es gab kaum Industrie, Wirtschaft und Handel. Die Probleme wurden noch vermehrt durch stark wachsende Bevölkerungszahlen (man spricht auch von „Bevölkerungsexplosion"). Hinzu kam, dass die Bodenschätze und andere Naturreichtümer der armen Länder wie Erdöl, Eisenerze oder Kupfer, aber auch das Holz der Regenwälder von internationalen Konzernen gekauft und weiterverarbeitet wurden, ohne dass dafür faire Preise gezahlt wurden. Diese Probleme sind bis heute nicht gelöst. [...]

Gerd Schneider/Christiane Toyka-Seid: Nord-Süd-Konflikt, Lexikon, Bundeszentrale für politische Bildung, www.hanisauland.de/lexikon/n/nord-sued-konflikt.html, Zugriff 13.10.2009

Arbeitsvorschläge

1. Nennen Sie stichwortartig Faktoren, die als Merkmale der Unterentwicklung gelten.

2. Informieren Sie sich über die Lebensbedingungen in einem von Ihnen gewählten Land Afrikas und berichten Sie darüber in der Klasse.

3. Nehmen Sie Stellung zu der Behauptung: „Die Industrienationen sind schuld am Rückstand der Entwicklungsländer."

4. Der Nord-Süd-Dialog soll die Beziehungen zwischen den Industriestaaten und Entwicklungsländern verbessern. Entwerfen Sie eine Liste mit Bedingungen, die als Grundlage für Verhandlungen zwischen den beiden Parteien gelten könnte.

5. Recherchieren Sie Länder, die sich in den letzten Jahren gut entwickelt haben.

[I] 1, 2 [II] 4, 5 [III] 3

Chancen und Risiken armer Länder

Was tun gegen Massenarmut?

Armutsbegriffe
S. 88

Entwicklungsländer
S. 186

Industrienationen
S. 186

M1 Hilfe zur Selbsthilfe

Eine Frauenkooperative in der Region Ouagadougou in Burkina Faso verarbeitet Nüsse des Karite-Baums zu Bio-Karitebutter, die für die Schokoladen- und Kosmetikherstellung genutzt wird.

Erklärungen

Human Rights Watch: Bürgerorganisation, die sich für Menschenrechte einsetzt.

Ohne funktionierende Grundeinrichtungen wie Verkehrs- und Kommunikationsmittel, Schulen, Krankenhäuser, Energieversorgung usw. kann ein Staat nicht funktionieren. Man nennt diese Grundeinrichtungen auch **Infrastruktur**.

Der Missbrauch einer Vertrauensstellung wird allgemein als **Korruption** bezeichnet. Dazu zählen Bestechung oder das Verschaffen persönlicher Vorteile.

Staaten, die zwar noch zu den Entwicklungsländern zählen, aber nicht mehr deren typische Merkmale aufweisen, werden als **Schwellenländer** bezeichnet. Bewertet man dazu die wirtschaftliche Entwicklung, befindet sich das Land auf dem Weg der Industrialisierung. Der landwirtschaftliche Sektor schrumpft und gleichzeitig wird die Industrie ausgebaut.

VT

Die Globalisierung wirkt sich unterschiedlich auf die Entwicklungs- und Schwellenländer aus. Manche Wissenschaftler behaupten, dass ärmere Länder stärker von dem Globalisierungsprozess profitieren als die Länder des Nordens. Besonders die Erleichterungen im internationalen Handel werden in diesem Zusammenhang erwähnt.
Aufgrund der sehr niedrigen Löhne sind in armen Ländern günstige Produktionsbedingungen gegeben. Deshalb würden dort viele Arbeitsplätze entstehen. Andere Wissenschaftler sehen die Zukunft nicht so positiv. Sie befürchten in den Ländern eine noch größere Armut und Abhängigkeit von multinationalen Konzernen.
In den Achtziger- und Neunziger-Jahren des letzten Jahrhunderts gehörten die Entwicklungsländer eindeutig zu den Verlierern der Globalisierung. Das Wirtschaftswachstum fiel dort geringer aus als in den Industriestaaten. Es reichte nicht einmal aus, um die Massenarmut zu verringern. Die Zahl der Menschen, die von einem Dollar am Tag leben müssen, sank zwar weltweit, doch dieses Ergebnis ist nicht besonders aussagekräftig.
Wenn man sich ein genaueres Bild verschaffen will, müssen die verschiedenen Regionen einzeln betrachtet werden. Während die Zahl der Menschen, die von einem Dollar am Tag leben müssen, in den afrikanischen Ländern gestiegen ist, sank sie gleichzeitig in einigen asiatischen Ländern beträchtlich. Dort konnte besonders China einen beeindruckenden Entwicklungserfolg erzielen.
Dennoch bleibt die Armut nach wie vor ein großes Problem der Globalisierung. Wie kann Armut besser bekämpft werden? Welche Maßnahmen müssen ergriffen werden, um den armen Ländern eine positive Entwicklung zu ermöglichen?

M2 Der Fluch des schwarzen Goldes

Heute leben rund zwei Drittel der Nigerianer unter der Armutsgrenze; die Infrastruktur ist zerfallen. Korruption ist allgegenwärtig, immer wieder brechen gewaltsame Konflikte in verschiedenen Landesteilen auf. [...]

Nigeria steht mit diesen Problemen nicht allein. Jahrzehntelanger Bürgerkrieg in Angola, Staatszerfall in der Republik Kongo, Massenverarmung in eigentlich reichen Ländern: Warum leiden ausgerechnet diejenigen Staaten des Kontinents, die über große Vorkommen an natürlichen Ressourcen verfügen, besonders drastisch an Unterentwicklung, Korruption und Gewalt?

Der Grund dafür [...] liegt im Charakter der Öleinnahmen. Lizenzgebühren, Steuern und andere Einnahmen, die Regierungen aus der Förderung von Rohstoffen beziehen, sind im ökonomischen Sinne „Renten": Einnahmen, die ein Staat aus Besitz oder Kontrolle von Gütern erzielt, ohne dass ihm Kosten für deren Bereitstellung entstehen. [...]

Das Vorhandensein von Rohstoffrenten stellt eine Einladung zur wirtschaftspolitischen Verantwortungslosigkeit dar. Statt eine nachhaltige Wirtschafts- und Entwicklungspolitik zu verfolgen, die Preisschwankungen und Begrenztheit der Ressourcen berücksichtigt, investieren Regierungen in unrealistische Großprojekte. Sie bauen langfristig nicht zu unterhaltende Infrastrukturen auf und erweitern die Staatsapparate – und sei es nur zur Ruhigstellung der Bevölkerung. [...]

Weil Regierungen einen bequemen zentralen Zugriff auf Rohstoffrenten besitzen, stärken Öleinnahmen autoritäre Regimes [...]. Öleinnahmen in Afrika, so das Fazit [...] gefährden die Demokratie.

Nigeria belegt seit Jahren Spitzenplätze in der [...] Liste der korruptesten Länder der Welt, und dies trotz der erklärten Antikorruptionspolitik der Zivilregierung. [...] Es fällt schwer, den korrupten kleinen Beamten zu kritisieren, wenn hohe Beamte und Politiker Millionenbeträge stehlen und allenfalls in Ausnahmefällen dafür bestraft werden. [...]

Das vielleicht drastischste Beispiel für Intransparenz und private Aneignung von Ölrenten findet sich in Angola. Wie aus einem jüngst publizierten, teilweise auf unveröffentlichten Daten des Internationalen Währungsfonds (IWF) beruhenden Bericht von Human Rights Watch hervorgeht, kann die angolanische Regierung für die Jahre 1997 bis 2002 für durchschnittlich 700 Millionen US-Dollar jährlich keine Rechenschaft ablegen. Die Mittel „verschwanden" auf dem Weg zwischen Ölfirmen und Zentralbank, trotz der seit Mitte der 90er laufenden Überwachungsprogramme des IWF. Der Fehlbetrag macht über neun Prozent des angolanischen Nationaleinkommens aus und entspricht etwa der Höhe aller Sozial-, Gesundheits- und Bildungsausgaben, die Regierung und Nichtregierungsorganisationen in Angola im selben Zeitraum aufwandten.

Axel Harneit-Sievers: Der Fluch des schwarzen Goldes, Das Parlament, Nr. 10, 01.03.2004, www.das-parlament.de/2004/10/Thema/013.html, Zugriff 13.10.2009

M3 Bildung als Ausweg aus der Armut

Klasse der Makhutshitsa High School in Naboomspruit, Südafrika

Arbeitsvorschläge

1. Beschreiben Sie den Unterschied zwischen einem Schwellenland und einem Entwicklungsland. Nennen Sie ebenfalls Beispiele für solche Länder.

2. Welche Chancen haben Schwellen- bzw. Entwicklungsländer im Globalisierungsprozess (**VT**)?

3. Analysieren Sie die Faktoren, die die Entwicklung Nigerias hemmen (**M 2**).

4. Beurteilen Sie die Entwicklungschancen, welche die Schulbildung und Initiativen zur Selbsthilfe bieten (**M 1**, **M 3**).

5. Recherchieren Sie die ärmsten Länder der Welt und stellen Sie diese in der Klasse vor.

[I] 1, 2 [II] 3, 5 [III] 4

Vertiefung

Fluchtpunkt Europa

Warum suchen viele Menschen ihr Glück in der EU?

Schengener Abkommen
S. 160, S. 193

M1 Auf dem Weg in eine bessere Zukunft?

Flüchtlinge auf dem Mittelmeer

Erklärungen

Die **Drittstaatenregelung** – auch Dublin II genannt – betrifft das **Recht auf Asyl in Europa**. So können gemäß dieser Regelung Personen, die in ihrer Heimat politisch verfolgt wurden, aber über einen für sie sicheren Staat („Drittstaat") einreisen, ihr Recht auf Asyl wegen politischer Verfolgung nicht geltend machen. Sie werden in das sichere Land zurückgewiesen, um dort ihr Asylverfahren zu durchlaufen. Die Staaten des Schengener Abkommens gelten als sichere Drittstatten. Durch diese Regelung ist zum Beispiel Deutschland nur indirekt von den Flüchtlingsbewegungen aus Afrika oder Asien betroffen, weil Griechenland, Italien oder Spanien die „sicheren Staaten" sind, die viele Flüchtlinge zuerst erreichen. Die EU-Kommission strebt eine europaweit einheitliche Neuregelung an. Menschenrechtsvereinigungen fordern eine Veränderung der Regelungen, etwa durch einen Verteilungsschlüssel für Flüchtlinge innerhalb der EU.

Exklave ist ein von einem fremden Staat eingeschlossener Teil eines eigenen Staatsgebietes.

Frontex (Frontières extérieures; Außengrenzen) heißt die EU-Agentur, die die Grenzkontrollen an den EU-Außengrenzen koordinieren soll.

VT

Lampedusa ist die südlichste Insel Italiens. Sie ist nur 20 Quadratkilometer groß und hat etwa 4500 Einwohner. Sie liegt nur 120 Kilometer von Tunesien entfernt, dicht vor der Küste Afrikas im Mittelmeer. Durch das Schengener Abkommen, das die Freizügigkeit innerhalb der EU-Staaten regelt, ist Lampedusa zu einem weit vorgeschobenen Posten der EU geworden.
Im Schengener Abkommen wurde festgelegt, wie mit Asylanträgen zu verfahren sei. Die beschlossene Drittstaatenregelung besagt, dass Asylanträge nur in dem Land gestellt werden können, in dem ein Asylbewerber die EU-Grenzen das erste Mal überschreitet. Dort werden sie auch bearbeitet. Seither hat sich die Situation besonders in Spanien, Italien und Griechenland dramatisch entwickelt: Etwa 62 000 Bootsflüchtlinge kamen 2011 allein nach Italien, davon landeten etwa 52 000 auf Lampedusa. Nach Ende des Bürgerkriegs in Libyen ging die Zahl der Flüchtlinge etwas zurück. Das Auffanglager in Lampedusa war auf 700 Asylbewerber ausgelegt und ist nun ständig überbelegt. Als „Gefängnisinsel" gerät Lampedusa in die Schlagzeilen, weil die italienischen Behörden bestrebt sind, alle gestrandeten Flüchtlinge festzusetzen. Sie wollen verhindern, dass die Flüchtlinge sich als illegale Einwanderer in der EU mit Schwarzarbeit durchschlagen.
An vielen Orten der südöstlichen und südlichen Außengrenze Europas, wie z. B. in Griechenland, sieht es nicht viel anders aus: Europa schottet sich gegen Flüchtlinge ab. Es hat eigens eine Organisation (Frontex) gegründet, die verhindern soll, dass Flüchtlinge die Grenzen Europas illegal überschreiten. Der Europäische Gerichtshof für Menschenrechte hat im Januar 2011 in einem Grundsatzurteil die EU-Asylpolitik scharf gerügt. Die Richter in Straßburg warfen den EU-Staaten Griechenland und Belgien einen Verstoß gegen das Verbot unmenschlicher Behandlung vor.

M2 Hunderte Flüchtlinge ertrunken

Beim Untergang mehrerer Flüchtlingsboote vor der libyschen Küste sind offenbar mehr als 300 Menschen ertrunken. In der Nähe von drei Wracks habe die Küstenwache mindesten 23 Leichen geborgen, berichtete die libysche Zeitung „Oea". Die Flüchtlinge seien von Sidi Belal nahe der Hauptstadt Tripolis vermutlich mit dem Ziel Italien losgefahren. Ein viertes Boot mit mehr als 350 Menschen an Bord sei in der Nähe des vor der Küste gelegenen Ölfelds Buri in Seenot geraten. Die Küstenwache habe das Schiff aber in den Hafen von Tripolis schleppen und alle Passagiere retten können.

Nach Angaben libyscher Behördenvertreter hatte allein eines der gesunkenen Boote 365 Menschen an Bord, obwohl es nur für 75 ausgelegt war. Ein Tunesier berichtete demnach, 13 seiner Landsleute seien ertrunken. Auch nach zweitägiger Suche seien keine weiteren Überlebenden oder Leichen gefunden worden, hieß es. Unter den Vermissten seien Flüchtlinge aus Somalia, Nigeria, Eritrea, dem Maghreb, Syrien und den Palästinensergebieten.

Die Internationale Organisation für Migration (IOM) in Genf bestätigte, mehr als 300 Menschen würden vermisst. Weil die Boote bereits zu weit auf See gewesen seien, hätten die Flüchtlinge keine Chance gehabt, an Land zu schwimmen, sagte ein IOM-Sprecher. An Bord habe es keinerlei Rettungsgeräte gegeben. [...]

Nach IOM-Angaben ist seit Sonntagabend von Libyen aus eine große Zahl von Flüchtlingen in See gestochen. Einige davon hätten Italien erreicht, einige seien abgefangen und zurück nach Libyen gebracht worden und einige wohl ertrunken, sagte eine IOM-Sprecherin. „Wir werden niemals genau erfahren, wie viele Menschen mit diesen Booten unterwegs waren, weil nie alle Leichen gefunden werden."

Der Organisation zufolge leben in Libyen eine bis anderthalb Millionen illegale Flüchtlinge vor allem aus Westafrika und den Ländern am Horn von Afrika wie Somalia und Äthiopien. Eine unbekannte Anzahl davon versuche, nach Europa zu gelangen.

Thomson Reuters: Flüchtlingsboote sinken vor Libyen – 300 Tote befürchtet, 31.03.2009, http://de.reuters.com/article/topNews/idDEBEE52U0AI20090331, Zugriff 03.11.2009

M3 Die Schengener Außengrenze Europas

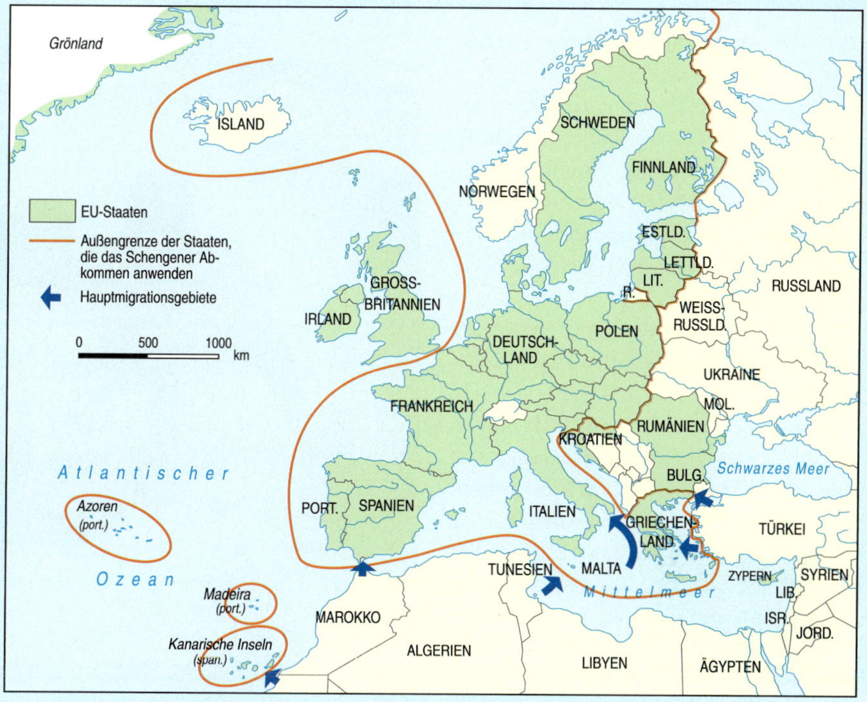

M4 Ursachen von Migration

Die sozialwissenschaftliche Migrationsforschung unterscheidet fünf allgemeine Ursachenbündel, die einer Migrationsbewegung als sogenannte Schubfaktoren (Push-Faktoren) zugrunde liegen können. Bei diesen Faktoren handelt es sich um:

- Krieg, politische Tyrannei und gewaltsame innerstaatliche Konflikte,
- Armut, wirtschaftliche Not und ungleiche Einkommensverhältnisse,
- relative Überbevölkerung und Erwerbslosigkeit,
- Umweltzerstörung und Naturkatastrophen und schließlich
- die Erosion traditioneller Weltanschauungen und Lebensstile.

Eine bedeutende Ursache von Flucht und Migration ist damit eine zunehmende Entwurzelung der Menschen in vielen Regionen der Welt. Auch und gerade für Afrika gilt, dass die wachsende wirtschaftliche, politische, ökologische und kulturell-geistige Unwirtlichkeit ganzer Landstriche die Entwurzelung der dort geborenen Menschen forciert und ihren Wunsch nach Auswanderung in andere, meist urbane Lebensräume fördert.

Ursache für Migration sind jedoch nicht nur Push-Faktoren, sondern auch Pull-Faktoren.

Zu diesen zählen:

- politische und wirtschaftliche Stabilität im Vergleich zu den Herkunftsländern,
- eine Nachfrage in den Industrieländern nach Arbeitskräften,
- höhere Verdienstmöglichkeiten und
- der Zugang zu besseren Bildungs- oder Forschungsmöglichkeiten.

Eefje Diana Schmid: Migration in und aus Afrika, Bundesministerium für wirtschaftliche Zusammenarbeit und Entwicklung, Berlin 2004, S. 7

M5 Endstation Sehnsucht

[...] Wer keinen Asylantrag stellt, findet sich oft mit einem Ausreisebefehl allein in Italien wieder. Viele tauchen ab. Sie suchen sich einen der illegal angebotenen Jobs in der Landwirtschaft, der Industrie oder als Haushaltshilfe und hoffen auf eine der Amnestien, mit denen die Regierungen in Rom alle paar Jahre Hunderttausende Menschen „legalisiert".

Ahmed – er heißt in Wirklichkeit anders – ist einer derer, die es geschafft haben. Er stammt aus Bangladesch. Von da aus schlug er sich nach Libyen durch. Dort schuftete er zwei Jahre, um das Geld für die Überfahrt auf einem der Seelenverkäufer zu verdienen. Von Lampedusa aus wurde er in ein Lager im kalabrischen Crotone gebracht, aus dem er entweichen konnte. Heute lebt er als Gehilfe eines italienischen Elektrikers in Rom. Die Aussicht auf ähnliche Schicksale wird 2009 wieder Zehntausende Asiaten und Afrikaner zu der lebensgefährlichen Reise verleiten. Lampedusa ist für sie ein Symbolort der Hoffnung, einem trostlosen Leben in der Dritten Welt zu entrinnen. Lampedusa ist aber zugleich der Platz, an dem sich die Ängste vieler Europäer festmachen, ihr Kontinent werde von Einwanderern „überflutet". [...]

Stefan Ulrich: Endstation Sehnsucht, Sueddeutsche.de, 02.01.2009, www.sueddeutsche.de/panorama/431/453126/text/, Zugriff 27.07.2012

Auf Lampedusa: Ein Helfer vom Roten Kreuz versorgt ein kleines Kind.

M6 Welche Chancen haben Jugendliche?

Eine extrem hohe Arbeitslosigkeit – das ist die Realität für Jugendliche z. B. im afrikanischen Staat Mali.

M7 Gestrandet am Tor zu Europa

[...] Bisher standen für Heranwachsende die Chancen in Spanien nicht schlecht, illegal am Bau oder in der Landwirtschaft beschäftigt zu werden, kamen Firmen billige Arbeiter ohne Rechte gerade recht. Auch kam es vor, dass sie nach mehreren Jahren schließlich eine Aufenthaltsgenehmigung erhielten, sodass ein Familiennachzug möglich wurde.

„Der Wind dreht sich aber", sagt Serifi Villar. Die Arbeitslosenquote in Spanien ist stark gestiegen. [...] Der Familiennachzug soll reduziert werden. Mit finanziellen Anreizen will Madrid Migranten außerdem dazu bringen, wieder zurück in ihre Herkunftsländer zu gehen. [...] Doch ungeachtet dessen ruhen die Hoffnungen vieler Afrikaner auf Europa. Schätzen sie die Aussichten im eigenen Land doch als ein Vielfaches trüber ein. Allein in Marokko, das im Gegensatz zu vielen Ländern südlich der Sahelzone in den vergangenen Jahren ein ansehnliches Wirtschaftswachstum verbuchen konnte, leben – vor allem auf dem Lande – noch rund 40 Prozent der Menschen unter der Armutsgrenze. Statt Schule und Ausbildung zu beenden, sorgen Jugendliche bereits im Alter von 13 und 14 Jahren für den Familienunterhalt. „Eine Familie ist gerettet, wenn es ein Mitglied nach Europa geschafft hat", sagt Serifi Villar.

Um die weite Reise, die die Minderjährigen häufig mithilfe krimineller Banden auf sich nehmen, zu finanzieren, legen nicht nur die Angehörigen zusammen. Es kommt auch vor, dass sich Nachbarfamilien beteiligen, in der Hoffnung, dass der Auserwählte eines Tages ihr Überleben mit absichert. [...]

Wie viele es tatsächlich schaffen, ist unbekannt – ebenso, wie viele dabei ums Leben kommen. Doch sind Fälle bekannt, in denen Kinder beispielsweise in Lastwagen mit Fischcontainern schlüpften und nach Start der Kühlung erfroren. Dokumentiert ist auch die Zahl der Flüchtlinge, die beim Versuch starben, mit dem Boot von Afrika nach Europa überzusetzen. [...]

Sandra Tjong: Gestrandet am Tor zu Europa, Focus Online, 27.06.2008, www.focus.de/politik/ausland/tid-10799/illegale-migration-gestrandet-am-tor-zu-europa_aid_312074.html, Zugriff 27.07.2012

M8 Angst vor Flüchtlingen

Ein Debattenbeitrag, mehr soll der Brief von Bundesinnenminister Hans-Peter Friedrich und seinem französischen Amtskollegen Claude Guéant an die dänische EU-Ratspräsidentschaft nicht sein – so sieht es jedenfalls die EU-Kommission. Das Schreiben, in dem die beiden Minister die Möglichkeit von vorübergehenden Grenzkontrollen innerhalb des Schengen-Raums fordern, werde auf der Ratssitzung im Juni diskutiert, sagte ein Sprecher von Innenkommissarin Cecilia Malmström am Freitag. Die Kommission verfolge jedoch weiter das Ziel, den freien Personenverkehr ohne Grenzkontrollen aufrechtzuerhalten.

Dennoch hat der Brief für Verärgerung gesorgt, etwa in der schwarz-gelben Bundesregierung. „Wer die Axt an die Freizügigkeit legt, versündigt sich an der europäischen Einigung", sagte FDP-Vorstandsmitglied Michael Theurer Spiegel-Online. Besonders an den südlichen und östlichen Außengrenzen des Schengen-Raums sei die Aufgabe „zunehmend schwieriger geworden", „illegale Migration zu bekämpfen und die Grenzsicherung der Gefährdungslage anzupassen", heißt es in dem Brief von Friedrich und Guéant an die dänische EU-Ratspräsidentschaft.

Der Vorstoß von Deutschland und Frankreich zur Aufweichung des Schengener Abkommens hat Signalwirkung: Schließlich geht das Abkommen, dem sich inzwischen 26 Staaten angeschlossen haben, auf Frankreich, Deutschland und die Benelux-Länder zurück. Sie hatten 1985 den schrittweisen Abbau der Kontrollen an den gemeinsamen Grenzen vereinbart.

In den vergangenen Wochen hatten sich Paris und Berlin mehrfach dafür ausgesprochen, dass die Schengen-Länder zeitweise wieder Grenzkontrollen einführen dürfen, wenn ein Land des Schengen-Raums seine Pflichten nicht erfüllt. Es ist wohl kein Zufall, dass die Regierungen in Frankreich und Deutschland Änderungsbedarf sehen: Die beiden Länder gehören in der EU zusammen mit Belgien, Großbritannien, Österreich, Schweden und den Niederlanden zu den beliebtesten Zielländern für Flüchtlinge. Derzeit hat vor allem Griechenland Schwierigkeiten, seine Grenze zur Türkei gegen illegale Einwanderung abzuschotten. Jährlich kämen 150 000 illegale Einwanderer nach Griechenland, hatte Innenminister Michalis Chrisochoidis zuletzt gesagt. Manche wollten bleiben, andere in andere Länder der EU weiterreisen. Die Grenze zwischen Griechenland und der Türkei sei „offen wie ein Scheunentor", hatte Österreichs Innenministerin Johanna Mikl-Leitner in Brüssel moniert. [...]

Vielen EU-Ländern geht offenbar die Geduld aus, sie wollen stärkere Bemühungen im Kampf gegen die illegale Migration. Leidtragende waren bereits in der Vergangenheit die Flüchtlinge: So hatte etwa zuletzt der Europäische Menschengerichtshof für Menschenrechte den Umgang der EU mit Flüchtlingen scharf kritisiert. Ende Februar verurteilten die Richter Italien wegen der Abschiebung afrikanischer Flüchtlinge nach Libyen. Sie waren 2009 auf hoher See von der italienischen Küstenwache aufgesammelt und nach Libyen zurückgebracht worden.

Der Gerichtshof urteilte nach der Klage der Flüchtlinge aus Eritrea und Somalia, dass Italien diese Menschen mit der Rückführungsaktion der Gefahr unmenschlicher Behandlung in Libyen ausgesetzt habe. Italien hätte wissen müssen, dass Flüchtlinge in dem nordafrikanischen Land damals unmenschlich behandelt wurden und dass Berichte über Fälle von Folter kursierten. Die Regierung in Rom muss den 22 überlebenden Flüchtlingen insgesamt 330 000 Euro Entschädigung zahlen.

Die Menschenrechtsorganisation Amnesty International hält den jüngsten Vorstoß von Innenminister Friedrich für kontraproduktiv: „Italien und Griechenland brauchen nach den Umwälzungen des Arabischen Frühlings und während der Krise in Syrien keinen Druck, sondern endlich Solidarität der anderen Mitgliedstaaten im Umgang mit Flüchtlingen", sagte Franziska Vilmar, Fachreferentin Asylpolitik und Asylrecht, Spiegel-Online. Friedrich setze „völlig falsche Prioritäten". Nötig sei eine Reform der einschlägigen Asyl-Richtlinien zur Stärkung des Flüchtlingsschutzes, „nicht die Wiedereinführung von Passkontrollen".

hen/dpa/AFP: Angst vor dem nächsten Ansturm, Spiegel-Online, 20.04.2012, www.spiegel.de/politik/ausland/forderung-nach-schengen-grenzkontrollen-stoesst-auf-kritik-a-828820.html, Zugriff 28.07.2012

M9 Traumjob Erntehelfer?

Viele Migranten finden Arbeit – legal oder illegal – als Helfer in der Landwirtschaft.

M10 Willkommen in Europa

Die EU-Staaten tun alles, um Flüchtlinge abzuschrecken: Man lässt sie ertrinken, schiebt sie ab oder pfercht sie in dreckige Lager. [...] Mittelmeer zwischen italienischer und libyscher Küste, Ende Juli: Das jährliche Drama läuft. Mit den sommerlichen Temperaturen steigt die Zahl der Flüchtlinge und Migranten, die versuchen, über See statt über Land nach Europa zu kommen. Wie jedes Jahr haben sich alle Beteiligten auf ihre Weise vorbereitet: Nationale Küstenwachen und die europäische Grenzschutzagentur Frontex verschärfen ihre Patrouillen, Schleuser pferchen Flüchtlinge in immer kleinere Nussschalen, um den Patrouillen zu entgehen. Fischer markieren gesunkene Boote mit Leuchtbojen, weil sich immer öfter Leichen in ihren Netzen verfangen. [...]

Brüssel, im Juli: Die schwedische Regierung hat inzwischen die EU-Ratspräsidentschaft übernommen. In ihrer Amtszeit soll das „Stockholmer Programm“ zur gemeinsamen Asyl- und Flüchtlingspolitik der EU für die nächsten fünf Jahre verabschiedet werden.

Aber die EU-Mitglieder können sich auf keine einheitliche Flüchtlingsdefinition einigen. Irakische Christen erhalten in Schweden problemlos Asyl, in Griechenland werden sie fast durchweg abgelehnt. Tschetschenen haben leidlich gute Chancen auf Flüchtlingsschutz in Österreich, wenige Kilometer weiter in der Slowakei ist die Anerkennungsquote gleich null. Asylrecht und Migrationskontrolle sind Bastionen der nationalen Souveränität geblieben. Die EU ist machtlos.

Das grundsätzliche Problem aber ist: Seit unter dem Banner des „Kampfes gegen illegale Migration“ Einreiseregelungen verschärft worden sind, haben Flüchtlinge aus Diktaturen und Kriegsgebieten kaum mehr eine Chance, nach Europa zu kommen, jedenfalls nicht legal. [...] „Verordnung (EG) Nr. 343/2003“ oder kurz „Dublin II“ heißt das Abkommen, wonach jeder Flüchtling in dem Land seinen Asylantrag stellen muss, in dem er zuerst EU-Boden betreten hat. Das Gros der Migranten und Flüchtlinge kommt in den Grenzstaaten an, auf Malta und Zypern, in Italien, Spanien, Griechenland. Geografische Kernländer wie Deutschland sind abgeschottet. [...]

Entsprechend brachial gebärden sich die südlichen EU-Staaten – nicht gegen ihre Nachbarn im Norden, sondern gegen die Flüchtlinge. Athen, Mitte Juli: In Athen und anderen griechischen Städten beginnt „Operation Besen“. Die Polizei nimmt bei Razzien Tausende von Flüchtlingen und Migranten ohne Papiere fest und transportiert sie in die griechischen Provinzen ab. [...]

Flüchtlinge dürfen ab sofort statt bis zu drei bis zu sechs Monate in Lagern interniert werden. In den wenigsten Polizeidirektionen gibt es Übersetzer und geschulte Beamte, die Asylanträge entgegennehmen können. Der UNHCR-Vertreter in Athen kündigt daraufhin die Zusammenarbeit mit der griechischen Regierung auf. Bereits im vergangenen Jahr hatte der Europarat die Bedingungen in einem der größten griechischen Internierungslager als „verabscheuungswürdig“ und als „Gesundheitsrisiko für Betreuer wie für Internierte“ bezeichnet. [.,.]

Bereits im Mai hatte die italienische Küstenwache mehrere Hundert Flüchtlinge auf offener See abgefangen und unter Zwang nach Libyen zurückeskortiert, ohne deren Anspruch auf Schutz zu überprüfen. Abschiebung oder „Rückführung“ in ein Land, in dem Flüchtlingen Gefahr für Leib und Leben drohen, verstößt gegen das Kernprinzip der Genfer Flüchtlingskonvention (GFK). Libyen hat die GFK nie unterzeichnet, es gilt als Folterstaat, Misshandlungen von Flüchtlingen sind dokumentiert, ebenso deren menschenunwürdige Inhaftierung und die „Rückbringung“ in Herkunftsländer: Die Betroffenen werden in Frachtcontainern ohne Wasser und Nahrung 1 500 Kilometer durch die Wüste gekarrt und an der sudanesischen Grenze oftmals an Schleuser „zurückverkauft“. [...] Flüchtlinge auf hoher See unter dem Generalverdacht des „illegalen Migrantentums“ abzufangen und in afrikanische Länder „umzuleiten“ – diese Praxis gehört längst zur Strategie der EU-Grenzschutzorganisation Frontex, auch wenn diese offiziell immer nur als Begleitung einer nationalen Küstenwache agiert. Die Beteiligung deutscher Hubschrauber bei solchen Einsätzen bezeichnet die

M11 Vor Ort in Nordafrika

Heiko Sakurai, 2013

Völkerrechtlerin Monika Lüke, Generalsekretärin der deutschen Sektion von Amnesty International, als „Beihilfe zum Völkerrechtsbruch".
Insofern stimmt auch das Bild von der europäischen Festung nicht mehr, die ihre Brücken hochgezogen hat. Die EU agiert viel mehr wie eine Militär- und Polizeimacht, die ihren Grenzschutz in Out-of-area-Einsätzen längst weit nach Afrika hinein und auf die offene See hinaus verlegt. [...]

Andrea Böhm: Willkommen in Europa, Zeit Online, 29.09.2009, www.zeit.de/2009/40/Fluechtlinge, Zugriff 27.07.2012

M12 Europa versagt in der Flüchtlingsfrage

Die Autorin Cecilia Malmström ist EU-Kommissarin für Innenpolitik.

Im vergangenen Jahr wurde die Solidarität Europas mit den Menschen in Not auf den Prüfstand gestellt. Europa hat die Prüfung nicht bestanden. Nun müssen alle EU-Mitgliedstaaten dafür sorgen, dass 2012 für Asylbewerber ein besseres Jahr wird.
Zwei Ereignisse in den letzten zwölf Monaten hatten tief greifende Folgen. Erstens die Wirtschaftskrise, die Zweifel an der Fähigkeit Europas nährte, gemeinsame Lösungen zu finden. Zweitens der Arabische Frühling. In Tunis, Kairo und anderen Städten erhob sich das Volk, um für Freiheit, Demokratie und Menschenrechte zu kämpfen. [...]
Aufgrund der Wirtschaftskrise war die Europäische Union im Wesentlichen mit sich selbst beschäftigt. Die Unruhen in Nordafrika haben viele Menschen gezwungen, ihre Heimat zu verlassen. [...] Im ersten Halbjahr 2011 wurden mehr als 75 Prozent aller Asylanträge in nur sechs EU-Mitgliedstaaten gestellt. Das heißt: Eine erkleckliche Zahl europäischer Staaten kann und muss mehr tun. Von den mehr als 700 000 Menschen, die vor der Gewalt in Libyen fliehen mussten, gelangten viele in Flüchtlingslager in den Nachbarländern. Von den 8 000 Menschen, die von der EU als besonders hilfsbedürftig bezeichnet wurden, nahmen die EU-Mitgliedstaaten nur 400 auf. Norwegen, das nicht zur EU gehört, hat nahezu die gleiche Zahl alleine aufgenommen.
In der Zwischenzeit flüchteten mehr als 50 000 Migranten auf schrottreifen Schiffen über das Mittelmeer nach Europa. Die Zahl der Ertrunkenen hat 2011 ein Rekordhoch erreicht. Mehr als 1 500 Menschen starben, wie das Flüchtlingshilfswerk der Vereinten Nationen in dieser Woche mitteilte. Viele, die es schafften, gelangten auf die italienische Insel Lampedusa und nach Malta. Bei einer Konferenz im letzten Frühjahr hatten die europäischen Länder die Möglichkeit, ihre Solidarität zu zeigen. Das Ergebnis? Nur 300 Flüchtlinge wurden von Malta in andere Mitgliedstaaten umgesiedelt. Im vergangenen Monat fand in Genf eine Ministerkonferenz zu Flüchtlingsfragen statt – das größte Treffen dieser Art. [...] Doch die EU erschien quasi mit leeren Händen, da sich die Mitgliedstaaten nicht auf eine gemeinsame Zusage einigen konnten.
Ein grundlegendes Problem ist die politische Stimmung in vielen EU-Ländern. Seit dem Zweiten Weltkrieg hat es nicht mehr so viele populistische und fremdenfeindliche Parteien in den europäischen Parlamenten gegeben. Diese Parteien nutzen die Krise und versuchen, die Schuld für die eigene Misswirtschaft auf die Einwanderer abzuwälzen.
Wir brauchen auf europäischer und nationaler Ebene Führungsstärke, wenn wir verhindern wollen, dass der Populismus die Tagesordnung beherrscht. Entgegen den fremdenfeindlichen Behauptungen ist die Zahl der Asylbewerber in Europa heute wesentlich niedriger als vor zehn Jahren. Und Europa verfügt keinesfalls über eine außergewöhnlich großzügige Asylpolitik. Allein in Kenia gibt es wesentlich mehr Flüchtlinge als in den 27 EU-Ländern.
[...] Ich bin überzeugt davon, dass wir unsere wirtschaftlichen Probleme lösen und gleichzeitig unsere Ideale der Offenheit, Toleranz und Solidarität bewahren können. In diesem Jahr muss Europa dafür sorgen, dass das gemeinsame Asylsystem endlich Wirklichkeit wird.

Cecilia Malmström: Europa versagt in der Flüchtlingsfrage, Der Tagesspiegel, 02.02.2012, www.tagesspiegel.de/meinung/gastbeitrag-europa-versagt-in-der-fluechtlingsfrage/6139116.html, Zugriff 30.12.2012, gekürzt

M13 Auf der italienischen Insel Lampedusa

Der UNHCR kritisiert die Bedingungen, denen die Flüchtlinge auf der Insel Lampedusa ausgesetzt sind.

M14 „Wenn sie in Seenot sind, musst du sie aufsammeln“

Seemannsschule Schleswig-Holstein, Travemünde, Anfang September: [...] 55 Azubis aus deutschen Reedereien lernen hier Schiffsmechanik, manche wollen später ihr Kapitänspatent erwerben. Stefan Schmidt, 67, ist Honorardozent für Schiffssicherheit. Vor fünf Jahren hatte der Schiffskapitän zusammen mit Elias Bierdel, dem damaligen Chef der Hilfsorganisation Cap Anamur, 37 afrikanische Flüchtlinge aus dem Mittelmeer gerettet. Seitdem läuft gegen beide im sizilianischen Agrigent ein Verfahren wegen „Beihilfe zur illegalen Einreise in einem besonders schweren Fall“. Der Staatsanwalt hat ein Strafmaß von vier Jahren Haft und je 400 000 Euro Strafgeld gefordert. Schmidts Schüler sind verunsichert. Hilfe für Menschen in Seenot ist eigentlich ein ehernes Gebot für Schiffsbesatzungen. Die Schüler gehen Szenarien durch. Was tun, wenn sie ein Flüchtlingsboot auf hoher See sichten? „Die Leute nicht an Bord holen“, sagt eine Auszubildende. „Aber die Behörden an Land informieren und warten, bis Hilfe kommt.“ – „Wenn sie in Seenot sind, musst du sie aufsammeln“, sagt ein anderer. „Alles andere ist unterlassene Hilfeleistung.“

Andrea Böhm: Willkommen in Europa, Zeit Online, 29.09.2009, www.zeit.de/2009/40/Fluechtlinge, Zugriff 27.07.2012

M16 Gefangen in Griechenland

Illegale Immigranten, eingepfercht in einem griechischen Lager in der Region Evros an der griechisch-türkischen Grenze. Der Europäische Gerichtshof für Menschenrechte hat in einem Grundsatzurteil diese EU-Asylpolitik scharf gerügt. Die Richter in Straßburg werfen Griechenland einen Verstoß gegen das Verbot unmenschlicher Behandlung vor.

M15 Grenzzaun geplant

Nach zahlreichen negativen Kommentaren und Reaktionen rudert Griechenland beim Bau eines Grenzzauns gegen die illegale Migration zur Türkei zurück. Wie am Montag aus dem Ministerium für Bürgerschutz verlautete, plant Athen vorerst nur einen 12,5 Kilometer langen und 3 Meter hohen Zaun entlang der „Schwachstelle“ des Grenzflusses Evros bei der Kleinstadt Orestiada.

Am Samstag hatte der griechische Bürgerschutzminister Christos Papoutsis für Aufsehen gesorgt, als er den Bau eines Zauns entlang der gesamten 206 Kilometer langen Grenze zur Türkei ankündigte, um den endlosen Strom illegaler Migranten zu stoppen. Als Vorbild nannte er den Grenzzaun zwischen den USA und Mexiko. [...]

Vor zwei Monaten hatte Griechenland unter dem Druck der Migrationswelle die Hilfe der EU-Grenzagentur Frontex angefordert. Seit November arbeiten dort zusammen mit den Griechen 200 Beamte der Frontex. 2010 kamen nach Angaben des Ministers „täglich rund 200 Flüchtlinge“ aus der Türkei. Die EU-Kommission hält die Lage am Evros für alarmierend: Mehr als 80 Prozent der illegalen Einwanderer in die EU reisen inzwischen über Griechenland ein. Das Land ist nach Brüsseler Einschätzung mit dem Ansturm hoffnungslos überfordert. [...]

dpa: Griechenland rudert zurück, Frankfurter Rundschau Online, 03.01.2011, www.fr-online.de/politik/griechenland-rudert-zurueck/-/1472596/5057874/-/index.html, Zugriff 27.07.2012

M17 Zur Situation von Flüchtlingen

[...] Statt menschenwürdige Aufnahme und faire Asylverfahren erwarten die Flüchtlinge in Griechenland – sofern sie die Überquerung des Evros-Flusses überleben – Haft und Elend: Über 55 000 Flüchtlinge und Migranten wurden 2011 in griechischen Haftlagern in der Evros-Grenzregion an der türkisch-griechischen Grenze inhaftiert. [...] Griechenland reagiert derzeit auf den politischen Druck aus Deutschland, Österreich, Frankreich und anderen EU-Staaten, in dem es plant, die Inhaftierung von Flüchtlingen zu intensivieren. Die Pläne sehen vor, neue Haftzentren bauen zu lassen und Flüchtlinge und Migranten künftig als „Gesundheitsgefahr“ zu betrachten, um sie unter dem Vorwand, die eigene Bevölkerung vor Krankheiten zu schützen, in Haft nehmen zu können. Dadurch werden Flüchtlinge als Krankheitserreger denunziert und rassistische Stimmungen geschürt.

Pro Asyl e. V.: Walls of Shame – Bericht zur Situation von Flüchtlingen in Griechenland, 12.04.2012, www.proasyl.de/de/news/detail-zurueck-zu-home/news/walls_of_shame_bericht_zur_situation_von_fluechtlingen_in_griechenland, Zugriff 28.07.2012

M18 Mehr Hilfe, mehr Kooperation

Zweifel sind freilich erlaubt, dass Abschreckung allein reichen wird. Und tatsächlich: Längst versucht die Europäische Union, mit finanziellen Hilfen und politischen Kooperationsangeboten auf die nordafrikanischen Staaten zuzugehen. Ziel ist es, die Flüchtlinge schon in Nordafrika am Besteigen der Boote zu hindern und wirtschaftliche Entwicklung in den Transitländern zu fördern, damit sie die gefahrvolle Reise übers Meer erst gar nicht antreten. Doch auch dieser Taktik, die Sicherheitsbehörden anderer Länder für die Verhinderung von Überfahrten zu gewinnen, sind Grenzen gesetzt, solange die weltweite Wirtschaftskrise den Migrationsdruck noch vergrößert.

Auch gegen Krieg und Bürgerkrieg in Afrika, die Menschen erst zu Flüchtlingen machen, können ein ausgeweiteter Frontex-Einsatz im Mittelmeer und das 2008 von den EU-Regierungschefs beschlossene schärfere Vorgehen gegen illegale Flüchtlinge wenig ausrichten. Dieser europäische Migrationspakt spricht allen humanitären Grundsätzen Hohn, wenn Menschen, die die gefahrvolle Fahrt übers Meer überlebt haben, als Nächstes eingesperrt und unwürdig behandelt werden. Europa braucht stattdessen mehr geordnete Einwanderung, mehr verbindliche Zusammenarbeit mit den Anrainern in der Mittelmeerunion und einen Neuanfang der Außenpolitik gegenüber den Herkunftsländern der Flüchtlinge.

Es ist an der Zeit, dass sich die Europäer eingestehen, dass sie auch in der Krise von ihrem Reichtum abgeben müssen. Am besten investiert ist das Geld als Entwicklungspolitik in den Herkunftsländern: Aber wenn die Flüchtlinge schon einmal hier sind, brauchen sie, kein Zweifel, Hilfe in der Not.

Christian Holzgreve: Das volle Boot, Hannoversche Allgemeine Zeitung, 08.04.2009, S. 1

M19 Lampedusa ein Prüfstein für Europa

Auszüge aus einem Interview mit der Kulturanthropologin Dr. Heidrun Friese.

[...] Flüchtlingsbewegungen sind keine Flammenschrift an der Wand, die von drohendem Unheil kündet. Wenn wir dieses Phänomen nur unter dem Sicherheitsaspekt wahrnehmen, übersehen wir zum Ersten, dass der Westen nicht in der Situation ist, sich wehren zu müssen. Vielmehr wird die Hauptlast von anderen Entwicklungsländern getragen. [...] Vergessen wir auch nicht, dass arme europäische Auswanderer im 19. und 20. Jahrhundert in Nordamerika aufgenommen wurden. [...]

Europas Kurs ist durch grundlegende Widersprüche geprägt. Auf der einen Seite werden die Grenzen weiter nach Süden verlegt, auf der anderen erweisen sich diese Grenzen als porös – müssen sogar durchlässig sein, um den Arbeitskräftebedarf etwa in der Landwirtschaft oder der Pflege bedienen zu können. In einer globalisierten Welt bedient sich Europa rechtloser Arbeiter. Nach Angaben sizilianischer Gewerkschafter sank der Lohn für Tagelöhner auf den Obstfeldern von 40 auf 10 bis 12 Euro. Das ist eine spannungsreiche Ambivalenz: Einerseits zieht Europa die Zugbrücke hoch, andererseits lässt es genügend „Illegale" auf die Wohlstandsinsel, um den Arbeitsmarkt bedienen zu können.

Noch paradoxer wird dieser Kurs angesichts der Globalisierung, in der die Öffnung der Grenzen für Waren, Geld und Dienstleistungen gefordert wird. Nur für Menschen samt ihrer Fähigkeiten und Ideen sollen sie dicht bleiben. Dieses Widerspruches müsste sich Europa endlich bewusst werden. Dabei geht es im Kern auch um die Frage der Gastfreundschaft, also darum, wie wir Menschen aufnehmen. [...] Bisher glaubt Europa, den Migrationsbewegungen ausschließlich mit quasi-militärischen Praktiken der Grenzkontrolle begegnen zu können. Das löst aber kein Problem, hier bedarf es einer grundlegenden Neuformulierung europäischer Politik. [...] Derzeit behaupten wir zwar den Allgemeingültigkeitsanspruch der Menschenrechte, unterminieren ihn aber gleichzeitig, indem wir das Grundrecht auf Freizügigkeit beschneiden. [...]

Joachim Zießler, Heidrun Friese: Lampedusa ein Prüfstein für Europa, Landeszeitung Lüneburg, 30.01.2009, S. 17 (gekürzt)

M20 Hochsicherheitszone

Die spanische Stadt Melilla liegt in Marokko und ist gesichert wie ein Gefängnis.

Linktipp
Zusatzmaterial
q35ns7

Arbeitsvorschläge

1. Führen Sie eine Konfliktanalyse durch. Nutzen Sie die Methode; S. 219.
2. Erarbeiten Sie durch Recherchen weitere Informationen zum Thema „Flucht nach Europa".
3. Stellen Sie Ihre Ergebnisse in einem Kurzreferat vor oder mithilfe von Informationstafeln dar.

[I]–[III] 1, 3 [II] 2

Kriege im 21. Jahrhundert
Gescheiterte Staaten und neue Kriegsformen

M1 Failed States Index 2013

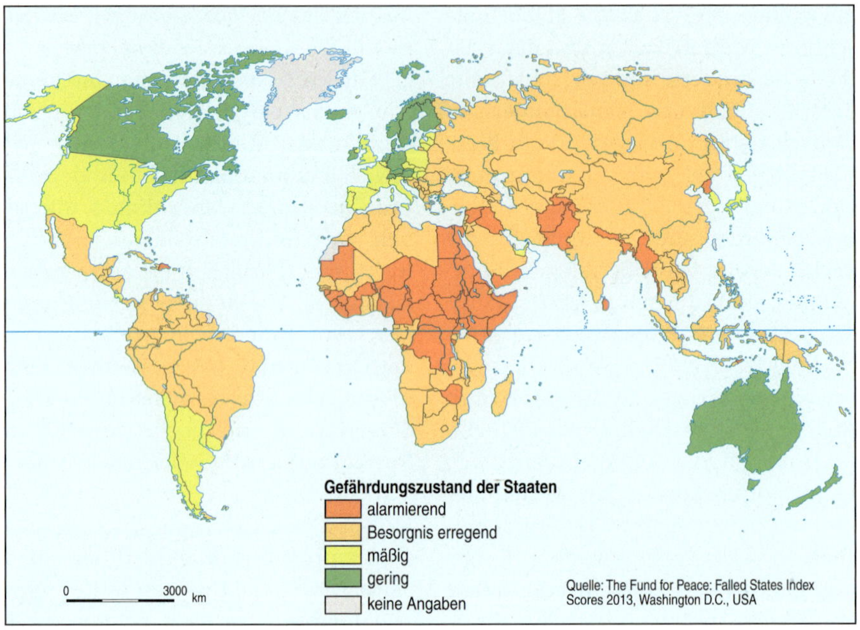

Erklärungen

Der **Failed States Index** (wörtlich: Verzeichnis gescheiterter Staaten) ist eine Liste von Staaten, die, gemessen an Kriterien wie demokratische Herrschaft, Sicherheit und soziale Wohlfahrt, in verschieden starker Weise gefährdet sind. Der Index wird seit 2005 vom privaten Politikberatungsunternehmen „The Fund for Peace" veröffentlicht. Die angewendeten Forschungsmethoden sind durchaus umstritten, doch wird der Index international zur Kenntnis genommen und genutzt, um einen Überblick über die möglichen Gefährdungen und Konfliktherde zu erhalten.

Milizen sind bewaffnete Verbände. Meist werden heute mit diesem Begriff keine richtigen Soldaten einer Armee bezeichnet, sondern Truppen eines Warlords. Dabei werden sogar Kinder als Soldaten eingesetzt, was natürlich verboten ist.

Ein **Staat** muss mindestens drei Elemente aufweisen: Staatsgebiet, Staatsvolk, Staatsgewalt. Nur Staaten können völkerrechtlich verbindlich handeln.

Warlords sind Kriegsherren. Sie treten oft in Bürgerkriegen auf, wenn die Macht des Staates zusammengebrochen ist. Mithilfe kleiner Söldnerarmeen herrschen sie über kleinere Gebiete und beuten oft in verbrecherischer Weise die Zivilbevölkerung aus.

VT

Man staunt sicher nicht schlecht, wenn man in Berichten liest, dass die Zahl der Kriege in den letzten Jahrzehnten abgenommen habe. Diese Behauptung ist nicht einmal falsch. Allerdings ist damit gemeint, dass die Zahl der Kriege zwischen zwei oder mehreren Staaten, wie wir sie aus dem Ersten und Zweiten Weltkrieg kennen, zurückgegangen ist.
Diese klassischen Staatenkriege mit Kriegserklärung, mit der Niederlage des Militärs auf einer der beiden Seiten und schließlich dem Friedensvertrag gibt es heute kaum noch. Erheblich zugenommen hat die Zahl von Kriegen, die nicht erklärt werden: Es sind Kriege, in denen sich Milizen gegen die Zivilbevölkerung wenden. Es sind Kriege, die kein Ende zu nehmen scheinen, weil irgendwelche Warlords ihren Gewinn aus den ständigen Auseinandersetzungen ziehen.

In diesen „neuen" Kriegen verändert sich auch die Kriegsführung. Immer mehr wird die Zivilbevölkerung zum Opfer der Auseinandersetzungen. Die humanitäre Versorgung fehlt vielfach. Krankheiten und Hunger fordern oft mehr Opfer als die militärischen Auseinandersetzungen.
Die Gründe für die Konflikte sind sehr unterschiedlich. In den meisten Fällen geht es nicht mehr allein um Land- oder Machtgewinn. Es geht um knappe Ressourcen wie um Wasser, Erdöl oder teure Metalle. Es geht um Stammes- oder Glaubenskämpfe. Es geht um Hunger oder ein besseres Leben. Manchmal geht es einfach um Geld und Drogen.
Solche Konflikte sind nicht einfach zu analysieren und zu beurteilen. Noch schwieriger ist es, geeignete Mittel und Wege zu finden, um sie dauerhaft zu beenden und den Frieden zu sichern.

M2 Krieg zwischen Staaten als Auslaufmodell

Dass der klassische Staatenkrieg, der in den älteren Geschichtsbüchern so viel Platz eingenommen hat, ein historisches Auslaufmodell sei, mag vor zwei Jahrzehnten noch eine hoch riskante Prognose gewesen sein; inzwischen gehört diese Feststellung zum festen Repertoire der Voraussagen für das 21. Jahrhundert. Damit ist nicht gesagt, dass es überhaupt keine zwischenstaatlichen Kriege mehr geben werde, aber die Grundzüge des politischen Geschehens wird dieser Kriegstyp kaum noch beeinflussen. Schon seine Vorbereitung, geschweige denn seine Führung ist schlichtweg zu teuer geworden: Die Sowjetunion und ihre Verbündeten sind nicht zuletzt daran zugrunde gegangen, dass sie in der Konkurrenz mit dem Westen zu viel in die Rüstung und zu wenig in wissenschaftliche und technologische Entwicklung investierten. Die Chinesen versichern, daraus gelernt zu haben und klug genug zu sein, sich ihrerseits nicht auf einen ruinösen Rüstungswettlauf mit den USA einzulassen. [...] In den neuen Kriegen [...] sind wir nämlich seit einiger Zeit mit einer dramatischen „Verbilligung" des Kriegsgeschehens konfrontiert, in deren Gefolge Akteure kriegsführungsfähig geworden sind, an die man zuvor nicht im Entferntesten gedacht hätte. [...] Stattdessen bewaffnen sie Jugendliche mit Handfeuerwaffen und machen sie mit Pick-ups mobil. Werden diese Pick-ups noch mit schweren Maschinengewehren oder leichten Raketenwerfern bestückt, so stellen sie in den meisten Kriegsgebieten einen beachtlichen Faktor dar, zumal dann, wenn sie nicht gegen reguläre Streitkräfte kämpfen, sondern die Zivilbevölkerung drangsalieren. [...]

So ist zwar der klassische Staatenkrieg, aber nicht der Krieg in seiner Gänze ein historisches Auslaufmodell, und deswegen mussten wir erst zur Kenntnis nehmen, dass der seit Ende des Zweiten Weltkriegs verlustreichste Krieg mit etwa vier Millionen Toten in den vergangenen Jahren im östlichen Kongo stattgefunden hat.

Herfried Münkler: Neues vom Chamäleon Krieg, in: Aus Politik und Zeitgeschichte 16/17, Bundeszentrale für Politische Bildung 2007, S. 3 ff.

M3 Zwölf Anzeichen für einen Staat in Schwierigkeiten

soziale Anzeichen	- Überbevölkerung (zunehmender Bevölkerungsdruck) - Vertreibung und Wanderung (Migration erfordert humanitäre Hilfe) - Hass und Streitigkeiten zwischen Bevölkerungsgruppen - Menschen auf der Flucht
wirtschaftliche Anzeichen	- von der wirtschaftlichen Entwicklung profitieren die Gruppen der Bevölkerung höchst unterschiedlich - starker Rückgang der wirtschaftlichen Entwicklung
politische Anzeichen	- Korruption innerhalb staatlicher Behörden - Vernachlässigung öffentlicher Aufgaben (Schulen, Krankenhäuser) - willkürliche Rechtsprechung, Verletzung der Menschenrechte - Sicherheitsbehörden (Polizei, Militär) herrschen als „Staat im Staat" - es entstehen unterschiedliche, miteinander konkurrierende Eliten - fremde Staaten oder ausländische Politiker mischen sich von außen ein

The Fund for Peace: Failed States Index 2009, Washington D.C., USA; Übersetzung: Harald-Matthias Neumann; www.fundforpeace.org/fsi, Zugriff 22.10.2009

M4 Wie im Dreißigjährigen Krieg

Einige Friedens- und Konfliktforscher sehen in den „neuen" Kriegen einen Rückfall in die vormoderne Kriegsführung wie im Dreißigjährigen Krieg. Damals zogen die Söldner ebenfalls plündernd, vergewaltigend und mordend durch das Land. Andere Fachleute halten dagegen, dass damals der Krieg ein Ende fand, wenn das Land ausgeplündert und teilweise entvölkert war. Die heutigen Kriegsherren aber finanzierten ihre Gewaltherrschaft über die Ausbeutung der Menschen und illegalem Handel mit Rauschgift, Gold, Diamanten, Edelhölzern und den Verkauf von Mädchen und Frauen in die Bordelle der reichen Länder.

Autorentext

Linktipp
Zusatzmaterial
dk5ie6

Arbeitsvorschläge

1. Nennen Sie die Staaten, die 2013 am meisten in ihrer Stabilität gefährdet waren (**M1**).

2. Zählen Sie Gründe für mögliche Gefährdungen von Staaten auf (**M3**).

3. Stellen Sie dar, inwiefern die „klassischen" Kriege bereits in Friedenszeiten ruinös waren (**M2**). **Tipp**: Beziehen Sie dies besonders auf die Sowjetunion.

4. Erläutern Sie, in welcher Weise sich eine Vielzahl von Kriegen im 21. Jahrhundert von den „klassischen" Staatenkriegen unterscheidet (**M2**).

5. Nehmen Sie Stellung zu der Ansicht, dass es sich bei diesen „neuen" Kriegen lediglich um einen Rückfall in die vormoderne Kriegsführung handelt (**M4**).

[I] 1, 2, 3 [II] 4 [III] 5

Wie die UNO den Frieden sichert

Wie mächtig sind die Vereinten Nationen?

M1 Das mächtigste Entscheidungsgremium der UNO

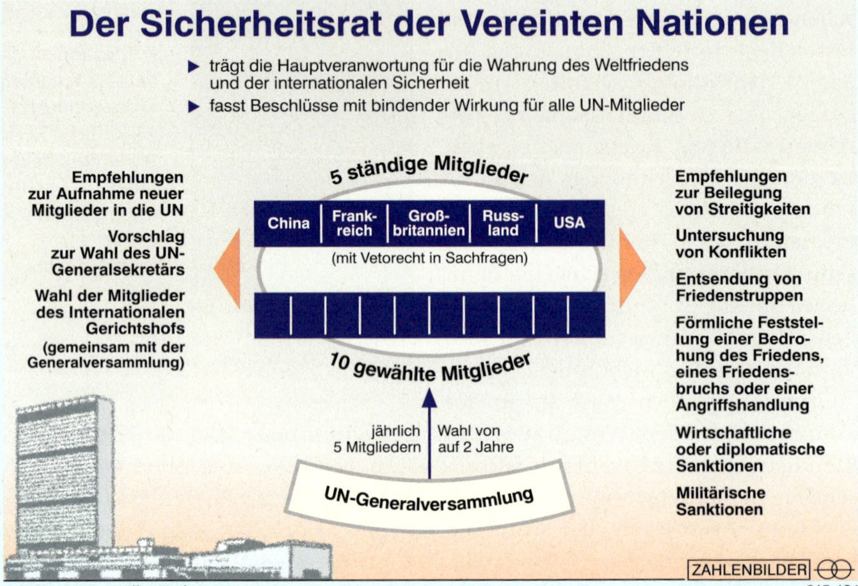

 615 124

Jährlich werden fünf der nichtständigen Mitglieder durch die UN-Generalversammlung für zwei Jahre gewählt. Die Staaten kommen aus: Afrika (3), Asien (2), Lateinamerika (2), Osteuropa (1) und Westeuropa oder anderen Industriestaaten (2). 2011/12 gehörte Deutschland dem Gremium an.

VT

Im öffentlichen Interesse stehen zumeist die Aktionen der Vereinten Nationen zur Friedenssicherung. Weniger beachtet werden die vielen Maßnahmen der Unterorganisationen wie UNICEF, UNESCO oder UNFPA. Diese und andere Organisationen stehen für das Engagement der UNO im sozialen, humanitären und wirtschaftlichen Bereich.
Sie tragen zur Linderung des Hungers und des Flüchtlingselends, zur notwendigen Versorgung mit Trinkwasser, zur Bildung der Kinder, zum Umweltschutz und zur wirtschaftlichen Entwicklung bei.
Alle diese Maßnahmen sollen dem Weltfrieden dienen. Betrachtet man die großen Zukunftsprobleme der Erde wie Bevölkerungswachstum, Umweltzerstörung, Sicherung des Weltfriedens, so ist der Anspruch an die Aufgaben der UNO gewaltig.
In der Diskussion, wie sich die Vereinten Nationen in Zukunft weiter entwickeln sollen, spielt vor allem der Sicherheitsrat eine große Rolle: Die fünf ständigen Mitglieder des Rates können mit ihrem Vetorecht notwendige Entscheidungen verhindern und die UNO in ihren Aktionen blockieren. Dieses „Nein" im Sicherheitsrat hat oft fatale Folgen für die Menschen in den von Konflikten betroffenen Gebieten. Die Möglichkeiten der UNO werden deshalb sehr unterschiedlich bewertet. Einige sehen sie als aufgeblasenen Verwaltungskoloss, der kaum Einfluss hat, andere wünschen ihren Ausbau zu einer zukünftigen Weltregierung.

Erklärungen

Wenn Staaten grundlegende völkerrechtliche Verträge schließen, nennt man das **Charta**. Eigentlich ist damit nur die Urkunde gemeint, auf dem der Vertragstext steht.

Die **Vereinten Nationen** (VN) wurden 1945 unter dem Eindruck zweier Weltkriege in San Francisco gegründet. Die englische Bezeichnung lautet United Nations Organization (UNO) oder kurz: United Nations (UN).
Die zunächst 50 Staaten vereinbarten als wichtigste Ziele, Konflikte friedlich zu lösen, den Weltfrieden zu erhalten, die Menschenrechte zu achten und soziale und humanitäre Probleme gemeinsam zu lösen. Dies legten sie in der Charta der Vereinten Nationen fest. Heute gehören der Organisation 193 Staaten an.

Mit dem **Vetorecht** (lat.: *veto* = ich verbiete) kann ein Staat mit einem ständigem Sitz im Sicherheitsrat einen Beschluss verhindern. Allgemein unterscheidet man das Veto mit aufschiebender Wirkung und das absolute Veto. Beim absoluten Veto wird ein Beschluss endgültig verhindert. Beim aufschiebenden Veto kann noch einmal über den Beschluss beraten und danach erneut abgestimmt werden.

M2 Ziele und Grundsätze

Aus der Charta der Vereinten Nationen:

Artikel 1

Die Vereinten Nationen setzen sich folgende Ziele:

1. den Weltfrieden und die internationale Sicherheit zu wahren und zu diesem Zweck wirksame Kollektivmaßnahmen zu treffen, um Bedrohungen des Friedens zu verhüten und zu beseitigen, Angriffshandlungen und andere Friedensbrüche zu unterdrücken und internationale Streitigkeiten oder Situationen, die zu einem Friedensbruch führen könnten, durch friedliche Mittel nach den Grundsätzen der Gerechtigkeit und des Völkerrechts zu bereinigen oder beizulegen;
2. freundschaftliche, auf der Achtung vor dem Grundsatz der Gleichberechtigung und Selbstbestimmung der Völker beruhende Beziehungen zwischen den Nationen zu entwickeln und andere geeignete Maßnahmen zur Festigung des Weltfriedens zu treffen;
3. eine internationale Zusammenarbeit herbeizuführen, um internationale Probleme wirtschaftlicher, sozialer, kultureller und humanitärer Art zu lösen und die Achtung vor den Menschenrechten und Grundfreiheiten für alle ohne Unterschied der Rasse, des Geschlechts, der Sprache oder der Religion zu fördern und zu festigen;
4. ein Mittelpunkt zu sein, in dem die Bemühungen der Nationen zur Verwirklichung dieser gemeinsamen Ziele aufeinander abgestimmt werden.

UNRIC, Regionales Informationszentrum der Vereinten Nationen für Westeuropa, www.unric.org/de/charta, Zugriff 11.11.2009

M3 Gewaltverbot

Aus der Charta der Vereinten Nationen:

Artikel 2

1. Die Organisation beruht auf dem Grundsatz der souveränen Gleichheit aller ihrer Mitglieder.

[...]

3. Alle Mitglieder legen ihre internationalen Streitigkeiten durch friedliche Mittel so bei, dass der Weltfriede, die internationale Sicherheit und die Gerechtigkeit nicht gefährdet werden.
4. Alle Mitglieder unterlassen in ihren internationalen Beziehungen jede gegen die territoriale Unversehrtheit oder die politische Unabhängigkeit eines Staates gerichtete oder sonst mit den Zielen der Vereinten Nationen unvereinbare Androhung oder Anwendung von Gewalt.
5. Alle Mitglieder leisten den Vereinten Nationen jeglichen Beistand bei jeder Maßnahme, welche die Organisation im Einklang mit dieser Charta ergreift; sie leisten einem Staat, gegen den die Organisation Vorbeugungs- oder Zwangsmaßnahmen ergreift, keinen Beistand.

UNRIC, a. a. O.

M4 Konflikte lösen

Aus der Charta der Vereinten Nationen:

Artikel 33

(1) Die Parteien einer Streitigkeit, deren Fortdauer geeignet ist, die Wahrung des Weltfriedens und der internationalen Sicherheit zu gefährden, bemühen sich zunächst um eine Beilegung durch Verhandlung, Untersuchung, Vermittlung [...] oder durch andere friedliche Mittel eigener Wahl.

(2) Der Sicherheitsrat fordert die Parteien auf, wenn er dies für notwendig hält, ihre Streitigkeit durch solche Mittel beizulegen.

Artikel 39

Der Sicherheitsrat stellt fest, ob eine Bedrohung oder ein Bruch des Friedens oder eine Angriffshandlung vorliegt; er gibt Empfehlungen ab oder beschließt, welche Maßnahmen auf Grund der Artikel 41 und 42 zu treffen sind, um den Weltfrieden und die internationale Sicherheit zu wahren oder wiederherzustellen. [...]

Artikel 41

Der Sicherheitsrat kann beschließen, welche Maßnahmen – unter Ausschluss von Waffengewalt – zu ergreifen sind, um seinen Beschlüssen Wirksamkeit zu verleihen; er kann die Mitglieder der Vereinten Nationen auffordern, diese Maßnahmen durchzuführen. Sie können die vollständige oder teilweise Unterbrechung der Wirtschaftsbeziehungen, des Eisenbahn-, See- und Luftverkehrs, der Post-, Telegrafen- und Funkverbindungen sowie sonstiger Verkehrsmöglichkeiten und den Abbruch der diplomatischen Beziehungen einschließen.

Artikel 42

Ist der Sicherheitsrat der Auffassung, dass die in Artikel 41 vorgesehenen Maßnahmen unzulänglich sein würden oder sich als unzulänglich erwiesen haben, so kann er mit Luft-, See- oder Landstreitkräften die zur Wahrung oder Wiederherstellung des Weltfriedens und der internationalen Sicherheit erforderlichen Maßnahmen durchführen. Sie können Demonstrationen, Blockaden und sonstige Einsätze der Luft-, See- oder Landstreitkräfte von Mitgliedern der Vereinten Nationen einschließen.

UNRIC, a. a. O.

M5 Ein Blauhelm

Die Einsatzkräfte der UN-Friedenstruppen tragen blaue Helme, damit sie nicht mit richtigen Soldaten verwechselt werden. In der Umgangssprache hat sich deshalb für diese Truppen der Begriff „Blauhelme" eingebürgert.

M6 Wer bezahlt die Arbeit der Vereinten Nationen?

Rund zehn Wochen vor Jahresschluss schulden die USA den Vereinten Nationen noch ihren Beitrag zum Verwaltungshaushalt 2009, wie die für das Management zuständige Unter-Generalsekretärin Angela Kane dem Finanzausschuss [...] darlegte. Nach UN-Angaben [...] fehlen für die Verwaltung im auslaufenden Jahr noch Mitgliedsbeiträge in Höhe von 830 Millionen Dollar. Darauf entfielen 93 Prozent oder 772 Millionen Dollar (520 Millionen Euro) auf die USA, hieß es. Washington trägt 22 Prozent der allgemeinen Kosten und ist damit der größte Beitragszahler.

Für die UN-Friedensmissionen stehen laut Kane derzeit 2,1 Milliarden Dollar an Mitgliedsbeiträgen aus. Allerdings hat das Haushaltsjahr für die Blauhelm-Einsätze in Konfliktzonen weltweit auch erst am 1. Juli begonnen und läuft Ende Juni 2010 aus.

Die 192 UN-Mitgliedsländer finanzieren darüber hinaus die Internationalen Kriegsverbrechertribunale und den sogenannten Capital Master Plan, die Renovierung des asbestverseuchten Hauptquartiers in New York. Das Minus auf allen vier „Konten“ addiere sich derzeit zu einer fehlenden Gesamtsumme von 3,1 Milliarden Dollar aus, hieß es.

dpa: Loch in UN-Kassen – USA schulden 520 Millionen, merkur-online.de, 17.10.2009, www.merkur-online.de/nachrichten/politik/loch-un-kassen-schulden-millionen-496178.html, Zugriff 11.11.2009

Das Zeichen der UNO

M7 Blauhelmeinsätze der Vereinten Nationen

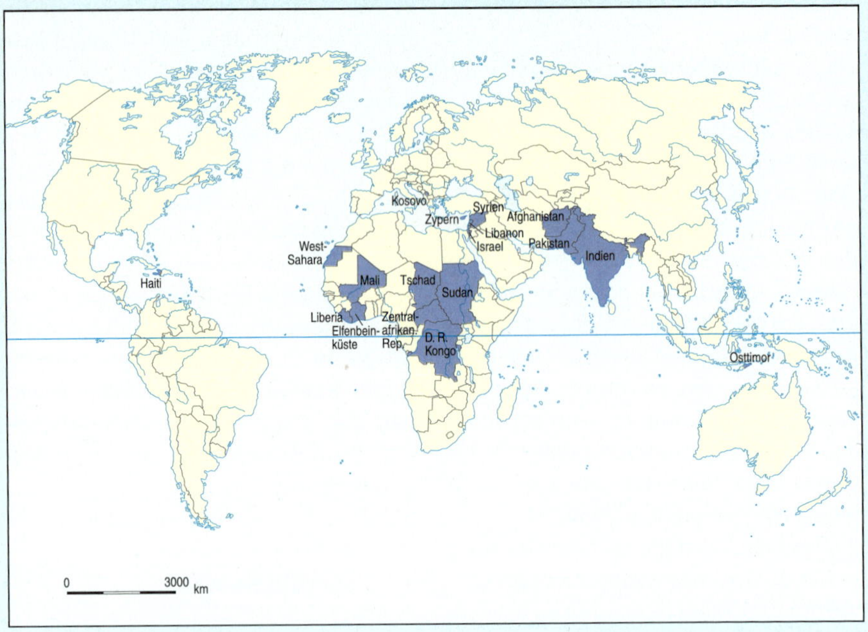

Vereinte Nationen, Stand 2013

M8 UN-Friedensmissionen an Grenzen der Belastbarkeit

Die derzeit 18 Friedensmissionen der Vereinten Nationen haben die Völkergemeinschaft nach Darstellung des zuständigen Koordinators an die Grenzen der Belastbarkeit geführt. Inzwischen seien 113 000 Soldaten, Polizisten und zivile Beobachter für die UN im Einsatz, sagte der Leiter der Friedensmissionen, Alain Le Roy [...] im Weltsicherheitsrat in New York. 2009 werde ein möglicherweise entscheidendes Jahr, da sich bei mehreren Einsätzen das Risiko eines Scheiterns ergebe. Le Roy nannte den Einsatz im Kongo und die gemeinsame Friedenstruppe mit der Afrikanischen Union in der sudanesischen Krisenregion Darfur.

AP: UN-Friedensmissionen an Grenzen der Belastbarkeit, EpochTimes online, www.epochtimes.de/articles/2009/01/24/398214.html, Zugriff 11.11.2009

M9 Fehlschläge

Der Einsatz von UN-Friedenstruppen ist nicht immer von Erfolg gekrönt. Oft hängt das mit einem falschen Auftrag zusammen. Werden die UN-Truppen zum Beispiel in ein Krisengebiet geschickt, in dem es zu gewaltsamen Auseinandersetzungen kommt, und sie haben lediglich den Auftrag zu beobachten oder sie treten in zu geringer Truppenstärke auf, um einen Frieden erzwingen zu können, dann kommt es zu Situationen wie in Bosnien (1992) oder beim Völkermord in Ruanda (1994). Im ersten Fall schloss der Auftrag der UN-Truppen ein militärisches Eingreifen aus und die Blauhelme mussten dem Morden ebenso tatenlos zusehen wie der Eroberung ihrer Schutzzone. In Ruanda wurde die Zahl der Blauhelme im falschen Moment verringert und die Soldaten gerieten selbst in Gefahr. Solche Situationen, aber auch das Fehlen von Konzepten für den Wiederaufbau und die langfristige Sicherung des Friedens im Land führen zu Zweifeln an der Macht der UNO-Friedenstruppen.

Autorentext

M10 UNICEF-Kampagne für sauberes Trinkwasser

Weltweit hilft UNICEF beim Bau von Brunnen und Handpumpen.

M11 Auszüge aus den Millenniums-Entwicklungszielen

Ziel-vorgabe	das soll erreicht werden ...
1. A	Zwischen 1990 und 2015 den Anteil der Menschen halbieren, deren Einkommen weniger als 1 Dollar pro Tag beträgt.
1. B	Produktive Vollbeschäftigung und menschenwürdige Arbeit für alle, einschließlich Frauen und junger Menschen, verwirklichen.
2. A	Bis zum Jahr 2015 sicherstellen, dass Kinder in der ganzen Welt, Jungen wie Mädchen, eine Grundschulbildung vollständig abschließen können.
4. A	Zwischen 1990 und 2015 die Sterblichkeitsrate von Kindern unter fünf Jahren um zwei Drittel senken.
6. A	Bis 2015 die Ausbreitung von HIV/Aids zum Stillstand bringen und allmählich umkehren.
6. C	Bis 2015 die Ausbreitung von Malaria und anderen schweren Krankheiten zum Stillstand bringen und allmählich umkehren.
7. A	Die Grundsätze der nachhaltigen Entwicklung in einzelstaatliche Politiken und Programme einbauen und den Verlust von Umweltressourcen umkehren.
7. B	Den Verlust an biologischer Vielfalt reduzieren, mit einer signifikanten Reduzierung der Verlustrate bis 2010.
7. C	Bis 2015 den Anteil der Menschen um die Hälfte senken, die keinen nachhaltigen Zugang zu einwandfreiem Trinkwasser und grundlegenden sanitären Einrichtungen haben.
7. D	Bis 2020 eine erhebliche Verbesserung der Lebensbedingungen von mindestens 100 Millionen Slumbewohnern herbeiführen.
8. A	Ein offenes, regelgestütztes, berechenbares und nichtdiskriminierendes Handels- und Finanzsystem weiterentwickeln.
8. B	Den besonderen Bedürfnissen der am wenigsten entwickelten Länder Rechnung tragen.
8. D	Die Schuldenprobleme der Entwicklungsländer durch Maßnahmen auf nationaler und internationaler Ebene umfassend angehen und so die Schulden langfristig tragbar werden lassen.
8. E	In Zusammenarbeit mit den Pharmaunternehmen unentbehrliche Arzneimittel zu bezahlbaren Kosten in den Entwicklungsländern verfügbar machen.
8. F	In Zusammenarbeit mit dem Privatsektor dafür sorgen, dass die Vorteile der neuen Technologien, insbesondere der Informations- und Kommunikationstechnologien, genutzt werden können.

Deutscher Übersetzerdienst der Vereinten Nationen: Millennium Development Goals Report 2008, © United Nations, 2009; reproduced with permission

M12 „Wir brauchen ein starkes Zeichen gegen den Klimawandel"

[...] Meine Freunde, der Klimawandel und die Wirtschaftskrise erfordern entschlossene Maßnahmen. Und zwar sofort. [...] Die Maßnahmen des Kampfes gegen den Klimawandel können auch die ökonomische Situation verbessern. Sie können dabei helfen, neue Arbeitsplätze zu schaffen. Und sie können einer grünen Wirtschaft weltweit Starthilfe geben. Die Herausforderungen sind groß. Aber genauso vielfältig sind auch die Lösungsmöglichkeiten.

Dieses Jahr haben wir eine einmalige Chance: [...] Die Regierungen der UNO-Mitgliedstaaten werden sich im Dezember [2009] in Kopenhagen treffen, um eine neue Vereinbarung gegen den Klimawandel auszuhandeln. Wir müssen sie ein Abkommen schließen lassen, das die Welt auf einen neuen Kurs bringt.

Die Industrieländer sind gefordert, ihre Kohlenstoffemissionen erheblich zu verringern. Aber auch die Entwicklungsländer müssen handeln. Wir sollten uns auf einen Technologieaustausch einigen, der sichere und saubere Energie fördert. Und wir müssen denjenigen helfen, die gezwungen sind, sich an den Klimawandel anzupassen.

Um diese Ziele zu erreichen, benötigen wir eine faire und effektive Finanzierung. All diese Maßnahmen setzen voraus, dass wir zusammenarbeiten. Lasst uns in diesem Jahr gemeinsam den Klimawandel bekämpfen. Lasst uns in Kopenhagen ein neues Abkommen schließen. Lasst uns diese einzigartige Gelegenheit nutzen, um die Menschen und unseren Planeten zu schützen. [...]

United Nations Regional Information Centre for Western Europe (UNRIC), Brussels: UNO-Generalsekretär Ban Ki-moon: „Wir brauchen ein starkes Zeichen gegen den Klimawandel", UNRIC/279, 28.03.2009, www.unric.org/de/umwelt-pressemitteilungen/22899, Zugriff 08.12.2009 (gekürzt)

M13 Die Vereinten Nationen

Wichtige Organe der Vereinten Nationen

Internationaler Gerichtshof
- Hauptrechtsprechungsorgan der UNO
- bei Streitigkeiten zwischen

Staaten zuständig
- verfasst völkerrechtliche

Sicherheitsrat
- 5 ständige Mitglieder mit Vetorecht: China, Frankreich, Großbritannien, Russland, USA
- 10 nichtständige Mitglieder, von der Generalversammlung gewählt

Sekretariat; Generalsekretär
- von der Generalversammlung gewählt
- koordiniert die Arbeit der

Hauptorgane
- repräsentiert die UNO

UN-Spezialorgane
- sind rechtlich nicht eigenständig
- berichten der Generalversammlung, z. B.
  - Abrüstungskonferenz (UNCD)
  - Entwicklungsprogramm (UNDP)
  - Hochkommissar für Menschenrechte (UNHCHR)
  - Kinderhilfswerk (UNICEF)
  - Konferenz für Handel und Entwicklung (UNCTAD)
  - Umweltprogramm (UNEP)
  - Welternährungsprogramm (WFP)
  - Welternährungsrat (WFC)

General- oder Vollversammlung
- 193 Mitglieder
- mindestens 1 Sitzung jährlich
- jeder Mitgliedstaat hat eine Stimme

Wirtschafts- und Sozialrat
- 54 Mitglieder aus allen Erdteilen
- von der Vollversammlung gewählt
- koordiniert die Arbeit der rechtlich selbstständigen 16 UN-Sonderorganisationen

Sonderorganisationen
- Internationale Arbeitsorganisation (IAO)
- Internationale Atomenergieorganisation (IAEO)
- Internationaler Währungsfonds (IWF)
- Organisation für Erziehung, Wissenschaft und Kultur (UNESCO)
- Weltbank-Gruppe
- Weltgesundheitsorganisation (WHO)

Herbert Uhl (Hg.): Leitfragen Politik, Stuttgart 2010, S. 333

M14 Veränderungen Rechnung tragen

Die Friedensvereinbarung von 1945 war [...] die erste Nachkriegsordnung, die fünf Nationen auf unbegrenzte Zeit ein Vetorecht einräumte. [...] Doch der stetige Wandel, dem das internationale politische System unterliegt – mit einem Wort, der Aufstieg und Fall der Großmächte –, lässt sich durch keinen bloßen Vertrag einfrieren oder aufhalten. [...] Das Gleichgewicht der globalen, ökonomischen und militärischen Einflusssphären verschiebt sich, und zwar rasch. Vielleicht erscheinen die neuesten Voraussagen bezüglich solcher Verschiebungen zu selbstgewiss, aber sofern es in Asien während der nächsten Jahrzehnte nicht zu einer grundlegenden Katastrophe kommt, sind die Hauptlinien deutich erkennbar:

– Im Jahre 2045, wenn die Vereinten Nationen ihr 100-jähriges Bestehen feiern, dürfte China die größte ökonomische und produktive Macht in der Welt sein, größer noch als die USA.

– Indien verfügt dann möglicherweise über die drittgrößte Wirtschaftsmacht der Welt, größer als die von Japan und die irgendeiner einzelnen europäischen Nation (wenn auch nicht größer als das der Europäischen Union im Ganzen. [...]

– Brasilien, Indonesien und vielleicht ein wiedererstandenes Russland könnten rasche Fortschritte machen und die traditionellen europäischen Staaten an ökonomischer Stärke überflügeln.

[...] Wenn die Vereinten Nationen in ihren Verfassungsstrukturen von 1945 verkrustet bleiben, werden sie zunehmend anachronistisch erscheinen, und es auch sein. Regierungen und Parlamente, die sich vernünftigen Vorschlägen zur Modernisierung der UN widersetzen, sollten erkennen, dass sie sie damit zur Irrelevanz [Bedeutungslosigkeit] verurteilen.

Paul Kennedy: Parlament der Menschheit, Schriftenreihe Bd. 672, Bundeszentrale für politische Bildung, Bonn 2007, S. 278 f.; Übers.: Klaus Kochmann, Verlag C. H. Beck, München 2007

M15 Die Zukunft der Vereinten Nationen

Es gibt keinen Grund, die Zukunft der Weltorganisation düster zu sehen. Die eigentliche Frage ist, ob die Mitgliedstaaten erkennen werden, dass sie mehr gewinnen als verlieren, wenn sie die Vereinten Nationen in den Stand setzen, Aufgaben zu übernehmen, die kein Land allein erledigen kann. [...] Insgesamt lässt sich sagen, dass der größte Fortschritt im Durchsetzen der weltweiten Menschenrechte, der Verbesserung der Position von Frauen und Kindern, der zunehmenden Zusammenarbeit bei Umweltfragen sowie der Stärkung der Zivilgesellschaft erreicht wurde, auch wenn es in allen Bereichen Rückschläge gab. [...] Die geringste Veränderung fand im UN-Sicherheitsrat statt, hauptsächlich aufgrund der verfestigten Abstimmungsstrukturen; der Sicherheitsrat arbeitet zweifellos viel in diesen schwierigen Tagen, aber die Ergebnisse hängen stark davon ab, ob die Großen Fünf den Willen zum gemeinsamen Handeln aufbringen – das hat sich seit 1950 nicht geändert. [...]

Paul Kennedy, a.a.O., S. 323 ff.

M17 Debatte in New York

Der Klimagipfel der Vereinten Nationen in New York im Jahr 2009: UN-Generalsekretär Ban Ki-moon während seiner Rede

M16 Die Vereinten Nationen reformieren

[...] Den Vereinten Nationen (VN) ist es aber [...] gelungen, trotz aller Kritik zu einem festen Bezugspunkt in der internationalen Politik zu werden. Zu den bereits bei der Gründung der VN im Oktober 1945 erkannten und antizipierten [vorweggenommenen] Risiken und Problemen traten neue globale Fragen hinzu, wie die Verschärfung des Nord-Süd-Gegensatzes, die Verknappung natürlicher Ressourcen, die Zerstörung der Umwelt und die voranschreitende Klimaveränderung, das rasante Wachstum der Weltbevölkerung, die Veränderung dessen, was als „innere Angelegenheiten der Staaten" verstanden wird, sowie neue Formen der Bedrohung des Friedens und der gesamten Menschheit durch innerstaatliche Konflikte, zerfallende Staaten und die Verbreitung von Massenvernichtungswaffen. [...]

Multilaterale Zusammenarbeit im Rahmen der VN ist oft mühsam, ineffektiv und zeitraubend. Einerseits ist bei bestimmten Problemkonstellationen (etwa in Fragen der Weltumweltpolitik) unstrittig, dass nur ein multilateraler Ansatz Erfolg versprechend sein kann. Andererseits sind andere Problemkonstellationen offensichtlich multilateral nicht immer effektiv zu bearbeiten. Hier gilt es, jenseits von „Wunschdenken" eine nüchterne Bestandsaufnahme vorzunehmen und die VN nicht zu überfordern oder gar von ihr Leistungen zu verlangen, die sie nicht erbringen kann. [...]

Aber auch in anderen Bereichen ist nüchtern über ein „Herabstufen" der VN nachzudenken und zu überlegen, wo der Vorteil einer globalen Organisation gegenüber anderen bi- oder multilateralen Foren liegt. Viel gewonnen wäre bereits, wenn sich die Mitgliedstaaten in den Politikbereichen, in denen gemeinsamer Handlungsbedarf definiert wurde, intensiver engagierten. Fragwürdig ist es beispielsweise, wenn in der Millenniums-Erklärung der VN angekündigt wird, bis 2015 den Anteil der in extremer Armut lebenden Menschen zu halbieren. So wünschenswert diese Absicht ist, so fraglich ist es, ob diese Zielmarke durch internationale Organisationen erreichbar ist. [...]

Kritisch zu fragen ist, ob die zunehmende „Floskelisierung" der internationalen Politik (also der Trend, permanent vollmundige Versprechungen ohne realistische Umsetzungsstrategien zu machen) nicht zu einem erheblichen Glaubwürdigkeitsverlust der VN wie auch zur Diskreditierung multilateraler Zusammenarbeit führen muss.

Johannes Varwick: Die Reform der Vereinten Nationen, Aus Politik und Zeitgeschichte, Nr. 43, 18.10.2004, S. 37 ff.

Linktipp
Zusatzmaterial
5h769y

Arbeitsvorschläge

1. Erarbeiten Sie ein Kurzreferat, in dem Sie den Aufbau und die Aufgaben der Vereinten Nationen kurz und übersichtlich darstellen sowie mögliche Probleme und Veränderungsmöglichkeiten aufzeigen.

Tipps zur Erarbeitung:
- Vergleichen Sie **M15** und **M16**: Beurteilen Sie die beiden Positionen. Wo liegen Unterschiede, wo Gemeinsamkeiten?
- Entwickeln Sie Ideen und Vorschläge für ein verbessertes System des Sicherheitsrates.

[I]–[III] 1

Nicht nur Staaten können helfen

Welche Organisationen leisten Hilfe?

M1 Aufmerksamkeit erzeugen

In Deutschland zählt Greenpeace zu den bekanntesten international tätigen NGOs: Hier findet eine Aktion der Greenpeace-Jugend gegen Atomkraft statt.

VT

Friedenssicherung als Ziel internationaler Politik ist zunächst die Aufgabe der einzelnen Staaten. Sie entscheiden völkerrechtlich verbindlich über die entsprechenden Verträge. Internationale Organisationen (IGOs), die von mehreren Staaten gegründet wurden, wie die UNO, die NATO, die EU, spielen heute bei der Friedenssicherung ebenfalls eine sehr wichtige Rolle. Ihr Einfluss und die Bedeutung der durch sie vermittelten Verträge hängen allerdings von der Unterstützung der sie tragenden Staaten ab.
NGOs sind dagegen bewusst keine staatlichen Einrichtungen oder Organisationen, die im Auftrag von Staaten weltweit zusammenarbeiten. Sie sind von Privatleuten gegründet worden und achten darauf, dass sie möglichst völlig unabhängig von staatlichen Einrichtungen und staatlicher Unterstützung arbeiten.

Die Ziele, die Größe und die Bedeutung der verschiedenen NGOs sind sehr unterschiedlich: Während sich die einen als Bürgerinitiative für ein Projekt zusammenfinden, andere sich in Tierschutzvereinen engagieren, arbeiten Organisationen wie das Internationale Rote Kreuz weltweit. Allen gemeinsam ist, dass sich in ihnen Menschen zusammengeschlossen haben, die auf ihr Anliegen aufmerksam machen wollen und dafür arbeiten, dass sich die Dinge möglichst in ihrem Sinne ändern.
Einige NGOs haben im Laufe der Jahre so viel an Bedeutung gewonnen, dass sie weltweit arbeiten und fast wie IGOs großen Einfluss auf die weltweite Politik in Sachen Friedenspolitik haben. Hierzu zählt besonders das Internationale Rote Kreuz. Aber auch Organisationen wie Greenpeace, Amnesty International oder Attac haben in den letzten Jahren an Einfluss gewonnen.

Erklärungen

Greenpeace wurde 1971 in Kanada gegründet. Es gibt weltweit 2,74 Millionen Fördermitglieder, davon alleine in Deutschland über 550 000.

Die Bezeichnung **NGO** wird nicht einheitlich genutzt: Oft werden als NGO alle Organisationen bezeichnet, die nicht staatlich sind. Einen enger gefassten Begriff nutzt die Union of International Associations (UIA). Diese Vereinigung gibt jährlich einen Katalog der von ihr registrierten NGOs heraus und hat folgende Kriterien angegeben:
- auf privater Initiative gegründet
- unabhängig, vor allem von staatlicher Einflussnahme
- internationale Mitgliedschaft
- finanzielle Mittel kommen aus mindestens drei Ländern
- tätig in mindestens drei Staaten
- über einen Wahlmechanismus für das Leistungsgremium verfügen
- über einen Hauptsitz verfügen und feste Mitarbeiter beschäftigen

1961 wurde in der Schweiz der World Wildlife Fonds (**WWF**) gegründet, um Geld für den Naturschutz zu sammeln. Heute hat die Organisation weltweit 5 Millionen Mitglieder. Die Beiträge und Spenden werden für den Schutz von Wäldern, Meeren und Feuchtgebieten ausgegeben.

M2 So sieht Greenpeace seine Aufgabe

Krieg ist eine Form der Politik, mit der Staaten versuchen, ihre Interessen auf Kosten anderer durchzusetzen. Aber die Verhältnisse, in denen Menschen leben, werden nicht nur davon geprägt, ob gerade die brutalste Form der Politik zum Einsatz kommt. Es gibt auch eine Gewalt, die keine Bomben und Gewehre braucht, um Menschen in bitterste Verzweiflung zu stürzen oder zu töten: Armut, soziale Ungerechtigkeit, ungleich verteilte Lebenschancen, ausgebeutete, vergiftete und zerstörte Lebensräume.
Die heutige Weltwirtschaftsordnung ist von dieser Art Gewalt geprägt: Schließlich verbraucht ein kleiner Teil der Weltbevölkerung in den industriell entwickelten Ländern den größten Teil der Ressourcen, lebt im Überfluss und produziert den meisten Abfall. Gleichzeitig haben die schwach entwickelten Länder, in denen weit mehr Menschen leben als in den Industriestaaten, mit dem Problem des Hungers und der Zerstörung ihrer Umwelt zu kämpfen.
Frieden ist also viel mehr als nur die Abwesenheit von Krieg.
Schon seit seiner Gründung engagiert sich Greenpeace für internationale Abrüstung und Entmilitarisierung. Und: Greenpeace ist gegen jeden Krieg. Das ist unsere einfache und klare Haltung.
Aber die friedenspolitischen Ziele von Greenpeace als Umweltorganisation sind sehr viel weiter gefasst: Wenn wir uns gegen eine Politik einsetzen, die die ganze Erde nur als eine Gelegenheit zum Geldverdienen ansieht und rücksichtslos die natürlichen Lebensgrundlagen ausbeutet und zerstört, dann kämpfen wir auch gegen eine Politik, die Menschen benutzt, vergiftet und in bitterster Armut vegetieren lässt.
Sich für den Frieden einzusetzen heißt, gesellschaftliche, wirtschaftliche, politische und ökologische Strukturen so zu verändern, dass letzten Endes allen Menschen die gleichen Lebenschancen ermöglicht werden. Dass kein Krieg herrscht, ist dafür nur eine Voraussetzung. Ohne soziale Gerechtigkeit und Gleichheit, ohne Entfaltung menschlicher Fähigkeiten und Selbstverwirklichung, aber auch ohne intakte Umwelt kann es keinen Frieden geben. Daran sollten Politiker gemessen werden, wenn sie von Frieden sprechen.

Helga Bachmann / Wolfgang Lohbeck / Harald Mörking: Die Vereinten Nationen und der Frieden, 22.05.2005, Greenpeace e.V. für Kinder, www.greenpeace4kids.de/themen/frieden/hintergruende/artikel/teil_3_die_vereinten_nationen_und_der_frieden/, Zugriff 11.11.2009

M3 Der Einfluss von NGOs

NGOs beeinflussen durch
- öffentliche Aktionen
- Ideen und Konzepte
- Lobbyarbeit, Hilfsaktionen

→ **überstaatliche Organisationen**
- Vereinte Nationen
- NATO
- EU
- WTO
- Weltbank
- IWF
- u.a.

→ **Staaten und deren Organe auf verschiedenen Ebenen, z. B.**
- Bund
- Bundesländer/Regionen
- Gemeinden

→ **nichtstaatliche Akteure**
- Unternehmen
- Parteien
- Medien
- Interessenverbände
- Kirchen
- Bürger
- u.a.

M4 WWF für weltweiten Umwelt- und Naturschutz

Die Nahrungsquelle Fisch steht vor dem Kollaps. Drei Viertel der weltweiten Fischbestände sind bis an ihre Grenzen oder sogar darüber hinaus befischt und stehen mittelfristig vor dem Zusammenbruch. Die Gründe: maßlose Überfischung und Verschwendung von Leben. Mehrere Millionen Tonnen Meerestiere werden jährlich als Müll weggeworfen. [...]
Über eine Million Fischtrawler sind auf den Weltmeeren unterwegs, um möglichst allen Fischbeständen beizukommen. Je nach Zielart und Fangtechnik sind bis zu 90 Prozent des Fangs Beifang: zu kleine Tiere der Zielfischart. Fische, deren Fangquote bereits ausgeschöpft ist. Oder Meerestiere, die auf dem Markt keinen Käufer finden. Für ein Kilogramm verkaufbare Schrimps werden etwa 15 Kilogramm Fische und andere Meerestiere getötet und weggeworfen. Auf der Jagd nach Tunfisch verenden jährlich eine Viertelmillion Schildkröten an den Haken von Langleinen. Alle zwei Minuten stirbt ein Wal in Fischernetzen und 300 000 Seevögel ertrinken jedes Jahr als Beifang. Diese Verschwendung von Leben ist nicht nur unökologisch, sondern auch unökonomisch. Allein in der Nordsee wird jedes Jahr verwertbarer Fisch im Wert von über 50 Millionen Euro weggeworfen. [...]

Umweltstiftung WWF Deutschland: WWF-Kampagne gegen Beifang, www.wwf.de/themen/kampagnen/beifang-kampagne/, Zugriff 11.11.2009

M5 Die Entwicklung der NGOs

Die ersten Vorläufer der NGOs [...] finden sich im 19. Jahrhundert. 1839 wurde die erste Menschenrechtsorganisation, die Foreign Anti-Slavery Society (Anti-Sklaverei-Gesellschaft) und 1863 die erste humanitäre Organisation der Welt, das Rote Kreuz, gegründet. Die Bezeichnung NGO hat sich jedoch erst seit 1945 durchgesetzt.

Vom Ende des Zweiten Weltkriegs bis zu Beginn der 1980er-Jahre ist die Zahl der NGOs kontinuierlich gestiegen. Während die Union of International Associations (UIA) im Jahr 1951 lediglich 832 NGOs registrierte, waren es 1972 bereits knapp 2 200. In den 1980er-Jahren stagnierte die Zahl der NGOs und schwankte um 4 500.

Das Ende der Blockkonfrontation und die damit einhergehende Neugestaltung der internationalen Politik ließ die Zahl der NGOs schließlich rasant ansteigen. Insbesondere die Weltkonferenzen der Vereinten Nationen, beginnend mit der Konferenz über Umwelt und Entwicklung im Jahre 1992 in Rio de Janeiro, führten zu einer neuen Stellung und Akzeptanz der NGOs. Parallel zur steigenden Bedeutung durch Mitarbeit, Expertise und Lobbytätigkeit erhöhte sich die Anzahl der NGOs von 1991 bis 2004 kontinuierlich von 4 620 auf gut 7 300. Heute sind die NGOs ein fester Bestandteil aller Global Governance Ansätze. NGOs sollen das Gewicht der Zivilgesellschaft auf globaler Ebene erhöhen und Themen wie Umweltschutz, soziale Gerechtigkeit und Menschenrechte zur Sprache bringen.

Auch wenn NGOs keiner politischen Partei zuzuordnen sind und sie für sich in Anspruch nehmen, allgemeine und universelle Gesellschaftsinteressen zu vertreten, gibt es dennoch Kritik an einer zu starken Stellung der NGOs: So kann die fehlende öffentliche Legitimation transnationaler Politik nicht durch NGOs ausgeglichen werden, da diese ebenfalls nicht demokratisch legitimiert sind. Selbst die NGOs, die sich für mehr Demokratie auf globaler Ebene einsetzen, sind nicht gewählt und damit nicht ermächtigt, im Namen des Volkes zu agieren. Zudem sind NGOs auch intern nicht immer demokratisch strukturiert und ihre Spendenabhängigkeit kann in Widerspruch zu ihrer moralischen Glaubwürdigkeit gelangen.

Bundeszentrale für politische Bildung, Wissen: Globalisierung – Nicht-Regierungsorganisationen, www.bpb.de/wissen/3UD6BP,0,0,NichtRegierungsorganisationen_(NGOs).html, Zugriff 11.11.2009

M6 Was bewirken NGOs?

Burkhard Mohr

M7 Lückenbüßer oder Vorreiter

[...] In den letzten beiden Jahrzehnten sind Entwicklungshilfe-NGO wie Pilze aus dem Boden geschossenen. [...] Ein immer größerer Teil öffentlicher Entwicklungshilfegelder wird mittlerweile über sie abgewickelt. [...] Wo der Staat mit seinen Dienstleistungen vor allem in den Ländern des Südens versagt, füllen sie bereitwillig die durch staatliche Sparmaßnahmen entstehenden Lücken vor allem im Bildungs- und Gesundheitsbereich. [...] Einige sehen in ihnen sogar „nützliche Idioten“ in der Sozial- und Entwicklungspolitik: Als Lückenbüßer sind sie weitgehend politisch neutralisiert. [...] Humanitären Hilfsorganisationen, die in akuten Krisen vor allem in Kriegsgebieten die Bevölkerung und Flüchtlinge mit dem Nötigsten versorgen, wird nicht zu Unrecht vorgeworfen, ein Glied in der Kette der entstehenden Gewaltmärkte verschiedenster Warlords zu sein, in dem sie einen Teil der Nahrungsmittellieferungen an sie abgeben müssen oder Zwangsabgaben und Schutzgeld für ihre Anwesenheit in einer bestimmten Region abgeben müssen.

Die Gruppe der Entwicklungshilfe-NGO sind von denen zu unterscheiden, die auf politische Veränderung, auf demokratische Lösungen von Problemen und die Beseitigung ihrer Ursachen orientiert sind. Sie verstehen sich häufig als Widerpart von Regierungen und Wirtschaftsakteuren. [...]

In vielen Ländern Afrikas, Asiens und Lateinamerikas haben sich den „traditionellen“ NGO neue soziale Bewegungen zugesellt. Sie mischen sich aktiv in Landrechtsfragen ein, engagieren sich gegen Gewalt gegen Frauen und thematisieren öffentlich Menschenrechtsverletzungen und Umweltfrevel. Politisch orientierte NGO und soziale Bewegungen wirken so aktiv an der politischen Öffnung und im Kampf gegen autoritäre Regime entscheidend mit. [...]

Barbara Unmüßig: Ein bunter Haufen namens NGO, 9. Bundeskongress für politische Bildung, Veranstaltungsdokumentation, März 2003, www.bpb.de/veranstaltungen/QOJALO,0,Ein_bunter_Haufen_namens_NGO.html, Zugriff 11.11.2009 (gekürzt)

M8 Zur Legitimation von NGOs

NGOs gelten gemeinhin als Impulsgeber in globalen Fragen. Sie engagieren sich auf zahlreichen Ebenen, nehmen Einfluss auf gesellschaftliche Abläufe und betreiben erfolgreich politische Lobbyarbeit. Ihre Schwerpunkte liegen meist in den Themenfeldern Umwelt, Entwicklung, Menschenrechte, mehr und mehr aber auch bei ökonomischen Fragen der Globalisierung. Einigen gelten sie als Störenfriede im Globalisierungsprozess, andere sehen sie als wichtige Akteure in der weltweiten Politik. Der Beitrag von NGOs als Teilnehmer einer „internationalen Zivilgesellschaft" sollte jedoch auch nicht überschätzt werden. [...]

Der Begriff Legitimation stammt vom lateinischen Wort legitimus (= durch Gesetze bestimmt) und bedeutet im eigentlichen Sinne „Berechtigung" oder „Rechtfertigung". Bezogen auf die Politik sind beispielsweise Parlament und Regierung legitimiert, wenn sie vom Volk durch freie und geheime Wahl bestimmt wurden.

Inwieweit kann man auch NGOs als legitimierte Akteure bezeichnen? Die Legitimation einer nicht staatlichen Organisation muss an ihrem Anspruch gemessen werden. So hat die Umweltorganisation „Greenpeace" die Ambition, im Interesse von Natur und breiten Teilen der Gesellschaft auf zentrale ökologisch-politische Entscheidungsprozesse Einfluss zu nehmen. Ohne eine breite Unterstützung in der Gesellschaft wäre dieser Anspruch kaum zu rechtfertigen. Mit einem geringeren Legitimationsanspruch tritt die Organisation „Ärzte ohne Grenzen" auf, die ohne die Vorgabe, konkrete gesellschaftliche Interessen zu vertreten, direkt vor Ort Hilfe leistet und dadurch im politischen Interessenskampf eher im Hintergrund agiert.

In demokratischen Staaten wird die Politik von einer vom Volk gewählten Regierung bestimmt, die Gesetze vom jeweiligen Parlament verabschiedet – und eine unabhängige Gerichtsbarkeit überwacht ihre Einhaltung. Die wesentlichen Kompetenzen in der politischen Sphäre liegen somit in der Hand des Staates. Natürlich ist im demokratischen Staatsmodell auch vorgesehen, dass gesellschaftliche Gruppen direkt oder indirekt auf politische Entscheidungsprozesse Einfluss nehmen. Lobbyismus oder öffentlicher Druck sind zwei Beispiele, wie sich nicht staatliche Macht artikulieren kann. In Vergangenheit und Gegenwart konnten und können Gewerkschaften, Kirchen oder Verbände immer wieder Einfluss auf den Staat nehmen. Auch moderne NGOs sind nahezu parteiübergreifend für ihr Engagement anerkannt und werden als notwendige Ergänzung repräsentativer Demokratie wahrgenommen. Die Frage nach der Legitimation solcher Einflussnahme bezieht sich deshalb vor allem darauf, ob die verschiedenen Organisationen tatsächlich die Interessen vertreten, die sie zu vertreten vorgeben.

Kathrin Kirstein / Bernhard Böth: Kritik an NGOs, Themen, 01.02.2006, Bunsdeszentrale für politische Bildung, www.bpb.de/themen/QEOV4M,0,0,Kritik_an_NGOs.html, Zugriff 11.11.2009

M9 Abhängigkeiten

Kritiker werfen NGOs vor, sie könnten nicht unabhängig agieren, da sie auf externe Unterstützung angewiesen seien. So bestehe meist eine finanzielle Abhängigkeit gegenüber bestimmten Spendern und Geldgebern, wenn die eingesetzten Mittel nicht nur aus Mitgliedsbeiträgen stammen, sondern auch von Sympathisanten oder aus öffentlichen Zuschüssen. Ein erheblicher Teil der Arbeit von NGOs wird durch staatliche Förderung finanziert – und zunehmend auch von Konzernen, die die Organisationen gleichzeitig über ihre Lobbyarbeit für sich zu gewinnen versuchen. Dabei kann die Finanzkraft von NGOs beträchtlich sein: „Greenpeace" zum Beispiel verfügt über ein höheres Jahresbudget als das Umweltprogramm der Vereinten Nationen. Betrachtet man diesen finanziellen Aspekt kritisch, beziehen nicht staatliche Organisationen einen Teil der Legitimation durch ihre Spender. Wenn der Öffentlichkeit die Arbeit von „Ärzte ohne Grenzen", „Greenpeace" oder „Transparency International" missfällt, dann bleiben die Spendengelder aus. Ein Verlust an öffentlichem Ansehen und Glaubwürdigkeit bedeutet für NGOs und andere zivilgesellschaftliche Akteure meist eine direkte Gefährdung ihrer Ressourcen. Die Arbeit von Politikern kann hingegen nur in periodisch angesetzten Wahlen quittiert werden. Andererseits macht gerade dieser Faktor NGOs auch anfällig für eine Vereinnahmung durch finanzstarke Einzelinteressen.

Kirstein/Böth, a. a. O.

Linktipp
Zusatzmaterial
9u6z22

Arbeitsvorschläge

1. Erarbeiten Sie ein Kurzreferat, in dem Sie die selbst gewählten Aufgaben und Arbeitsweisen von NGOs kurz und übersichtlich darstellen sowie Chancen und Grenzen dieser wichtigen Arbeit aufzeigen.

Tipps zur Erarbeitung:
- Arbeiten Sie die Ebenen heraus, auf denen NGOs Einfluss nehmen können.
- Stellen Sie die Grenzen und Gefahren (besonders **M7** bis **M9**) dar, denen NGOs bei ihrer Arbeit begegnen.
- Erörtern Sie den Nutzen, den NGOs in der nationalen und internationalen – unter Einbeziehung der möglichen Grenzen und Gefahren – Friedensarbeit erbringen können.

[I]–[III] 1

Vertiefung

Was hat das mit uns zu tun?

Friedlich mit Konflikten umgehen

M1 Der Weg zum positiven Frieden

positiver Frieden ist eine Zielvorstellung – ein Ideal

- keine verdeckte oder strukturelle Gewalt
- soziale Gerechtigkeit
- ökologische (nachhaltige) Sicherheit
- demokratische Strukturen
- Achtung der Menschenrechte

soziale Friedfertigkeit	ökologische Friedfertigkeit	politische Friedfertigkeit	persönliche Friedfertigkeit
- **innerstaatlich**: gerechte Verteilung von Einkommen und Besitz, Bildungschancen, soziale Absicherung - **zwischenstaatlich**: z. B. Ausgleich zwischen armen und reichen Ländern; Hilfe ohne ideologisch motivierte Bedingungen	- **innerstaatlich**: Schutz von Natur und Umwelt - **zwischenstaatlich**: gemeinsame Verantwortung für eine zukunftsfähige nachhaltige Nutzung aller Ressourcen und Schonung der Umwelt	- **innerstaatlich**: demokratische Regeln, Achtung der Menschenrechte, gewaltfreie Konfliktlösung - **zwischenstaatlich**: Abkommen, die die gewaltfreie Lösung aller Konflikte regeln	- **individuell**: jeder ist bereit, Beziehungen zu anderen Menschen auf friedliche Weise zu gestalten, d. h. - empfindsam sein gegenüber Unrecht und verdeckter Gewalt - konfliktfähig sein (Konflikte aushalten und sie gewaltfrei lösen können)

negativer Frieden

- keine direkte (Waffen-) Gewalt gegen das Leben von Menschen
- aber: Armut, Hunger, Umweltzerstörung, Unterdrückung, Hass, …

Krieg

- Gewalt und Zerstörung

VT

Kriege sind seltener geworden, Konflikte nicht. Den klassischen Krieg zwischen Nationalstaaten gibt es fast nicht mehr. Doch häufig entstehen heftige Konflikte innerhalb armer Staaten. Frieden bedeutet mehr als Nicht-Krieg. Gewalt drückt sich häufig in Zuständen aus, in denen den Menschen Lebenschancen vorenthalten werden; → M 2. Gewalt herrscht dort, wo die grundlegenden Menschenrechte wie Freiheit, Sicherheit, Bildung, Arbeit und existenzsichernde Entlohnung missachtet werden.
Für einen positiven Frieden mit guten Chancen für alle Menschen muss sich jeder von uns stark machen. Auch wenn der positive Frieden ein weit entfernt liegendes Ziel ist, müssen wir gemeinsam versuchen, das Ziel zu erreichen. Selbst der kleinste Schritt, den jeder von uns auf dem Weg dorthin unternimmt, ist ein wichtiger Schritt.

Erklärungen

Die **Tuberkulose** ist eine bakterielle Infektionskrankheit. Sie zählt weltweit zu den Krankheiten mit hohen Todesraten nach Aids, Atemwegs- und Durchfallerkrankungen. Sie lässt sich meist mit Antibiotika behandeln. Oft sind die Lebensbedingungen der Erkrankten sehr schlecht, es fehlt an Ärzten und an Laboratorien, die die Krankheit feststellen können. Die Medikamente sind teuer und die Behandlung dauert mindestens ein halbes Jahr. Weltweit sterben deshalb pro Jahr mindestens 1,6 Millionen Menschen in armen Ländern an der Krankheit. Genaue Zahlen liegen nicht vor, es ist nur eine Schätzung der Weltgesundheitsorganisation.

M2 Strukturelle Gewalt

[...] Den Typ von Gewalt, bei dem es einen Akteur gibt, bezeichnen wir als personale oder direkte Gewalt; die Gewalt ohne einen Akteur als strukturelle oder indirekte Gewalt. In beiden Fällen können Individuen im doppelten Sinne der Wörter getötet oder verstümmelt, geschlagen oder verletzt und durch den strategischen Einsatz von Zuckerbrot und Peitsche manipuliert werden.

Aber während diese Konsequenzen im ersten Fall auf konkrete Personen als Akteure zurückzuführen sind, ist das im zweiten Fall unmöglich geworden: Hier tritt niemand in Erscheinung, der einem anderen direkt Schaden zufügen könnte; die Gewalt ist in das System eingebaut und äußert sich in ungleichen Machtverhältnissen und folglich in ungleichen Lebenschancen. [...]

Wenn also im 18. Jahrhundert ein Mensch an Tuberkulose starb, wird das schwerlich als Gewalt auszulegen sein, da es wohl kaum zu vermeiden gewesen sein dürfte; wenn er aber heute, trotz aller medizinischen Hilfsmittel der Welt, daran stirbt, dann haben wir es nach unserer Definition mit Gewalt zu tun. [...]

Ein erweiterter Begriff von Gewalt führt zu einem erweiterten Begriff von Frieden: Frieden definiert als Abwesenheit von personaler Gewalt und Abwesenheit von struktureller Gewalt. Wir bezeichnen diese beiden Formen als negativen Frieden bzw. positiven Frieden. [...]

Wenn eine Person eine andere tötet, oder, spezieller, wenn eine Gruppe von Personen eine andere Gruppe angreift, dann sind dies klare Fälle von direkter Gewalt. Was aber, wenn die Sozialstruktur – in und zwischen Nationen – derart ist, dass manche Menschen ein volles, erfülltes, langes, schöpferisches Leben mit einem hohen Maß an Selbstverwirklichung führen können, während andere infolge schlechter Ernährung, Proteinmangels, unzureichender ärztlicher Versorgung, fehlender geistiger Anregung aller Art usw. langsam getötet werden? Dieser Gedankengang führt zu der Unterscheidung zwischen direkter und struktureller Gewalt, zwischen Gewalt, die von konkreten Personen ausgeht, welche sich in zerstörerischer Weise gegen andere Personen vergehen, und Gewalt, die in die Sozialstruktur eingebaut ist. [...]

Johan Galtung: Strukturelle Gewalt. Beiträge zur Friedens- und Konfliktforschung, Hamburg 1975, S. 12, 9, 32, 45

M3 Ein Leben im Elendsviertel

Eine Milliarde Menschen lebt in Slums, wie dieser Junge in Karatchi, der größten Stadt Pakistans mit rund 13 Millionen Einwohnern. Die Vereinten Nationen gehen davon aus, dass die Zahl der Slumbewohner in den nächsten Jahren weltweit weiter steigen wird.

M4 Verantwortung übernehmen

Ein Interview mit Michael Brzoska, Professor für Politikwissenschaft und Direktor des Instituts für Friedensforschung und Sicherheitspolitik an der Universität Hamburg.

Zeit: Herr Brzoska, wovon geht heute die größte Gefahr für den Frieden aus?

Brzoska: Davon, dass wir nicht wissen, wie wir wirtschaftlich arme Gesellschaften politisch so organisieren können, dass in ihnen Gewalt keine Rolle spielen muss – und dass von ihnen auch keine Gefahr ausgeht für andere Regionen.

Zeit: Wie wahren wir den Frieden am besten?

Brzoska: Wenn wir Ungerechtigkeit und Armut bekämpfen, bekämpfen wir auch den Krieg.

Zeit: Die „strukturelle Gewalt" ist gefährlicher als militärische Gewalt?

Brzoska: Seit 1970 hat die Zahl der Kriege zwischen Staaten deutlich abgenommen, seit Jahren sinkt auch die Zahl der Kriege innerhalb von Staaten. Die militärische Gewalt spielt eine geringere Rolle als noch vor zwanzig, dreißig Jahren. Aber die Gefahr, dass aus Ungerechtigkeit und Armut Kriege entstehen, ist immer noch nicht gebannt.

Zeit: Was war die wichtigste Erkenntnis der Friedensforschung in den vergangenen Jahren?

Brzoska: Das Zusammenwachsen der Welt hat tatsächlich dazu geführt, dass es weniger Kriege gibt. Die wirtschaftliche Verflechtung, die gegenseitige Abhängigkeit von Gesellschaften, die Berichterstattung über jeden Winkel der Welt bewirkten, dass Krisen seltener in Kriege umschlagen.

Zeit: Was weiß die Friedensforschung, ohne es beweisen zu können?

Brzoska: Dass gerechter Frieden in Freiheit möglich ist und es gelingen kann, die unvermeidlichen Konflikte ohne Einsatz organisierter Gewalt zu lösen. [...]

Matthias Naß: Bildungskanon Frieden, Die Zeit, Nr. 21, 15.05.2008, S. 41

M5 Hast du Vorurteile?

… und übrigens: Ich heiße Harun.

… und übrigens: Ich heiße Euy-Hung.

… und übrigens: Ich heiße Marek.

… und übrigens: Ich heiße Imana.

Friedfertigkeit beginnt bei uns. Nur wer offen mit seinen Mitmenschen umgehen kann, ist in der Lage, Konflikte auszuhalten oder fair zu lösen.
Menschen, die wegen ihrer eigenen Vorurteile andere Menschen ablehnen und in ihrer Würde herabsetzen, sind Gewalttäter. Sie müssen noch lernen, was es heißt, ein offener Mensch zu sein. Menschenverachtende Sprüche sind immer dumm und zeigen, dass der Sprücheklopfer nicht klug ist. Das hat nichts damit zu tun, welche Schule man besucht.
Die vier Abbildungen (oben) stammen von Micheline Pollach. Sie entstanden im Rahmen eines Wettbewerbs zum Thema „Anschläge gegen rechte Gewalt". Die Bildunterschriften stehen im Original auf den Plakaten. Dort sind sie klein gedruckt, damit sich der Betrachter das Plakat genau ansehen muss und nicht nur auf den ersten Blick urteilt.

Autorentext

M6 Soziale und ökologische Friedfertigkeit

Wir in Europa leben in einem sehr geschützten Raum. Fast überall in der Welt leben Menschen unter schwierigen Bedingungen: Armut, Arbeitslosigkeit, Obdachlosigkeit, Heimatlosigkeit, Vertreibung durch Umweltkatastrophen, durch Dürre, Abholzung, Umweltverschmutzung, Hunger und Wassermangel sind verbreitet.
Das führt zu Konflikten. So wurde der innerstaatliche Konflikt im Sudan in der Provinz Darfur auch durch den Kampf um lebensnotwendiges Wasser angeheizt.
Dass wir Europäer uns wie in einer Festung einzubauen scheinen, ist nicht nur ein spannendes Diskussionsthema. Es ist vielmehr ein drängendes Problem, das wir Europäer sehr schnell lösen müssen: Wie weit wollen wir die Tore für Flüchtlinge öffnen? Brauchen Länder wie Deutschland, in denen die Bevölkerung abnimmt, nicht Zuwanderung? Wie können wir gleichzeitig dazu beitragen, dass die Menschen, z. B. in Afrika, ein selbstbestimmtes Leben ohne Not führen können?

Autorentext

M7 Politische Friedfertigkeit

Die Forderungen der Menschenrechtserklärung sind eindeutig. Viele Staaten haben sie unterzeichnet und in ihre Verfassung aufgenommen. Trotzdem werden sie oft nicht beachtet. In mehr als 150 Staaten wurden nach Berichten von Amnesty International in den letzten Jahren Menschen misshandelt und gefoltert. In vielen Ländern wird die freie Meinungsäußerung verhindert: Zeitungen werden verboten, das Internet zensiert, friedliche Demonstranten verhaftet, Oppositionsparteien verboten, unliebsame Journalisten und Menschen, die offen ihre Meinung sagen, verschwinden einfach. Oft werden sie ohne Gerichtsverhandlung in Gefängnissen oder Lagern festgehalten. Manche werden ermordet.

Autorentext

M8 Persönliche Friedfertigkeit

Wo beginnt persönliche Friedfertigkeit? Bei mir und dir. Man muss also bei sich selbst beginnen, auch wenn das nicht so ganz einfach ist. Viele Wissenschaftler sind der Meinung, dass eine Erziehung zum Frieden nur dann erfolgreich sein kann, wenn jeder Einzelne von uns auch an sich arbeitet.
Diese Erziehung beginnt bereits im frühen Kindesalter, ob bewusst von den Eltern gesteuert oder nicht. Kinder, die im Elternhaus körperliche oder seelische Gewalt erfahren haben, lernen dabei auch, dass Gewalt scheinbar etwas ganz Selbstverständliches ist.
Jugendliche, die angebrüllt, geschlagen oder missachtet werden oder ein distanziertes und ablehnendes Verhalten durch Erwachsene erfahren, lernen, dass man mit einem solchen Verhalten anderen Menschen wehtun kann.
Jeder Einzelne von uns sollte empfindsam sein für Ungerechtigkeit. Jeder sollte verdeckte oder strukturelle Gewalt erkennen können. Nicht erst die körperliche Gewalt verletzt Menschen. Überall, wo ein Kind, ein Jugendlicher oder Erwachsener verspottet wird, wird seine Würde missachtet, wird seine Seele verletzt. Diese Wunden heilen oft viel schlechter als körperliche. Über einen anderen Menschen reden, ihn ausgrenzen, das ist Mobbing. Und Mobbing ist eine Form von Gewalt.
Oft sind es die kleinen Dinge, die Unachtsamkeiten, die einen Menschen herabsetzen und verletzen. Dies passiert uns im Zorn gerade auch mit Menschen, die wir mögen.

Autorentext

Linktipp
Info und Recherche
v223jx

Arbeitsvorschläge

1. Erarbeiten Sie ein Kurzreferat über das Ideal des positiven Friedens und die Unterschiede zwischen negativem und positivem Frieden.

2a Kennzeichnen Sie die verschiedenen Aspekte von Friedfertigkeit, (**M5–M8**) unter Beachtung der strukturellen Gewalt (**M2**) und der Bedeutung der (Selbst-)Erziehung zur persönlichen Friedfertigkeit.

2b Schlüpfen Sie in einem Rollenspiel in die Rolle einer Friedfertigkeit. Stellen Sie sich Ihre Bedeutung als Friedfertigkeit in einem Gespräch gegenseitig vor; Methode S. 220.

3. Erörtern Sie im Plenum die Notwendigkeit eines Ideals von einem positiven Frieden für die Friedenserziehung und damit für die Friedenspolitik; Methode S. 215.

[I]–[III] 1–3

Bildquellen interpretieren

Eine große Herausforderung stellt die Interpretation von Bildquellen dar. Zumeist wird eine Vielzahl von Informationen benötigt, wie Entstehungszeit oder Hinweise zu abgebildeten Personen, um ein Bild beschreiben und bewerten zu können. Das geflügelte Wort „sich ein Bild machen" verdeutlicht, dass Bilder als Quellen nicht nur Vergangenes abbilden, sondern die Wirklichkeit zugleich auch filtern. Ihr Aussagewert muss also immer auch kritisch hinterfragt werden. Die Auseinandersetzung mit verschiedenen Bildquellenarten, wie Fotografien, Karikaturen, Gemälden oder Plakaten, schult dabei den Blick für das Detail und ist abwechslungsreich zugleich.

Methodische Arbeitsschritte

1. Beschreiben
- Um welche Art von Bildquelle handelt es sich (Fotografie, Gemälde ...)?
- Wie ist der erste Eindruck? Gibt es Besonderheiten, die sofort ins Auge fallen?
- Wer ist der/die Künstler/-in der Bildquelle? Gab es eine/-n Auftraggeber/-in?
- Wie lautet der Titel des Bildes?
- Wann und in welchem historischen Kontext ist das Bild entstanden?

2. Ermitteln/Herausarbeiten
- Was ist das Thema des Bildes?
- Welche Bildelemente (Personen, Symbole, Gegenstände ...) enthält das Bild und wie sind diese abgebildet?
- Wie ist das Bild gestaltet (Komposition, Farbgebung, Perspektive ...)?
- Welche Bildelemente sind unbekannt und zu klären?

3. Bewerten
Abschließend bewerten Sie mithilfe der zusammengetragenen Informationen die Bildquelle unter folgenden Gesichtspunkten:
- Was ist die Gesamtaussage des Bildes?
- Inwiefern lassen sich für die Entstehungszeit typische Sichtweisen und Haltungen identifizieren?
- Welche Intention hat der/die Künstler/-in mit dem Bild verfolgt?

Bildquellenarten und ihre Besonderheiten:
- Fotografien: können inszeniert, aber auch Momentaufnahmen sein
- Gemälde: z. T. Verfremdung von historischen Ereignissen zugunsten künstlerischer Freiheit; evtl. sind Bildzitate enthalten, die zu entschlüsseln sind
- Plakate: adressatenorientiert, meist politisch oder konfessionell motiviert, stark intentional
- Karikaturen: komische Überzeichnung von Verhältnissen als Mittel der Satire, oft nur im historischen Kontext zu entschlüsseln, Verwendung von Symbolen

Eine Debatte führen

Das offene Austragen widerstreitender Meinungen und Interessen gehört zum Wesensbestandteil jeder Demokratie und setzt vielfältige Kompetenzen voraus: Eigene Interessen sollten erkannt und artikuliert, die Positionen anderer respektiert und nachvollzogen werden. Diese Fertigkeiten müssen erlernt, trainiert und gefestigt werden.

Die Methode der Debatte simuliert einen realen politischen Prozess: Nach festgelegten Regeln wird entweder über ein umstrittenes Thema oder eine Entscheidungsfrage diskutiert. Im Mittelpunkt stehen dabei das Verständnisaufbringen für andere Positionen, das hierauf aufbauende sachgerechte Eingehen auf Gegenargumente sowie die schlüssige und nachvollziehbare Begründung eigener Argumente.

Methodische Arbeitsschritte

1. Vorbereitung und erstes Meinungsbild
Machen Sie sich mit dem zu lösenden Problem bzw. der anstehenden Entscheidung vertraut. Führen Sie in einer Abstimmung ein erstes Meinungsbild herbei.

2. Erarbeitung der Positionen
Bilden Sie Gruppen für die in der Debatte zu vertretenden unterschiedlichen Positionen. Setzen Sie sich anhand der zur Verfügung stehenden Materialien mit Ihrer Position auseinander und erarbeiten Sie Argumente für Ihre Position. Beziehen Sie auch mögliche Gegenargumente ein und überlegen Sie, wie diese widerlegt werden können. Ordnen Sie die Argumente nach ihrer Wichtigkeit, um sie in der Debatte überzeugend zu platzieren.
Formulieren Sie dann ein Plädoyer, indem Sie Ihren Standpunkt möglichst knapp und prägnant darlegen. Benennen Sie in Ihren Gruppen Teilnehmer/-innen an der Debatte und Beobachter/-innen.

3. Durchführung
Stellen Sie zunächst eine geeignete Sitzordnung her: Die Diskussions-„Gegner“ sollten sich dabei gegenübersitzen. Ein Gesprächsleiter eröffnet die Debatte, nennt das Thema, stellt die Gesprächsteilnehmer/-innen vor und erläutert den Ablauf. Anschließend halten die Gruppensprecher ihr Plädoyer. Danach werden in Rede und Gegenrede die Argumente und Gegenargumente ausgetauscht.

4. Auswertung
Zunächst äußern sich die aktiven Teilnehmer/-innen der Debatte dazu, wie leicht/schwer es ihnen gefallen ist, die jeweilige Position zu vertreten. Anschließend wird die Beobachtergruppe in die Besprechung einbezogen:
Wie haben sich die Teilnehmer/-innen in ihrer Rolle verhalten? Wie plausibel und überzeugend waren die Argumente und warum?

5. Abschlussabstimmung
Nun wird eine zweite Abstimmung über die Ausgangsfrage durchgeführt. Wenn Unterschiede zum ersten Abstimmungsergebnis auftreten, sollten die Ursachen dafür diskutiert werden.

Expertenbefragung/Hearing

Das Hearing ist eine Form der Sachverständigenbefragung, in der fachkundige Personen in Interviews oder in Diskussionen um Informationen zu Sachverhalten gebeten werden. Hearings werden auch in der Politik genutzt, um zu einem bestimmten Thema die notwendigen Informationen, unterschiedliche Meinungen und das Für und Wider zu erfahren.

Im Politikunterricht können dabei externe Expertinnen bzw. Experten eingeladen werden oder alternativ Schüler/-innen in die Rolle von Expertinnen bzw. Experten schlüpfen. Das Hearing wird durch die Fragen der Teilnehmer/-innen strukturiert und kann dazu beitragen, das im Unterricht Gelernte zu festigen, zu erweitern oder zu vertiefen.

Methodische Arbeitsschritte

1. Vorbereitung

Legen Sie in der Klasse zunächst das Thema des Hearings fest. Finden Sie sich anschließend zu Expertengruppen zusammen, mit der Aufgabe, ein Interview durchzuführen. Klären Sie gemeinsam u. a. die folgenden Fragen:
- Welche Fragen haben wir zum Problemfeld?
- Wie soll die Befragung strukturiert sein?
- Wer übernimmt die Moderation?
- Wie wird die Befragung dokumentiert?
- Wie wird mit den Ergebnissen weitergearbeitet?

2. Kontaktaufnahme

Wenn Sie sich dazu entschieden haben, eine Expertin oder einen Experten einzuladen: Stellen Sie (i. d. R. parallel zur Vorbereitung des Hearings) den Kontakt zu dem/der oder den von Ihnen gewünschten Gesprächspartner(n) bzw. Gesprächspartnerin(nen) rechtzeitig her. Vereinbaren Sie einen Termin für die Befragung.

3. Durchführung

Stellen Sie sich und Ihre Schule, den Grund und das Thema der Befragung sowie die Art und Weise des Umgangs mit den Befragungsergebnissen zu Beginn des Gesprächs vor. Fragen Sie bei komplizierten Antworten zur Sicherheit noch einmal nach oder bitten Sie um Erläuterungen. Achten Sie auf zeitliche Vorgaben.

4. Auswertung

Um die Ergebnisse des Hearings auswerten und auch langfristig nutzen zu können, bieten sich die folgenden Dokumentationsformen an:
- Aufnahme als Hördokument
- Aufnahme als Video
- Protokoll mit den wichtigsten Ergebnissen für die Erstellung eines Vortrags
- Mitschreiben von Zitaten oder Statements für weitere Diskussionsrunden

In jedem Fall muss bei einer Veröffentlichung von Teilen des Hearings, bspw. in der Schülerzeitung oder auf der Homepage der Schule, die Erlaubnis der Interviewten eingeholt werden.

5. Reflexion

Zum Schluss sollten Sie einen kritischen Blick auf Ihre gesamte Arbeit werfen:
- Ist das Hearing nach Ihren Vorstellungen abgelaufen?
- Waren die Antworten zufriedenstellend?
- Haben sie zu neuen Erkenntnissen bezüglich des Themas geführt?
- Was würden Sie bei einer erneuten Durchführung eines Hearings wieder genauso machen, was anders?

Flussdiagramm

In Flussdiagrammen werden Abläufe dargestellt. So kann der Produktionsablauf in einem Betrieb durch ein Flussdiagramm bildlich dargestellt werden wie auch Arbeitsabläufe in einer Behörde.
Die Darstellung der Abläufe dient zugleich auch der Analyse. Sie zeigt, was in den Abläufen verbessert werden kann. Das gilt für alle Bereiche in einem Unternehmen: für den Einkauf, die Produktion, den Verkauf, das Marketing oder die Verwaltung.
Und natürlich sind auch diejenigen an solchen Übersichten und Veranschaulichungen interessiert, die nicht für einzelne Unternehmen verantwortlich sind, sondern sich für die Zusammenhänge einer gesamten Volkswirtschaft interessieren.

Methodische Arbeitsschritte

1. Abläufe darstellen

In Flussdiagrammen haben die Symbole eine definierte Bedeutung. Hier einige Beispiele:

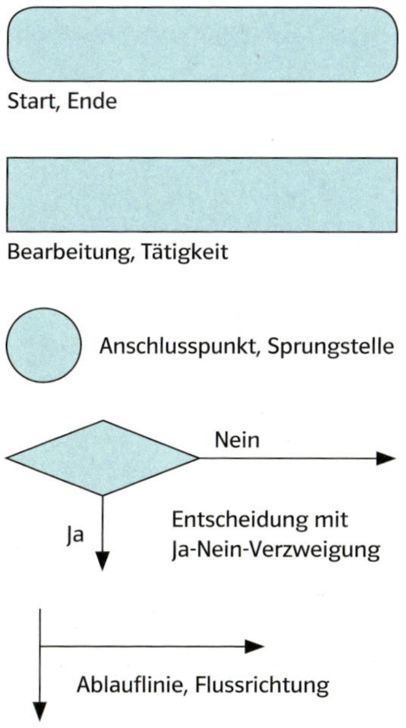

Beispiel: ein Telefonat darstellen
Selbst für so scheinbar unkomplizierte Abläufe wie Telefonate oder Bestellungen werden Flussdiagramme erstellt: Wie soll eine Bestellung ablaufen? Welche Abteilungen sind beteiligt? Es soll keine Arbeitszeit vergeudet werden. Deshalb sollen nur diejenigen Personen beteiligt werden, die mit dem Vorgang zu tun haben. Damit wird Zeit gespart.

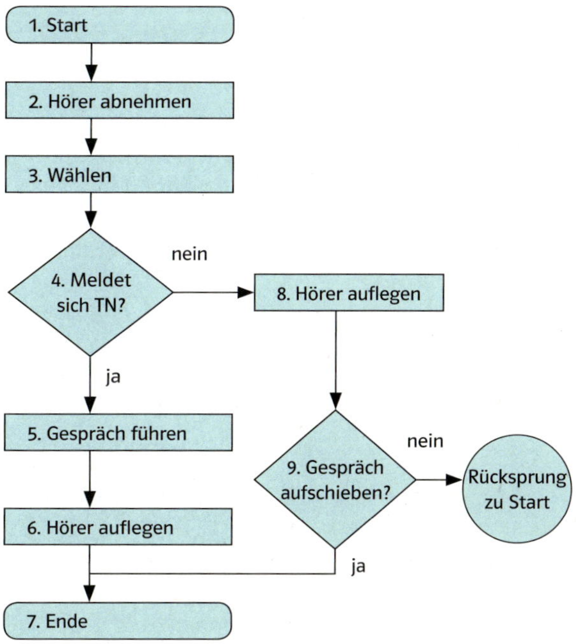

Karten interpretieren

Viele historische, politisch-gesellschaftliche oder wirtschaftliche Zusammenhänge werden in Form von Karten dargestellt.
Das Medium Karte zeichnet sich vor allem dadurch aus, dass die Informationen mithilfe vielfältiger Darstellungsformen vermittelt werden. So wird mit Texten und Beschriftungen, Symbolen, Farbgebung, Perspektiven oder Proportionen gearbeitet. Dies führt nicht selten zu einer Komplexität, die besondere Fähigkeiten und Fertigkeiten bei der Entschlüsselung der Informationen verlangt. Angesichts der inhaltlichen und gestalterischen Vielfalt und Dichte vieler Karten ist ein methodisches Vorgehen in der Kartenanalyse daher unverzichtbar.

Methodische Arbeitsschritte

1. Beschreiben
- Welches Thema ist für die Karte ausgewiesen?
- Welchen geografischen Ausschnitt zeigt die Karte, zu welcher Zeit?
- Welche Informationen stellt die Legende bereit?
- Ist die Karte statisch oder dynamisch? Zeigt sie einen Zustand oder eine Entwicklung?
- Welche Dinge sind durch die Gestaltung (Farben, Pfeile usw.) hervorgehoben?

2. Ermitteln/Herausarbeiten
- Welche Einzelinformationen lassen sich der Karte entnehmen? (Bei einer großen Informationsfülle ist es sinnvoll, einzelne Segmente / Kartenschichten getrennt zu analysieren.)
- In welcher Verbindung stehen die Einzelinformationen der Karte zueinander?
- Welche Fragen wirft die Karte auf? Werden diese Fragen von der Karte beantwortet?
- Welche zusätzlichen Informationen (z. B. Sekundärliteratur, Lexika) werden benötigt, um die Karte zu verstehen?

3. Bewerten
Abschließend bewerten Sie mithilfe der zusammengetragenen Informationen die Karte unter folgenden Gesichtspunkten:
- Wie lassen sich die Kernaussagen der Karte zusammenfassen?
- Welche Fragen / Hypothesen lassen sich aus der Karte ableiten?
- Wie lassen sich diese Fragen beantworten / bestätigen oder falsifizieren?

Konflikte analysieren

Will man sich ein Bild machen, worum es in den Konflikten in der Welt geht, dann muss man sie genau analysieren. Dies gilt nicht nur für die politisch Verantwortlichen, sondern für alle Menschen, die an einer friedlicheren Welt interessiert sind.
Allerdings ist die Analyse einzelner Konflikte nicht einfach: Selbst die Beteiligten sind – besonders bei innerstaatlichen Konflikten – nicht immer einfach auszumachen. Auch die Gründe für einen Konflikt liegen oft nicht klar auf der Hand. Häufig gibt es eine Vielzahl verschiedener Gründe, die zum Teil in der Vergangenheit liegen. Man muss wie ein Detektiv verschiedene Spuren verfolgen, aber nicht jede führt ans Ziel.

Methodische Arbeitsschritte

1. Welches sind die Konfliktparteien?
Beispiele:
- Handelt es sich um einen Konflikt zwischen Staaten?
- Ist es ein Konflikt innerhalb eines Staates?
- Sind unterschiedliche Bevölkerungsgruppen beteiligt?
- Bedrohen Aufständische oder Milizen den Staat oder terrorisieren die Bevölkerung bzw. Teile der Bevölkerung?

2. Worum geht es bei dem Konflikt?
Beispiele für Ursachen und Anlass des Konflikts:
- geschichtliche Aspekte
- soziale Aspekte
- ökonomische Aspekte
- machtpolitische Aspekte

3. Welche Mittel haben die Konfliktparteien, um ihre Ziele durchzusetzen?
Beispiele:
- Ist der Einsatz von regulärem Militär mit schweren Waffen möglich?
- Ist der Einsatz von Milizen (zumeist mit leichten bis mittelschweren Waffen) möglich?
- Können terroristische Anschläge verübt werden?
- Ziehen plündernde, raubende, vergewaltigende und mordende Söldnertrupps durchs Land?

4. Wie reagiert die Weltöffentlichkeit auf den Konflikt?
Beispiele:
- Sind andere Staaten, Gruppierungen oder internationale Bündnisse direkt oder indirekt (evtl. verdeckt) am Konflikt beteiligt?
- Versuchen diese Staaten oder Gruppierungen, eigene Interessen in diesem Konflikt durchzusetzen?
- Wie reagieren Medien auf den Konflikt? Berichten sie oder ignorieren sie ihn?

5. Welche Lösungsmöglichkeiten zeichnen sich ab?
Beispiele:
- Sind Kompromisse oder friedliche Kooperationen möglich?
- Kann durch Verhandlungen, Verständigung oder Verträge eine Lösung gefunden werden?
- Sind internationale Organisationen oder Bündnisse an der Konfliktlösung beteiligt?

6. Welche langfristigen Überlegungen sind denkbar?
Beispiele:
- Welche Bedeutung hat der Konflikt und dessen Lösung (auch der zu erwartenden) für die beteiligten Parteien, die Region, die internationalen Beziehungen?
- Wie müssen internationale Organisationen ausgestattet werden, um den Frieden wirksam sichern zu können?

Rollenspiel

Im Rollenspiel können Konflikte des privaten und öffentlichen Lebens verdeutlicht und analysiert werden. Daraus lassen sich Ansatzpunkte für Veränderungen und Lösungen ableiten. Das Rollenspiel ermöglicht es, Handlungsalternativen im Umgang mit Konflikten auszuprobieren – ohne dass diese Handlungen tatsächliche Konsequenzen nach sich ziehen. Somit bietet das Rollenspiel eine Trainingsmöglichkeit für soziale Fähigkeiten und Fertigkeiten wie Empathie, Entscheidungsfähigkeit, Kommunikationskompetenz, Kreativität und Kooperationsfähigkeit sowie die Chance zur Verbesserung der eigenen Handlungsfähigkeit. Für eine erfolgreiche Durchführung bedarf es einer gründlichen Vorbereitung sowohl in der Klasse als auch in den jeweiligen Gruppen.

Methodische Arbeitsschritte

1. Vorbereitung
Formulieren Sie gemeinsam in der Klasse das zu lösende Problem für Ihr Rollenspiel und benennen Sie die an der Austragung des Konflikts beteiligten Personen(gruppen). Bilden Sie Gruppen, in denen die einzelnen Rollen der am Rollenspiel Beteiligten inhaltlich erarbeitet werden. Einigen Sie sich zudem auf Gesprächs- und Ablaufregeln:
- Wie lange soll das Rollenspiel dauern?
- Wo und wann spielt das Rollenspiel?
- Niemand darf in seiner Rede unterbrochen werden.
- Die Redebeiträge sollten kurz und sachlich sein.

2. Ausarbeitung der Rollen in Gruppen
Nun ist es die Aufgabe der einzelnen Gruppen, Rollenkarten zu entwickeln. Folgende Fragen können dabei zielführend sein:
- Was zeichnet meine Rolle innerhalb dieses Konfliktes aus? Welche Position nehme ich zu diesem Konflikt ein?
- Was sind meine Argumente? Wie kann ich Gegenargumente entkräften?
- Wie könnte der Konflikt aus meiner Sicht gelöst werden? Was wäre dafür notwendig?

Wenn die Rollenkarten fertig sind, entscheidet die Gruppe, wer aus ihrem Kreis die Rolle übernehmen soll.

3. Durchführung
Vertreten Sie als Rollenspieler/-in möglichst glaubwürdig Ihre Rolle und versuchen Sie, mit Ihren Argumenten die anderen von Ihrer Position zu überzeugen. Die übrigen Teilnehmer/-innen agieren als Beobachter/-innen und notieren, was ihnen besonders in der Argumentation oder im Verhalten aufgefallen ist.

4. Reflexion
Nachdem das Rollenspiel beendet ist, schildern die Rollenspieler/-innen kurz ihre Eindrücke und Gefühle, die sie im Verlauf des Rollenspiels hatten. Werten Sie danach das Spiel gemeinsam mit den Beobachtern aus. Folgende Fragen können dabei im Mittelpunkt stehen:
- Wie überzeugend wurden die Rollen gespielt bzw. die Argumente vertreten?
- Wie wurde auf Argumente anderer eingegangen?
- Konnte eine sinnvolle/realistische Lösung des Problems gefunden werden?
- …

Szenariotechnik

Bei der Szenariotechnik geht es darum, mögliche Entwicklungen in extremer Form zu bestimmen und dann einen Weg für eine reale Entwicklung bewusst zu gehen. Dabei kann man immer wieder überprüfen, wie stark sich diese den extremen Szenarien zuneigt. Das Spiel mit Szenarien leitet dazu an, der eigenen und der gemeinsamen politischen oder wirtschaftlichen Zukunft mit Verantwortung entgegenzugehen.

Die Szenariotechnik bietet die Möglichkeit, sich auf Entwicklungen in der Zukunft einzustellen und Felder auszumachen, auf denen man aktiv arbeiten muss, um befürchtete negative Entwicklungen zu verhindern. Sie ist inzwischen eine Standardmethode in Politikplanung und Wirtschaft.

Methodische Arbeitsschritte

1. Vorphase: Vorbereitung und Umfeldanalyse
Zunächst sollte der Untersuchungsgegenstand klar umrissen und eingegrenzt werden. Zur Themenfindung gehört auch die Festlegung eines Zeithorizonts für die Bearbeitung. Dieser sollte nicht zu eng, aber auch nicht zu weit gesteckt werden. Dann wird ein Blick auf die angrenzenden Bereiche des eigenen Untersuchungsfeldes geworfen, die dieses beeinflussen könnten.

2. Analyse der Einflussgrößen
In dieser Phase werden die in der Vorphase ermittelten Umweltfaktoren untersucht. Dabei ist es nötig abzuklären, inwiefern und in welcher Stärke der einzelne Bereich auf den Kern des Szenarios Einfluss nimmt, und diesen Einfluss zu quantifizieren. Dafür ist es meist erforderlich, entsprechende Datensammlungen zu recherchieren. Nun können Sie darangehen, die Wirkung der Einflussfaktoren zu quantifizieren und zu beurteilen.

3. Szenarioprognose
Im Gegensatz zu den meisten Prognosen wird in dieser Phase nicht einfach ein Trend berechnet, sondern es werden Worst-Case- und Best-Case-Prognosen erstellt. Hierbei sollten Sie versuchen, von realistischen Annahmen auszugehen. Versuchen Sie, extreme, zugleich aber mögliche Entwicklungswege zu entwerfen.

4. Szenariowriting
Das eigentliche Szenario beginnt jetzt. Die Szenarioprognose wird zugrunde gelegt. Dann wird ein zusammenhängendes Extremszenario (Worst Case), ein Best-Case-Szenario sowie ein wahrscheinliches Szenario gebildet. Hilfreich ist es, sich an Fragen zu orientieren wie: „Wie wird eine Welt (das Ruhrgebiet …) aussehen, wenn die Bedingungen XY (Worst Case, Best Case usw.) Realität sind?"
Dabei ist Fantasie gefragt, denn die Auswirkungen sollen mit Blick auf die Lebensbereiche der Menschen so konkret wie möglich analysiert werden.

5. Handlungsstrategien entwerfen
In der abschließenden Phase werden die Ergebnisse diskutiert. Es wird untersucht, inwieweit die Resultate realistisch sind, es werden Fragen geklärt, Einseitigkeiten aufgedeckt … Der Abschluss dieser Phase ist in aller Regel an der Frage orientiert, was getan werden kann, um dem Best-Case-Szenario möglichst nahezukommen. Dabei können verschiedene Akteure in den Blick genommen werden:
- Was kann die/der Einzelne tun?
- Was kann die Politik tun?
- Was können die Verbände tun?
- Was kann die Wirtschaft unternehmen?
- Was kann die Wissenschaft anstoßen?

Statistiken und Diagramme interpretieren

Bereits in der zweiten Hälfte des 19. Jahrhunderts begann man damit, Zahlenmaterial zu sammeln und auszuwerten, um wirtschaftliche, aber auch gesellschaftliche Entwicklungen besser analysieren zu können. Anders als Text- und Bildquellen erwecken Tabellen und Diagramme schnell den Eindruck wissenschaftlicher Objektivität. Dennoch bedarf es auch hier einer genauen Lesart: Bereits die Zusammenstellung von Daten zu einer Statistik bedeutet, dass eine Auswahl getroffen und Zahlenwerte gefiltert wurden. Aus diesem Grund muss auch diese Quellenart kritisch beleuchtet und interpretiert werden.

Zahlentabellen und Diagramme liefern wichtige Informationen, deren Entschlüsselung mithilfe der folgenden methodischen Arbeitsschritte erfolgreich gelingen kann.

Methodische Arbeitsschritte

1. Beschreiben
- Welches Thema behandelt die Tabelle/das Diagramm?
- Welcher Zeitraum wird abgebildet?
- Welche Größen und Einheiten werden zur Veranschaulichung verwendet?
- In welcher Form sind die Daten aufbereitet (absolute oder relative Werte, Indexwerte)?

2. Ermitteln/Herausarbeiten
- Wer ist der Urheber der Tabelle/des Diagramms?
- In welchem Kontext wurde die Tabelle/das Diagramm veröffentlicht?
- Welche Informationen lassen sich entnehmen?
- Welche Auffälligkeiten sind ggf. festzustellen?
- Inwiefern erweist sich die Darstellungsform für den Aussagegehalt als geeignet?

3. Bewerten

Abschließend bewerten Sie mithilfe der zusammengetragenen Informationen die Tabelle/das Diagramm unter folgenden Gesichtspunkten:
- Wie können die Informationen in eine Gesamtaussage gefasst werden?
- Welche politischen oder wirtschaftlichen Einflussfaktoren können für die Daten eine Rolle gespielt haben?
- Welche Fragen bleiben unbeantwortet?
- Inwiefern war die Tabelle/das Diagramm hilfreich für die Klärung der zu untersuchenden Frage?

Eine Umfrage durchführen

Eine Umfrage ist eine Forschungsmethode, bei der mehr über das Wissen, die Ansichten und Meinungen von Menschen herausgefunden werden soll. Meinungsumfragen, bei denen das Meinungsbild einer Bevölkerung erfasst wird, sind vor allem in der Marktforschung von Interesse. Hierbei will man Risiken, Chancen und zukünftige Trends erkennen, die entscheidend für die Vermarktung von Produkten sein können. Auch in der Wahlforschung ist die Umfrage ein traditionelles Instrument, um Wahlprognosen zu erstellen.
Als wissenschaftliche Methode muss sie nach klar definierten Regeln durchgeführt werden.

Methodische Arbeitsschritte

1. Umfrageziel und Teilnehmer bestimmen
Bevor eine Umfrage durchgeführt werden kann, müssen die Erwartungen, Ziele und Inhalte der bevorstehenden Umfrage klar formuliert werden.
Danach muss die Personengruppe eingegrenzt werden, die zur Befragung herangezogen werden soll. Die Anzahl der zu befragenden Personen sollte so gewählt werden, dass die Umfrage nicht zu aufwendig wird.
Achten Sie aus datenschutzrechtlichen Gründen darauf, dass die Umfrage stets anonym bleibt.

2. Fragebogen erstellen
Schließlich muss der Fragebogen so gestaltet werden, dass die Sachlichkeit und Objektivität der Befragung bestmöglich garantiert ist.
Zudem sollten die Fragen so gestellt werden, dass sie schnell ausgewertet werden können. Stellen Sie maximal 15 bis 20 Fragen, damit die Befragung nicht länger als 10 Minuten dauert. Informationen zu Fragetypen finden Sie unter dem Anstöße-Code dieser Seite.

3. Testlauf und Durchführung
Bevor Sie mit der eigentlichen Umfrage beginnen, testen Sie den Fragebogen in Ihrem Freundeskreis und in der Familie: Sind die Fragen leicht verständlich? Muss der Fragebogen eventuell noch einmal überarbeitet werden?
Bei der eigentlichen Befragung sollten Sie dem Befragten die Ziele und Inhalte Ihrer Umfrage kurz vorstellen. Stehen Sie dem Befragten hilfsbereit zur Seite und üben Sie keinesfalls Zeitdruck auf ihn aus. Dies könnte die Ergebnisse der Umfrage verfälschen.

4. Auswertung
Die Auswertung einer Umfrage sollte nicht unterschätzt werden. Sie kann bspw. gruppenteilig erfolgen: Jede Gruppe in der Klasse übernimmt eine oder mehrere Fragen. Im Anschluss werden die Gruppenauswertungen zusammengetragen. Zur Veranschaulichung sollten Sie die ausgewerteten Daten mit Diagrammen visualisieren.
Nun werden die Ergebnisse interpretiert:
- Wo gibt es z. B. Unterschiede und Gemeinsamkeiten bei Beruf, Alter und Geschlecht der befragten Personen?
- Können daraus Schlüsse gezogen werden?
- Welche Fragen bleiben ungeklärt und könnten für eine weitere Umfrage von Interesse sein?

Zukunftswerkstatt

Bei der Suche nach einer Problemlösung wünschen wir uns nicht selten einen kunterbunten Blumenstrauß an Möglichkeiten, geraten vielleicht sogar ins Träumen, wie etwas sein könnte, wenn ...
Die Methode der Zukunftswerkstatt ermöglicht es, zu einem bestimmten Thema Vorstellungen und Visionen einer Zukunft sowie Strategien und Handlungsschritte für ihre Umsetzung zu entwickeln. Gefragt sind dabei Kreativität, aber auch Problemlösungsdenken. Anders als bei der Szenariotechnik ist hier ein bewusster Realitätsbruch mit der Gegenwart erlaubt und gefordert.

Methodische Arbeitsschritte

1. Kritikphase
Legen Sie in der Klasse zunächst das Thema der Zukunftswerkstatt fest. Erarbeiten Sie anschließend gemeinsam oder in Gruppen Kritikpunkte, bspw. in Form eines Brainstormings mit Blick auf den Istzustand. Wichtig ist nun, diese Punkte zu ordnen und inhaltliche Schwerpunkte herauszuarbeiten, die durch die Gruppe bewertet und gewichtet werden.

2. Fantasiephase
In der zweiten Phase erfolgt ein Blick in die Zukunft: Wünsche, Träume und Visionen, die zur Lösung der in der Kritikphase gesammelten Problemgruppen beitragen können, werden zusammengetragen. Wichtig ist hierbei, keine Wertungen zuzulassen und alle Ideen und Gedanken wertneutral zu sammeln.
In Gruppenarbeit werden Zukunftsentwürfe erstellt, die im Anschluss vor der Klasse präsentiert werden, bspw. in Form von Plakaten, Collagen oder Gedichten.

3. Umsetzungsphase
Wie kann das Ziel nun erreicht werden? Die zuvor formulierten Visionen werden jetzt in konkrete Ziele übersetzt – die Zukunftsentwürfe also mit der Gegenwart zusammengebracht. Wege und Strategien für ihre Um- und Durchsetzung müssen gefunden werden, aus denen sich dann Handlungspläne entwickeln lassen.

4. Nachbereitungsphase
Diese abschließende Phase gibt allen Teilnehmern noch einmal die Möglichkeit, die Arbeit in der Zukunftswerkstatt kritisch zu reflektieren:
- Wie gut ist die Umsetzung der einzelnen Phasen geglückt?
- Wie schwierig war der Sprung von der Kritik- in die Fantasiephase?
- Wie überzeugend waren die Präsentationen?
- Welche Visionen wurden in der Umsetzungsphase weiterverfolgt?
- ...

Portfolio

Mithilfe eines Portfolios haben Sie die Möglichkeit, Ihren eigenen Lernfortschritt nachzuvollziehen sowie anderen transparent zu machen. Zu einem bestimmten Thema oder einer Lerneinheit wählen Sie dazu für eine Mappe, das Portfolio, eigene Arbeiten und Dokumente aus. Ein Portfolio kann darüber hinaus dazu anregen, sich über Arbeitsergebnisse mit anderen in der Klasse auszutauschen, aber auch den Blick für noch nicht Erlerntes zu schärfen. Erstellt wird das Portfolio meist mit dem Ziel der Veröffentlichung, bspw. für die Lehrerin oder den Lehrer. Es kann aber auch Teil einer Präsentation vor der Klasse sein. In jedem Fall erfolgt eine Beurteilung und Bewertung. Es gibt verschiedene Arten von Portfolios, die sich in ihrem Themenzuschnitt, Umfang oder auch mit Blick auf ihre Auswertung und ihre Zielrichtung unterscheiden. Die Schritte für die Zusammenstellung eines Portfolios sind jedoch nahezu immer die gleichen.

Methodische Arbeitsschritte

1. Material sichten und sammeln

Mit Blick auf die konkrete Zielvorgabe des Portfolios werden zunächst geeignete Materialien, wie bearbeitete oder kommentierte Quellentexte, Mindmaps, Referate oder angefertigte Hausarbeiten, geprüft und gesammelt. Wichtig ist, vorab zu klären, welche Anforderungen an Ihre Mappe gestellt werden: Umfang, Zuschnitt, formale Vorgaben, zeitlicher Rahmen u. Ä.

Besteht die Aufgabe darin, ein Portfolio über einen längeren Zeitraum zu erstellen, bspw. ein Halbjahr, ist es hilfreich, die ausgewählten Materialien mit einem Datum zu versehen, um später Ihren Lernprozess besser beurteilen zu können.

2. Material auswählen

Aus der Menge des vorhandenen Materials wählen Sie dasjenige, das Ihnen besonders gelungen erscheint. Überprüfen Sie, wo inhaltliche Lücken gefüllt werden müssen. Berücksichtigen Sie dabei immer die an das Portfolio gestellten Ziele und Fragestellungen.

3. Selbstreflexion

Einer der wichtigsten Schritte bei der Portfolio-Arbeit ist das Reflektieren Ihrer geleisteten Arbeit. Folgende Fragen können Ihnen dabei helfen:
- Warum habe ich das Material ausgewählt?
- Womit hatte ich Schwierigkeiten, was fiel mir leicht?
- Habe ich selbstständig gearbeitet oder brauchte ich vorwiegend Unterstützung?
- Was habe ich bisher gelernt?

Die Phase der Selbstreflexion sollte vor allem bei größeren Arbeiten mehrfach erfolgen, um den eigenen Lernprozess besser nachvollziehen zu können.

4. Beurteilung

Kriterien für die Beurteilung können stark variieren und sind nicht zuletzt abhängig davon, welche Zielvorgaben zwischen Ihnen und Ihrer Lehrerin oder Ihrem Lehrer vorab vereinbart worden sind. Fragen, die an Ihr Portfolio gestellt werden könnten:
- Sind die (vorab vereinbarten) formalen Kriterien erfüllt?
- Wird das Portfolio der Aufgabenstellung und den Zielvorgaben gerecht?
- Sind die Materialien gesammelt und dokumentiert?
- Ist ein Lernfortschritt erkennbar?
- Erfolgte eine hinreichende Selbstreflexion?
- Wurden die Ergebnisse selbstständig erarbeitet oder waren Hilfen notwendig?

Stichwort- und Personenverzeichnis

Inhalt des Online-Bereiches

Seite	Inhalt	Art des Materials	Code
	1 Soziales Handeln in Familie, Schule und Betrieb		
9	kapitelbezogene Linktipps	Info und Recherche	53t878
27	Menschenrechte, Gelbe Hand	Info und Recherche	wd6r5g
	2 Orientierung in einer sich wandelnden Berufswelt		
31	kapitelbezogene Linktipps	Info und Recherche	v4eh5c
	3 Bürgerinnen und Bürger in der Demokratie		
59	kapitelbezogene Linktipps	Info und Recherche	9vn4ht
65	Wahlen und Wahlbeteiligung	Info und Recherche	2u68km
67	Wie Gesetze entstehen	Info und Recherche	3d7p5m
71	Parteien und Parteispenden	Zusatzmaterial	ua544j
73	Partizipation	Info und Recherche	r6c9zf
75	Kontrolle von Abgeordneten	Info und Recherche	q443tj
77	Lobbyisten/Lobbyismus	Info und Recherche	2hf4n7
	4 Soziale Gerechtigkeit und gesellschaftliche Ungleichheit		
81	kapitelbezogene Linktipps	Zusatzmaterial	4wu63u
87	Organisationen und Lobbyisten	Info und Recherche	j5xa52
93	Spiegel-Artikel „Mythen der Arbeit“	Zusatzmaterial	fw3e58
99	Zur Kritik an Riester-Produkten	Zusatzmaterial	i3889z
	5 Global vernetzt		
107	kapitelbezogene Linktipps	Zusatzmaterial	z75tu9
	6 Nachhaltigkeit als Aufgabe		
125	kapitelbezogene Linktipps	Info und Recherche	z26d52
145	Simulationsspiel zum Kaffeehandel	Zusatzmaterial	k2m5zi
	7 Europas Weg in die Zukunft		
151	kapitelbezogene Linktipps	Info und Recherche	7bw7t2
159	Europäisches Parlament, Rat der EU	Info und Recherche	bn2ys9
161	EU-Binnenmarkt	Info und Recherche	t4m6ue
165	Euro und Finanzmarktkrise	Zusatzmaterial	y892jm
169	Gemeinsame Außen- und Sicherheitspolitik	Zusatzmaterial	94hz9m
171	Die Türkei und die EU	Zusatzmaterial	29w6e9
175	Zukunft der EU	Zusatzmaterial	w2g3jy
	8 Herausforderungen in der globalisierten Welt		
177	kapitelbezogene Linktipps	Info und Recherche	pd42vb
197	Migration in die EU	Zusatzmaterial	q35ns7
199	Zerfallende Staaten, Rüstung und Waffenexporte	Zusatzmaterial	dk5ie6
205	Vereinte Nationen	Zusatzmaterial	5h769y
209	Nichtregierungsorganisationen	Zusatzmaterial	9u6z22
213	freiwillige Dienste für den Frieden	Info und Recherche	v223jx

Bildquellennachweis

Cover.oben Thinkstock (Hemera/Natalia Silych), München; **Cover.unten** Glow Images GmbH (BlendRF), München; **8.o** Picture-Alliance (Jens Büttner), Frankfurt; **8.u** Picture-Alliance (Arno Burgi), Frankfurt; **10.M1 a; 10.M1 b** Der Spiegel, Hamburg; **12.M1 oli; 12.M1 ore; 12.M1 uli** Thinkstock (Jupiterimages), München; **12.M1 ure** Thinkstock (SW Productions), München; **13.M5** Picture-Alliance (dieKLEINERT), Frankfurt; **14.M6** Picture-Alliance (dpa-infografik), Frankfurt; **15.M9** Mester, Gerhard, Wiesbaden; **16.M1** Haitzinger, Horst, München; **18.M5** Picture-Alliance (Wolfgang Kumm), Frankfurt; **20.M1** Plaßmann, Thomas, Essen; **22.M1** Burkhardt Cziborra, Gladbeck; **24.M6** Mester, Gerhard, Wiesbaden; **26.M1** "Mach meinen Kumpel nicht an!" e.V., Düsseldorf; **26.M1** laif (Oliver Tjaden), Köln; **29.M2** Picture-Alliance (dpa-infografik), Frankfurt; **30** Picture-Alliance (Axel Heimken), Frankfurt; **32.M1** Picture-Alliance (Bianchetti/Le), Frankfurt; **33.M5** Hans-Böckler-Stiftung, Düsseldorf; **35.M2** IAB-Kurzbericht 4/2013; **37.M4** aus: Business Etikette in Deutschland, von Joachim Graff/Gretchen Schaupp © CO.IN. MEDIEN Verlagsgesellschaft mbH, Wiesbaden 2009; **38.M1** aus: Tomi Ungerer "Adam und Eva" Copyright © 1974 Diogenes Verlag AG Zürich; **40.M1** Picture-Alliance (Klaus Rose), Frankfurt; **40.M2** Picture-Alliance (Martin Schutt), Frankfurt; **42.M1** Sakurai, Heiko, Köln; **43** Picture-Alliance (Oliver Berg), Frankfurt; **44.M1** Stuttmann, Klaus, Berlin; **45.M3** Picture-Alliance (Cultura), Frankfurt; **46.M1** H. Birg: Die ausgefallene Generation. C.H. Beck, München, 2. Aufl. 2006, S.39.; **47.M3** Fotolia.com (Shestakoff), New York; **48.M4** H. Birg: Bevölkerungsentwicklung. Bundeszentrale für politische Bildung (Hrsg.), Reihe "Informationen", Band 282, 2. aktualisierte Auflage, Bonn 2011; **49** H. Birg: Bevölkerungsentwicklung. Bundeszentrale für politische Bildung (Hrsg.), Reihe "Informationen", Band 282,
2. aktualisierte Auflage, Bonn 2011; **50.M1** Picture-Alliance (Klaus Rose), Frankfurt; **51.M4** Picture-Alliance (dpa-infografik), Frankfurt; **52.M1** Plaßmann, Thomas, Essen; **54.M7** Hans-Böckler-Stiftung, Düsseldorf; **54.M8** Plaßmann, Thomas, Essen; **55** Picture-Alliance (Herbert Neuba), Frankfurt; **56.M1** Picture-Alliance (Bayer AG dpa/lnw), Frankfurt; **58** Landtag NRW; **60.M1** Bergmoser + Höller Verlag, Aachen; **62.M1** Picture-Alliance (dpa/R. Goldmann), Frankfurt; **63** Picture-Alliance (Arno Burgi), Frankfurt; **66.M1** Picture-Alliance (Peer Grimm), Frankfurt; **68.M1** Mester, Gerhard, Wiesbaden; **70.M1** Picture-Alliance (dpa-infografik), Frankfurt; **71.M4** Picture-Alliance (dpa-infografik), Frankfurt; **73.M3** ddp images GmbH, Hamburg; **74.M1** Picture-Alliance (dpa/ Robert Schlesinger), Frankfurt; **76.M1** Picture-Alliance (dpa/Claudia Levetzow), Frankfurt; **77** Picture-Alliance (Klaus-Dietmar Gabbert), Frankfurt; **78.M1** Jupp Wolter (Künstler), Haus der Geschichte, Bonn.; **79.M4** Hans-Böckler-Stiftung, Düsseldorf; **80** Picture-Alliance (Hans Van Rhoon), Frankfurt; **82.M1** akg-images (Erich Lessing), Berlin; **84.M1** Skott, Berndt A., Düsseldorf; **86.M1 oli** Picture-Alliance (dpa/Frank Mächler), Frankfurt; **86.M1 ore** Picture-Alliance (dpa/Jens Büttner), Frankfurt; **86.M1 uli** Picture-Alliance (dpa/Arno Burgi), Frankfurt; **86.M1 ure** Picture-Alliance (dpa/Hess, Catherina), Frankfurt; **89** Picture-Alliance (dpa/Martin Schutt), Frankfurt; **90.M1** Glienke, Amelie, Berlin; **94.M1** Mester, Gerhard, Wiesbaden; **96.M1** Picture-Alliance (ZB), Frankfurt; **104.M1** Sakurai, Heiko, Köln; **106** Getty Images (PeskyMonkey), München; **108.M1** Fotolia.com (Schwarwel), New York; **110.M1** Picture-Alliance (dpa-infografik), Frankfurt; **111.1** TÜV SÜD Management Service GmbH, München; **111.2** datenschutz cert GmbH, Bremen; **111.3** EHI Retail Institute GmbH, Köln; **111.4** Trusted Shops GmbH, Köln; **112.M1** BITKOM e.V., Berlin-Mitte; **114.M1** Harm Bengen, Norden; **116.M1** Picture-Alliance (dpa-infografik), Frankfurt; **117.M3** Picture-Alliance (Demotix), Frankfurt; **118.M1** Mette, Til, Hamburg; **120.M1** Mohr, Burkhard, Königswinter; **121.M3** Picture-Alliance (Udo Bergmann), Frankfurt; **122** Koufogiorgos, Kostas, Stuttgart; **122.M5** Picture-Alliance (dpa-infografik), Frankfurt; **123** Picture-Alliance (dpa-infografik), Frankfurt; **126.M1** Picture-Alliance, Frankfurt; **127.M6** Haitzinger, Horst, München; **128.M1** Plaßmann, Thomas, Essen; **129.M3** Bergmoser + Höller Verlag, Aachen; **130.M6** laif (Sven Torfinn), Köln; **132.M1** Sakurai, Heiko, Köln; **133.M3** Picture-Alliance (dpa-infografik), Frankfurt; **134.M6** WBGU – Wissenschaftlicher Beirat Globale Umweltveränderungen (2007): Welt im Wandel: Sicherheitsrisiko Klimawandel. Zusammenfassung für Entscheidungsträger. Berlin: WBGU.; **135.M9** Mette, Til, Hamburg; **136.M1** Haitzinger, Horst, München; **138.M1** Mester, Gerhard, Wiesbaden; **139.M3** © 2011, IW Medien • iwd 15; **140.M1** shutterstock (worker), New York, NY; **142.M1** Plaßmann, Thomas, Essen; **143.M3** Picture-Alliance (ZB), Frankfurt; **145.M5** Picture-Alliance (dpa-infografik), Frankfurt; **146.M1** Fotolia.com (Buriy), New York; **148.M1** Fairtrade Foundation, London; **149** TransFair e.V., Köln; **149** GEPA – The Fair Trade Company, Wuppertal; **150** Picture-Alliance (Rolf Haid), Frankfurt; **152.M1** Mester, Gerhard, Wiesbaden; **155.1** Ullstein Bild GmbH (dpa), Berlin; **155.2** Picture-Alliance, Frankfurt; **157.M2** Picture-Alliance (L´Est Republicain/Alexandre Marchi), Frankfurt; **159.M8** Sakurai, Heiko, Köln; **161.M3** Klett-Archiv (Jürgen Patner, Hannover), Stuttgart; **163.M3** Picture-Alliance (ZB), Frankfurt; **166.M1** Picture-Alliance (dpa-infografik), Frankfurt; **170. M1** Stuttmann, Klaus, Berlin; **171.M3** Picture-Alliance (Christian Hartmann), Frankfurt; **173.M4** Picture-Alliance ((EPA) EFE/EFE), Frankfurt; **173.M5** Picture-Alliance (dpa), Frankfurt; **174.M7** Picture-Alliance (dpa/EPA/NIKOS ARVANITIDIS), Frankfurt; **174.M8** Picture-Alliance (Alkis Konstantinindis/EPA), Frankfurt; **175.M10** Picture-Alliance (dpa/EPA/NICOLAS BOUVY), Frankfurt; **176** Jobard, Olivier, Paris; **178.M1** Stuttmann, Klaus, Berlin; **179.M3** Volkswagen Aktiengesellschaft; **180.M5** Stuttmann, Klaus, Berlin; **182.M1** Picture-Alliance (dpa-infografik), Frankfurt; **183.M4** Picture-Alliance (AP Photo), Frankfurt; **184.M9** Picture-Alliance (dpa-infografik), Frankfurt; **185.M12** Picture-Alliance (dieKLEINERT), Frankfurt; **186.M1** shutterstock (Hector Conesa), New York, NY; **187.M3** Picture-Alliance (dpa-infografik), Frankfurt; **188.M1** Getty Images (AFP), München; **189.M3** Ullstein Bild GmbH (africanpictures), Berlin; **190.M1** Picture-Alliance (Ettore Ferrari/EPA), Frankfurt; **192.M5** Picture-Alliance (Francesco Malavolta/EPA), Frankfurt; **192.M6** Böthling, Jörg/ visualindia.de (Jörg Boethling), Hamburg; **193.M9** FOCUS (Günther Menn), Hamburg; **194.M11** Sakurai, Heiko, Köln; **195.M13** Picture-Alliance (Milestone Med), Frankfurt; **196.M16** Picture-Alliance (Nikos Arvanitidis/EPA), Frankfurt; **197.M20** Picture-Alliance (dpa/ EPA/Alberto Estevez), Frankfurt; **198.M1** The Fund for Peace, www.fundforpeace.org, Washington, DC; **200.M1** Bergmoser + Höller Verlag, Aachen; **201.M5** Picture-Alliance (Martin Athenstädt), Frankfurt; **202** X; **203.M10** Imago (Michael Westermann), Berlin; **204. M13** X; **205.M17** Picture-Alliance (dpa/Shen Hong), Frankfurt; **206.M1** Picture-Alliance (Tim Brakemeier/dpa), Frankfurt; **208.M6** Mohr, Burkhard, Königswinter; **211.M3** Picture-Alliance (EPA/Soomro), Frankfurt; **212.M5** Pollach, Micheline, München

Sollte es in einem Einzelfall nicht gelungen sein, den korrekten Rechteinhaber ausfindig zu machen, so werden berechtigte Ansprüche selbstverständlich im Rahmen der üblichen Regelungen abgegolten.

Hinweise zum Lösen der Aufgaben

Operatoren sind Schlüsselwörter für Aufgabenstellungen, die eine Arbeitsanforderung enthalten. Sie haben den Zweck, so exakt und eindeutig wie möglich die Aufgabe zu bestimmen. Die folgende Übersicht über die Operatoren hilft Ihnen beim Verständnis der Aufgabenstellung.

Anforderungsbereich I (Reproduktionsleistungen)		
Operator	**Definition**	**Beispiel**
beschreiben/ darstellen/ skizzieren	wesentliche Aspekte eines Sachverhalts im logischen Zusammenhang unter Verwendung der Fachsprache in Textform (beschreiben, darstellen) oder in Form eines Schaubildes (skizzieren, darstellen) wiedergeben	Beschreiben Sie die im Text dargestellten zentralen Aufgaben des Deutschen Bundestags. Stellen Sie mit eigenen Worten die zentralen Ursachen der weltweiten Migrationsbewegung dar. Skizzieren Sie die Zusammenhänge, die zum Phänomen der Erderwärmung führen.
(be-)nennen	Kenntnisse (Fachbegriffe, Daten, Fakten, Modelle) und Aussagen in komprimierter Form unkommentiert wiedergeben	(Be-)Nennen Sie die fünf Säulen des deutschen Sozialversicherungssystems.
zusammenfassen	Kenntnisse (Fachbegriffe, Daten, Fakten, Modelle) und Aussagen in komprimierter Form unkommentiert darstellen	Fassen Sie die zentralen Aussagen des Quellentextes zusammen.

Anforderungsbereich II (Reorganisations- und Transferleistungen)		
Operator	**Definition**	**Beispiel**
analysieren	wirtschaftliche, politische, gesellschaftliche und kulturelle Sachverhalte aus Materialien kriterienorientiert beschreiben und erklären	Analysieren Sie den Textauszug im Hinblick auf die Pro- und Kontra-Argumente für einen gesetzlichen Mindestlohn.
ermitteln/ herausarbeiten	aus Materialien bestimmte Sachverhalte herausfinden und Zusammenhänge zwischen ihnen herstellen	Ermitteln Sie aus dem vorliegenden statistischen Material die Entwicklung der Einkommensverteilung in der BRD nach 1945. Arbeiten Sie aus den vorliegenden Materialien zentrale Merkmale gegenwärtiger Berufsbiografien heraus.
auswerten	Daten oder Einzelergebnisse zu einer abschließenden Gesamtaussage zusammenführen	Werten Sie die Grafik zur demografischen Entwicklung hinsichtlich ihrer Bedeutung für die Zukunft der Altersversorgung aus.
erläutern/ erklären	Sachverhalte durch Wissen und Einsichten in einen Zusammenhang (Theorie, Modell, Regel, Gesetz, Funktionszusammenhang) einordnen, deuten und ggf. durch zusätzliche Informationen und Beispiele verdeutlichen	Erläutern Sie die Zusammenhänge der Kriterien des „Zivilisatorischen Hexagons". Erklären Sie dabei den Begriff der Interdependenz.
nachweisen	einen Sachverhalt argumentativ belegen	Weisen Sie anhand der zur Verfügung stehenden Daten die Richtigkeit der Aussagen des Verfassers nach.
widerlegen	Argumente anführen, die eine Behauptung, ein Konzept oder eine Position als nicht haltbar nachweisen	Widerlegen Sie vor dem Hintergrund Ihrer Kenntnisse aus dem Unterricht die Einschätzung des Verfassers zur europäischen Grenzsicherung durch die Frontex-Agentur.
vergleichen	Sachverhalte gegenüberstellen, um Gemeinsamkeiten, Ähnlichkeiten und Unterschiede herauszuarbeiten	Vergleichen Sie die Rüstungsausgaben der NATO mit denen des Warschauer Pakts in den 1980er-Jahren.